U0516137

权威·前沿·原创

皮书系列为

“十二五”“十三五”“十四五”时期国家重点出版物出版专项规划项目

BLUE BOOK

智库成果出版与传播平台

河北蓝皮书
BLUE BOOK OF HEBEI

河北法治发展报告（2024）

THE RULE-OF-LAW DEVELOPMENT REPORT OF HEBEI (2024)

以法治推动高质量发展

Promote High-quality Development Through Rule of Law

主　　编／吕新斌

执行主编／李　靖　蔡欣欣

社会科学文献出版社
SOCIAL SCIENCES ACADEMIC PRESS (CHINA)

图书在版编目(CIP)数据

河北法治发展报告.2024：以法治推动高质量发展 / 吕新斌主编.--北京：社会科学文献出版社，2024.5
（河北蓝皮书）
ISBN 978-7-5228-3487-0

Ⅰ.①河… Ⅱ.①吕… Ⅲ.①社会主义法制-研究报告-河北-2024 Ⅳ.①D927.22

中国国家版本馆 CIP 数据核字（2024）第 072812 号

河北蓝皮书
河北法治发展报告（2024）
——以法治推动高质量发展

主　　编 / 吕新斌
执行主编 / 李　靖　蔡欣欣

出 版 人 / 冀祥德
组稿编辑 / 高振华
责任编辑 / 丁　凡
文稿编辑 / 白　银
责任印制 / 王京美

出　　版 / 社会科学文献出版社 · 生态文明分社（010）59367143
地址：北京市北三环中路甲 29 号院华龙大厦　邮编：100029
网址：www.ssap.com.cn
发　　行 / 社会科学文献出版社（010）59367028
印　　装 / 天津千鹤文化传播有限公司

规　　格 / 开 本：787mm×1092mm　1/16
印 张：25.5　字 数：383 千字
版　　次 / 2024 年 5 月第 1 版　2024 年 5 月第 1 次印刷
书　　号 / ISBN 978-7-5228-3487-0
定　　价 / 138.00 元

读者服务电话：4008918866

主编简介

吕新斌 吕新斌，河北省社会科学院党组书记、院长，中共河北省委讲师团主任，河北省社会科学界联合会第一副主席，中国李大钊研究会副会长。

吕新斌同志长期在宣传思想文化战线工作，曾先后在原中国吴桥国际杂技艺术节组委会办公室、原省文化厅、省委宣传部任职。在省委宣传部工作期间，先后在文艺处、城市宣传教育处、宣传处、办公室、研究室（舆情信息办）、理论处等多个处室工作，后任省委宣传部副部长、省文明办主任，长期分管全省理论武装、哲学社科、政策研究、舆情信息、精神文明建设等工作。

吕新斌同志多次参与中宣部和省委重大活动，组织多批次重要文稿起草和重要读物编写等工作。高质量参与完成《习近平新时代中国特色社会主义思想学习纲要》编写任务，得到中宣部办公厅、省委主要领导同志肯定，受到省委宣传部通报表扬；曾牵头完成中央马克思主义理论研究和建设工程重大课题，参与编写或主编完成多部著作；在《求是》《光明日报》《人民日报》等中央大报大刊组织刊发多篇成果。

摘　要

本书是2023年河北法治发展的年度报告，由河北省社会科学院牵头、法学研究所担纲，河北省委政法委员会、河北省法学会提供大力支持，由高等院校、科研机构、法律实务部门的专家学者组成的精干学术团队推出的一部全景式反映河北法治建设的文献资料。本书对2023年度河北法治建设情况进行了全面的回顾、梳理和总结，重点反映河北在立法工作、法治政府、司法建设等方面的重点及亮点，对今后河北法治建设面临的新形势、新任务、新探索做了进一步的分析和展望。

2023年是全面贯彻落实党的二十大精神的开局之年，河北全省坚持以习近平新时代中国特色社会主义思想为指导，以深入学习贯彻习近平法治思想为引领，以学习宣传贯彻党的二十大精神为主线，全面落实省委、省政府决策部署，全面提升立法的质量与效率，打造公平透明的法治化营商环境，推进法治政府建设，加强司法能力建设，创新开展全民普法，为加快建设经济强省、美丽河北提供了有力法治保障。

本书由总报告、地方立法、法治政府、司法建设、社会治理、京津冀协同、冰雪运动法治保障7个部分组成，围绕法治建设的相关理论动态和实践探索进行研究深化、经验总结、问题分析及对策创新，系统总结了法治河北建设的实践进程与经验，深入剖析面临的问题及原因，为河北省法治建设提供理论参考和智力支撑。总报告全面分析了2023年河北法治建设的整体情况，阐述了2023年河北省在党对法治河北建设的领导、立法、法治政府、司法、法治宣传教育等方面的的现状和成效，并从科学立法、法治政府建设、智慧司法建设、法治社会建设等方面对2024年河北省法治建设进行展望并提出建议。地方立法板块、法治政府板块、司法建设板块、社会治理板块、京津冀协同板块、冰雪运动法治保障板块包括26篇报告，从不同方面介绍了河北省2023年立法工作、法治政府、司法体制综合配套改革等方面取得的突破，加强法治社会建设的多样化探索，着眼于京津冀协同和冰雪运动法治保障的思维创新和领域拓展，深入解读其中的重点、难点和热点问题，并在此基础上提出对策建议。

关键词： 后评估　平安建设　诉源治理　法治文化　法学教育

Abstract

This book is an annual report on the rule-of-law development in Hebei in 2023, led by Hebei Academy of Social Sciences, undertaken by Institute of Law, and supported vigorously by Politics and Law Committee of the CPC Hebei Provincial Committee, and Hebei Law Society, which is a panoramic literature of the rule-of-law building in Hebei formulated by capable academic teams made up by experts and scholars of colleges/universities, research institutions, and legal practice departments inside the province. This book comprehensively reviews, sorts out and summarizes the rule-of-law development in Hebei in 2023, focusing on the key points and highlights of Hebei in legislative work, rule-of-law government, judicial construction, etc., and further analyzes and looks forward to the new situation, new tasks and new explorations facing the rule-of-law building in Hebei in the future.

2023 is the first year that the guiding principles of the 20th CPC National Congress are implemented fully. Hebei Province upholds Xi Jinping Thought on Socialism with Chinese Characteristics for a New Era, guided by the in-depth study and implementation of Xi Jinping Thought on the Rule of Law, and the main task of studying, understanding and implementing of the guiding principles of the 20th CPC National Congress. Provincial Committee and the People's Government of Hebei Province have made decisions and deployments to comprehensively improve the quality and efficiency of legislation, create a fair and transparent business environment based on the rule-of-law, promote the building of a law-based government, strengthen judicial capacity building, and innovatively raise public awareness of the law, providing a strong legal guarantee for accelerating the building of an economically strong province and a beautiful Hebei.

This book is composed of seven parts of General Report, Local Legislation, Rule-of-Law Government, Judicial Development, Rule-of-Law Society, Collaborated Development of the Beijing-Tianjin-Hebei Region, and Legal Guarantee for Ice and Snow Sports. Focusing on the relevant theoretical developments and practical exploration of the rule-of-law building, this book deepens research, summarizes experience, analyses problems and puts forward innovative countermeasures , which systematically summarizes the practical process and experience of Hebei's rule-of-law development and makes an in-depth analysis of existing problems and causes, with to a view to providing theoretical reference and intellectual support for Hebei's rule-of-law development. General Report comprehensively analyzes the overall situation of the rule-of-law development in Hebei in 2023, expounds the current situation and effectiveness of Hebei Province in terms of Party's leadership over the rule-of-law development in Hebei, legislation, rule-of-law government, judicial development, publicity and education of rule-of-law and so on in 2023, and forecasts prospects of and makes recommendations for Hebei's rule-of-law development in 2024 from the aspects of scientific legislation, rule-of-law government building, smart judicial building, and rule-of-law society building. Local Legislation, Rule-of-Law Government, Judicial Development, Rule-of-Law Society, Collaborated Development of the Beijing-Tianjin-Hebei Region, and Legal Guarantee for Ice and Snow Sports include 26 reports, which introduce the breakthroughs made in legislative work, rule-of-law government, and comprehensive reform of the judicial system in Hebei Province in 2023 from different aspects, strengthen the diversified exploration of the building of a rule-of-law society, focus on the thinking innovation and field expansion of the collaborated development of Beijing-Tianjin-Hebei Region and the legal guarantee for ice and snow sports, and deeply interpret the key, difficult and hotspot issues, and on this basis, put forwards countermeasures and suggestions.

Keywords: Post-evaluation; Safety Construction; Litigation Source Governance; Rule-of-law Culture; Legal Education

目录

Ⅰ 总报告

Ⅱ 地方立法

Ⅲ 法治政府

Ⅳ 司法建设

Ⅴ 社会治理

Ⅵ 京津冀协同

Ⅶ　冰雪运动法治保障

皮书数据库阅读**使用指南**

CONTENTS

I General Report

II Local Legislation

Ⅲ Rule-of-Law Government

Ⅳ Judicial Development

V Rule-of-Law Society

VI Collaborated Development of Beijing-Tianjin-Hebei Region

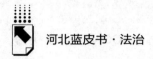

Ⅶ Legal Guarantee for Ice and Snow Sports

总 报 告

B.1
2023年河北法治发展报告

河北法治发展报告课题组*

摘　要： 2023年河北省深入贯彻习近平法治思想，法治河北建设不断加强、步伐不断加快，成效显著，谱写出全面推进依法治国、法治中国的“河北篇章”。河北省委、省政府统揽全局，注重顶层设计，不断强化党对法治河北建设的领导，立法工作紧扣全面依法治国和法治河北建设重要部署，立法质效得到全面提升，真正体现科学立法、民主立法、依法立法要求。各级政府着力推进依法行政、严格执法和法治政府建设，全省政法机关在各项司法工作中推进公正司法，提升司法公信力，不断提供优质司法服务。各有关单位围绕打造中国式现代化河北场景，大力开展普法工作，推动“八五”普法规划全面实施，着力提升普法针对性和时效性，为建设经济强省、美丽河北营造浓厚法治氛围。

* 课题组成员：李靖，河北省社会科学院法学研究所研究员，研究方向为法治建设；蔡欣欣，河北省社会科学院法学研究所副研究员，研究方向为法治政府建设；李北凌，河北省社会科学院法学研究所助理研究员，研究方向为法治建设。执笔人：李靖、蔡欣欣、李北凌。

关键词： 法治河北　依法行政　法治政府　公正文明执法　公正司法　法治观念

2023 年是全面贯彻落实党的二十大精神的开局之年，河北全省坚持以习近平新时代中国特色社会主义思想为指导，深入学习贯彻习近平法治思想，以学习宣传贯彻党的二十大精神为主线，全面落实省委、省政府决策部署，全面提升立法的质量与效率，打造公平透明的法治化营商环境，推进法治政府建设，加强司法能力建设，创新开展全民普法，为加快建设经济强省、美丽河北提供了有力法治保障。

一　强化党对法治河北建设的领导

加强规划引领，完善法规体系。紧密对接《中央党内法规制定工作规划纲要（2023—2027 年）》，着眼河北发展现实需求，研究梳理今后一个时期 4 项制定项目和 8 项修订项目，不断完善党内法规制度体系。

持续精简文件，提高制定质效。结合开展主题教育，牵头开展“发文较多、文风不实”问题专项整治，建立健全发文立项、配套核准和发文计划报备等制度机制，举办全省党内法规业务培训班，对精简文件、改进文风有关内容进行专题辅导，统筹推进省市县三级持续精简文件、改进文风。

加强备案清理，确保协调统一。统筹开展“上备”“下备”工作，2023 年以来共向中央报备省委文件 10 件，实现报备规范率和报备及时率“两个 100%”；受理各地各部门党委（党组）向省委报备的规范性文件 642 件，对审查发现的 51 件“问题文件”作出处理。按照党中央统一部署，启动河北省第三次党内法规和规范性文件清理工作，组建工作专班，印发清理方案，明确具体要求，督促指导各地各部门有力有序推进文件清理工作。

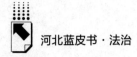

狠抓法规执行，确保取得实效。充分发挥党内法规工作联席会议机制作

用，健全党委办公厅（室）和牵头执行部门之间协同联动机制，推动形成执规合力。坚持依规治党和依法治省有效衔接，开展法治河北建设“一规划两方案”实施情况中期评估和“八五”普法规划实施情况中期督导，全面盘点党内法规各项任务落实情况，查漏补缺、分类指导，推动工作有力有序有效开展。充分发挥考核“指挥棒”作用，出台《河北省法治建设年度考核实施办法（试行）》，将党内法规执行情况作为省直部门领导班子和主要领导干部法治建设考核评价重点内容，明确考核标准，细化考核指标，强化结果运用，切实激发党员干部尊规学规守规用规的内生动力。

加强党规宣传，确保入脑入心。把《习近平关于依规治党论述摘编》和党内法规制度作为主题教育、党委（党组）理论学习中心组学习、干部教育培训、“三会一课”重要内容，不断提高党员干部知晓率和执行力。组织开展全省党员干部党内法规宣传教育答题活动，共计1679万人次参与答题，有力推动党内法规广泛普及、入脑入心。结合河北实际，研究制定《河北省领导干部应知应会党内法规和国家法律清单》，切实提升学规用规执规的精准性、科学性、实效性。

二　加强立法引领、规范与保障作用

2023年，河北省立法工作紧扣全面依法治国和法治河北建设有关决策部署和重点任务，立法质效持续提升。2023年出台地方性法规10部，统筹修改地方性法规16部，废止地方性法规6部，审查批准设区市地方性法规28部，备案审查规范性文件83件，为谱写中国式现代化建设河北篇章，加快建设经济强省、美丽河北提供了有力法治保障。

（一）高质量编制立法规划和年度立法计划

2022年9月启动《河北省第十四届人大常委会立法规划（2023—2027年）》（以下简称《立法规划》）、《河北省人大常委会2023年立法计划》（以下简称《立法计划》）编制工作，在综合分析、认真研判、研讨论证的基础上，综合各方意见，形成了规划草案和计划草案。2023 年 3 月 31 日，经省委常委会会议批准执行。《立法规划》共列立法项目 73 件，其中，一类项目 55 件、二类项目 18 件。涵盖经济发展、科技创新、乡村振兴、生态文明、城市建设和基础设施、文旅融合、社会治理、民生保障、民主政治等 9 个领域。围绕中国式现代化河北场景建设中的新型能源强省，制定《河北省新能源发展促进条例》、修订《河北省电力条例》；围绕交通强省，制定《河北省促进民用机场发展若干规定》；围绕临港产业强省，修订《河北省港口条例》；围绕质量强省，制定《河北省农产品质量安全条例》、修订《河北省标准化监督管理条例》；围绕物流强省，制定《河北省商贸物流基地建设促进条例》、修订《河北省邮政条例》；围绕数字河北建设，制定《河北雄安新区数据条例》；围绕优化营商环境，制定《河北省知识产权保护和促进条例》《河北省民营经济发展促进条例》、修订《河北省优化营商环境条例》《河北省专利条例》《河北省反不正当竞争条例》；围绕京津冀协同发展，制定《河北省人民代表大会常务委员会关于推进京津冀协同创新共同体建设的决定》《京津冀文旅融合发展促进条例》《京津冀社会保障卡一卡通条例》。

《立法计划》深入贯彻党的二十大精神、习近平总书记重要讲话精神和对河北工作的重要指示批示，紧紧围绕党中央重大决策部署，完善以宪法为核心的中国特色社会主义法律体系。《立法计划》共安排立法项目 30 件，按照急需先立原则，区分轻重缓急，安排一类项目 12 件、二类项目 11 件、三类项目 7 件。

（二）聚焦中国式现代化河北篇章建设

2023 年 7 月，省十四届人大常委会第四次会议通过《河北省人民代表大会常务委员会关于修改〈河北省地方立法条例〉的决定》，根据新形势新要求，充实完善立法的指导思想和原则，明确了地方性法规和规章立法权限，加强了立法规划和计划的统筹安排，完善了立法程序和审查批准程序，增设协同立法专章。完善立法工作机制，充分发挥有关专委和工委的作用，细化备案审查相关要求，建立健全备案审查衔接联动机制，明确应当进行地方性法规清理的情形，强化法规解读、立法工作宣传，加强信息化建设和立法工作队伍建设。

2023 年 7 月新修订出台《河北省渔业船舶管理条例》，条例坚持问题导向、效果导向，明晰政府各部门管理职责，坚持人民生命财产安全至上，规范了渔船制造改造和检验制度，完善了海上安全防范和救助体系，强化了渔业港口服务保障，以法治保障渔港管理。

2023 年 7 月表决通过《河北省献血条例》，规范献血者及其配偶、父母、子女用血优待，加强固定采血点建设，设定无偿献血宣传月，突出血液全链条管理，加强应急献血队伍建设等，保障临床用血需要和安全，规范采血、供血、用血工作秩序，推动献血工作健康持续发展。

为进一步实施新型能源强省战略，2023 年 9 月表决通过《河北省新能源发展促进条例》，旨在推动新能源开发利用，优化能源结构，保障能源安全，推进碳达峰碳中和，促进绿色发展，对新能源的调查、规划、开发、建设、利用、储存及管理等活动予以法治规范。

2023 年 9 月出台《河北省知识产权保护和促进条例》，强化政府及其有关部门职责，鼓励知识产权培育创造，促进知识产权转化与运用，突出知识产权保护，强化知识产权服务保障，完善法律责任，为河北省知识产权保护和促进提供法治保障。

2023 年 9 月，省十四届人大常委会第五次会议表决通过《河北省社区矫正若干规定》，它是全国首部继《中华人民共和国社区矫正法》之后的地方性法规，该规定于 2024 年 1 月 1 日正式施行。该规定在总结河北省各地成功经验做法的基础上，将社区矫正与基层社会治理深度融合，将在提高教育矫正质量、促进社区矫正对象顺利融入社会、维护社会和谐稳定方面发挥重要作用，体现了新时代“枫桥经验”的河北实践。省十四届人大常委会第五次会议还审议通过《河北省畜禽屠宰管理条例》，该条例的制定加强了畜禽屠宰管理，保证了畜禽产品质量安全，守护人民群众“舌尖上的安全”，促进了河北省畜禽屠宰行业高质量发展；修订出台《河北省人民代表大会常务委员会人事任免办法》，对省人大及其常委会的人事任免工作予以规范。

（三）积极推动京津冀协同立法

协同立法，是河北省近年来立法工作的亮点。2023 年 4 月 4 日，京津冀人大常委会法制工作机构联席会议在天津召开，会议就《京津冀人大协同立法规划（2023—2027 年）（草案）》编制进行重点讨论交流，并对《河北省人民代表大会常务委员会关于推进京津冀协同创新共同体建设的决定》《京津冀文旅融合发展促进条例》《京津冀社会保障卡一卡通条例》三个协同立法项目制定建议进行沟通交流。

2023 年 6 月 20 日，全省立法工作会议在石家庄召开，深入学习贯彻习近平法治思想、习近平总书记关于立法工作的重要论述、习近平总书记视察河北重要讲话精神，认真落实新修改的《中华人民共和国立法法》，研究部署加强和改进河北省立法工作、提高立法质量的举措。2023 年 9 月 26 日，京津冀人大立法协同工作机制第十次会议在天津举行。三地与会人员研究讨论了《京津冀人大协同立法规划（2023—2027 年）（草案）》和《天津市（北京市、河北省）人民代表大会常务委员会关于推进京津冀协同创新共同体建设的决定（草案）》。10 月 16 日，省人大常委会主任会议通过实施《京津冀人大协同立法规划（2023—2027 年）》。

（四）高质量做好设区市法规审查和备案审查工作

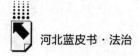

省人大常委会法工委创新工作体制机制，加强对设区市立法工作的指导，着力提升设区市报批法规质量。进一步推进备案审查能力建设，备案审查水平进一步提升。截至 2023 年 11 月底，共审查批准《石家庄市优化营商环境条例》等 28 部报批法规。下大气力统筹设区市立项工作，多次与设区市就立法项目的权限、内容、与上位法之间的关系等事项进行沟通，提出意见建议，确保项目符合立法权限。指导设区市人大常委会适当控制立法项目数量，科学调整上会节奏，确保设区市法规报批工作有序开

展。2023 年度设区市立法计划共 29 件，制定并落实 2023 年度报批法规计划。

持续推进备案审查工作，《河北省人民代表大会常务委员会法制工作委员会关于省十三届人大以来暨2022 年备案审查工作情况的报告》，提交省十四届人大常委会第三次会议审议。省人大常委会法工委先后赴保定、沧州、廊坊、雄安新区及部分县（市、区）开展备案审查评查工作调研。加快全省法规规章规范性文件数据库建设，并制定相关工作方案。坚持“有件必备、有备必审、有错必纠”，截至 2023 年 11 月底，接收各制定机关向省人大常委会报送备案的规范性文件共计 83 件。

（五）不断优化立法保障营商环境

2017 年 12 月，河北省出台《河北省优化营商环境条例》，为全省优化营商环境工作提供了有力法治保障。近年来，河北省优化营商环境实践发生了质的飞跃，形成了一批改革经验和创新成果，因此，需要将原条例中部分内容进行细化与完善，进一步适应当前经济社会发展新需求，持续优化营商环境，推动河北省经济高质量发展。《河北省优化营商环境条例》已由河北省第十四届人民代表大会常务委员会第六次会议于 2023 年 11 月 30 日修订通过，自 2024 年 1 月 1 日起施行。

（六）坚持立改废并举，高质量推进法规清理工作

根据省委全面依法治省要求，省人大常委会法工委启动了地方性法规清理工作。采取全面清理与专项清理相结合的方式，对河北省现行有效的 238 部法规进行系统全面清理，同时统筹做好涉及营商环境法规专项清理工作。

2023 年 3 月初，对 42 部法规提出废止或者打包修改的意见建议，其中建议废止 8 部、建议打包修改 34 部。对其中废止理由比较充分或者修改内容比较成熟、各方意见相对一致的法规进行集中废止或者修改。

5 月，省十四届人大常委会第三次会议通过两个决定，废止《河北省重点建设项目稽察条例》等 6 部法规，修改《河北省地震安全性评价管理条

例》等7部法规，在此基础上积极谋划第二批法规清理，着力破除制约高质量发展的体制机制障碍。

三　扎实推进依法行政

法治政府建设是推进国家治理体系和治理能力现代化的重要支撑，是全面依法治国的重点任务。在《法治政府建设实施纲要（2021—2025年）》全面建设法治政府目标的指引下，河北省扎实推进法治政府建设工作，严格依法行政，全面建设职能科学、权责法定、执法严明、公开公正、智能高效、廉洁诚信、人民满意的法治政府。

（一）优化职能设置，不断提升政府治理效能

1.深化“放管服”改革

2023年，河北省持续深入推进“证照分离”“一件事一次办”，加大“照后减证”和简化审批力度，着力打造良好的市场营商环境。推广营商环境创新试点改革措施举措，共涉及8个方面21个项目。省市场监管局优化升级企业开办“一窗通”、个体工商户“云窗办照”系统，推进电子营业执照、电子发票、电子印章同步发放。全面落实《促进个体工商户发展条例》，完善省扶持个体工商户发展联席会议制度，开展“服务个体户　助力稳增长”专项行动、“个转企”试点等工作，不断优化市场主体结构。持续推动市场主体提质增量，确保市场主体总量年度增长7%以上，其中企业总量增长10%以上。落实市场主体歇业备案制度，探索建立市场主体除名制度，深入推进企业注销便利化，确保市场主体开办和注销限时办结率达到99%以上，新登记市场主体电子营业执照同步制发率达到97%。在“网上办、即时办、联合办、一日办”审批工作模式的基础上，深入开展“极简办、智能办、马上办、满意办”新“四办”活动。

2023年8月，河北省水利厅、河北省政务服务管理办公室印发《关于深化取水许可“放管服”改革优化水资源营商环境的通知》，切实简化审批

程序，解决各类经营主体取水用水方面存在的问题与困难，营造便民利企的政务服务环境。2023 年以来，河北省公安机关在户籍管理、出入境管理、车驾管理等方面深入推进“放管服”改革，积极回应人民群众关切与需求。全面实现首次申领居民身份证、申领临时居民身份证、户口迁移、新生儿落户、户籍证明出具“跨省通办”。持续提升公章刻制效率，4 小时之内完成公章制作。各级公安机关整合治安、户政、交管等业务，开展“一窗通办”工作。全省 1377 个派出所实现“户籍+”延伸服务，除户籍业务外，交管、治安管理部分事项也可办理。开展“包联”行动，对 3103 家重点企业建立领导干部包联制度，定期走访企业，为其提供精准化定制服务。在重点园区、重大项目设立警务室 358 个，选派 2802 名民警担任企业内部治安保卫工作联络员，对涉企审批服务建立绿色通道。2023 年，全省公安机关上门为企业员工受理居住证申请 13724 人，送证上门 3522 人。落实少捕慎诉慎押刑事司法政策，推行包容审慎柔性执法，编制轻微违法行为包容免罚事项清单，引导企业合法经营。

2. 优化法治化营商环境

2023 年 3 月，河北省司法厅制定出台《开展优化法治化营商环境八个专项行动的实施方案》，高质量推动制定 6 部营商环境领域法规，包括《河北省知识产权保护和促进条例》《河北省新能源发展促进条例》等。指导制定实施免罚事项清单 360 项、不予行政强制措施清单 19 项，开展整治任性执法、选择性执法、运动式执法专项行动，推广建立“优化营商环境公正服务中心”159 家，开展仲裁助企纾困专项行动，更好满足企业法治需求。2023 年 1 月，全省优化营商环境企业家座谈会召开，进一步着力营造市场化、法治化、国际化一流营商环境，加快将河北省建设成为投资创业首选地。2023 年 2 月，省公安厅制定出台《河北省公安机关优化营商环境服务企业发展若干措施》，涉及 7 个方面 28 条措施。省公安厅交警总队出台了《河北省公安交管部门“优化营商环境、护航美丽河北”便民利企若干措施》，一批新政策、新举措推动优化营商环境工作不断走深走实。

3. 加强数字法治政府建设

2023年1月20日，河北省人民政府办公厅印发《加快建设数字河北行动方案（2023—2027年）》，目的在于抢抓数字化变革新机遇，把数字河北建设作为推进高质量发展的基础性先导性工程。组织实施6个专项行动、20项重点工程，推动数字技术与实体经济深度融合，适度超前建设数字基础设施，做强做优做大数字经济，完善数字社会治理体系，提升公共服务水平，拓展发展新空间，为融入新发展格局、建设现代化河北提供有力支撑。

2023年1月，河北省人民政府办公厅印发《河北省一体化政务大数据体系建设若干措施》，目的是推动加快建成全省一体化政务大数据体系，建成省政务大数据平台、市级政务大数据平台以及配套的管理机制、标准规范、安全保障体系，为全省开展政务数据管理提供统一的基础支撑。该文件要求截至2023年，政务数据共享协调机制趋于完善，基础设施保障能力持续提升，基本具备数据目录管理、数据归集、数据治理、大数据分析、安全防护等能力。建立政务数据目录动态更新机制，覆盖省、市、县三级的政务数据目录体系初步形成。基础数据库、主题数据库、行业专业数据库体系基本形成，覆盖各级各部门的数据共享交换通道基本建成，数据共享和开放能力显著增强，有效满足政务数据共享应用需求。

4. 积极服务国家重大发展战略

省司法厅制定服务雄安新区建设、推进京津冀协同发展任务11项，牵头召开京津冀司法行政系统服务保障雄安新区建设和京津冀协同发展推进会，签订《服务保障京津冀协同发展战略合作协议》和《调解工作协同发展合作协议》，提出6个方面20项协同措施、4项协同机制，推动京津冀接边6市6区司法局建立“一对一”结对共建机制，以法治力量护航国家重大战略实施。2023年6月，省司法厅牵头召开京津冀晋戒毒工作协同会议，提出建立专项小组、建立联席会议机制、设立常设办事机构、成立业务交流小组，明确6项工作机制。不断提高司法行政戒毒工作规范化、科学化、现代化水平，努力开创京津冀晋戒毒工作协同发展新局面。

2023年11月17日，海河水利委员会与京津冀三省市水利（水务）厅

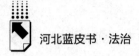

（局）在津共同签订《服务保障京津冀协同发展战略水安全合作协议》，深入贯彻落实习近平总书记“节水优先、空间均衡、系统治理、两手发力”治水思路和关于治水的重要论述精神，锚定全面提升京津冀地区水安全保障能力的总目标，明确新阶段水利高质量发展的6条实施路径，制定合作内容和工作机制。

2023年是京津冀三地司法行政系统签署服务京津冀协同发展框架协议的第八年。2023年11月，京津冀三地司法行政机关及公证协会共同开展了首届“京津冀公证行业大调研”活动，组织三地公证从业人员围绕坚持和加强党对公证工作的全面领导、公证服务政府中心工作、优化营商环境、增进人民福祉及促进京津冀三地公证行业协同发展等5个方面开展调查研究。三地公证机构签署共建协议建立伙伴关系，公证人才联合培养机制日益完善，公证行业内业务协同水平日益提升，公证机构间协作日益深化。

（二）扎实推进依法行政，严格规范公正文明执法

1. 深入推进法治政府建设示范创建活动

自2020年起，省委依法治省办组织开展全省法治政府建设示范创建活动。3年以来，法治政府建设示范创建活动梯次推进、辐射带动，形成了数量丰富、成效显著的全省法治政府建设典型标杆。2023年创建第二批省级法治政府建设示范地区28个、项目25个。召开法治政府建设示范创建推进会议，宣传推广先进典型。后期工作将围绕重点部署第三批省级法治政府建设示范创建活动展开。

2. 严格规范公正文明执法

2023年6月27日，省政府公布《河北省行政裁量权基准制定和管理办法》，明确由省级行政机关依法制定本系统统一的行政裁量权基准，对行政执法权限、裁量幅度进行量化、细化，向社会公布施行的具体执法尺度和标准。截至2023年6月底，全系统共办理免罚案件2632件，免罚金额6741万元，免强制措施案件3件。在此基础上，河北省司法厅组织起草《河北省司法行政系统行政裁量权基准》（以下简称《基准》）。《基准》将全省

各级司法行政机关的行政处罚、行政许可、行政确认等 3 个执法种类 51 个执法事项（主项），细化量化为 196 个行政裁量权基准（子项）。

3. 依据建立健全清单动态调整公开机制的有关要求，省司法厅制定《河北省省级执法事项清单（2023年版）》

截至 2023 年 9 月 20 日，省级 50 个行政执法部门有行政执法事项共计 4136 项。其中，行政许可 459 项（含省级初审转报事项、省级委托市县初审事项和省级待国务院规范和明确的事项）、行政处罚 2995 项、行政强制 171 项、行政征收 35 项、行政检查 475 项、行政确认（工伤确认）1 项。

4. 深入推进全面依法治省

2023 年，河北省司法厅深入开展法治建设“一规划两方案”实施情况中期评估各项工作，举办深入推进全面依法治省专题研讨班，印发《关于深入推进全面依法治县规范化建设的通知》，明确 7 个方面具体措施，推动全面依法治县规范化建设取得积极成效。部署开展全省道路交通安全和运输执法领域突出问题专项问题整治，规范重点领域执法行为。

（三）强化监督制约，推进矛盾综合化解

1. 提升政府信息公开水平

《河北省 2023 年政务公开工作要点》于 2023 年 4 月出台，要求加强 7 个重点领域信息公开，包括加强涉市场主体领域信息公开、项目投资领域信息公开、消费和外经贸领域信息公开、财政资金领域信息公开，加强重点民生领域信息公开，加强乡村振兴领域信息公开，加强办事服务领域信息公开；加强政民互动交流，深化行政决策公开，决策事项全流程通过报刊、媒体等方式向社会公开，推进科学民主依法决策；加强基层基础建设，深入推进基层政务公开。总结基层政务公开中可复制可推广经验做法并通过多种渠道进行宣传。加强政府信息管理，高质量发布行政规范性文件，在政府信息公开专栏集中公开并动态更新。对已经修改、失效、废止内容及时清理。建立完善分级分类、集中统一、共享共用的政策文件库。

2. 法律服务优化提升

法律援助是公共法律服务体系的组成部分，是党委、政府重要的法治惠民工作，是司法行政系统践行法治为民宗旨的重要载体和具体体现。法律援助扩面提质工程列入 2023 年河北省民生工程。省司法厅认真落实省政府民生工程调度会精神，完善服务网络、扩大服务范围、制定考核细则、加大推进力度，2023 年 1~10 月，全省办理法律援助案件 10.13 万件，更多群众获得法律援助。持续深化公共法律服务体系建设，开展公共法律服务人民群众满意度提升年活动，优化省级 12348 法律服务热线，为群众提供各类法律咨询 12.5 万人次。

3. 全方位加强行政行为监督

依据《中华人民共和国行政诉讼法》、《中华人民共和国行政复议法》和《中华人民共和国行政复议法实施条例》，省政府于 2023 年 1 月修订并公布《河北省行政机关行政应诉办法》，进一步提高政府依法决策、依法行政能力，监督行政机关依法行使职权，充分发挥行政复议化解行政争议主渠道作用。2023 年 7 月，全省行政复议工作会议暨行政复议质量提升年活动推进会召开，总结 2022 年以来的行政复议与行政应诉工作，对下一阶段提出具体工作要求。

4. 推进矛盾纠纷综合化解

为深入落实《河北省司法所规范化建设三年行动实施方案（2022—2024 年）》，省司法厅围绕推进“五大工程”在全省开展司法所规范化建设提升年暨创建“枫桥式”司法所活动。夯实司法行政基层基础和基层法治建设根基。各地各部门发扬优良作风，创新群众工作方法，运用法治思维和法治方式解决涉及群众切身利益的矛盾和问题。河北清河县的“鉴调一体”矛盾纠纷化解模式，鉴调同步、以鉴促调，不经仲裁，不打官司，从源头上减少了诉讼量。目前，该项目已推广到全省 11 个设区市。

四　严格公正司法

2023 年，河北各级法院全面落实省委决策部署，牢牢把握“公正与效率”，不断强化“六种观念”，倾力把河北法院建设成为新时代现代化人民法院的省域范例；全省检察机关依法能动履行法律监督职能，不断提升法律监督质效，为奋力开创经济强省、美丽河北新局面提供了有力的司法保障，贡献了检察力量。

（一）为加快建设经济强省、美丽河北提供优质司法服务

1. 维护国家政治安全和社会稳定

河北各级法院科学审理各类教育、医疗、养老、社保和婚姻家庭等民生案件，依法妥善审理各类刑事案件，常态化、长效化推进扫黑除恶。依法严惩电信网络诈骗及其关联犯罪。为切实维护老年人合法权益，提高老年群体防骗能力，河北各地法院、检察院积极联合社区、乡村宣传防诈骗知识，制作宣传页向社区、乡村老年人发放，引导老年人提高自身安全防范意识，减少受骗风险。保护未成年人权益。全省所有基层法院均由专人或专门团队负责少年审判工作，实现河北三级法院专门少年审判机构全覆盖，将少年审判融入诉源、案源、访源“三源共治”工作体系。积极参与未成年人保护各项工作，推动未成年人“六大保护”相互融合、协同发力，努力建设高水平未成年人综合保护体系。阳原县人民法院诉源治理“三端共治”工作法成功入选“枫桥式工作法”，2023 年前三季度全县民事诉讼案件同比下降 10.46%，146 个行政村实现无诉讼，占阳原县行政村总数的 48.5%，成为全国新时代“枫桥经验”先进典型。

2. 着力优化法治化营商环境

调整优化营商环境工作领导小组办公室和各专项小组，全面提升“办理破产”“执行合同”审判质效，完善优化营商环境考核评价机制和专业化建设，召开优化营商环境企业家座谈会，出台扎实推进法治化营商环境建设 30 条措施。2023 年 10 月，河北省法院联合河北省政协、河北省工商联、河北省企联等单位组织开展“送法入企护营商”法治宣讲活动，结合实际案例，就企业交易中如何有效规避买卖合同纠纷、股权交易纠纷，维护企业权益进行授课，并针对企业家代表提出的知识产权保护、商事合同纠纷、生效

判决执行等方面问题进行现场解答。发布行政审判白皮书，助力提升依法行政水平，服务法治政府建设。2023 年 11 月，河北省高级人民法院向社会通报河北法院行政诉讼司法建议工作相关情况，公开发布 2022 年度全省法院十大优秀行政诉讼司法建议。

3. 保障国家重大战略实施

高标准高质量建设雄安新区。紧盯雄安新区大规模建设与承接北京非首都功能疏解并重阶段的司法需求，持续加强前沿性法律问题和类型化案件的研究，深入推进行政争议实质性化解，深化与北京、天津知识产权司法保护对接融通，用法治化手段服务保障创造“雄安质量”。高标准推进冰雪运动法律问题研究（张家口）基地运行。秦皇岛市中级人民法院、唐山市中级人民法院、沧州市中级人民法院与天津市第三中级人民法院、天津海事法院在天津会签《服务保障京津冀协同发展　加强环渤海区域中级人民法院司法协作框架协议》，正式建立两地五家法院司法协作机制，司法保障京津冀协同发展，提升环渤海核心区港口城市司法协作水平，护航环渤海核心区城市群经济社会发展。常态化推进京津冀司法人才交流、调研平台共建、三地法官统一培训，推动司法协同运行。推动构建知识产权保护大格局。河北省法院与河北省市场监管局联合举办知识产权司法行政保护联席会，保障创新开放发展。推进实施知识产权“三合一”审判机制，组建河北省法院知识产权调研工作人才库，在省知识产权中心设立“法官工作站”，开展案件调解、巡回审判等工作。调整河北省涉外商事审判管辖范围，提升全省法院涉外商事审判能力和水平。推进白洋淀流域范围内环境资源案件集中管辖的相关协调配合工作，成立衡水湖湿地环境资源保护法庭，指导衡水中院开展辖区内涉环境资源一审案件的集中管辖，推进燕山区域生态环境司法保护工作，建立渤海生态环境保护司法协作机制。

4. 突出保障民生司法需求

河北各地法院持续巩固深化“我为群众办实事”成果，常态化开展“为群众办实事示范法院”创建活动，坚持能动司法、为民司法。做好困难群体司法救助工作。河北省高院推动完善司法救助和法律援助制度，出台

《诉讼费退费及追缴工作规程（暂行）》，拓展刑事赔偿案件法律援助适用范围，推动建立司法救助与社会救助衔接机制，切实提升人民群众的司法获得感。提升审判执行工作质效。以河北法院审判质效管理指标数据会商为抓手，将大数据、人工智能同司法工作深度融合，结合数据报告和案件审理反映的问题、实地调研发现的问题，提升审判质效、提高人民群众获得感。截至2023年10月底，全省法院依托人民法庭，已对接3603个乡镇、村居等基层治理单位，共同参与纠纷化解，推动大量矛盾纠纷化解在基层。同时，依托“冀时调”平台，加强劳动争议、知识产权等领域纠纷调解指导，提供全流程集约化在线多元调解服务，平台共汇聚调解组织5126家、调解员10771名。

5. 提升诉讼服务品质

持续有序推进常规评查、重点评查、专项评查等工作，强化结果运用，进一步加强审判质量监督。长期未结案件专项清理取得阶段性成效。推广和创新新时代“枫桥经验”，进一步发掘推广“廊坊经验”、承德“三个一”工作机制、雄安中院行政争议实质性化解机制等典型经验做法，把“抓前端、治未病”贯穿刑事、民事、行政审判各领域全过程，坚持个案办理与诉源治理一体推进，做实司法建议、指导人民调解等前端治理，打造新时代河北法院版“枫桥经验”。河北全省诉前调解案件数、诉前调解分流率等指标位居全国法院前列。发挥集中执行优势，进一步突出执行强制性，持续抓好“冀执利剑”集中执行攻坚行动。强化执行监督管理，开展执行案件款管理专项整治行动，规范执行行为。持续开展打击整治养老诈骗、涉黑恶案件财产刑等专项执行工作，确保涉案财产依法处置、尽快上缴。

（二）为奋力开创经济强省、美丽河北新局面贡献检察力量

1. 关于刑事检察工作

2023年前三季度，全省检察机关共批准和决定逮捕各类犯罪嫌疑人24277人，21101人不捕，不捕率为46.5%。已办理的审查起诉案件中，适用认罪认罚从宽制度审结人数超过同期审结人数的90%；检察机关提出确

定刑量刑建议超过量刑建议提出数的95%；法院采纳数占同期检察机关提出量刑建议数的97.4%。截至9月，全省检察机关对公安机关开展立案（撤案）监督共计2383件，监督后公安机关已立案（撤案）2192件；针对侦查活动违法行为，提出纠正26542件次，监督采纳率99.95%；共提出抗诉363件，法院采纳抗诉意见改判和发回重审176件，占审结总数的74%；针对刑事审判活动中的违法行为，提出纠正672件次，同期审判机关采纳率99.6%；对“减刑、假释、暂予监外执行”不当提出纠正违法通知书及检察建议326人；对刑罚执行和监管活动严重违法行为提出纠正4607件；对监外执行活动违法行为提出纠正3215人；对财产性判项执行履职不当提出纠正2406件；共立案侦查司法工作人员相关职务犯罪50人。

2. 关于民事检察工作

2023年前三季度，共办结民事生效裁判监督案件2284件，提出监督意见377件，其中提出抗诉73件，提出再审检察建议304件，抗诉改变率87.8%，再审检察建议采纳率84.2%；共对民事审判活动违法行为提出检察建议977件，法院同期采纳率99.8%；共对民事执行活动违法行为提出检察建议1293件，法院同期采纳率99.5%；提出的民事诉讼监督意见中涉及虚假诉讼112件；共支持起诉1328件，其中支持农民工起诉607件。

3. 关于行政检察工作

2023年前三季度，共办结行政生效裁判监督案件588件，其中向法院提出抗诉4件，法院再审改变4件，抗诉改变率100%；提出再审检察建议29件，法院同期裁定再审18件，采纳率62.1%；对行政审判活动违法行为提出检察建议364件，法院同期采纳率99.7%；对行政执行活动违法行为提出检察建议541件，法院同期采纳率99.6%；共促进行政争议实质性化解424件。

4. 关于公益诉讼检察工作

2023年前三季度，共立案办理公益诉讼案件8607件。其中，民事公益诉讼类立案753件，行政公益诉讼类立案7854件；提出行政公益诉讼诉前检察建议6366件，98.9%的案件在诉前得到解决；共提起公益诉讼394件。

同期，法院一审裁判支持率100%。

5. 关于未成年人检察工作

2023年前三季度，共批准逮捕未成年犯罪嫌疑人903人，不捕1432人，不捕率为61.3%，同期，对侵害未成年人犯罪批准逮捕1641人；共对未成年犯罪嫌疑人决定起诉1091人，不起诉1141人，不诉率51.1%，审结时，作出附条件不起诉决定1046人；同期，对侵害未成年人犯罪决定起诉1788人，对未成年犯罪嫌疑人开展帮教活动3276次、心理疏导3024次、亲职教育3206次。“六一”国际儿童节来临之际，全省三级检察机关同步开展以“检爱同行　共护花开”为主题的检察开放日活动，各地中小学生代表等应邀走进检察机关，“零距离”感受和了解未成年人检察工作。河北省人民检察院《传承红色基因　擦亮未检品牌　以法治力量守护未成年人健康成长》获评第二批全国检察机关党建与业务深度融合典型案例“优秀案例”。

6. 关于知识产权检察工作

2023年前三季度，共起诉假冒注册商标罪和销售假冒注册商标的商品罪等侵犯知识产权犯罪523人，其中假冒注册商标罪和销售假冒注册商标的商品罪，分别为209人和201人，同比分别上升47.2%和118.5%。

7. 关于控告申诉检察工作

2023年前三季度，全省检察机关共接收群众信访34121件，受理刑事赔偿申请25件，决定给予刑事赔偿18件；共实际救助3807人。

2023年3月，河北省检察院部署开展“燕赵山海·公益检察”护航美丽河北建设专项监督，突出海洋生态、环境、资源等领域保护重点，促进综合治理、系统治理、源头治理，以法治之力服务保障海洋生态文明建设，推动党的二十大“发展海洋经济，保护海洋生态环境，加快建设海洋强国”决策部署在河北检察机关落地落实。截至2023年10月，“燕赵山海·公益检察”护航美丽河北建设专项监督开展以来，河北省检察机关搜集涉海洋保护案件线索64件，立案63件，制发检察建议35件，提起公益诉讼11件，有力保护了海洋生物多样性和海洋生态环境。

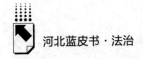

五　深入开展法治宣传教育

河北省围绕深入实施“八五”普法规划，推动全省普法依法治理各项工作。

（一）以平台为阵地，营造浓厚法治氛围

1. 搭建“线上+线下”全省普法宣传大平台

线下活动方面，持续深化“每月一主题”活动，参与活动的省直部门从2022年的34个增加到2023年的49个，集中宣传涉及的法律法规达到101部，进一步扩展了“每月一主题”活动所涉行业领域和重点内容，有效调动了各部门落实“谁执法谁普法”普法责任制的积极性，形成了“大普法”工作格局。线上平台方面，河北广播电视台“992”频道开办河北省首个“公益普法”专题栏目，2023年以来共协调30家省直单位的120余名青年普法志愿者录制播出普法音频。同时，“河北普法”微信公众号发布文章772篇，累计阅读量近千万次，已经成为全省新媒体普法的龙头账号。

2. 搭建全省领导干部学法用法平台

按照《关于建立领导干部应知应会党内法规和国家法律清单制度的意见》要求，以河北省两办名义印发《河北省领导干部应知应会党内法规和国家法律清单》，切实为常态化、制度化开展领导干部学法用法工作提供了依据。

3. 搭建党内法规学习宣传平台

2023年7月1~7日，在庆祝建党102周年之际，组织开展了党内法规宣传教育答题活动，共有超过1500万人次参与学习答题活动，成效显著。

（二）以活动为抓手，服务省委省政府中心工作

1. 开展《宪法》《民法典》学习宣传活动

以2023年全省“两会”为契机，组织开展全省“宪法进宾馆”特别活

动，向省“两会”代表委员赠送《宪法》文本2000余册，充分发挥代表委员模范作用，带动全省干部群众进一步强化宪法意识，推动宪法实施。《民法典》普法宣传方面，以“美好生活·民法典相伴”为主题，以“民法典进农村”为重点，在全省组织开展了第三个“民法典宣传月”活动。2023年5月19日，正定县塔元庄村举办了全国“民法典进农村”示范活动。

2. 扎实开展营商环境法治宣传活动

制定《营商环境领域普法依法治理专项行动方案》，印发《2023年全省“营商环境法治宣传月”活动方案》，在全省部署开展宣传月活动，重点开展好法治竞答活动。同时，在“河北普法”微信公众号开设“优化法治化营商环境专栏”，并组织编写《优化营商环境法治保障——法律进企业》河北省“八五”普法系列丛书。

3. 大力支持雄安新区法治建设

认真落实习近平总书记视察河北重要讲话精神，主动对接雄安新区创新社会治理、建设一流营商环境等方面的法治需求，持续深入开展法治宣传教育。指导容东片区南文营社区、东西里社区、南文社区、定安社区以及安新县水上调解中心等开展民主法治示范社区建设。以开展全省法治宣传教育基地命名工作为契机，推动白洋淀法治文化圈建设工作。

4. 全面开展法治创建质量提升行动

在全省开展“民主法治示范村（社区）”复核暨质量提升行动，利用两个多月的时间，对270个国家级民主法治示范村进行逐一复核。同时，大力加强乡村“法律明白人”培养培训工作，河北省司法厅、省农业农村厅开展“乡村法治大讲堂”系列讲座，积极争取河北省定州市承担全国普法办“法律明白人”作用发挥工作试点任务，切实推动法治在广大农村实现“进村、入户、到人”，为乡村振兴增添法治助力。

（三）以产品促成效，提升普法针对性实效性

1. 推动法治文化阵地建设

立足于打造群众身边的学法基地，开展首批河北省法治宣传教育基地创

建和评选命名工作，预计首批打造不少于10个省级基地。在充分挖掘石家庄市、邯郸市、保定市、邢台市等太行山沿线城市红色法治文化资源的基础上，积极打造“太行山红色法治文化带”。重点打造涉县一二九师纪念馆、赞皇县“中马峪红色法治宣传教育基地”。

2. 广泛征集法治文化产品

2023年5~8月，面向河北全省律师行业开展“万名律师宣讲民法典”普法微视频征集展播活动。河北省司法厅与省教育厅，面向全省大中小学校开展了“民法典进校园”暨作品征集活动，获奖作品将在“河北普法”微信公众号进行集中展播。

3. 增强群众法治获得感

在春节前开展“颂法书春进机关”“义务书春送福”等活动，带动全省掀起“春联普法”热潮，使法治文化和民俗文化有力结合，让法治精神走进群众生活。

4. 试点开展公民法治素养摸底

2023年5~8月，保定市开展了公民法治素养提升试点工作，面向6类人群，从市直机关干部到村和社区群众，动员近10万人参加问卷调查，问卷设计了7个模块115个问题，全方面对公民法治素养现状进行摸底调研，为下一步全面实施公民法治素养提升行动奠定基础。

六　2024年河北法治建设展望

河北法治建设还存在一定的不足和短板，如立法工作机制有待健全，重点领域、新兴领域、涉外领域需创新立法保障；仍需继续推动有效市场和有为政府更好结合，法治服务和保障高质量发展亟须实现新突破；司法服务的结合点把握不准，仍需进一步加强民生司法保障；普法平台建设有待完善，普法产品还不够丰富，普法工作考核奖惩机制有待完善，普法队伍建设需进一步加强。2021~2025年是河北省全面加快建设经济强省、美丽河北的关键时期，是推动高质量发展、加快由大到强的转型攻坚期，法治固根本、稳预期、利长远的保障作用更加凸显。2024 年河北将持续围绕推动新时代国家治理体系与治理能力现代化充分发挥法治保障作用，推动构建中国式现代化法治河北新场景。

（一）着力提升立法质效

1. 持续推进调查研究工作

2023 年党中央在全党大兴调查研究之风，作为在全党开展的主题教育的重要内容，推动全面建设社会主义现代化国家开好局起好步。2024 年河北省将围绕法治建设工作开展形式多样的调查研究，努力在做深做实上下功夫，形成注重调研、贴近群众、求真务实、真抓实干的良好氛围。紧紧围绕党中央重大决策部署和全省工作大局，深入学习贯彻党的二十大精神和习近平总书记视察河北重要讲话精神，谋划制定《河北省人大常委会 2024 年立法计划》并扎实推进，为加快建设经济强省、美丽河北提供及时高效、坚强有力的法治保障。

2. 健全立法工作机制

深入推进科学立法、民主立法、依法立法，加强立法针对性、时效性、系统性以及科学性。以良法促善治、保善治。立法工作立足于服务改革、突出重点、补齐短板，通过立、改、废、释、纂、决定等，丰富立法形式，将修改法律逐步上升为立法工作的重要内容。及时废止不适应经济社会发展需求的法规，消除发展过程中的制度障碍。突出人大在立法工作中的主导作用，确保人大对地方立法关键环节的把握与调度。统筹全省与各地方立法工作步调，做到全省立法工作一盘棋。加强对重点立法项目的主导，保证立法质量，适时搁置不成熟法规提案。

3. 坚持加强重点领域、新兴领域、涉外领域创新立法工作

确保地方立法保障和促进河北省经济社会高质量发展。围绕优化营商环境，促进民营经济发展，聚焦放宽市场准入要求、维护公平竞争市场秩序、推进社会信用体系建设、支持市场化法治化重整等措施做好立法工作保障；围绕加强改善与保障民生工作，创新社会治理方面的法规与规章；围绕美丽

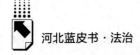

河北建设，统筹产业结构调整、污染治理、生态保护、应对气候变化，协同推进降碳、减污、扩绿、增长等方面的法规协同创新；围绕加强中国特色社会主义文化研究，以习近平文化思想统领新时代宣传思想文化工作。着力赓续中华文脉、推动中华优秀传统文化创造性转化与创新性发展。深入挖掘河北优秀传统文化，加强文化领域立法，更好传承燕赵文化；围绕完善涉外法律体系，增强问题意识，聚焦解决我国涉外法治工作中的重大问题。优化国内法与国家的关系，实现国内法与国际法的有效衔接和良性互动，协同推进国内治理与国际治理，更好保障和服务国家安全、发展利益。

（二）持续提升依法行政能力

1. 推动有为政府与有效市场更好结合，进一步优化市场化、法治化、国际化营商环境

营商环境是经济软实力的重要参考指标，围绕《关于营造走在全国最前列的营商环境三十条措施》，统筹谋划推动全省政务服务工作。建设一体化投资建设项目管理系统，创建企业服务中心，依托招投标“双盲”评审等措施，推动项目早落地、早开工、早投产，激发市场活力，促进公平竞争。推动涉企事项京津冀“同城服务”，协助雄安新区争取更多国家级审批权限等一批关键性、突破性、创新性举措，聚焦京津冀协同发展向纵深推进。积极协助雄安新区向国家部委争取下放更多国家级审批权限，全力服务雄安新区高质量建设、高水平管理、高质量疏解发展。

2. 健全依法行政制度体系

加快推进行政组织、程序、责任法定化，实现行政决策法定化，确保政府依法全面履行职能，建立各类行政活动的共通性程序制度，规范行政权力的行使程序。加强重点领域立法，如国家安全、生态安全、数字经济、科技创新、反垄断等必须必要的法律制度。系统总结“放管服”改革和行政复议制度改革的经验，复制推广国家营商环境创新试点改革举措，让好经验、好做法切实为经营主体减负担、增活力，助力全省营商环境持续改善。

3. 深化行政执法规范化建设

减少行政执法层级，加强基层执法力量。推进综合执法，整合执法主体，提高执法和服务水平。进一步加强对行政规范性文件的监督和管理，提升其法治化水平。规范行使行政裁量权，完善执法程序，加强执法监督。坚持严格规范公正文明执法，提高依法行政能力，有效推进行政执法规范化建设。加强行政执法案卷管理和评查、行政执法机关处理投诉举报、行政执法考核评议等制度建设，明确执法责任，杜绝利益性、牟利性执法，保障法律运行的刚性和硬度。

4. 畅通行政争议解决渠道，多元化解社会矛盾

贯彻新修订的《中华人民共和国行政复议法》，发挥行政复议化解行政争议主渠道作用。持续推进行政复议体制改革，完善行政复议程序，进一步提升行政复议办案质效。发挥行政裁决、行政复议、行政调解的作用，引导人民群众通过法定途径反映诉求、解决纠纷、维护合法权益。保障行政诉讼制度有效运行，贯彻司法最终原则。加强行政复议与行政诉讼衔接，形成深化诉源治理的合力。促进社会各类监督多元化发展，有机协调、相互贯通。确保行政权力在规范化、法治化轨道运行，让人民监督权力，让权力在阳光下运行。

（三）确保司法公正高效权威

推进政治机关建设，充分发挥河北法院大讲堂、院校战略合作等平台作用，妥善处理重大敏感案件。推进完善雄安新区知识产权法庭运行工作机制，全面加强雄安新区知识产权司法保护。加强对涉体育法问题研究，司法服务后奥运经济发展和京张体育文化带建设。深入推动司法改革创新，加强智慧法院建设，真正把改革创新成果转化为司法为民、公正司法的实际成效。持续加强与京津的协作，服务京津冀协同发展。全面充分履行“四大监察”职能，推进监督理念、体系、机制、能力现代化，深入实施数字检察战略，以高质量法律监督促进执法司法公正。

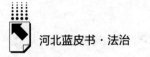

（四）持续提升全民普法实效

侧重发挥统筹、指导、协调作用，用好“谁执法谁普法”普法责任制的指挥棒，健全普法工作评估指标体系和监督评价体系，强化组织实施和监督检查，进一步压实部门普法责任。优化法治文化产品供给，深挖省级红色法治文化资源，大力支持雄安新区和京津冀协同法治建设工作，推动建设白洋淀法治文化圈，推动区域性法治文化集群建设，形成产品库。

地方立法

B.2

关于高标准高质量建设雄安新区立法保障研究

柴丽飞*

摘　要：　本文从立法体制、法律渊源入手论述河北雄安新区立法现状，指出立法保障不足原因，对现行法规价值和内容进行分析，在调研基础上提出数据、综合保税区、智能网联汽车、地下管廊、资质互认五个省级或者京津冀协同立法项目需求，同时提出需要国家层面立法关注的人民币贸易融资资产跨境转让、境外人才引进、税收优惠、境外投资备案管理等方面事项，以此为加强河北雄安新区法治建设提供思路建议。

关键词：　雄安新区　立法保障　高标准高质量

* 柴丽飞，河北省人大常委会法制工作委员会法规二处副处长，研究方向为地方立法。

2017年以来，河北雄安新区设立已经6年有余，从无到有、从蓝图到实景，一座高水平现代化城市正在拔地而起。2023年5月10日，习近平总书记在河北雄安新区考察，主持召开高标准高质量推进雄安新区建设座谈会并发表重要讲话，强调“雄安新区已进入大规模建设与承接北京非首都功能疏解并重阶段，工作重心已转向高质量建设、高水平管理、高质量疏解发展并举。要坚定信心，保持定力，稳扎稳打，善作善成，推动各项工作不断取得新进展”。[①] 为了推进雄安新区高标准高质量建设，加强立法保障十分必要、势在必行。本文将重点研究雄安新区立法现状、立法需求，并提出下一步立法建议。

一　河北雄安新区立法现状

研究河北雄安新区立法现状，首先要从立法体制角度出发，从法律渊源着手。目前中央层面尚没有关于雄安新区的法律、行政法规。省级层面，直接的法律渊源有两部，一部是《河北雄安新区条例》，一部是《白洋淀生态环境治理和保护条例》。设区市层面，保定市出台了《保定市白洋淀上游生态环境保护条例》，该条例制定目的虽然是保护治理白洋淀，确保白洋淀水质提升、水环境改善，但其适用范围系白洋淀上游地区，因此只能是保定市担当作为的保障性立法，严格意义来说并非雄安新区立法。从立法保障角度来看，保障显然远远不够，这与全面依法治国的总要求相差甚远，与建设国际一流水准的现代化城市目标不相适应，与高标准高质量推进雄安新区建设的实践需要还有较大差距。下面将分析造成这种现状的原因，介绍已出台法规的价值和下一步可供参考的路径。

（一）立法保障不足原因

从城市发展维度来讲，一是从城市建设来讲，雄安新区还处于大规模建

① 《坚定信心保持定力　稳扎稳打善作善成　推动雄安新区建设不断取得新进展》，习近平系列重要讲话数据库，2023年5月11日，http://jhsjk.people.cn/article/32683558。

设阶段，城市规模架构还未定型，目前塔吊林立，但产业集聚和人口集聚还未实现。二是从行政架构来说，公开层面雄安新区行政级别还未明确，目前雄安新区管委会还是河北省人民政府派出机构。三是承接疏解北京非首都功能已有阶段性成果，但与完成目标任务还有较大差距，承接规模、承接效益还没有充分展现。

从立法体制维度来讲，一是中央层面立法缺失，近年来雄安新区主要关注规划和大规模建设，对立法的关注度不够，立法工作本身具有一定的滞后性，目前公布的十四届全国人大常委会立法规划也没有关于雄安新区的立法项目。二是雄安新区建设阶段牵涉的利益关系、法律关系既复杂又特殊，考虑到社会稳定因素，立法仍需慎重。三是省级层面立法权限制约，目前河北省已经展现为雄安新区立法的强烈意愿，且已经付诸行动，但由于雄安新区的特殊定位，许多方面省级决策权有限，反映到立法权层面也是受限较多。

从立法与改革衔接维度来讲，一是雄安新区模式前所未有，具有唯一性，无论是深圳还是浦东新区都是在本省（市）范围内，没有跨省级行政区域，但雄安新区跨首都和河北省，必然存在更多桎梏制约需要克服，在这方面深圳、浦东新区实践经验难以借鉴。二是改革越到深处难度越大，体制机制障碍阻力越大，雄安新区全国高质量发展样板的定位必然会推动出台系列深度改革举措，但目前正反两方面经验还不充分，立法实践基础还不扎实。三是创造雄安质量是一项历史性工程，需要保持历史耐心，改革措施"掉头"容易，但立法作为治国重器，应稳扎稳打，坚持质量为上，确保立良法、促善治。

（二）现行法规立法分析

1.《河北雄安新区条例》

该法规出台于2021年7月29日，由河北省第十三届人大常委会第二十四次会议通过，于2021年9月1日起施行。法规制定时为雄安新区成立四周年，雄安新区已进入全面建设和有效承接疏解北京非首都功能加快落地阶段，法治保障需求越来越突出，也越来越紧迫。该法规是推进雄安新区规划建设在法治化、规范化轨道上行稳致远的关键性立法，是雄安新区第一部综合性法规。在起草条例期间，经省委同意将条例文本分别呈报中央全面依法治国委员会办公室、全国人大常委会办公厅、京津冀协同发展领导小组办公室、中央编委办、司法部征求意见。中央和国家有关方面对条例给予充分肯定，并对部分条款提出具体修改意见。2021 年 8 月 22 日，中央电视台《焦点访谈》节目专题报道《河北雄安新区条例》，得到了全社会高度关注。全国人大法制委员会、全国人大常委会法工委印发《法制工作简报》推广介绍立法经验。各方面高度关注和充分肯定，证明由河北省人大常委会为雄安新区立法的路径是可行的，且实际已经取得成功实践经验。

条例内容聚焦雄安新区功能定位和建设目标，全面贯彻落实习近平总书记关于雄安新区规划建设一系列重要指示批示精神和党中央以及省委重大决策部署，立足地方立法权限，结合新区实际，着力体现新区特色，共设十章八十条，主要规范了八个方面内容。一是明确雄安新区法律地位，规定雄安新区管理委员会是省人民政府的派出机构，参照行使设区市人民政府的行政管理职权，行使国家和省赋予的省级经济社会管理权限；二是强化规划刚性，确保一张蓝图干到底；三是对雄安新区高质量发展总体要求和北京非首都功能疏解承接重点、产业发展方向与空间布局、科技创新与成果转化、人才支撑战略具体目标路径作出具体规范；四是探索先行先试，赋予更大的改革自主权，明确自然资源资产产权制度改革，探索完善土地征收、供应政策，推进农村集体产权制度改革和完善国有企业资产管理体制，为改革开放提供税收、金融、人才、平台等支撑；五是践行生态文明，实行最严格的保护制度，加强水生态治理和保护，创新和完善市场化生态保护和治理机制，建立绿色生态城区指标体系；六是提升公共服务水平，加强政务服务、现代教育体系、养老服务建设，深化医疗卫生领域改革，创新公共文化服务模式，构建职住平衡的住房制度；七是推进协同发展，加强公共服务体系协同，推进交通一体化建设，搭建新型人口迁移政策，建设京津冀世界级城市群；八是强化法治保障，保护合法财产权益，加大知识产权保护力度，完善社会信用体系，加强社会矛盾纠纷多元预防调处化解，构建法治保障制度体系。

2.《白洋淀生态环境治理和保护条例》

2021年2月22日，河北省第十三届人民代表大会第四次会议表决通过该条例，2021年4月1日起施行。该条例创造了京津冀协同立法的新模式，体现了流域共抓大保护的理念，京津冀晋四省市人大在雄安新区召开联合座谈会，共同研讨交流。2021年9月7~9日，河北省人大常委会会同北京市、天津市和山西省人大常委会有关同志组成联合调研组，赴北京市房山区、天津市西青区、山西省大同市，以及河北省保定市、雄安新区开展专题调研活动。

条例共八章一百条，分别从总则、规划与管控、环境污染治理、防洪与排涝、生态修复和保护、保障与监督、法律责任和附则等方面，作出了系统全面的规范。一是明确坚持生态优先、绿色发展，统筹规划、协调推进，遵循规律、保障安全，属地负责、协同共治的原则，强调坚持补水治污防洪一体化建设，推进山水林田草淀城系统治理，建立京津冀晋流域协同治理机制和联席会议工作制度；二是突出规划与管控，完善规划实施统筹协调机制，强化国土空间规划和用途管控，加强监督和考核，严格落实“三线一单”制度，保障规划有序有效实施；三是落实属地责任，采取控源、截污、治河、补水等系统治理措施，明确禁止污染水体的十项行为，对旅游、船舶污染防治和清除围堤围埝等专门予以规范；四是加强防洪排涝安全体系建设，坚持流域防洪体系建设与雄安新区发展布局相结合，统筹水资源利用与防灾减灾、防洪排涝工程与生态治理和城市建设，推进海绵城市、韧性城市建设，确保雄安新区防洪排涝绝对安全；五是推进全流域生态修复与保护，科学确定保护和治理、自然和人工、生物和工程等措施，建立生态补水多元保障机制，推进生态廊道建设，构建以白洋淀为主体的自然保护地体系；六是建立健全监管保障机制，制定限期达标规划和实施方案，健全水生态环境质量监测和评价制度，强化河湖长制、林长制，实行白洋淀流域环境保护目标责任制和考核评价制度，加大多元化资金投入力度，设立自然资源资产审计、生态环保督察、约谈、信用惩戒等制度；七是从严设置法律责任，严格规定执法部门监管责任，明确生态环境损害赔偿责任，新增了违法采砂、违法修筑围堤围埝、未履行涉河湖工程设施日常检查维护等法律责任，切实增强条例的刚性和权威性。

两部法规一部是综合性法规，一部是专项法规，为建设法治雄安夯实基础，但还不成体系，仍需在各个领域加强调查研究，探索立法路径。

二　雄安新区省级立法建议

笔者在两次深入雄安新区调查研究基础上，梳理了雄安新区立法需求，因资料有限、实地调研难以面面俱到，无法做到全面系统，仅就发现的突出问题提出以下立法建议。

（一）关于雄安新区数据立法

《河北雄安新区规划纲要》《中共中央　国务院关于支持河北雄安新区全面深化改革和扩大开放的指导意见》等重要文件都对雄安新区建设数字城市提出明确要求。河北省人民政府办公厅印发的《加快建设数字河北行动方案（2023—2027 年）》提出，把雄安新区建成全球数字城市新标杆。雄安新区设立以来，坚持数字城市与现实城市同步规划、同步建设，目前数字城市的四梁八柱“一中心四平台”（雄安城市计算中心、块数据平台、物联网平台、视频一张网平台、CIM 平台）已经基本建成，在数据管理、数据发展应用、数字基础设施、数据要素市场等方面初见成效，数字城市运行底层平台能力日益凸显，且已制定出台十几项涵盖管理、技术、数据、安全的数据标准与管理办法，但仍存在数据权属不清、数据监管体系不完善、个人隐私保护性低等问题，亟须通过立法形式予以规范调整。为此，建议尽快出台《河北雄安新区数据条例》，通过立法形式对数据权属、个人信息保护、数据开放共享、数据交易、数据流通、数据安全以及知识产权保护等方面进行规范，将雄安新区在国家数字经济创新发展试验区建设中的经验做法上升为法规规范，为全省数字经济发展打造雄安样板、树立雄安标杆。

（二）关于综合保税区立法

《河北雄安新区规划纲要》提出“支持以雄安新区为核心设立中国（河北）自由贸易试验区，建设中外政府间合作项目（园区）和综合保税区，大幅度取消或降低外资准入限制，全面实行准入前国民待遇加负面清单管理模式，更好地以开放促改革、以开放促发展”。2023年6月25日，雄安综合保税区正式获得国务院批复同意设立。由于综合保税区立法属于地方立法权限范围，已有多个地方如广东省、贵阳市等制定了保税区法规，建议可以由雄安新区管委会或者省政府对口部门先行启动专项立法调研起草工作，由省人民政府提出议案，再由省人大常委会审议通过。同时，省级层面出台相应配套管理办法，固化包括新业态新模式发展及海关监管创新等在内的各项支持政策措施。

（三）关于智能网联汽车交通管理

随着智能网联技术的不断发展，我国智能网联汽车数量不断增长。国家发改委预计，2025年我国智能汽车渗透率将达82%，智能汽车数量将达2800万辆；2030年我国智能汽车渗透率将达95%，智能汽车数量约为3800万辆。目前国内仅有两部关于智能网联汽车的法规，一是《深圳经济特区智能网联汽车管理条例》，这是国内首部关于智能网联汽车管理的法规，对智能网联汽车自动驾驶的定义、市场准入规则、路权、权责认定等多方面进行了具体规定。深圳成为国内首个为L3级乃至更高级别自动驾驶放行的城市。二是《上海市浦东新区促进无驾驶人智能网联汽车创新应用规定》，推动规范开展无驾驶人智能网联汽车道路测试、示范应用、示范运营、商业化运营等创新应用活动以及相关监督管理。按照雄安新区相关规划要求，未来新区公共交通体系以智能网联汽车和轨道交通为主，目前国家尚未出台有关智能网联汽车管理的法律法规，特别是交通事故认定、智能网联汽车注册登记等方面都没有明确的法律规定，建议可以借鉴深圳、上海浦东立法经验，加强研究论证，条件具备时由新区提出立法建议，由省人大常委会制定《河北雄安新区促进智能网联汽车应用规定》。

（四）关于地下管廊立法

习近平总书记在雄安新区考察时指出："要在建设立体化综合交通网络上下功夫，在充分利用地下空间上下功夫，着力打造一个没有'城市病'的未来之城，真正把高标准的城市规划蓝图变为高质量的城市发展现实画卷。"[①]《河北雄安新区规划纲要》等重要文件也对合理开发利用地下空间作出规定。雄安新区从规划建设之初便提出了先地下、后地上的理念，创新做好城市的"里子"，先行建设地下综合管廊，让水、电、气、信、热等城市基础设施管网住进"集体宿舍"，共享统一的地下空间。新区规划建设地下综合管廊约300公里，分布在起步区、容城组团等，目前已建成136公里，投用92.4公里，服务城市生活；还建立了地下综合管廊智慧化平台，包括环境设备监控系统、安全防范系统、火灾自动报警系统、可燃气体探测报警系统、通信系统、基础设施等各类智能化系统。地下综合管廊体现的是现代化城市规划建设的理念之新。雄安新区作为新建城市，在利用地下空间方面具有其他城市不可比拟的优势，大有可为。为雄安新区合理利用地下空间提供法治保障必要性强、意义重大，建议从制定专项法规着手，适时启动《河北雄安新区地下综合管廊保护和管理条例》制定工作。

（五）关于京津冀企业资质资格互认

推进京津冀三地企业资质资格互认，是加强京津冀政务协同，推动行政许可结果互认，降低制度性交易成本的前提和基础。2023年8月，京津冀

① 《坚定信心保持定力　稳扎稳打善作善成　推动雄安新区建设不断取得新进展》，习近平系列重要讲话数据库，2023年5月11日，http：//jhsjk. people. cn/article/32683558。

三地政务管理服务部门联合发布《京津冀资质资格互认清单（第一批）》，共涉及50个主项、165个子项，并要求进一步明确互认方式、推进审管协同、强化数据赋能、加强政策宣传、做好组织保障，这项工作仍有继续拓宽、深化的必要。建议京津冀三省市人大常委会加强协同立法，协同出台《关于推进京津冀企业资质资格互认的决定》，为促进京津冀区域营商环境协同发展提供有力法治保障。

三　需要国家层面立法关注事项

根据部分领域的需求，有的可以通过立法规范，有的可以通过试点工作推进，但总体上应当在法治轨道上运行为妥，由于地方立法权限制约和雄安新区的特殊地位，建议国家层面立法对下列事项予以重点关注。

（一）关于调整适用《土地管理法》

土地征收是雄安新区规划建设的重要工作之一。由于时间紧、任务重，雄安新区在土地征收方面的一些做法，与《土地管理法》等法律法规中关于土地征收程序的规定不完全符合。目前，雄安新区的征迁安置政策主要包括《雄安新区集体土地征收补偿安置办法》《雄安新区国有土地收回补偿办法》《雄安新区被征地群众民生保障实施办法》等。这些政策文件是雄安新区贯彻落实征迁安置工作的基本依据和主要遵循，但其中一些规定值得推敲。如根据公开资料，通过对2019年第1号、第2号征收土地和补偿安置方案公告的解读，以及和《土地管理法》有关法规比对，发现确实有与法律要求不一致的地方。仅举一例，如《土地管理法》第四十七条关于征求意见不少于30日的规定，在公告中征求意见时限是10日内。这些因素在一定程度上导致土地征收难度增大，也产生一些土地纠纷，涌入诉讼渠道，案件办理难度很大。

笔者认为，雄安新区土地政策在服务新区发展需要的同时，必须统筹兼顾各方利益，既严格执行国家法律政策，又尊重历史、面对现实；既考虑普遍性，又兼顾特殊群体的合理诉求；既考虑现实利益，更兼顾长远利益。现在雄安新区已进入大规模建设与承接疏解北京非首都功能并重阶段，工作重心已转向高质量建设、高水平管理、高质量疏解发展并举。法治是最好的营商环境，法治护航摆在了更加突出重要的位置。在今后征地拆迁工作中，建议严格遵守《土地管理法》等有关法律法规规定，一定要慎之又慎，避免突破法律法规的做法和现象。《中共中央 国务院关于支持河北雄安新区全面深化改革和扩大开放的指导意见》指出，创新土地管理制度，建立健全程序规范、补偿合理、保障多元的土地征收制度，深化农村土地制度改革，深入推进农村土地征收、集体经营性建设用地入市、宅基地制度改革。如果出于客观需要和改革需要，必须突破《土地管理法》等法律法规规定的，应当由雄安新区管委会报省人民政府后，向省人大常委会提出建议，由省人大常委会向全国人大常委会法工委请示汇报，由全国人大常委会法工委及时作出调整适用或者暂停适用有关条款的法律性质的决定。

（二）关于境内人民币贸易融资资产跨境转让

推进跨境人民币发展，对于降低汇率风险、减少汇兑成本、提高人民币流通效率、确保金融安全、完善国际货币体系具有重要意义。《中国（河北）自由贸易试验区总体方案》明确指出，“推动跨境人民币业务创新。支持自贸试验区内银行按规定发放境外人民币贷款，探索开展境内人民币贸易融资资产跨境转让业务，并纳入全口径跨境融资宏观审慎管理。支持企业境外母公司按照有关规定在境内发行人民币债券”。国家已经赋予雄安新区开展境内人民币贸易融资资产跨境转让业务的权力，建议国家在立法层面赋权，促成实际运行该业务。

（三）关于境外投资备案管理权限

《企业境外投资管理办法》第十三条规定：“实行核准管理的范围是投资主体直接或通过其控制的境外企业开展的敏感类项目。核准机关是国家发展改革委。”第十四条规定：“实行备案管理的范围是投资主体直接开展的非敏感类项目，也即涉及投资主体直接投入资产、权益或提供融资、担保的非敏感类项目。实行备案管理的项目中，投资主体是中央管理企业（含中央管理金融企业、国务院或国务院所属机构直接管理的企业，下同）的，备案机关是国家发展改革委；投资主体是地方企业，且中方投资额3亿美元及以上的，备案机关是国家发展改革委；投资主体是地方企业，且中方投资额3亿美元以下的，备案机关是投资主体注册地的省级政府发展改革部门。本办法所称非敏感类项目，是指不涉及敏感国家和地区且不涉及敏感行业的项目。本办法所称中方投资额，是指投资主体直接以及通过其控制的境外企业为项目投入的货币、证券、实物、技术、知识产权、股权、债权等资产、权益以及提供融资、担保的总额。本办法所称省级政府发展改革部门，包括各省、自治区、直辖市及计划单列市人民政府发展改革部门和新疆生产建设兵团发展改革部门。”目前，河北省上述两项备案均在省级发改委。鉴于计划单列市深圳等均有备案权限，建议通过国家层面修改法规方式，支持雄安新区承接“中方投资额3亿美元以下（敏感国家和地区、敏感行业除外）的地方企业境外投资项目备案”“国内企业在境外开办企业（境外企业除外）备案”等省级管理权限，为企业“走出去”提供更加便利的服务。

（四）关于税收优惠

《中共中央　国务院关于支持河北雄安新区全面深化改革和扩大开放的指导意见》要求“推进税收政策创新。加强北京市企业向雄安新区搬迁的税收政策引导，推动符合雄安新区功能定位的北京市高新技术企业加快转移迁入。对需要分步实施或开展试点的税收政策，凡符合雄安新区实际情况和功能定位的，支持在雄安新区优先实施或试点”。河北省税务局印发《关于发挥税收职能作用进一步服务雄安新区高质量发展的意见》，从研究推进财税政策落实、持续优化税收营商环境、深化拓展税收共治格局、提升以税咨政工作质效四个方面提出15条举措，服务和支持雄安新区建设发展向更深层次、更高水平、更大成效不断迈进。目前，雄安新区企业所得税按15%税率收取，个人所得税超过15%部分不再收取，与粤港澳大湾区税收政策相比没有吸引力，应当在流转税领域给予更多优惠政策。但是按照《立法法》第十一条第（六）款“税种的设立、税率的确定和税收征收管理等税收基本制度”只能制定法律的规定，河北省地方立法机关可以就税收优惠服务政策作出规定，但没有上位法授权不能就税率作出具体规定。为推进雄安新区税收政策创新，建议积极向全国人大争取由全国人大出台有关法律性质的决定，或者争取全国人大授权河北省立法。

B.3

河北省平安建设条例立法研究

刘　勇*

摘　要：　制定《河北省平安建设条例》，是贯彻落实习近平总书记关于平安建设重要论述和重要指示批示精神及中央重大决策部署的迫切需要，是固化河北省平安建设成效的迫切需要，是破解当前平安河北建设痛点堵点难点问题的迫切需要，是凝聚平安建设工作各方合力的迫切需要。制定《河北省平安建设条例》，应贯彻落实习近平法治思想以及习近平总书记关于平安建设重要论述和重要指示批示精神，吸收借鉴外省市平安建设立法经验，以主动创安为总基调，聚焦重点难点，巩固深化经验，确保务实管用，使河北省平安建设实现制度上有法可依、力量上由散到聚、协同上由分到合的历史性转变。

关键词：　平安建设　地方立法　《河北省平安建设条例》

建设更高水平的平安河北，是河北省长治久安之策。“法者，治之端也。”建设更高水平的平安河北，法治是最重要的支撑、最根本的保障。按照党的二十大精神以及中央新的决策部署要求，制定河北省平安建设领域综合性、基础性法规《河北省平安建设条例》非常迫切也十分必要。

* 刘勇，河北省社会科学院副研究员，研究方向为社会治理法、网络法、文化法。

一　制定《河北省平安建设条例》的必要性和紧迫性

（一）制定《河北省平安建设条例》是贯彻落实习近平总书记关于平安建设重要论述和重要指示批示精神及中央重大决策部署的迫切需要

党的十八大以来，以习近平同志为核心的党中央高度重视平安建设法治化工作。2021 年 3 月，中共中央办公厅和国务院办公厅印发《关于建设更高水平的平安中国的意见》，要求加强平安建设领域立法工作。这一重要决策部署为河北省推进平安建设立法工作提出了刚性要求、明确了具体任务。

《河北省社会治安综合治理条例》已实施三十余年，随着改革和发展的不断深入，一些新矛盾和新问题不断出现，该条例滞后于社会实践的矛盾日益凸显，其内容、名称、工作目标和工作职责等都已经不适应新时代的新要求。目前，广东、天津、新疆、西藏、山西、浙江等省市已出台平安建设专项地方性法规。河北省应结合工作实际，及时主动推动平安建设法治化这项战略任务，制定平安河北建设领域的专项地方性法规。通过制定《河北省平安建设条例》，为今后一段时期推进更高水平平安河北建设夯实制度基础，提高河北省平安建设规范化、制度化、法治化水平，打造平安建设法治化的“河北样本”“河北模式”“河北经验”，形成可复制可推广的平安建设制度体系。

（二）制定《河北省平安建设条例》是固化河北省平安建设成效的迫切需要

近年来，河北省认真贯彻落实习近平总书记关于平安中国建设重要指示精神，牢固树立“大平安”理念，把平安河北建设作为“一把手”工程一体推进，积累了不少行之有效的成功经验、做法，迫切需要通过立法予以系统固化，使其进一步系统化、规范化，增强其权威性、实效性和法律约束力。制定《河北省平安建设条例》，可以及时把河北省平安建设中成熟的政策规定、经验做法和工作机制上升为普适性的法规制度，彰显以法治精神促进、巩固、深化、提升平安河北建设的历史自觉，夯实长治久安的制度根基。

（三）制定《河北省平安建设条例》是破解当前平安河北建设痛点堵点难点问题的迫切需要

平安建设是一项基础性、战略性、全局性、底线性工作，是一项系统工程，涉域广泛、内容复杂、主体多元。近年来，在河北省委的坚强领导下，河北省平安建设取得了明显成效，但平安建设实践中仍面临体制机制不够完善、部门职责边界不够清晰、协同共治合力不够充分、基层基础建设不够扎实等问题，迫切需要通过法治化手段予以解决。通过制定《河北省平安建设条例》，在更高层次上保平安、护权益、促和谐，有利于将有关平安建设的各类要素进行有效整合，补短板、强弱项，在地方立法层面系统解决平安建设痛点难点堵点问题。

（四）制定《河北省平安建设条例》是凝聚平安建设工作各方合力的迫切需要

2018年机构改革后，河北省综治、维稳、反邪教等工作机构被撤销，这些领域的业务纳入平安建设新范畴。政治安全和社会治理等方面的业务丰富和发展了平安建设新内涵。河北省平安建设的主体涉及众多成员单位，既包括党委和政府有关部门，也包括群团组织、企事业单位和公民等方方面面。制定《河北省平安建设条例》，有利于适应机构改革后的新形势新变化，整合资源力量，明确职责分工，理顺工作机制。

二　制定《河北省平安建设条例》的指导思想和基本思路

（一）制定《河北省平安建设条例》的指导思想

制定《河北省平安建设条例》的指导思想是，始终以习近平新时代中国特色社会主义思想为指导，深入贯彻习近平法治思想以及习近平总书记关于加强平安建设的系列重要讲话、重要指示批示精神，深刻把握新时代河北省平安建设规律特点，吸收借鉴外省市平安建设立法经验，以主动创安为总基调，聚焦重点难点，巩固深化经验，确保务实管用，使河北省平安建设实现制度上有法可依、力量上由散到聚、协同上由分到合的历史性转变。

（二）制定《河北省平安建设条例》的基本思路

一是贯彻落实习近平法治思想以及习近平总书记关于平安建设重要论述和重要指示批示精神。制定《河北省平安建设条例》，应以习近平新时代中国特色社会主义思想为指导，深入贯彻习近平法治思想，将习近平总书记关于平安建设重要指示批示精神以及党中央有关决策部署，转化为全省人民的共同意志和全社会一体遵循的行为，坚持在法治轨道上推进平安河北建设，提升河北省社会治理体系和治理能力现代化水平。

二是坚持人民至上。民为邦本，本固邦宁。党的十九届六中全会把“坚持人民至上”作为我们党百年奋斗的十条历史经验之一，充分体现了党的性质宗旨、初心使命和动力之源。建设更高水平平安河北，要坚持平安河北建设为了人民。人民群众作为平安河北建设的直接参与者和受益者，是推进平安河北建设的根基所在，也是平安河北建设的力量源泉。制定《河北省平安建设条例》，应牢固树立人民至上的理念，遵循“平安河北建设为人民，河北平安依靠人民、平安河北成果人民评”的思路。此外，《河北省平安建设条例》制定过程中应广泛征求民意、集中反映民智、充分保障民权，彰显全过程人民民主的价值理念和基本要求。

三是贯穿主动创安理念。应将主动创安理念贯穿《河北省平安建设条例》全过程、全方面，主动预测、预警、预防各类风险隐患。例如，《河北省平安建设条例》应强调进一步加强社会治安防控体系、平安建设信息共享机制、网格化服务管理、公共法律服务体系、社会心理服务体系、平安文化等建设，提高主动创安的能力水平。又如，《河北省平安建设条例》应对重大决策社会风险评估机制作出相应规定，前瞻性做好预测预警预防，从源头上减少重大风险隐患。

四是牢牢把准立法定位。平安河北建设涉及方方面面，内容包罗万象，涉及问题繁多，需要调整的法律关系复杂，而且现行大量法律法规已对其中不少问题进行了规范。为此，制定《河北省平安建设条例》应坚持两个原则。首先是科学性原则。遵循总体国家安全观，涵盖平安河北建设的基本内容，体现平安河北建设的基本规律，着力解决平安河北建设的基本问题。其次是必要性原则。遵照“从地方实际出发，解决突出问题”的立法要求，不追求面面俱到，不搞“鸿篇巨制”，力争详略得当，确保法规条文立得住、真管用。对没有法律法规规定，且属于平安河北建设基本内容的予以详细规定，如社会风险防控方面等；对已有法律法规规定但力度还不够的，予以着重补充；对其他的事项根据实践需要做提示性规定。

五是聚焦解决难点问题。《河北省平安建设条例》应坚持以人民为中心，坚持底线思维，紧紧抓住人民群众反映突出的堵点、痛点，以及河北省平安建设的重点、难点和瓶颈短板，作出一系列具有针对性的规范，提出制度性解决方案。

六是总结固化成功经验。《河北省平安建设条例》应注重吸纳河北省平安建设实践证明行之有效、各方面普遍认可的好机制好做法，如将市域治理创新、基层综治中心建设、网格化服务管理、社会心理服务体系建设、矛盾纠纷排查化解、重点人群管理、社会稳定风险评估、综治维稳领导责任制、平安建设考评奖励等相应条文予以固定。

七是突出体现河北特色。例如，随着京津冀一体化协同推进，京津冀平安建设合作日益频繁，应充分发挥立法的引领、推动、保障作用，在《河北省平安建设条例》中对京津冀区域平安建设合作作出专章规定，对京津冀矛盾纠纷联排机制、联合打击防控机制、应急联动机制、信息共享机制等作出明确规定。又如，“雪亮工程”、综治视联网系统等信息化技术手段已成为河北省平安建设的“利器”，应将科技支撑作为《河北省平安建设条例》的重要内容，推动提升平安河北建设智能化、信息化水平。

三　关于《河北省平安建设条例（征求意见稿）》的意见和建议

河北省相关部门已起草完成《河北省平安建设条例（征求意见稿）》。该征求意见稿具有较强的针对性、适用性和可操作性。征求意见稿始终以习近平新时代中国特色社会主义思想为指导，贯彻中央和河北省委部署要求，坚持以人民为中心，深刻把握新时代平安河北建设规律特点，紧紧抓住人民群众反映突出的堵点、痛点以及河北省平安建设的重点、难点和瓶颈短板，将经过实践检验、行之有效的政策措施和经验做法提炼为可操作的制度规定，体现了地方特色，制度设计比较全面，工作措施的针对性、操作性、可行性较强。但是，《河北省平安建设条例（征求意见稿）》仍需进一步修改完善。

（一）应明确平安建设领导机构下设办公室及其职责

近年来，河北省各级平安建设领导小组及其办公室统筹协调平安建设责任单位，持续深化“大平安”“大治理”理念，从严从实从细做好平安河北建设各项工作，打造平安建设多元共治新模式，开创了平安河北共建共治共享新格局。其中，各级平安建设领导小组办公室负责领导小组的日常工作，协调督促有关方面落实领导小组决定事项、工作部署和要求等。《河北省平安建设条例》应明确平安建设领导机构下设办公室及其职责，通过立法推动省市县三级平安建设领导小组办公室运行制度化、规范化、常态化、科学化，推进省市县三级平安建设领导小组办公室工作由虚向实、由软向硬转变。

（二）增加平安创建的相关规定

习近平总书记强调，“深化平安创建活动，加强基层组织、基础工作、基本能力建设，全面提升平安中国建设科学化、社会化、法治化、智能化水平，不断增强人民群众获得感、幸福感、安全感”。[①] 近年来，河北省开展了平安河北建设示范县（市、区）等平安创建活动，探索出了一些好经验、好做法。建议在《河北省平安建设条例》中增加“平安建设领导机构应当按照有关规定组织开展平安建设示范县（市、区）、镇（街道）以及平安校园、平安企业、平安家庭等平安创建活动”等内容，对平安创建经验进行凝练和固化。

（三）增加领导干部接访下访的相关规定

2003年，时任浙江省委书记的习近平同志亲自倡导并带头到浦江县下访接待群众，推动形成了以“变群众上访为领导下访，深入基层，联系群众，真下真访民情，实心实意办事”为主要内容的“浦江经验”。建议在《河北省平安建设条例》中增加领导干部下访接访的相关规定，将传承和践行“浦江经验”上升为法规内容，在立法层面予以确认。

（四）增加科技支撑的相关规定

建设更高水平的平安河北，应强化科技支撑作用。建议在《河北省平安建设条例》中增加“采取措施加强平安建设领域的科技支撑能力建设，将平安建设领域的科技创新作为重点支持领域；鼓励高等学校、科研机构、平安建设领导机构和平安建设责任单位等协同开展科技攻关；鼓励和支持平安建设领域科研成果推广应用”等内容，推动现代科技与平安河北建设深度融合，不断提升平安河北建设科学化、精细化、智能化水平。

（五）完善群众参与平安共建的相关规定

平安河北建设，需要公民的积极参与。建议在《河北省平安建设条

---

① 《习近平对平安中国建设作出重要指示强调　全面提升平安中国建设水平　不断增强人民群众获得感幸福感安全感》，央视网，2020年11月11日，https：//news.cctv.com/2020/11/11/ARTIjw5yfnSv6xmw4xJmm8TP201111.shtml。

例》中增加“公民应当遵守法律和社会公德，积极检举、揭发和制止违法犯罪行为，有义务向司法机关如实作证；公民应当增强自我防护意识，提高安全防范能力，教育未成年子女遵纪守法，促进家庭和邻里关系和谐”等内容。

B.4

河北省畜禽屠宰安全法治化研究

安晓鹏*

摘　要： 民以食为天，食以安为先。习近平总书记多次对食品安全工作作出重要指示，强调最严谨的标准、最严格的监管、最严厉的处罚、最严肃的问责。畜禽屠宰是肉类产业链中的关键环节，直接关系肉类产品质量安全和公众身体健康，为守护人民群众“舌尖上的安全”，提高畜禽屠宰监管水平，要通过制度设计实现源头上严防、过程中严管、风险面严控、违法方严打，有效构建畜禽屠宰安全法治化屏障。

关键词： 畜禽屠宰　法治保障　屠宰厂（点）

由于我国传统农业生产格局和饮食习惯的影响，肉制品市场一直以来都以猪肉制品为主，但随着经济社会的发展和居民生活水平的提高，消费肉类产品的比例结构也在发生变化，脂肪含量较低、蛋白质较丰富的牛羊鸡鸭等肉类所占比重不断提高。畜禽屠宰是连接畜禽养殖与消费的关键环节，对保障畜禽产品质量安全至关重要。习近平总书记强调，“食品安全是民生工程、民心工程”。[①] 强化食品安全法治建设，让广大人民群众吃上“放心肉”，加强法治保障是必然要求。

---

* 安晓鹏，河北省司法厅立法二处副处长，研究方向为行政立法。

① 《习近平对食品安全工作作出重要指示》，习近平系列重要讲话数据库，2016 年 1 月 28 日，http：//jhsjk. people. cn/article/28093575。

一　畜禽屠宰发展状况调查

（一）畜禽屠宰制品产量比较

经济学领域有一个很出名的“牛肉消费理论”。该理论认为，随着国家经济的发展，国民饮食结构的变化和国民消费的升级，当一个国家的人均 GDP 达到 1000～1500 美元的时候，牛肉消费热就会如约而至。2001 年我国人均 GDP 首次突破了 1000 美元，2022 年人均 GDP 达到了 1.27 万美元。事实上也确实如此，随着我国经济水平的不断提升，居民的健康消费意识也在不断增强，消费者对饮食健康、营养的需求越来越强烈，仅仅满足蛋白质摄入的猪肉产品已不能满足需求，脂肪含量低、蛋白质丰富的牛羊肉制品受到越来越多消费者的青睐，其市场消费量占比也逐渐提升。

根据《中华人民共和国 2022 年国民经济和社会发展统计公报》，2022 年，全国猪牛羊禽肉产量 9227 万吨，比 2021 年增长 3.8%。其中，猪肉产量 5541 万吨，增长 4.6%；牛肉产量 718 万吨，增长 3.0%；羊肉产量 525 万吨，增长 2.0%；禽肉产量 2443 万吨，增长 2.6%。根据农业农村部网站公布的统计数据，2022 年，河北省猪肉产量 273.4 万吨，比 2021 年增长 2.9%；牛肉产量 58.1 万吨，比 2021 年增长 4%；羊肉产量 36.9 万吨，比 2021 年增长 8.9%；禽肉产量 107 万吨，比 2021 年增长 1.3%。

从统计数据来看，牛羊鸡等肉类的市场需求所占比重不断提高，河北省是畜牧业养殖大省，也是猪牛羊禽肉产品生产和消费大省，更是京津冀大部分畜禽产品的供应基地，目前共有畜禽定点屠宰企业 467 家。保障牛羊鸡等禽肉产品质量安全至关重要，关系人民群众食品安全和生命健康安全，关乎人民群众对政府的信任度和人民群众获得感、幸福感、安全感。加强畜禽屠宰管理，系政府职责所在。

（二）畜禽屠宰行业状况分析

1. 畜禽屠宰行业现状

知名企业引领行业发展。河北千隆食品有限公司以生猪屠宰、加工为主业，是目前河北省规模最大、设施最先进的生猪屠宰企业之一，被河北省肉类协会授予生猪屠宰5A级信用企业、现代化生猪屠宰示范基地、标准化生猪屠宰示范基地，千隆品牌也被认证为河北省驰名商标。河北乐寿鸭业有限责任公司是集种鸭繁育、饲料生产、肉鸭养殖、屠宰制坯、冷链物流于一体的省级农业产业化龙头企业，先后多次被河北省人民政府评为“省级农业化经营重点龙头企业”。“乐寿”牌鸭产品，是农业农村部备案的进“京、津、沪”知名品牌。

牛羊鸡屠宰企业发展相对滞后。全省经设区的市（含定州、辛集）人民政府批准，在省级农业农村部门备案的牛羊鸡定点屠宰企业共220家。其中，肉牛屠宰加工业企业以中小型企业为主，规模加工企业不多，机械化屠宰程度不高，总体上加工水平参差不齐，大部分屠宰加工企业以屠宰分割为主，多数未使用牛肉品质分级标准，产品以四分体、冻品为主，高端牛肉相对较少，加工深度不足。大部分屠宰加工企业的产品销售以批发商、农贸市场等低端市场为主，市场消费层级较低，除福成等少数品牌外难以产生有影响力的牛肉品牌。肉羊屠宰加工业规模加工企业少，标准化、规范化不足，工艺相对落后，高端羊肉产品较少，企业收益较低，大部分屠宰企业以销售羊胴体为主，普遍未使用羊肉品质分级标准，加工深度不够，羊肉品牌影响力不大。肉鸡产品以冷、鲜为主，深加工与半成品欠缺，大部分企业重产量、轻品质，以销售初级产品为主，品牌建设和宣传力度不够，在京津及全国大中城市高端市场知名度较低。

2. 现阶段畜禽屠宰行业存在的问题

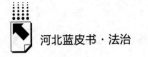

第一，在落实国家要求层面，国家要求对生猪以外的其他畜禽实行定点屠宰，由地方省级层面制定具体办法。而实际上各省份对牛羊鸡是否实行定

点屠宰的要求有所不同，非定点地方的牛羊鸡屠宰要求低、费用少，肉品的价格就有优势，从而导致存在一定程度的不公平竞争。

第二，在基层监管层面，畜禽屠宰监管任务繁重、责任大，受市、县农业农村主管部门执法人员、经费保障等不足的限制，一定程度上影响了监管工作的开展。

第三，在屠宰方式层面，牛羊机械化屠宰占比较低，人工成本占比高，产出低，整体效益较差。

第四，在产品供应层面，畜禽产品中低端产品较多、同质化较严重，高端和特色产品较少，特别是受进口肉、走私肉的影响，全省肉牛产能利用率低，大多数肉牛屠宰企业经营存在一定困难。

第五，在抵御风险层面，由于产业链条不完整，产品种类单一以及屠宰企业向养殖、肉品深加工、品牌建设、市场销售等环节延伸少，企业缺少利润增长点、发展空间有限，牛羊鸡屠宰企业抗市场风险能力较弱。

（三）屠宰企业对行业发展的期待

通过实地调研、听证会、座谈会、公开征求意见等多种形式加强调查研究，听取屠宰企业、专家学者等多方的意见和建议，梳理总结出以下几个方面内容。

一是提升监管法律的层级。尽快出台地方性法规，有效保持屠宰许可的连续性，提高牛羊鸡屠宰管理法治化水平，构建良好的畜禽屠宰管理法治环境。

二是加大政策支持力度。屠宰行业是微利行业，是保障肉品质量安全重要环节，是民生保障的重要组成部分。各级政府应该出台相关支持政策，鼓励企业做大做强，推动行业发展进入快车道。

三是扩大畜禽补贴范围。随着社会的发展、人民生活水平的提高，肉食品品种日渐丰富，牛羊鸡肉品所占比重越来越大，病死畜禽流入市场的可能性日益增加。为进一步确保肉食品安全，应将病害生猪资金补贴扩大到全部病死畜禽。

四是完善企业退出机制。完善退出机制，淘汰行业过剩低端产能，促进市场公平竞争，培育一批高水平高质量高效益、符合市场需要的标准化屠宰企业，提升屠宰行业规模化、标准化、现代化水平。

五是推动产业融合发展。国家提供各种方式的资金支持政策，积极推动屠宰企业延伸产业链条，鼓励畜禽屠宰企业建设自有养殖基地，与养殖企业、合作社、养殖小区、养殖户签订合作协议，培育养殖、屠宰、冷储、销售、配送一体化的一、二、三产业融合发展企业。

二 河北省畜禽屠宰安全保障法治体系

（一）畜禽屠宰安全保障法治状况综述

近年来，河北省先后制定了一系列规章政策加强畜禽屠宰管理，2009年出台了《河北省畜禽屠宰管理办法》（以下简称《办法》），2015年出台了《河北省人民政府办公厅关于建立病死畜禽无害化处理机制的实施意见》，要求建立集中无害化处理及收集体系和自行无害化处理体系，并落实国家对病死猪养殖者和集中无害化处理者给予每头共80元的补贴。2018年制定了《河北省畜禽屠宰证章牌管理办法》等，建立了比较严格的法治体系。

（二）《办法》与经济社会发展现状“不匹配”

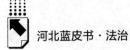

作为河北省畜禽屠宰管理方面基础性的政府规章，《办法》规定对猪牛羊鸡实行定点屠宰制度，为保障人民群众食品安全发挥了重要作用。随着经济社会的不断发展和人民群众生活水平的逐渐提高，河北省存在畜禽屠宰厂（点）管理不规范、屠宰厂（点）设置与需求不匹配、私屠滥宰屡禁不止等问题，不仅危害群众切身利益，也阻碍了畜禽屠宰行业的进一步发展。近年来，国家先后修订了食品领域的法律法规，2021年修订了《食品安全法》《动物防疫法》《生猪屠宰管理条例》，2022年修

订了《畜牧法》《农产品质量安全法》等多部法律法规，对畜禽屠宰管理提出了更高的要求、更新的标准，《办法》存在不适应新形势的薄弱环节和问题。

一是与上位法法律责任规定不一致。《办法》与新修订的《生猪屠宰管理条例》法律责任不一致。例如，《办法》规定未经定点从事畜禽屠宰活动的，处货值金额三倍以上五倍以下罚款，货值金额难以确定的，对单位并处十万元以上二十万元以下的罚款，对个人并处五千元以上一万元以下的罚款。修订后的《生猪屠宰管理条例》规定未经定点从事生猪屠宰活动的，货值金额不足一万元的，并处五万元以上十万元以下的罚款；货值金额一万元以上的，并处货值金额十倍以上二十倍以下的罚款。

二是畜禽屠宰管理法律层级有待提升。根据我国行政许可设定权限的划分，法律、行政法规、地方性法规有行政许可的设定权，地方政府规章只能设定临时性行政许可。临时性行政许可只有一年的法律效力，一年以后，其他市场主体可以自由进入这个领域。《办法》是政府规章，对牛羊鸡屠宰管理只能设定临时性的行政许可，在法律效力上存在局限性，不利于提高河北省牛羊鸡屠宰管理法治化水平。

三是屠宰企业主体责任有待进一步落实。全省中小型牛羊鸡等畜禽屠宰企业多以“代宰”方式为主，发展水平参差不齐，对自我应承担的法律责任认识不够，肉品检验设施和兽医卫生检验技术人员配备不足，肉类产品质量安全主体责任难以落实，严重制约了屠宰行业的健康发展。

四是为从根本上消除行业积弊，建立全过程的畜禽屠宰管理制度，进一步规范屠宰企业建厂标准、生产控制、质量安全和监督管理，推动屠宰行业落实食品安全主体责任，提升畜禽产品质量安全保障水平，完善相关立法是必然要求。

畜禽屠宰行业关系人民群众的切身利益，是国计民生的大事，为保障和改善民生，积极回应人民群众对肉食品安全的热切期盼，2023 年，省人大常委会、省政府将《河北省畜禽屠宰管理条例》（以下简称《条例》）确定为一类立法项目。

三　河北省畜禽屠宰立法内容研究

（一）《条例》的产生过程

河北省人大常委会、省政府2023年立法计划印发后，省人大常委会农工委、省司法厅、省农业农村厅组成立法工作专班，共同制定详细方案，加强三方联动，有效缩短审查修改时间；同时，明确工作目标和时间节点，确保人员、任务、责任、措施、时间“五落实”。没有调查就没有发言权，立法专班采取座谈交流与实地考察相结合、专题调研与综合调研相结合、线上调研与线下调研相结合、省内调研与省外调研相结合等方式，深入走访10家单位和企业，先后召开座谈会10次、专题研讨会2次、工作会议5次，形成立法资料汇编两册近23万字，征集到80多条立法建议，为法规的制定提供了一手参考资料。

将全过程人民民主贯穿立法工作始终，立法专班征求了29个省直部门、各设区的市（含定州、辛集）政府、雄安新区管委会的意见建议，征求了立法联系点和社会公众的意见建议，征询了国家农业农村部相关司局的意见，征询了北京市、天津市司法局的意见，积极借鉴了外省立法经验。在此基础上，经反复修改完善，形成了《条例（草案）》。

2023年7月10日，《条例（草案）》经省政府第10次常务会议审议并原则通过，省司法厅按照省政府常务会议要求，对《条例（草案）》进行了认真审查，报请省政府以省长签署省政府议案的形式提请省人大常委会审议。9月21日，《条例》由河北省第十四届人民代表大会常务委员会第五次会议通过，自2024年1月1日起施行。《条例》填补了河北省畜禽屠宰管理地方性法规的空白，进一步健全了畜禽屠宰安全保障法治体系。

（二）《条例》实行定点屠宰畜禽种类的确定

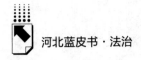

饮食习惯对确定实行定点屠宰的畜禽种类有着深远的影响。我国自古以

农立国，先民以长期的农业生产实践为基础，逐渐形成了与农业生产、生活需要相适应的饮食习惯。而我国农业的起源大致可以分为两种，一是以长江中下游为核心、以种植水稻为代表的农业起源；二是沿黄河流域分布，以种植粟和黍为代表的北方农业起源。每年丰收后，农民们会剩余许多的麦麸、稻秆等农业副产品，而猪以这些农业副产品为食，饲养成本低，还能给农作物提供肥料，慢慢成为古代中国人主要的家畜之一，猪肉也逐渐成为中国人饮食中非常重要的一部分，传承千年未变。直到现在，猪肉在中国人饮食中仍然占据着重要的地位，肉制品市场仍以猪肉制品为主。因为其重要，生猪的定点屠宰制度由国家统一设定。国务院于 1997 年 12 月出台了《生猪屠宰管理条例》，2021 年 6 月进行了第四次修订，对加强全国范围内的生猪屠宰管理，保证生猪产品质量安全，发挥着重要的法治保障作用。

生猪以外的其他畜禽实行定点屠宰，法律授权地方制定具体办法。目前，全国有山西、陕西、宁夏、青海、新疆、黑龙江、吉林、辽宁、福建、贵州、河北等 11 个省区出台了省级畜禽屠宰管理条例，北京、天津、广东和甘肃 4 个省市通过出台省级动物防疫条例，实行畜禽定点屠宰制度。各地立法确定实行定点屠宰的畜禽种类充分尊重了地域饮食习惯，比如，黑龙江、吉林实行定点屠宰的禽类包括鹅，新疆实行定点屠宰的畜类包括马。

河北省大众肉类消费习惯偏向猪牛羊鸡肉，驴肉是河间等个别地区传统名吃，在全国也有一定知名度，但驴不是河北省畜禽养殖主要畜种，2022 年全省驴出栏量仅为 14.09 万头，不宜纳入定点屠宰管理。鸭不是河北省大众餐桌上的主流消费品，主要是餐饮环节做烤鸭，立法之初并未将其纳入定点屠宰管理。但鉴于目前省内已经存在几家鸭定点屠宰厂，对鸭实行定点屠宰具备了一定的实践经验，在《条例》的立法过程中，经深入调研、反复论证，特别明确了“鸭”为新增实行定点屠宰的禽类。

从实践角度看，各地畜禽屠宰管理的立法，都能体现本地的饮食习惯，凸显地方特色。从学理角度看，法律和习惯既互补又存在冲突，法律对习惯的保护和规范，使习惯具有了强制约束力，习惯经过长期的社会实践积累，又为法律的制定和修改提供重要的依据参考；而当法律和习惯发生冲突时，会引发纠纷或者矛盾，在这种情况下，应当以法为准、依法解决，但在某些情况下，需要充分考虑习惯的合理性和社会认同度，以便更好地维持社会秩序和稳定。饮食习惯是指人们对食物的偏好，人们在长期的生产生活中，受本地的环境气候、食材资源、历史文化特点的影响来选择和制作食物，逐渐形成了对食物的“共识性”认知。立法时对有“共识性”的饮食习惯加以保护，能够增强人们对该项立法在心理上的认同感，从而有效促进《条例》的实施，为畜禽屠宰安全法治化推进奠定社会认同基础。

（三）《条例》对畜禽屠宰安全保障制度的构建

《条例》共六章六十三条，分总则、定点屠宰厂（点）的设立、屠宰与检疫检验、保障与监督、法律责任、附则，构建了畜禽屠宰安全保障的制度框架。

1. 压实各方食品安全责任

一是明确政府责任。要求县级以上人民政府加强对畜禽屠宰监督管理工作的领导，及时协调、解决工作中的重大问题，保障畜禽屠宰监督管理工作所需经费。推动行业区域协同、产业集群发展，促进行业转型升级。二是明确部门责任。要求农业农村、发展改革、自然资源、生态环境等部门依职责分工负责畜禽屠宰监督管理相关工作。[①] 三是强化屠宰企业主体责任。要求屠宰企业依照法律法规和食品安全标准从事生产经营活动，严格落实产品质量安全[②]、生产安全、疫情安全、环保安全等主体责任，接受社会监督，并明确了接受委托屠宰的质量安全责任。

2. 建立健全畜禽屠宰全过程监管制度

一是建立定点屠宰制度。在国务院《生猪屠宰管理条例》的基础上，将牛、羊、鸡、鸭等主要畜禽纳入定点屠宰管理，并明确了定点屠宰许可条件，包括水源、屠宰场地、技术人员、兽医卫生检验人员、消毒和无害化处

① 参见《河北省畜禽屠宰管理条例》第五条。

② 参见《河北省畜禽屠宰管理条例》第十六条。

理的标准等。同时，对定点屠宰厂（点）屠宰证书和标志牌获取、使用以及定点屠宰厂（点）变更生产地址等作出规定，并对相关法定期限进行了明确。二是实行分级管理制度。要求根据畜禽定点屠宰厂（点）的规模、生产技术条件以及质量安全管理状况，实行分级管理制度。[①] 三是完善质量管理制度。要求畜禽定点屠宰厂（点）建立进厂（点）查验登记制度，如实记录畜禽来源、种类、数量、动物检疫证明号和供货者名称、地址、联系方式等相关信息，[②] 并保存相关凭证，做到全过程可追溯。在屠宰过程中，开展同步检疫检测，严格执行消毒技术规范，依法依规进行肉品品质检验，对不合格的畜禽及畜禽产品依法依规进行无害化处理。四是建立畜禽产品追溯和召回制度。规定畜禽定点屠宰厂（点）发现其生产的畜禽产品不符合食品安全标准、有证据证明可能危害人体健康、染疫或者疑似染疫的，要立即停止屠宰，召回已经出厂（点）的畜禽产品，如实记录通知和召回情况，[③] 并向市场监管和农业农村部门报告。

3. 推动建立京津冀三地区域协作长效机制

河北省有大量畜禽产品销往京津，实现三地协同、互通互认共管对促进全省畜禽屠宰行业高质量发展意义重大。经与京津两地沟通，《条例》就相关内容进行了明确，在体制建设方面推动构建畜禽屠宰行业区域协作长效机制，在行业发展方面促进京津冀畜禽屠宰规划衔接、市场对接、标识互认，在监督执法方面组织开展畜禽屠宰监管联合执法。[④]

4. 加大监管和执法力度

一是建立了畜禽定点屠宰厂（点）年度报告制度、安全生产责任落实制度和应急管理制度。[⑤] 二是完善了畜禽质量安全风险监测制度、信用档案制度、监督检查制度和违法行为举报制度，完善了行政执法与刑事司法衔接

① 参见《河北省畜禽屠宰管理条例》第三十七条。
② 参见《河北省畜禽屠宰管理条例》第十八条。
③ 参见《河北省畜禽屠宰管理条例》第三十三条。
④ 参见《河北省畜禽屠宰管理条例》第三十六条。
⑤ 参见《河北省畜禽屠宰管理条例》第三十五条。

机制。三是对未执行检疫检验要求、应当召回畜禽产品而未召回、注水或者注入其他物质等涉及危害人民群众生命健康安全的违法行为作出了惩罚性规定。结合畜禽单体价值不同和传统屠宰食用习惯的现实情况，对违法屠宰牲畜、禽类行为的罚则进行区分和细化，体现过罚相当原则，增强了可执行性。

四　畜禽屠宰安全法治化工作的对策建议

（一）持续推进《条例》的宣传工作

法律宣传是将法律知识传播到每个角落，让人们明白法律规范以及如何应用这些规范来维护正当权益和秩序。要加强《条例》宣传工作，通过省内主流媒体、新媒体平台、门户网站，对《条例》进行全方位、立体化的宣传报道，使社会各界更标准地理解和知晓条例的内容，营造畜禽屠宰安全法治化的社会氛围。要面向基层畜禽屠宰主管部门和重点畜禽屠宰企业开展专题培训，进一步解读法规，为《条例》的全面贯彻实施奠定坚实基础。

（二）坚定推行《条例》的实施工作

《条例》内容的制定经过了深入调查研究、贯彻了全过程人民民主；定点屠宰畜禽种类的确定也充分尊重了河北省居民的饮食习惯，构建了完善的畜禽屠宰安全保障制度，内容全面，立法依据充分，对促进畜禽屠宰行业转型升级和健康发展进行了针对性、前瞻性引领。而畜禽屠宰安全法治化仅有完善的法治体系是不够的，还需要相关法律的有效实施。

“徒善不足以为政，徒法不能以自行”，“人法兼资，而天下之治成”，“纵有良法美意，非其人而行之，反成弊政”。[①] 法律的生命在于实施，而实施法律则需要人和制度两方面的力量。全省各级农业农村、生态环境、卫生

① 《孟子·离娄上》、（明）海瑞《治黎策》、（明）胡居仁《居业录》。

健康、市场监管等部门是《条例》实施的重要主体，必须担负法定职责，对于私屠滥宰、饲喂“瘦肉精”、注水、掺假等违法行为，要坚决打击，禁止“作选择、搞变通、打折扣”，坚决纠正有法不依、执法不严、违法不究现象，形成人人守法、信法的良好法治环境。

（三）跨部门执法工作要形成合力

在社会转型过程中，执法体制往往滞后于社会发展，而执法体制又不可能完全抛弃部门职能分工，执法机构也不可能无限度整合，执法体系内部不同部门之间存在执法“缝隙”，存在因为跨领域治理产生争夺或者推诿的现象。[①] 在畜禽屠宰相关案件处理环节中，涉及行政执法与刑事司法衔接的领域，需要有关执法部门加强横向协作，形成合力，有力打击违法犯罪。

（四）个案处理需要礼法结合

习近平总书记指出，“强调严格执法，让违法者敬法畏法，但绝不是暴力执法、过激执法，要让执法既有力度又有温度”。[②]《条例》规定允许农村地区个人自宰自食畜禽和城镇居民个人自宰自食家禽，是对我国风土人情的尊重，符合人们的传统认知。据调查，河北省山区农村仍然存在农户自家饲养、过年自宰自食生猪的情形，也存在到集市上售卖剩余半头猪的现象。调研了解到相关执法部门鉴于这种行为是我国农民由来已久的习惯，考虑到自家饲养宰食的猪肉一般质量有保障，按照执法有温度的要求，不视为违法行为进行处罚。执法部门在处理农民到集市上售卖自养半头猪类的个案时，要注意礼法结合，慎重处置，让人们感受到执法的人性、柔性和理性。

① 刘杨：《法治政府视野下执法协作的实践困境与破解路径》，《法商研究》2023 年第 2 期。

② 《坚定不移走中国特色社会主义法治道路　为全面建设社会主义现代化国家提供有力法治保障》，习近平系列重要讲话数据库，2021 年 2 月 28 日，http：//jhsjk. people. cn/article/32038656。

B.5

关于新能源地方立法的实践与思考

王芙蓉 *

摘　要：　党的二十大报告提出，加快规划建设新型能源体系。中共河北省委十届三次全会提出，到2035年，建成新型能源强省。近年来，河北省新能源产业发展势头强劲，有力地推动了清洁高效、多元支撑的新型能源强省建设，为加快建设经济强省、美丽河北提供了有力支撑。《河北省新能源发展促进条例》作为全国首部新能源领域的地方性法规，立足河北省新能源资源优势和产业特点，聚焦新能源快速发展过程中出现的新能源大规模开发、高水平消纳、安全可靠供应之间的矛盾，"放管服"改革不够彻底、新能源产业链不够健全、体制机制不够完善等问题，在新能源发电、输送、储能、利用等关键环节靶向发力、综合施策，为进一步推动河北省新能源高质量发展提供了坚实的法治保障。

关键词：　新能源　新型能源强省　地方立法

能源是国民经济重要领域。随着新一轮科技革命和产业变革的深入发展，全球气候治理呈现新局面，生产生活方式加快转向低碳化、智能化，能源体系和发展模式进入以风能、太阳能、生物质能、地热能、海洋能等新能源主导的崭新阶段。加快发展新能源，推进新能源可靠替代，是推进能源革命和构建清洁低碳、安全高效能源体系的重要举措，是保障国家能源安全的必然选择。2023年，河北省人大常委会、省人民政府将《河北省新能源发

---

* 王芙蓉，河北省司法厅立法二处一级主任科员，研究方向为地方立法。

展促进条例》（以下简称《条例》）列为一类立法项目，充分发挥地方立法对新能源发展的引领、推动和保障作用。2023 年 9 月 21 日，《条例》经河北省第十四届人民代表大会常务委员会第五次会议审议通过，于 11 月 1 日起施行。《条例》作为全国首部新能源领域的地方性法规，为全省新能源高质量发展提供了坚实的法治保障。

一　立法的必要性

能源是国民经济重要领域，能源安全关系经济社会发展全局，是最重要的安全之一。大力发展新能源，加快推动新能源可靠替代，是践行“四个革命、一个合作”能源安全新战略，推进能源革命、实现碳达峰碳中和的重要举措，是促进能源高质量发展、保障国家能源安全的必然要求。党中央、国务院高度重视新能源发展。习近平总书记多次就能源安全、新能源发展发表重要讲话、作出重要指示批示。习近平总书记指出，“要加快发展有规模有效益的风能、太阳能、生物质能、地热能、海洋能、氢能等新能源”；“要加大力度规划建设以大型风光电基地为基础、以其周边清洁高效先进节能的煤电为支撑、以稳定安全可靠的特高压输变电线路为载体的新能源供给消纳体系”。[①] 河北省委、省政府高度重视新能源发展，先后出台实施新型储能、氢能等发展规划，出台支持新能源高质量发展等政策措施，推动河北省以风电、光伏发电为代表的新能源快速发展，成效显著。同时，河北省新能源发展也遇到了瓶颈，以光伏发电、风电为主的新能源发展面临大规模开发、高水平消纳、安全可靠供应之间的矛盾，新能源产业发展和装备制造自主创新能力不足、产业链不够健全、土地资源约束明显等问题也日益凸显，制约了河北省新能源产业高质量发展。为加快新型能源强省建设，制定一部促进和保障新能源高质量发展的地方性法规十分迫切和必要。

---

① 《深入分析推进碳达峰碳中和工作面临的形势任务　扎扎实实把党中央决策部署落到实处》，习近平系列重要讲话数据库，2022 年 1 月 26 日，http：//jhsjk. people. cn/article/32339885。

（一）制定《条例》是优化能源结构，加快新型能源强省建设的重要举措

党的二十大报告明确提出，深入推进能源革命，加强煤炭清洁高效利用；加快规划建设新型能源体系。能源安全事关国家安全和社会安全。在能源需求快速增长的新形势下，优化能源结构，保障能源需求，大力发展新能源是重要途径。河北省是能源大省，风能、太阳能、生物质能、地热能等新能源资源也十分丰富。紧紧抓住国家深入推进能源革命的重大机遇，持续优化能源体系结构，大力推动清洁高效、多元支撑的新型能源强省建设，构建稳定可靠、多能互补的能源格局，既能有效解决河北能源紧张问题，又能为国家能源安全作出贡献。中共河北省委十届三次全会明确提出，把建设清洁高效、多元支撑的新型能源强省作为谱写中国式现代化建设河北篇章的重要组成部分。因此，制定一部地方性法规，以法治手段保障新能源开发利用和产业发展，促进能源结构调整，推动河北省经济社会高质量发展，具有十分重要的意义。

（二）制定《条例》是构建清洁低碳安全高效能源体系，推进碳达峰碳中和的迫切需要

党的二十大报告提出，积极稳妥推进碳达峰碳中和，立足我国能源资源禀赋，坚持先立后破，有计划分步骤实施碳达峰行动。习近平总书记指出，"'十四五'是碳达峰的关键期、窗口期"，"要构建清洁低碳安全高效的能源体系，控制化石能源总量，着力提高利用效能，实施可再生能源替代行动，深化电力体制改革，构建以新能源为主体的新型电力系统"。[①] 实现"双碳"目标，推动能源降碳减排是主要发力点。持续优先、大力、有序发展水能、风能、太阳能、生物质能、地热能、海洋能等新能源，是实现能源

① 《推动平台经济规范健康持续发展　把碳达峰碳中和纳入生态文明建设整体布局》，习近平系列重要讲话数据库，2021 年 3 月 16 日，http：//jhsjk. people. cn/article/32052161。

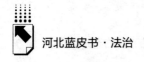

加速低碳化、零碳化，深化落实“四个革命、一个合作”能源安全新战略，构建清洁低碳、安全高效能源体系，保障国家能源安全，促进可持续发展，确保实现“双碳”目标的主导力量。近年来，我国先后出台一系列政策措施，推动以风电、光伏发电为代表的新能源快速发展，能源结构持续优化，低碳转型成效显著，为实现碳达峰碳中和提供了有力支撑。截至2022年底，全省可再生能源累计并网装机7289.2万千瓦，其中，风电、光伏发电合计装机6652万千瓦，居全国首位。①

新能源已经成为河北省绿色低碳产业的重点领域和实现“双碳”目标的重要途径。因此，出台一部地方性法规，将河北省推动新能源发展的成功经验上升为法律规范，充分发挥立法对新能源发展的引领、推动和保障作用，加速经济社会低碳化转型，非常必要。

（三）制定《条例》是破解新能源发展痛点难点，推动新能源高质量发展的迫切需要

近年来，河北省大力发展新能源，风电、光伏发电领跑全国，氢能全产业链布局国内领先。张家口可再生能源示范区、承德国家可持续发展议程创新示范区、风电制氢综合利用示范项目、海兴光伏“领跑者”基地等一批国家级可再生能源示范项目加快建设。② 冀北清洁能源基地列入国家“十四五”九大清洁能源基地。③ 然而，随着新能源步入新的发展阶段，一些制约新能源高质量发展的问题逐步显现。一是体制机制不够完善。新能源市场化机制、现货交易、绿色电力交易以及辅助服务市场还不够健全，电网调峰能力及意愿不足，抽水蓄能、电化学储能、火电灵活性调峰电源价格形成机制等还不够完善，新能源增长、消纳和储能协调有序发展的体制机制也需进一

① 《法规护航，河北新能源发展有望提速》，《中国能源报》2023年10月9日。

② 河北省发展和改革委员会：《大力推动新型能源强省建设加快实现能源高质量跨越发展》，《共产党员》（河北）2023年第1期。

③ 河北省发展和改革委员会：《大力推动新型能源强省建设加快实现能源高质量跨越发展》，《共产党员》（河北）2023年第1期。

步完善。二是发展协同体系有待健全。风电、光伏发电等项目对土地的需求大，随着近年来国家对生态环境的重视程度越来越高，自然资源、生态环境、农业、林业、草原等对新能源发电项目建设的要求越来越高，禁止开发区域、生态保护红线等对新能源开发的制约越来越明显，导致部分项目落地难。因此，要实现新能源大规模发展，相关部门在用地用海、生态环境等方面需进一步加大政策衔接协调力度。三是新能源电力送出能力不足。近年来，全省产业结构不断调整，部分地区高耗电产业减少，新兴产业未同步大规模兴起，导致用电需求增速放缓，新能源电力就地消纳能力有限，尤其是张家口、承德地区新能源电力就地消纳问题突出，严重制约新能源进一步发展。四是电力系统对大规模高比例新能源接入和消纳的适应性不足。新能源项目开发具有短、平、快的特点，但电力系统、配套电网工程建设周期较长，因此，随着大规模高比例新能源电力不断接入电力系统，消纳、调峰能力不足成为制约新能源发展的主要因素，由此导致弃风弃光现象。从全国新能源消纳预警监测平台发布的各省级区域新能源并网消纳情况看，2023 年 1 月，河北省风电利用率 90.8%，光伏利用率 91.1%。① 因此，在能源加快低碳转型的新趋势下，新能源已经进入加速发展的快车道，有必要通过地方立法加强顶层设计和制度供给，推动体制机制进一步创新，突破制约瓶颈，解决“卡脖子”问题，推动新能源高质量发展，助力新型能源强省建设。

二　立法思路和立法过程

党的二十大报告明确提出，规划建设新型能源体系。中共河北省委十届三次全会提出，到 2035 年，建成新型能源强省。2023 年河北省政府工作报告提出，加快建设新型能源强省。为此，河北省人大常委会、省人民政府将《条例》列为 2023 年一类立法项目，努力从法律层面推动建设清洁高效、

① 数据来自全国新能源消纳监测预警中心微信公众号。

多元支撑的新型能源强省决策部署的贯彻落实。河北省发展改革委、省司法厅对此项立法工作高度重视，将其作为2023年立法工作的重中之重，分别成立起草工作小组，赴省内、省外全面开展调研，摸清河北省新能源发展现状和存在的问题等，深入了解新能源相关企业立法需求，学习外省先进发展经验和立法经验，召开立法座谈会，走访相关企业，广泛征求各方面意见，并反复修改完善。

（一）坚持正确政治方向，深入践行习近平生态文明思想和“四个革命、一个合作”能源安全新战略

习近平总书记多次就生态文明建设、碳达峰碳中和、能源革命发表重要讲话、作出重要指示批示。习近平总书记指出，“要把促进新能源和清洁能源发展放在更加突出的位置”，“要加快发展有规模有效益的风能、太阳能、生物质能、地热能、海洋能、氢能等新能源”。[①] 在立法过程中，立法工作专班深入学习习近平生态文明思想和“四个革命、一个合作”能源安全新战略，深刻领会习近平总书记重要指示批示精神，认真学习领会党中央、国务院近年来关于促进新能源高质量发展的一系列决策部署，坚持以习近平新时代中国特色社会主义思想为指导，深入践行习近平生态文明思想，围绕清洁低碳、安全高效现代能源体系建设，扎实推进碳达峰碳中和，以推动全省新能源高质量发展为目标，开展《条例》制定工作。《条例》从立法目的、立法原则到具体条款，都充分贯彻落实了习近平生态文明思想和推动能源革命、推进实现碳达峰碳中和目标的理念。

（二）坚持全过程人民民主，积极回应各方新要求新期待

立法活动的本质是把党的主张和人民的意志通过法定程序上升为国家意志。新能源开发利用涉及新能源发电企业、储能企业、电网企业、电力用户、社会大众等各方利益主体，各方关注度高，如何回应各方面关切，明确

① 《深入分析推进碳达峰碳中和工作面临的形势任务　扎扎实实把党中央决策部署落到实处》，习近平系列重要讲话数据库，2022年1月26日，http：//jhsjk. people. cn/article/32339885。

新能源开发利用中各方的权利义务是《条例》的重要内容之一。《条例》在立法过程中，坚持全方位、全覆盖听取各方意见建议，找准各方面立法需求，回应立法期盼。一是深入开展立法调研，实地考察了新能源发电厂、用电大户等相关企业，分别召开了发展改革、住房城乡建设、工业和信息化等部门，相关县（市、区）和国家电网、发电、储能、用电等企业参加的座谈会，围绕光伏发电、风力发电、新能源并网与消纳、储能、电价等进行了深入座谈。二是广泛征求意见。在《条例》反复修改过程中，先后多次征求了省直38个部门和单位、各设区的市（含定州、辛集市）政府、雄安新区管委会的意见建议，征询了国家发展改革委有关司局、国家能源局华北监管局的意见建议，征询了北京市、天津市司法局的意见建议。充分发挥基层立法联系点“民意直通车”作用，通过微信群、召开座谈会等形式认真听取立法联系点的意见建议，并通过河北省司法厅门户网站征求了社会公众的意见建议。《条例》制定过程充分反映了民意、集聚了民智，兼顾了各方利益，务实管用，针对性强、可操作性强，有力地推动了河北省新能源高质量发展。

（三）坚持问题导向，着力解决制约新能源高质量发展的制度瓶颈和障碍

聚焦新能源快速发展过程中出现的新能源大规模开发、高水平消纳、安全可靠供应之间的矛盾，“放管服”改革不够彻底、新能源产业发展和装备制造自主创新能力不足、产业链不够健全、体制机制不够完善等问题，在新能源发电、输送、储能、利用等关键环节靶向发力、综合施策，通过强化规划引领、科学衔接，因地制宜、合理布局新能源产业，加强与能源规划、国土空间规划衔接，防止盲目无序发展。通过加强电网规划建设、增强电网接入保障能力、推动储能调峰等规定，推动新能源发电送出和消纳。通过强化用地保障，激发土地利用潜力，释放可用土地生产力。通过优化行政审批，探索建立新能源项目审批绿色通道，深化简政放权，推进项目审批提速增效，激发市场活力。

（四）坚持立足河北实际，切实推动河北新能源高质量发展

坚持立足河北省新能源资源优势、产业特点、发展现状，制定切合河北实际、解决河北新能源发展问题、引领河北新能源高质量发展的地方性法规。从新能源资源禀赋来看，河北省是风能资源丰富的省份之一，太阳能资源仅次于青藏及西北地区，地热能储量约占全国的1/5。近年来，河北省推动新能源快速发展，推动能源生产结构转型升级，能源结构持续优化，低碳转型取得显著成效，积累了很多宝贵经验。在立法过程中，通过提炼、总结，将这些被实践证明有效的政策和取得的经验上升为法律规定，最大限度推动河北省新能源高质量发展。此外，立足河北新能源快速发展过程中出现的瓶颈、短板，完善新能源增长、消纳和储能协调有序发展的体制机制，规范项目建设与总体规划之间、产业环节与产业链之间、产业发展与要素配置之间的关系，为促进河北省新能源高质量发展提供法治保障。

三　《条例》的框架结构

《条例》共6章54条。

第一章，总则，共8条。主要规定了立法目的、适用范围、基本原则、政府和部门职责、新能源开发利用主体、宣传引导、京津冀协作等内容。

第二章，发展规划，共7条。主要规定了新能源资源调查、新能源发展相关规划编制主体、编制原则、编制程序、主要内容，新能源发展相关规划与其他规划的衔接，新能源发展相关规划实施情况评估、科技发展规划等。

第三章，开发利用，共18条。主要规定了新能源发展的重点方向，新能源项目建设总体要求，并对集中式光伏发电、风电，分布式光伏发电、分散式风力发电，以及生物质能、地热、氢能、核能的开发利用要求和发展方向，新能源发电配套送出工程建设，抽水蓄能和新型储能建设，新能源与传统能源融合发展，新能源建筑一体化，新能源产业集群，新能源装备制造，全社会绿色能源消费，新能源电力京津冀协同消纳，张家口可再生能源示范

区建设等内容作出规定。

第四章，服务保障，共16条。主要规定了电网规划建设，新能源电力接入电网，市场机制，煤电深度调峰补偿机制，电力需求侧响应，新能源企业参与碳交易，生物质能入网，新能源项目用地保障，审批绿色通道，新能源项目建设地方支持，新能源技术创新、资金支持、金融扶持、税收优惠政策，新能源开发利用安全生产和生态环境保护规定，监督检查等内容。

第五章，法律责任，共4条。对违反《条例》的行为规定了法律责任。

第六章，附则，共1条。规定了施行时间。

四 《条例》重点规范的内容

《条例》深入贯彻落实习近平总书记“四个革命、一个合作”能源安全新战略，聚焦新能源发展的关键环节、核心要素，着力解决制约新能源发展的突出问题，推动构建清洁低碳安全高效的能源体系，促进新能源高质量发展。

（一）明确新能源的范围

目前没有关于新能源的权威定义。《条例》根据习近平总书记在中共中央政治局第三十六次集体学习时的重要讲话精神，结合河北省发展实际、《条例》规范重点，将新能源的范围界定为风能、太阳能、生物质能、地热能、氢能、核能等能源，以充分发挥资源优势、体现产业特点、突出河北特色。

（二）发挥规划引领作用

能源转型，规划先行。《条例》坚持强化规划引领、科学衔接，因地制宜、合理布局新能源产业，防止盲目无序发展。

1. 明确有关部门新能源资源调查职责

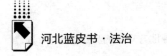

资源调查是制定新能源发展相关规划的基础，为此，《条例》明确了省、设区的市能源主管部门，以及自然资源、水行政、农业农村、气象等有

关部门新能源资源的调查职责。

2. 明确新能源发展相关规划编制主体

新能源发展相关规划包括可再生能源规划、风电光伏发电资源规划、地热资源勘察开发规划、氢能规划、储能发展规划等。《条例》明确新能源发展相关规划的编制主体分别是省、设区的市人民政府能源主管部门，充分发挥能源主管部门的职能作用，确保不同规划之间的协调和衔接。

3. 明确新能源相关规划编制原则

从全国和其他省份的发展实践来看，新能源发展存在一定程度的科学预见性不够、发展无序，或是一哄而上，或是无人问津等问题。为防止河北省新能源盲目无序发展，《条例》明确新能源发展相关规划的编制要立足不同地区的区位优势和资源禀赋，坚持创新引领、科学布局、有序发展、分步实施、多元协同、绿色高效的原则。

4. 加强规划之间的衔接

新能源发展与电力规划、电网规划、国土空间规划、生态环境保护规划等密切相关，涉及的规划层级多、种类多，不同规划间一定程度上存在缺乏衔接、不协调、不同步的问题。尤其是电力规划和电网规划滞后于新能源发展，不利于新能源高比例消纳和大规模发展。为此，《条例》规定新能源发展相关规划要纳入国土空间规划，并且符合生态环境保护规划。同时，编制电力规划、电网规划等专项规划时要主动与新能源发展相关规划衔接。

（三）推进新能源开发建设

立足河北省资源优势和产业特点，聚焦调峰压力大、消纳能力不足、部分地方弃风弃光等制约新能源发展的突出问题，在新能源发电、输送、储能、利用等关键环节靶向发力、综合施策，推进河北省新能源协调发展，助力新型能源强省建设。

1. 在发电环节发力，推动新能源大规模开发

《条例》立足资源禀赋，因地制宜确定新能源发展重点领域，在对风能、太阳能、生物质能、地热能、氢能、核能等新能源的开发利用作出详细

规定的基础上，突出优势产业，重点发展光伏发电、风力发电，鼓励太阳能资源丰富地区采用农光、林光、草光、牧光、渔光互补等模式或者结合矿山修复、生态修复等建设光伏发电项目。鼓励海上风能、太阳能资源丰富地区采取集中连片、规模化开发等方式建设海上风力发电、光伏发电项目。探索海上风力发电、光伏发电与水产养殖、制氢、储能、文旅观光等业态融合的多元化发展模式。①

2. 在输送环节发力，确保新能源高效率送出

随着新能源发电规模日益增长，发电项目配套送出工程由于原有规模不够、新建周期长，已经越来越无法适应新能源发展需求，新能源机组和配套送出工程建设时序不匹配、不同步，影响了新能源并网消纳。为此，《条例》要求电网企业加强新能源发电项目配套送出工程建设，合理安排建设时序，确保送出工程与电源项目建设进度相匹配，保障新能源发电项目及时并网。②

3. 在储能环节发力，保障新能源高质量发展

新能源快速发展，高比例接入电力系统，对电力系统的调峰需求大幅增加，发展储能成为提升电力系统灵活性，促进新能源高质量发展的重要发力点。《条例》着力推进抽水蓄能电站和新型储能建设，推广新型储能多环节应用，提升电力系统调节能力和灵活性，促进新能源消纳。

4. 在利用环节发力，促进新能源高比例消纳

风电、光电消纳难导致的弃风弃光现象，直接影响新能源高质量发展。《条例》着力拓宽应用场景、延伸产业链条，因地制宜推进新能源在各领域的应用。一是鼓励和支持新建建筑、已建建筑推广应用新能源供能系统，推进新能源建筑一体化应用。鼓励新能源与传统能源融合发展，推动生产用能替代。二是推动新能源装备领域科技创新和示范应用，促进新能源装备与能源电子产业融合发展。三是鼓励全社会优先使用新能源等绿色电力，激发全

---

① 参见《河北省新能源发展促进条例》第十八条。

② 参见《河北省新能源发展促进条例》第二十四条。

社会绿色能源消费潜力。四是推动京津冀地区新能源电力协同消纳。引导高耗能的数据中心向风能、太阳能资源富集地区布局，支持绿色大数据基地建设。引导雄安新区、北京大兴国际机场等区域消纳张家口、承德地区新能源电力。五是探索开展新能源电力直供，提高终端用能的新能源电力比重。[①]

（四）完善激励与保障机制

《条例》坚持问题导向、目标导向，针对新能源入网问题、用地问题、审批问题等，逐项调研、逐个攻破、逐一规范。

1. 保障电网接入

近年来，河北省新能源规模快速增长，由此带来的入网难问题也日益突出。《条例》推动电网企业加强电网规划建设，推广应用先进电力技术和设备，提高电网智能调节水平，提升电网对新能源接入的保障能力和服务水平；[②] 同时，要求电网企业按照国家有关规定积极接入和消纳新能源，提供并网服务。[③]

2. 加强系统支撑

针对体制机制不够完善的问题，《条例》通过推动建立和完善促进新能源发展的市场机制，支持新能源开发利用主体参与绿证交易和绿色电力交易，激发社会资本投入新能源产业的积极性。通过推动新型储能参与电力市场交易，充分发挥储能调峰作用。通过完善煤电深度调峰补偿机制，引导燃煤发电企业实施机组灵活性改造，增强机组调峰能力，保障新能源安全稳定供应。[④] 通过加强电力需求侧管理，提升电力需求侧响应填谷能力。

3. 强化要素保障

针对新能源开发利用土地资源约束明显、发展协同体系有待健全的问题，《条例》准确把握法律法规和有关规定，激活土地利用潜力，释放可用

---

① 参见《河北省新能源发展促进条例》第三十二条。
② 参见《河北省新能源发展促进条例》第三十四条。
③ 参见《河北省新能源发展促进条例》第三十五条。
④ 参见《河北省新能源发展促进条例》第三十七条。

土地生产力。一是通过依法依规调整优化林地、草地、湿地等相关规划，为新能源项目用地提供保障。二是健全审查机制，通过建立新能源项目用地、用林、用草、用海多部门审查协调联动机制，提升审批效率，提高新能源项目开发建设的积极性。三是鼓励通过多种方式供应新能源项目建设用地。四是明确可以发展光伏发电产业的地类，鼓励利用沙漠、荒漠、油田、气田以及难以复垦或者修复的采煤深陷区等区域的未利用地、存量建设用地发展光伏发电产业。

4. 支持技术创新

推动技术创新，尤其是强化基础理论研究、超前布局前沿技术和颠覆性技术，是新能源产业持续提高竞争力、不断拓宽发展空间的关键所在。为此，《条例》要求完善支持新能源创新发展的体制机制和政策措施，加大专业人才培养和引进力度，推动技术创新中心、产业创新中心、重点实验室等创新平台建设，引导支持企业、科研机构、高等学校产学研合作，开展新能源关键技术自主创新和成果转化。①

五　贯彻实施《条例》的对策建议

法律的生命在于实施，法律的权威也在于实施。只有切实加强《条例》的贯彻执行，让铁规发力、让禁令生威，才能确保条例真正成为推动新能源发展的法治利剑。

一是加大宣传力度。新能源发展涉及部门多、层级多、事项多、环节多，抓好宣传、学习和培训至关重要。要结合各地实际，制定学习、宣传和培训工作方案，加强对省市县乡四级有关部门和工作人员的业务指导和培训，规范工作程序，提高办事效率。要结合普法工作，通过广播、电视、报刊和新媒体、新平台，普及能源节约、低碳发展和绿色消费等相关知识，引导全社会树立低碳导向，倡导绿色生活，让公众了解新能源发展有关规定，

① 参见《河北省新能源发展促进条例》第四十四条。

了解自己享有的权利，并对执法工作进行监督。

二是制定配套措施。新能源种类不同，发展阶段差异较大，具体扶持政策也不尽相同。建议有关部门以《条例》为统领，加快制定相关配套政策措施。例如，《条例》中规定的新能源发展相关规划如何制定、如何实施，评估工作如何开展，新能源开发建设方案的具体要求、实施细则，光伏方阵建设标准的测算，集中式电站的管理措施等，都需要制定具体的实施办法或者技术规范，以此构建新能源发展的法规政策体系，多管齐下，为新能源发展营造良好的制度氛围。

三是加强部门协作。有关部门要按照《条例》确定的职责分工，压实工作责任，密切协同配合，坚持系统性思维，做好新能源资源的调查规划、开发建设、应用推广全链条促进工作，加强相关规划统筹衔接，优化新型能源体系，推动抽水蓄能、新型储能、火电灵活性改造、绿氢等调峰能力建设，推动新能源增长、消纳和储能协调有序发展，共同推进新能源高质量发展落地落实。

B.6

党内法规对国家法律和地方性法规推动作用研究

梁润溪*

摘　要： 习近平法治思想强调坚持依法治国和依规治党有机统一，将党内法规体系纳入中国特色社会主义法治体系，提出“形成国家法律和党内法规制度相辅相成、相互促进、相互保障的格局”的要求。推动形成国家法律和党内法规制度相辅相成、相互促进、相互保障的格局，既要求党内法规与国家法律、地方性法规协调衔接，也要求党内法规充分发挥对国家法律、地方性法规的推动作用，有效发挥党内法规的政治引领、立法补充和执行保障等功能，共同构建中国式现代化的良法善治。

关键词： 党内法规　政治引领　立法补充　执行保障

习近平总书记在党的二十大报告中鲜明地提出“以中国式现代化推进中华民族伟大复兴”，彻底打破“现代化就是西方化”的迷思，彰显了中国共产党的道路自信、理论自信和制度自信。习近平法治思想作为推进中国式法治现代化的理论指南，把马克思主义法治理论同中国法治建设具体实际相结合，提出一系列原创性重要理论、重要论断，为发展人类法治文明贡献了中国智慧、中国方案。习近平法治思想创造性地回答了新时代为什么实行全面依法治国、怎样实行全面依法治国等一系列重大问题，特别是强调依法治国和依规治党有机统一关系，把党内法规纳入社会主义法治体系重要组成部

---

* 梁润溪，河北省委法规室二级主任科员，研究方向为党内法规。

分，破解了长期以来困扰理论界的党内法规属性定位难题，为正确认识和处理好党内法规和国家法律的关系提供了根本遵循，推动实现社会主义法律制度和党内法规相辅相成、相互促进、相互保障。构建法律制度和党内法规相辅相成、相互促进、相互保障格局，不仅要求党必须在宪法和法律范围内活动，党内法规要与国家法律和地方性法规协调衔接，也蕴含着党内法规和法律制度是“各有侧重、功能互补”的互动格局，党内法规是管党治党的重要依据，也在推进社会主义法治国家建设、推动社会主义法律制度建设中发挥重要作用，在推动国家法律和地方性法规制度建设中扮演重要角色。学习贯彻党的二十大精神，坚持习近平法治思想，要深刻理解和把握党内法规对国家法律和地方性法规的重要推动作用，有效发挥党内法规的政治引领、立法补充和执行保障等功能。

一　强化政治引领，为立法建设提供正确政治方向

习近平总书记指出，“党的政策是国家法律的先导和指引，是立法的依据和执法司法的重要指导”。[①] 党内法规姓“党”，是党的意志的集中统一体现，特别是《党章》体现了党的性质和宗旨、党的理论和路线方针政策、党的重要主张，规定了党的重要制度和体制机制，是全党必须共同遵守的根本行为规范，确立了“两个维护”这一最高政治原则和根本政治规矩，构成了中国政治制度实际上的“高级法”，为国家立法提供了凯尔森所谓的“基本规范”。政治引领功能首先表现在《党章》与《宪法》的同频共振上，《党章》作出重大政治性、方向性修改后必然引起《宪法》的反应，带动其及时进行调整完善，主动实现两者的有机衔接和协调一致。党的十四大将建设有中国特色社会主义理论和社会主义初级阶段的基本路线写入《党章》，据此 1999 年《宪法》修正案明确规定“我国将长期处于社会主义初

---

① 《习近平：坚定不移走中国特色社会主义政治发展道路，不断推进社会主义政治制度自我完善和发展》，习近平系列重要讲话数据库，2014 年 8 月 6 日，http：//jhsjk. people. cn/article/254 13247。

级阶段。国家的根本任务是，沿着建设有中国特色社会主义的道路，集中力量进行社会主义现代化建设”。党的十五大、十六大、十七大分别将邓小平理论、“三个代表”重要思想、科学发展观作为党的指导思想写入《党章》，之后《宪法》均在序言部分相应作出修改并明确为国家的指导思想。党的十九大审议通过的《党章》修正案将习近平新时代中国特色社会主义思想明确为党的指导思想，十三届全国人大一次会议通过的《宪法》修正案与此相衔接对国家指导思想再次进行了修改。

习近平总书记强调，“要坚持改革决策和立法决策相统一、相衔接，立法主动适应改革需要”，“对不适应改革要求的现行法律法规，要及时修改或废止，不能让一些过时的法律条款成为改革的‘绊马索’”。[①] 因此，党内法规对立法的政治引领功能还表现在，党作出重大政策调整时，先行通过党内法规或者党内规范性文件进行政策调整，然后通过法定程序上升为国家法律和地方性法规，引导国家法律和地方性法规及时适应改革需求，实现“重大改革于法有据，改革和法治同步推进”。比如，计划生育政策作为我国的一项基本国策，随着国情变化党中央适时进行了多次调整，《人口与计划生育法》也经历了数次修订。2001 年 12 月 29 日，《人口与计划生育法》经全国人大常委会审议通过，条文中提出“提倡一对夫妻生育一个子女”，这是对当时“一对夫妇只生育一个孩子”政策的贯彻体现。2015 年 10 月 29 日，党的十八届五中全会审议通过《中共中央关于制定国民经济和社会发展第十三个五年规划的建议》，提出“一对夫妇可生育两个孩子政策”全面实施。2015 年 12 月 27 日，《人口与计划生育法》修正案由全国人大常委会会议通过，标志着“全面二孩政策”在法律层面予以确认。随着我国社会老龄化程度进一步加深，2021 年 5 月 31 日，中共中央政治局召开会议，审议《关于优化生育政策促进人口长期均衡发展的决定》，决定实施一对夫妻可以生育三个子女政策。2021 年 8 月 20 日，全国人大常委会对《人口与计

① 《习近平：不能让一些过时的法律条款成为改革的“绊马索”》，习近平系列重要讲话数据库，2017 年 11 月 17 日，http：//jhsjk. people. cn/article/29652866。

划生育法》再次修订，积极提倡适龄婚育和优生优育，提出“一对夫妻可以生育三个子女”，全面放开“三孩”政策。为全面贯彻党中央决策部署，河北省委及时调整本省人口生育政策，出台一系列法规文件。《河北省人口与计划生育条例》自2003年7月18日经省人大常委会审议通过后，与省委政策“齐步走”，先后历经2014年5月、2015年7月、2016年3月、2021年11月四次修正修订，不断规范和完善河北省的人口与计划生育政策，以适应社会发展的需求和人民群众的期望，对于提高全省人口素质、促进人口结构优化、实现可持续发展具有重要意义。

为深入贯彻落实习近平总书记在北京、河北考察灾后恢复重建工作时的重要讲话精神，全力以赴保障人民生命财产安全，不断提升全省防灾减灾救灾能力，省委十届五次全会审议通过《中共河北省委关于深入学习贯彻习近平总书记重要讲话精神 全面提升防灾减灾救灾能力的决定》，明确要求制定防汛避险人员转移条例，依法转移防汛避险人员。省人大常委会根据省委部署，于2024年1月14日审议通过《河北省防汛避险人员转移条例》，对转移准备、预警响应、转移实施等关键环节进行规范，为防汛避险人员转移提供法治保障。

二　补足法律缺漏，优化社会治理制度供给

法与时转则治，治与世宜则有功。立规矩，关键在于与时俱进、务实管用。我国正处于增速换挡期、转型阵痛期和改革攻坚期“三期叠加”的历史阶段，面临百年未有之大变局，而法律先天存在滞后性和不周延性的局限，国家治理实践中立法供给在制定时效上越来越难以满足经济社会发展的实际需求，因此破解这一制度缺失困境就必然要借助法律之外的规范力量。党内法规制度作为国家治理体系的有机组成部分，无论是在维护党中央集中统一领导，还是在保障党长期执政和国家长治久安等方面都发挥重要作用。特别是党的十八大以后，党中央牢牢把握质量这条生命线，坚持把中央要求、群众期盼、实际需要、新鲜经验结合起来，坚持立治有体、施治有序，

不断加强对各领域各方面党内法规制度建设的统筹谋划和顶层设计，及时将比较成熟、普遍适用的工作经验上升为党内法规，以高质量党内法规制度“供给侧结构性改革”，推动党内法规不断完善、治理效能不断释放。河北省委深入贯彻落实党中央重大决策，根据中央部署安排扎实推进省委党内法规制度建设，为推进法治建设提供制度保障。

（一）开展先行先试，填补立法空白

习近平总书记指出，我国法治体系中“法律规范体系不够完备，重点领域、新兴领域相关法律制度存在薄弱点和空白区”。[①] 在这些重点领域、新兴领域等亟待规范的领域，党内法规可以先行先试，充分发挥灵活性优势，及时出台有效管用的法规制度，弥补立法制度空白，同时积累立法经验，待条件成熟后通过法定程序上升为国家法律和地方性法规。

为纠正奢靡享乐、铺张浪费的歪风邪气，制止餐饮浪费问题，河北省委制定《河北省党政机关厉行节约反对浪费实施细则》，大力弘扬艰苦奋斗、勤俭节约的优良作风，推进党政机关带头厉行节约、反对浪费，建设节约型机关，在全省营造培育浪费可耻、节约光荣的良好氛围；之后，省人大常委会借鉴吸收有益实践经验，制定《关于厉行节约、反对餐饮浪费的规定》，从地方性法规层面为营造厉行节约、反对餐饮浪费的社会风尚提供制度保障，为全省确立餐饮消费和日常食品消费的基本行为准则，推动节约型社会建设。

为落实绿色发展理念、推进生态文明建设，进一步加强河湖管理保护工作，落实属地责任，中共中央办公厅、国务院办公厅印发《关于全面推行河长制的意见》，要求在省市县乡四级全面建立河湖长制度。河北省委、省政府先后制定《河北省实行河长制工作方案》和《河北省贯彻落实〈关于在湖泊实施湖长制的指导意见〉实施方案》，落实省市县乡四级建立河湖长

① 《习近平：坚持走中国特色社会主义法治道路　更好推进中国特色社会主义法治体系建设》，习近平系列重要讲话数据库，2022 年 2 月 15 日，http：//jhsjk.people.cn/article/32352701。

制的要求。2020年，河北省第十三届人大第三次会议审议通过《河北省河湖保护和治理条例》，规定河北实行河（湖）长制，落实河湖管理保护属地责任，建立省、设区的市、县、乡镇、村五级河（湖）长组织体系，分级分段负责本行政区域内河湖的水资源保护、水域岸线管理、水污染防治、水环境治理等工作。

（二）发挥比较优势，拓宽调整领域

法律法规调整对象有明显的局限性，习近平总书记指出，“相较于国家法律对公民行为的规范调整，党内法规对党员干部提出的要求涵盖方方面面，既有理想又有现实，既有思想又有行为，既有道德又有规矩，既有政治又有工作，既有公域又有私域，既有物质又有精神，规范得更深、调整得更广、要求得更严”。[①] 换言之，党内法规调整视野是360度的，能够以强弱不等的调整方式“实现对整个社会活动的全覆盖”。通过发挥调解范围广泛这一比较优势，党内法规可以将规范力量向法律法规难以介入或者鲜有手段予以规范的领域延伸，直接对个人思想道德方面进行干预约束。

在领导干部廉洁自律要求方面，法律法规只能在公职人员存在违法行为时才能约束，调整力度十分有限。但是，《中国共产党廉洁自律准则》则能够对党员领导干部和广大党员提出“必须坚定共产主义理想和中国特色社会主义信念，必须坚持全心全意为人民服务根本宗旨，必须继承发扬党的优良传统和作风，必须自觉培养高尚道德情操”的明确要求，并围绕正确对待和处理“公与私”“廉与腐”“俭与奢”“苦与乐”的关系对全体党员提出“四条规范”，围绕廉洁从政、廉洁用权、廉洁修身、廉洁齐家等方面对党员领导干部提出要求更高的“四条规范”。河北省委制定《河北省党员干部政治纪律和政治规矩“十不准”》和《关于改进领导作风的若干规定》，进一步严明党的政治纪律、政治规矩，从严规范党员干部行为，明确要求增

① 《习近平法治思想概论》，高等教育出版社，2021，第309页。

强“四个意识”、反对衙门作风、强化担当精神、改进领导作风，为全省党员领导干部树立了基本自律规范，向广大党员发出了道德宣示，向全省人民作出了庄严承诺。

（三）配套细化措施，扎紧制度笼子

法律法规作为普遍性行为规范，条文规定难免存在“粗线条”的情况，党内法规通过制定配套细则办法等，弥合制度缝隙，增强立法的针对性和可操作性。比如，在功勋荣誉表彰制度方面，国家立法层面只有《国家勋章和国家荣誉称号法》，该法全文21条，虽然基本涵盖了国家勋章和国家荣誉称号制度的主要方面，但是在具体操作层面还要进一步完善。为解决这一问题，党中央先后批准实施《中国共产党党内功勋荣誉表彰条例》《国家功勋荣誉表彰条例》《军队功勋荣誉表彰条例》三部条例，同时对“共和国勋章”和国家荣誉称号、“七一勋章”、“八一勋章”和“友谊勋章”这几项重要勋章称号分别制定授予办法，通过制定一系列党内法规对党和国家各方面功勋荣誉表彰的有关程序和具体步骤完善细化，标志以“五章一簿”为代表的中国特色社会主义功勋荣誉表彰体系基本建成。

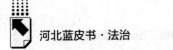

在推行公务员职务与职级并行制度方面，党的十八届三中全会决定，“深化公务员分类改革，推行公务员职务与职级并行、职级与待遇挂钩制度，加快建立专业技术类、行政执法类公务员和聘任人员管理制度”。经过在部分地区试点，2018年《公务员法》进行修订，全面实行公务员职务与职级并行制度，并将公务员划分为综合管理类、专业技术类和行政执法类等类别进行管理。其中，将“职务与级别”章修改为“职务、职级与级别”章，把“领导职务”和“非领导职务”的设置调整为“领导职务”和“职级”，规定了设置原则，明确了领导职务、职级层次的划分，并在此基础上，对领导职务与职级的任免、升降以及其他章节中与此有关的条文进行了修改。但是，对于晋升的年限、资格、程序等具体操作层面缺乏明确规定，特别是对综合管理类以外其他职位类别公务员的职级序列，只规定了“根据本法由国家另行规定”。为全面落实党中央决策部署，中共中央办公厅印

发《公务员职务与职级并行规定》，修订《专业技术类公务员管理规定》和《行政执法类公务员管理规定》，从职务与职级序列、职级设置与职数比例、职级确定与升降、职级与待遇、管理与监督等方面，进一步细化完善公务员职务与职级并行有关规定和程序，建立健全符合专业技术类公务员和行政执法类公务员特点的管理制度，为推动建设高素质专业化干部队伍提供了坚强制度保障。

三　释放执行效能，健全高效法治实施体系

徒法不足以自行。邓小平同志曾鲜明地指出“没有党规党法，国法就很难保障”。[①] 习近平总书记进一步指出“法规制度的生命力在于执行”[②]“要狠抓制度执行，扎牢制度篱笆，真正让铁规发力、让禁令生威”[③]。这些重要论断充分肯定了党内法规在保障国家法律和地方性法规执行中的重要作用，只有依规治党深入党心，依法治国才能深入民心。

（一）强化权力约束，保障司法公正

司法公正是厚植党的执政根基，维护社会公平正义，实现人民群众幸福安康的重要基石。党历来高度重视司法公正，特别是党的十八大以来，以习近平同志为核心的党中央深入推进全面依法治国，全面维护社会公平正义，采取了一系列坚强措施捍卫司法公正，制定诸多基础性、制度性措施直指存在的问题，让人民群众在每一个司法案件中都能够充分感受到公平正义，不断增强人民群众的安全感。以保障法律公正实施为目的，党中央和有关部委制定出台一系列党内法规，推动建立完备的制度约束体系，构筑保障法律实施的坚强“堤坝”。

---

① 中共中央文献研究室编《邓小平同志论改革开放》，人民出版社，1989，第 9 页。

② 中共中央纪律检查委员会、中共中央文献研究室编《习近平关于严明党的纪律和规矩论述摘编》，中央文献出版社、中国方正出版社，2016，第 88 页。

③ 《论坚持全面依法治国》，中央文献出版社，2020，第 57 页。

中共中央办公厅、国务院办公厅印发《领导干部干预司法活动、插手具体案件处理的记录、通报和责任追究规定》，最高人民法院、最高人民检察院、公安部、国安部、司法部联合印发《关于进一步规范司法人员与当事人、律师特殊关系人、中介组织接触交往行为的若干规定》，中央政法委制定《司法机关内部人员过问案件的记录和责任追究规定》。这三个规定被称作“防止干预司法‘三个规定’”，目的在于阻断影响独立公正司法的有关因素，构筑防止干预、插手司法活动的“防火墙”，划定违反规定过问案件、不当接触交往的“高压线”，推动司法机关始终能够独立行使司法权力，办理司法案件不再受到违规干预，司法机关工作人员不被有关利益方“围猎”，最终实现独立、公正、廉洁司法的目标。

此外，中共中央办公厅、国务院办公厅印发的《保护司法人员依法履行法定职责规定》，旨在建立健全司法人员依法履行法定职责保护机制，明确提出“法官、检察官依法办理案件不受行政机关、社会团体和个人的干涉，有权拒绝任何单位或者个人违反法定职责或法定程序、有碍司法公正的要求”，“法官、检察官依法履行法定职责受法律保护”。如果没有法定原因和事由，未经有关法定程序，不得对法官、检察官调离、免职、辞退或者作出降级、撤职等不合理合法的处分，从排除阻力干扰、规范考评考核和责任追究等方面作出规定，进一步严密司法人员依法履职的制度保障，并对法官、检察官依法独立行使职权、身份保障、安全保障、责任追究、物质保障等作出了全面系统的部署，与正在推行的法官、检察官员额制和司法责任制等改革遥相呼应，使得优秀法官、检察官招得进、留得住、干得好不再成为一句空话，为司法人员依法履职打造“护身符”和“金钟罩”。

（二）强化引领示范，带动严格执法

邓小平同志曾经说过“党是整个社会的表率，党的各级领导同志又是全党的表率”。[①] 党员领导干部在法规制度执行中扮演着“风向标”的角色、

① 陈兆德、周明生主编《马克思主义著作选读和辅导》，人民出版社，1999，第435页。

发挥着导向作用，能够形成“头雁效应”。党内法规坚持义务本位，《党章》规定“模范遵守国家的法律法规”是党员必须履行的义务，在全面从严治党向纵深发展的背景下，党内法规凭借“严”的标准和“高”的要求，推动全体党员特别是党员领导干部这一“关键少数”，自觉强化法治观念，坚持依法办事，从而带动“绝大多数”，培育尊法学法守法风气，为保障法律执行营造良好社会氛围。习近平总书记强调，“在我们国家，法律是对全体公民的要求，党内法规制度是对全体党员的要求，而且很多地方比法律的要求要严格”。① 共产党员的身份使广大党员既要受国法“底线”约束，还要受到党规党纪“高线”约束，一旦有违法行为，也就必然违反党规党纪，既要受到法律惩处也要受到党规党纪制裁，让法律在党内“长牙”“带电”，进而提高党员违法成本，保障法律在党员中全面落实，在全社会起到良好示范效应。习近平总书记还强调“要把执纪和执法贯通起来”，② 在执法执规实践中，特别是在反腐败斗争中，执规主体与执法主体整合职能实现协同联动、相互衔接。《监察机关监督执法工作规定》进一步规范程序环节、措施使用等方面，强化对监察机关执法权的监督制约，推动实现执纪执法贯通、有效衔接司法。新修订的《中国共产党纪律处分条例》第四章就纪法衔接设计了专门制度，对党员违法犯罪后需要给予的纪律处分档次、衔接程序予以明确，破除执法执规机构之间的部门壁垒，实现证据互认、信息共享，降低重复调查成本，最终达到提高执法效率的目标。

（三）强化党政同责，实现协同发力

习近平总书记多次强调要“牵住责任制这个‘牛鼻子’”，③ 责任制是

① 中共中央宣传部、中央全面依法治国委员会办公室编《习近平法治思想学习纲要》，人民出版社、学习出版社，2021，第 25 页。

② 《中共中央政治局召开会议 习近平主持会议》，习近平系列重要讲话数据库，2018 年 7 月 31 日，http：//jhsjk. people. cn/article/30181765。

③ 《习近平：全面提高中央和国家机关党的建设质量 建设让党中央放心让人民群众满意的模范机关》，习近平系列重要讲话数据库，2019 年 7 月 10 日，http：//jhsjk. people. cn/article/31224028。

最直接、最有效的制度力量，特别是针对一些治理难度大、涉及部门多、需要党政共同治理的领域，按照中央部署河北省委、省政府推动“党政同责”制度落地落实，倒逼党政领导干部同向发力、共同负责，形成工作合力。在生态环境保护领域，河北省制定《河北省生态环境保护督察工作办法》，紧紧抓住全面落实生态环境保护“党政同责、一岗双责”这个关键，确保各项生态环境保护重点任务和环境目标如期实现，提升全省生态文明建设水平。在安全生产领域，制定《河北省党政领导干部安全生产责任制实施细则》，要求实行地方党政领导干部安全生产责任制，实行安全生产责任考核情况公开制度，定期采取适当方式公布或者通报党政领导干部安全生产工作考核结果，促使地方党政领导干部切实承担“促一方发展、保一方平安”的政治责任。在食品安全领域，制定《关于深化改革加强食品安全工作的若干措施》，提出深化党政同责，落实地方党政领导干部食品安全责任制规定，进一步强化工作力量，推动形成党政领导齐抓共管食品安全工作的强大合力。在促进乡村振兴领域，制定《河北省乡村振兴责任制实施细则》，立足乡村振兴“四梁八柱”制度框架和政策体系，对省市县乡四级党委和政府提出更加具体、更加明确的职责要求，构建职责清晰、各负其责、合力推进的乡村振兴责任体系，全面推进乡村振兴。在强化信访工作领域，制定《河北省信访工作责任制实施细则》，要求“党政机关领导班子主要负责人对本地本部门本系统的信访工作负总责”，进一步压实党政领导共同责任，加大解决信访问题力度，维护群众合法权益。

法治兴则民族兴，法治强则国家强。在建设中国特色社会主义法治体系进程中，要深入学习贯彻党的二十大精神，以习近平新时代中国特色社会主义思想为指导，坚持将习近平法治思想贯穿法治建设各领域各方面各环节，坚定不移走中国特色社会主义法治道路，统筹推进党内法规和国家法律、地方性法规建设，充分发挥党内法规的政治引领、立法补充和执行保障功能，以党规之进带动法律之进，以党规之强带动法律之强，将制度优势转化为治理效能，为奋力谱写中国式现代化建设河北篇章铸造更加坚强的制度保障。

法治政府

B.7

涉企政策后评估研究*

——以石家庄市七个涉企文件为评估对象

涉企政策评估课题组**

摘　要： 涉企政策作为公共政策的重要组成部分，其制定实施会产生系列连锁反应。为优化涉企政策，需要引入第三方评估机构对公共政策进行评估。通过评估发现当前涉企政策面临系统性涉企政策有待完善、政务数字化程度不高、涉企政策财政支持有限等潜在问题，这些问题给企业的经营发展造成严重阻碍。为提高涉企政策效能，创造公正、透明、可预期的营商环境，要坚持以系统性思维对涉企政策进行长远考虑，从实践层面提供相应对策，助推良好的涉企政策制定落实，确保企业可持续发展和社会和谐稳定。

* 本文为2023年度河北省社会科学发展研究课题“涉企政策评估问题研究”（20230201042）研究成果。

** 课题组负责人：蔡欣欣，河北省社会科学院法学研究所副研究员，研究方向为法治政府建设。课题组成员：郭勇，石家庄市发展和改革委员会经济体制综合改革科科长，研究方向为经济体制改革；石岩，石家庄市节能监察中心高级工程师，研究方向为企业管理；付小彩，河北经贸大学法学院研究生。执笔人：蔡欣欣、石岩、付小彩。

关键词： 涉企政策　后评估　石家庄

石家庄市作为河北省省会，为深入贯彻落实党中央国务院、河北省委省政府决策部署，以超常规举措提硬件、升软件，推动省会高质量发展，在结合石家庄市实际的基础上，出台了若干涉企政策。根据国家发展改革委《关于建立健全企业家参与涉企政策制定机制的实施意见》、河北省发展改革委《河北省建立健全企业家参与涉企政策制定机制实施办法》两个文件精神，为保持政策的连续性协调性、加强各项政策的统筹衔接和协调配合，课题组对2019~2022年石家庄市发展改革委牵头起草、以市委市政府名义或以市委市政府批准部门名义印发实施、尚在有效期内的、与企业关系密切且有较大影响的部分涉企政策文件落实情况进行评估，及时主动了解企业经营管理人员对于涉企政策的意见及建议，增强各项涉企政策的规范性、协调性、实效性，稳定企业家预期，为企业的经营发展营造公正、透明、可预期的政策环境，切实激发市场主体活力。

一　评估背景和意义

随着全球化和市场化的不断深入，企业已经成为现代社会经济发展中不可或缺的重要组成部分。政府的涉企政策对企业的发展至关重要。为了确保政策的有效性和可持续性，同时为企业提供更好的经营环境和政策支持，需要对涉企政策进行全面、系统、科学的评估。

（一）评估背景

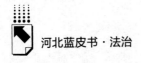

党的十八大以来，政策评估受到中央和地方各级政府的高度重视。在涉企政策评估成为党和政府科学决策、民主决策重要依据的背景下，各地持续优化营商环境，减轻企业负担，降低企业生产经营成本，促进经济高质量发展。石家庄市高度重视市场化、法治化、国际化一流营商环境的打造，出台

了一系列涉企政策，旨在做大做强主导产业，激发企业活力、提振经济增长。为全面学习、深刻把握、具体落实党的二十大精神，贯彻落实习近平总书记对河北工作的重要指示批示精神，切实推动石家庄市系列涉企政策落实落细，准确把握市场主体对涉企政策的现实反映、自身诉求及在生产经营中存在的实际困难，课题组对石家庄市发展改革委自 2019 年以来制定的系列涉企政策进行评估，归纳总结问题根源，提出进一步促进政策落实的建议。

（二）评估意义

涉企政策直接影响市场主体的生产经营活动，是优化营商环境的重要组成部分，开展涉企政策评估是提高涉企政策科学性的必然要求。第三方评估机构能够通过独立、客观、专业的评估工作，科学诊断涉企政策效果，实现政策优化，增强涉企政策的科学性、规范性，有助于完善要素市场化配置体制机制，激发各类市场主体活力。同时，开展涉企政策评估也是推动全面深化改革的现实需要，因为第三方机构能够以系统化的方法吸收、反馈利益相关各方的意见，协助政府部门权衡各方利益诉求，为调整优化涉企政策、建立市场主体参与框架、制定涉企政策实施风险应急预案等提出对策建议，增强涉企政策的可执行性，确保涉企政策能够被大多数利益主体接受、信任和支持。因此，由第三方评估涉企政策是公正客观评价国家治理绩效，推进国家治理体系和治理能力现代化的重要环节。

二　我国公共政策评估的实践探索

公共政策评估理论是我国政策科学的重要组成部分，其发展历程与国家治理现代化进程相辅相成。新中国成立以来，多个重大政策的制定都对公共政策评估的制度化和体制机制建设起到了积极推动作用，同时构成了公共政策评估理论发展中的重要节点和参照系。①

---

① 李志军、张毅：《公共政策评估理论演进、评析与研究展望》，《社会科学文摘》2023 年第 4 期。

（一）中央层面公共决策开展情况

中国公共政策评估实践较早可追溯至新中国成立初期在重大工程建设领域开始的可行性研究，当时主要是对建设项目的必要性、可行性及成本收益进行论证和事后评价。自20世纪80年代起，我国结合具体国情，在具体领域开展了一系列重大政策评估工作，推动了80年代的公共政策评估实践。

党的十八大以来，以习近平同志为核心的党中央高度重视科学决策、民主决策，积极推进公共政策评估工作，逐步将公共政策评估纳入机制化轨道。[①] 2015年1月20日，中共中央办公厅、国务院办公厅印发《关于加强中国特色新型智库建设的意见》，明确提出推动我国政策评估制度机制的建立健全，该项政策文件极大地推动了我国公共政策评估工作的发展。党的十九届五中全会提出“健全重大政策事前评估和事后评价制度”，政策评估的制度化和法治化建设将政策评估工作逐步纳入政策实施过程。为了加快公共政策评估的制度化，国家发展改革委评估督导司课题组专家梳理了重大决策政策评估、重大工程项目评估和重大行业政策评估“三个重大”的评估工作发展历程，并阐述了由制度体系、组织体系等支撑的中国特色“三个重大”评估体系。[②] 这些评估工作的开展，不仅能够促进政策的科学决策和实施，还能够提高政府的管理水平和公信力，为保障人民群众的合法权益和促进经济社会的可持续发展提供有力的支撑。

近年来，我国的公共政策评估机制不断完善，取得了一些成绩。政府部门和智库机构在公共政策评估方面发挥了重要作用。例如，国务院发展研究中心、中国社会科学院、中央党校（国家行政学院）等机构承担了许多公共政策评估工作，为政府提供了重要的政策建议和决策支持。2016年5月，国务院促进民间投资专项督查组分别赴有关省（区、市）和相关部门进行公共政策评估和专题调研工作。调研分析了当前促进民间投资和投资环境、

---

① 李志军：《加快构建中国特色公共政策评估体系》，《管理世界》2022年第12期。

② 李志军、张毅：《公共政策评估理论演进、评析与研究展望》，《社会科学文摘》2023年第4期。

政府管理服务以及政策落实等方面存在的问题和典型做法，并对出现的问题提出相应的对策建议，推进评估工作逐步常态化。这次评估的开展，为政府进一步完善促进民间投资政策提供了重要的参考和依据。

（二）国内其他城市评估工作开展情况

在中央层面通过一些措施大力推动政策评估工作的背景下，一些地方也开始在政策评估工作方面进行了积极有益的探索。为了方便更好地开展评估工作，一些地方还针对某些特定领域或类型的政策出台了指导性文件。但是总体来看，我国的政策评估工作仍处于起步阶段，需要进一步加强。

湖南省为贯彻落实《中小企业促进法》和《湖南省实施〈中华人民共和国中小企业促进法〉办法》，推动涉企政策落地见效，促进中小企业发展环境改善，委托省中小企业服务中心对相关文件落实情况进行评估。具体评估各项涉企政策措施落实情况，收集中小企业对发展环境的评价和意见，客观反映了各市州中小企业发展现状，达到“以评促优、以评促改”的目标。

吉林省为全面评估2021年度吉林省涉企优惠政策落实成效，查找涉企优惠政策落实的矛盾和问题，破解涉企优惠政策落实的难点堵点，持续改善营商环境，增强企业获得感，由省政务服务和数字化建设管理局委托第三方机构开展涉企优惠政策落实情况第三方评估。由第三方评估机构构建第三方评估的标准体系，评估惠企政策质量、政策落实过程、政策申请享受情况、政策落实监督机制、企业获得感等内容，并针对存在的问题提出工作改进建议。

天津市由市发展改革委评估督导处牵头负责开展“政策益企评”系列政企对话活动，将政策服务对象满意认可程度作为评价政策落实成效的考量因素，以评促效，化解政策落实的堵点难点，提升企业政策获得感。同时，从不同行业中遴选熟悉生产经营的专业人士，对相关政策提出完善意见建议，组织相关单位开展专项调研，促进企业诉求共享和业务流程协同，实现跨部门跨层级的市区一体部门协作，破除政策红利落地“梗阻”。

三 石家庄市涉企政策评估情况

（一）评估过程

自2019年到2023年，石家庄市发展改革委共发布了21个涉企政策文件。课题组聚焦宏观、中观、微观三个层面，重点对石家庄市涉企政策文件进行全面检视和梳理，经过筛选，最终确定对以数字经济、新一代电子信息产业和生物医药产业为主要内容的8个政策文件进行评估研究。评估方法主要采用指标分析法、文本分析法和实证分析法，结合企业座谈提纲与“涉企政策落实情况企业调查问卷”等对政策情况进行调研，并选取相关行业的企业为对象进行个案分析。针对现有政策的不足，课题组提出了相应的对策建议。为了客观合理确定指标体系权重，便于数据收集整理，推动涉企政策在各个层面各个环节具体落实，课题组设计了石家庄市涉企政策评估指标体系，包括10项指标及对应的评分标准，每项指标的分值为10分，总分为100分，最后根据调研结果评价打分。以下是作为评估对象的具体文件。

《关于支持新一代电子信息产业和生物医药产业率先突破的若干措施（试行）》《〈关于支持新一代电子信息产业和生物医药产业率先突破的若干措施（试行）〉相关实施细则》《高新技术成果落地石家庄奖励办法》《石家庄市瞪羚企业认定管理办法》《关于支持数字经济加快发展的若干措施》《石家庄市支持数字经济企业入驻奖补实施细则》《石家庄市支持数字经济创新平台建设奖补实施细则》《关于进一步优化营商环境更好服务市场主体的若干措施》。

（二）石家庄市涉企政策基本情况

石家庄市课题组开展了涉及21个县（市、区）共15家企业的实地走访和16场企业座谈会，以及面向市内企业的问卷调查，共回收有效问卷

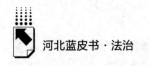

246份。通过综合调查研究，结合石家庄市涉企政策评估指标体系，最终评估得分为92分。失分项主要集中在企业参与涉企政策制定过程、政策公开宣传解读、政策执行时办事人员服务态度等方面。

1. 政策制定

政策制定方面共3项指标，得分28分。其中制定的涉企政策符合企业需求得10分，涉企优惠政策制定合理得10分，参与过涉企政策制定得8分。

（1）政策覆盖企业范围广

从内容看，政策涉及了电子信息产业和生物医药产业、数字经济、高新技术成果落地奖、瞪羚企业认定、优化营商环境等内容。从行业看，政策涉及的行业领域包括新一代信息技术、金融科技、生物健康、消费升级、人工智能等。企业认为政策制定门槛合理、政策符合企业需求、政策惠企力度大的占比分别为70.27%、100%、83.78%。

（2）涉企政策制定参与机制不断完善

石家庄市转发《河北省建立健全企业家参与涉企政策制定机制实施办法》，加快建立政府涉企政策主动向企业家问计求策的程序性规范，激发企业家参与涉企政策制定的积极性，营造稳定透明可预期政策环境。问卷调查的结果显示，大多数参与调查的企业参与过选取的8个涉企政策文件制定过程，都未参与的占比为48.37%（见图1）。

石家庄市建立了常态化政企互动机制，参与政策文件制定的企业占比达51.63%。在政策制定中充分采用企业座谈会、问卷调查、实地走访、网上征集、代表提案等形式广泛征求社会各界意见建议，通过企业座谈会参与政策制定过程的占比为70.77%。依据石家庄市涉企政策评估指标体系评分标准，有51.63%的被调研企业参与过涉企政策制定，都未参与的占比为48.37%。因此，“参与过涉企政策制定”指标得分为8分。

2. 政策落实

政策落实方面共4项指标，得分34分。其中发布涉企政策的相关解读信息得8分，享受涉企政策过程顺畅得10分，涉企政策公开、宣传、解读到位得8分，涉企政策执行时办事人员服务态度得8分。

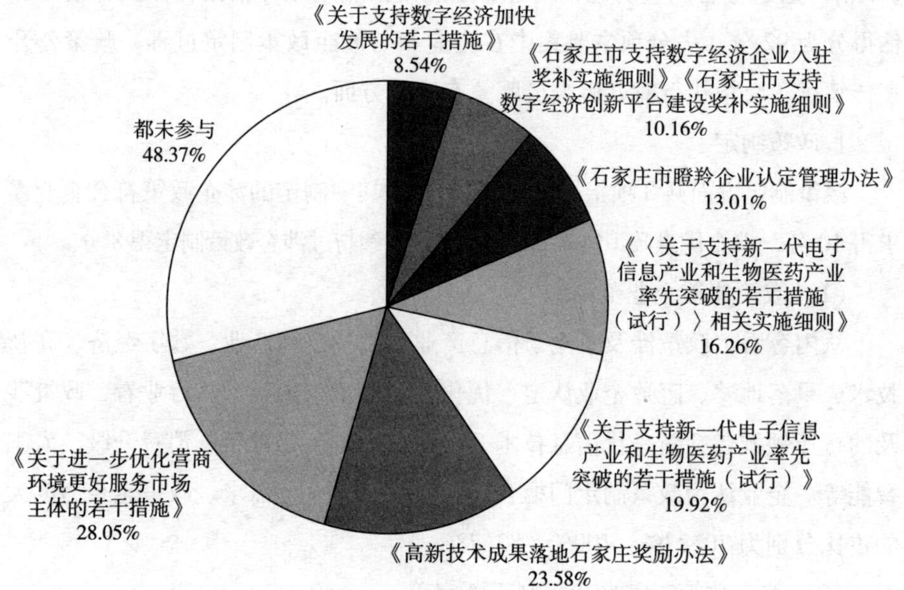

图1　企业参与涉企政策文件制定情况

（1）政策公开、宣传、解读形式多样化

问卷调查结果显示，企业看到过涉企政策的占比为89.7%。依据石家庄市涉企政策评估指标体系评分标准，被调研企业看到过涉企政策的相关解读信息的占比不到90%。因此，“发布涉企政策的相关解读信息”指标得分为8分。企业通过“政府相关部门工作人员主动联系告知”方式享受到政策的占比为41.9%。在问卷有效填写人次（50人次）中，认为政策公开、宣传、解读方面做得好分别占86%、90%、78%。

（2）多数企业享受到涉企政策

出台涉企政策是为了促使企业在政府的扶持下得到更好的发展。问卷调查结果显示，企业已经切实享受到涉企政策的占比为95.53%，在享受政策过程中没有遇到问题的占95.53%，说明石家庄市多数涉企政策能够精准直达，能让企业用好用足用活政策。问卷调查结果显示，企业未成功享受这些涉企优惠政策的原因主要包括企业自身不符合政策条件、企业认为条件太高、企业没有积极参与申请、企业性质不符、企业对政策了解不深等。具体到8个规范性政策文件，有28.05%的受调查企业没有享受过涉企政策（见图2）。

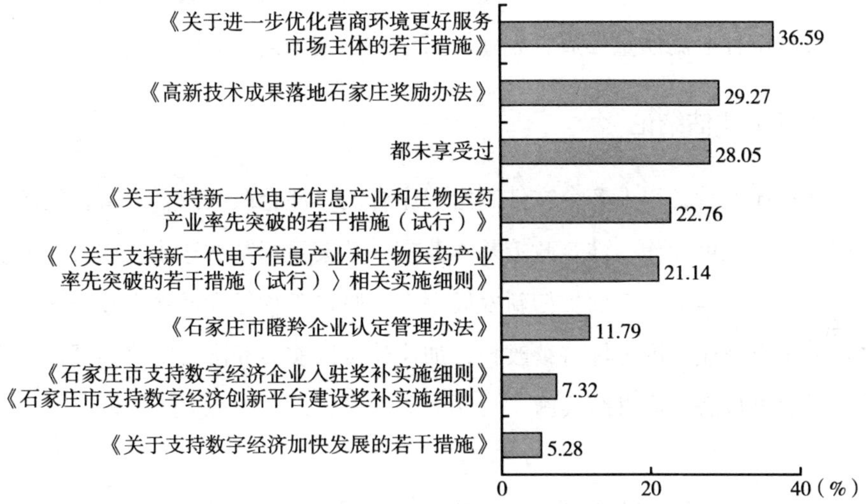

图2　企业享受到的涉企政策情况

3. 政策效果

政策效果方面共3项指标，得分30分。其中涉企政策对企业发展的促进作用得10分，企业真正享受到涉企政策得10分，对出台和落实涉企政策的意见或建议得10分。

（1）企业表示涉企政策对企业发展的促进作用明显

涉企政策所发挥的作用是衡量涉企政策落实情况的最直接指标之一。通过与石家庄市企业座谈访谈发现，享受到涉企政策的企业认为石家庄市涉企政策对企业发展有促进作用，能引导企业做大做强，切实增强了企业发展的信心。享受到政策的企业认为涉企政策对企业发展“促进作用非常大”的占比为45.25%，认为对企业发展“促进作用较大”的占比45.25%。

（2）涉企政策对石家庄市经济发展起到了推动作用

政策是环境的产物，是政策制定主体为系统解决自身与特定环境的矛盾而采取的行动。政策与经济社会发展既相互联系、相互影响，又相互区别，两者相辅相成。2019~2022年，石家庄市地区生产总值年均增长6.9%，综合分析，这样的增长水平很大程度上得益于石家庄市涉企政策有效促进了石家庄市经济社会高质量发展，企业对后续政策充满期盼。

（三）评估结论

从总体上看，以上8个文件制定程序合法，涉企政策内容丰富，实施程序规范合理、可操作，涉企政策基本落实，政策目标基本达成，广大企业赞成。为完整、准确、全面贯彻新发展理念，坚定不移做大做强主导产业，促进石家庄市企业发展环境持续改善，加快建设以实体经济为支撑的现代化产业体系效果显著，应继续实施。

四　涉企政策存在的问题及原因分析

涉企政策是企业生存发展的命脉所在，为了避免涉企政策制定实施的无序与失控，需要对涉企政策在制定实施过程中存在的潜在问题与风险进行准确识别。通过调查、采访、评估等方式发现现阶段涉企政策制定落实过程中存在涉企政策系统性有待加强、涉企政策落实的财力保障薄弱，以及政策公开、宣传、解读环节存在漏点等问题。

（一）涉企政策系统性有待加强

课题组在对涉企政策落实情况的调研走访中发现，个别文件的政策标准较高，导致可享受优惠政策的企业少；部分涉企政策在执行过程中存在政策缺少配套细则问题，出现了涉企政策颁布后效果不如预期的情况。这一方面可能会影响相关企业的发展，另一方面会影响企业以及民众对政府的信任。如《关于支持数字经济加快发展的若干措施》对于加快发展数字经济给出了意见，但未提出相应的配套措施，导致政策可操作性不强。

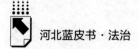

（二）政策公开、宣传、解读环节存在漏点

涉企政策的公开、宣传、解读体制健全，有利于政府与企业之间的沟通和合作。但是当前我国涉企政策公开的责任分工、公开流程等机制仍存在一些潜在问题，需要进一步进行标准化设计。比如，虽然可以通过政府网站查找到涉企政策，但是政策之间的关联性不强，涉及某个具体政策时难以形成完整的政策链。在宣传渠道上，对于抖音、快手等新兴视频媒体平台的使用效果尚需加强。在政策解读上，对于部分重点政策的解读形式较为单一，对政策宣传解读后舆情动向的收集、分析、研判水平有限，对于执行过程中民情民愿吸纳有限，许多时候未能针对执行中遇到的具体问题进行连续性、综合性解读。

（三）涉企政策落实的财力支持能力有限

公共财政投入供给是涉企政策得以落实的经济保障，但目前石家庄市财政能力有限，与其他先进地区差距较大，在资金投入上相对不足，一定程度上影响了企业的获得感。通过调研走访发现，有的企业认为一些涉企政策“只能看，不能用”。对于中小微企业来说，补贴补助往往是其关注的主要内容，但如果配套资金与企业预期相比较低，则不能保障涉企政策真正落地，不能加速各类创新资源向企业集聚，更不能助推企业科技研发、成果转移转化和产业化。

（四）政务数字化程度还不高，政策落实工作效率低下

“数字政府”平台暂未全面建成应用，各级数据平台尚未全部打通，一体化政务平台尚未得到全面推广应用，不能运用大数据技术实现政策“个性化”推送、“点菜式”服务，涉企政策直通“指尖”力度不足，服务的深度不够。这就使得一些企业在享受涉企政策过程中还需要准备大量材料，给企业带来很多困扰。另外，政策查询申报信息化、智能化手段应用不足，不能充分运用信息化、智能化手段提高查询申报效率，与企业对优惠扶持政策的快落实、快兑现急切需求不匹配，制约政策落实。

（五）涉企政策执行过程中评估监督不到位

相较于传统的政府评估，第三方评估机构具有更为丰富的经验和专业知识，可以更加客观、专业地收集和评估政策信息，能够提供全面、深入的分析和评估，从而为政策制定和执行提供更加可靠的依据。此外，第三方评估机构的独立性和客观性也能够有效地避免政治干扰和利益冲突，从而保证评估结果的公正性和可信度。但是课题组在调研中发现，涉企政策落实效果评估尚未形成常态化机制，一些政策出台后并未进行政策落实效果评估，使得政策缺乏修正或改善的可靠依据。目前，相关主体对政策执行过程中应配套的实施细则、落实举措、实际业务办理水平评估监督能力相对薄弱，没有形成长效的监管机制。

五　促进涉企政策落实的对策建议

目前，涉企政策在制定实施过程中仍存在一系列潜在问题，亟需通过推动科学涉企政策体系的建立健全、加速政务数字化建设、构建多重评估体系加强审查等方式对涉企政策的制定推行进行有效规制，将涉企政策优势转化为经济发展的活力之源，推动系统化、合理化、规范化涉企政策的制定落实。

（一）科学制定涉企政策，提升涉企政策的有效性

首先，政府及其相关部门在确定或即将推行一项政策之前，应该深入、广泛地到基层调研，主动收集基层部门和企业意见。基层部门和企业作为政策实施的直接受益者和执行者，对政策的理解和实施情况具有独特的视角和经验。如果政府及其相关部门不主动收集基层部门和企业的意见，可能导致政策的实施效果不理想，甚至出现不可预测的问题。其次，为确保政策的科学性和有效性，需要建立健全稳定的沟通咨询机制，加强与基层和企业的联

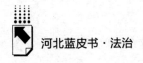

系，了解它们的实际情况和需求，杜绝“拍脑袋”“拍大腿”决策。最后，建立政策调整机制及时调整政策评估结果中不太理想或不合理、操作性不强的部分。对于调整后仍未达到评估要求的政策应当及时废止，并制定符合本地实际情况的新政策，以提高政策实施效果。

（二）注重政策的公开、宣传和解读，减少政策认识上的阻力

政策公开方面，公开与政策落实对象利益相关的享受标准、办理流程、办理部门、办理地点等全部信息，而非笼统说明。政策宣传方面，应不断与时俱进，公开渠道除线下的行政服务大厅或服务中心以及传统媒体如报纸、电视等外，还应进一步利用抖音、快手、微信等新兴传播媒介。政策解读方面，政策解读是企业和公众了解政策的重要途径，为了更好地服务企业和公众，可以根据实际需要常态化开展企业走访、政策宣讲活动，采用创新的方式和方法进行政策解读，以扩大解读范围，进行精准的政策推送，提高公众知晓率。

（三）统筹财力，保障涉企政策配套资金

企业对涉企政策的关注多集中于减税降费、补贴补助等方面，这些也是政府推行涉企政策的重要内容。涉企政策是否靶向发力决定着能否更加高效精准地服务企业，助力企业高质量发展。应围绕推动形成亲清统一的新型政商关系，积极向上争资，适当加大配套奖补力度，全方位打通制约企业发展的堵点，持续激发市场主体活力。而配套资金奖补及时到位反映的是政府诚信。政府部门需要主动回应，站在企业立场想问题，第一时间保障“资金链”加速转化为企业的“实物链”，把政策“红包”转化为企业发展的动力，真正扶持好优质企业，切实提升企业的内生动力。

（四）加快政务数字化建设，提升政策落实效率

加快数字政府平台建设，重点推进数字政府急需的云平台、政务数据公开共享、信用评价等领域建设。同时，以企业到政府“最多跑一次”

或“一次也不跑”为目标，以“集约化、平台化、服务化”建设为思路，研发企业申报小程序或平台。同时，推动各级政府、各个业务系统保持接口一致，加强政务服务整体联动，提高各级业务系统的一体化建设水平，充分实现地区间、部门间业务互联互通，打造贯通各层级、各部门的一站式协同工作平台，实现“一网通办”“一窗受理”“让数据多跑路、让企业少跑腿”。

（五）加强涉企政策执行过程的评估监督

建立第三方评估相关制度，做到评估监督有章可循。把第三方评估作为政府购买服务项目纳入财政预算，提高资金使用效益。加强评估机构管理，发挥群团组织和行业协会组织作用，拓展评估渠道，规范评估流程，促进第三方评估机构提升业务能力。① 先期选择涉及面广、群众关注度高的政策举措开展评估试点，稳步推进，提升政策评估能力。在积累经验的基础上，逐步全面推开第三方评估工作，形成第三方评估长效机制，推动评估结果应用，推动构建亲清新型政商关系。

① 福建农林大学课题组：《福建制造业公共政策第三方评估方法研究》，《发展研究》2018 年第 2 期。

B.8

高速公路政府和社会资本合作（PPP）法律问题研究

——基于行政法视角的框架性分析

刘媛媛　李智源*

摘　要：　近年来，政府和社会资本合作（PPP）模式在公共基础设施和服务领域的积极作用日益凸显，成为加快转变政府职能、化解地方政府性债务风险、提升公共服务水平和质量的有效措施。在实践中，高速公路作为典型的公路交通基础设施项目，通过选择适用 PPP 模式，更好地实现了在投融资、工程建设、运营管理等方面的社会效益和经济效益，推动了产业结构优化升级和可持续发展。本文基于行政法视角提出了对高速公路 PPP 项目的主要规制方向，并初步归结出推进高速公路 PPP 项目规范运作的路径设计。

关键词：　高速公路　PPP 模式　行政法

高速公路是主要的交通基础设施和国民经济战略性产业之一，是建设现代综合交通运输体系的重要内容。据统计，2018~2022 年，我国建成了全球最大的高速公路网，截至 2022 年底，我国高速公路通车里程为 17.7 万公里，交通运输水平不断提升，出行服务质量不断改善。“十四

* 刘媛媛，河北大学法学硕士，河北省公路事业发展中心高级经济师，研究方向为行政法、政府法治；李智源，河北省公路事业发展中心初级会计师，研究方向为经济法。

五”时期，随着国家经济高质量发展和供给侧结构性改革深入推进，社会公众对智慧、安全、节能的高速通道出行方式提出了更高标准和更新要求。《交通强国建设纲要》《国家综合立体交通网规划纲要》等一系列交通运输领域重要国家战略规划陆续颁布实行，提升了高速公路通达程度和通行质量，高速公路发挥了主通道、主骨架的大动脉作用，已经成为构建综合交通运输体系，建成安全、便捷、高效、经济、绿色、智能公路交通设施的要素支撑和发展先行，成为实施我国扩大内需长期发展战略的有力驱动。

但是，随着政府财政体制改革的不断深入，原有高速公路政府还贷建设发展模式受到诸多限制，政府融资平台采用的传统融资方式面临诸多问题，主要是建设成本的快速增长与车辆通行费收入有限的突出矛盾不断显现，政府对融资平台债务负有隐性的担保责任，原有融资方式受到进一步限制，融资方式问题成为当前高速公路建设的制约因素之一。国家不断探索适应我国社会经济发展水平和市场经济条件的投融资政策措施，深化高速公路投融资体制改革，PPP 模式因具有适应性、灵活性和融合性特征，逐渐成为一种解决高速公路建设资金融资方式单一、降低财政债务风险的有效投融资模式，越来越多地应用于高速公路项目工程建设、运营、管理的全生命周期，并且发挥了积极作用。

近年来，河北省在加快推进京津冀一体化和雄安新区“四纵三横”对外骨干路网建设过程中，充分发挥了公路交通的先锋作用，高速公路通车里程一直位于全国前列。《河北省 2022 年国民经济和社会发展统计公报》数据显示，2022 年河北省高速公路通车里程达到 8325.8 公里。但同时，养护管理工作的艰巨性和资金缺口之间的矛盾也越来越明显。在此背景下，基于 PPP 模式天然内生的公益性价值取向，运用行政法基础范畴和原理进行研究，分析和提出高速公路 PPP 模式在政策引导、参与主体、合作关系、实施方式等方面的适用路径，具有重要的理论价值和现实意义。

一　理论预设：以行政法视角研究高速公路PPP模式的必要性和必然性

（一）行政法基本范畴概述

1. 行政法的规制内容和范围

目前，我国尚未制定统一的行政法典，关于行政许可、行政处罚、行政程序、行政复议、行政诉讼等的法制规范，散见于众多单行的基本法律、行政法规和规章中，因此，对行政法规制内容和范围的梳理，可以更多参考行政法学者的研究成果。应松年指出，行政法是关于行政权力的授予、行使以及对行政权力进行监督和对其后果予以补救的法律规范的总称，用以调整在行政权力的授予、行使以及对其监督过程中发生的各类社会关系。① 姜明安指出，当代行政法在调整范围上，从仅调整公域拓展到既调整公域也调整私域，从仅规范国家公权力拓展到既规范国家公权力也规范社会公权力。②

2. 行政法的特征

行政法的规制内容和范围决定了其特征应当包括以下三个方面：一是行政法是设定和规制行政权力、监督行政权力行使，并对行政权力运行结果进行保护或救济的公法。从广义上说，行政法就是规制行政权力的法。二是行政法规制的是因行政权力的设定、行使、监督和救济而形成的行政法律关系，主要发生在行政主体与权力机关之间，通过权力机关创设、分配或取消行政权力而形成。三是行政法是涉及领域广泛且具有显著动态性的法。有公共行政的地方就有行政法。③ 在社会主义市场经济条件下，行政法对公共行政的调整体现在国家（公共）行政和社会公共行政两方面，④ 其涉及的领域

---

① 应松年主编《当代中国行政法》（第一卷），人民出版社，2018。

② 姜明安：《全球化时代的“新行政法”》，《法学杂志》2009年第10期。

③ 余凌云：《行政法案例分析和研究方法》（第二版），清华大学出版社，2019。

④ 姜明安主编《行政法与行政诉讼法》，北京大学出版社、高等教育出版社，1999。

已经大大超越传统的财政、治安、税收、资源等方面，扩展至社会公共管理的诸多方面。

由前述梳理可以得出，行政法是设定和规范各类参与主体及其之间行政法律关系、组织设置、行为过程、监督及救济的公法部门，其目标、功能和制度建构以法治行政、服务行政、参与行政、效益行政为基本理念，以行政公益性、正当性、合理性为基本导向，以国家（公共）行政和社会公共行政为主要规制内容，既要实现保障依法治理、公益优先，又要实现公平信用、利益保护。

（二）PPP 模式概述

1. PPP 模式简要发展背景

PPP 是英文 Public Private Partnership 的缩写，这一概念产生和最早应用于英国，发展至今已经成为各国政府及公共行政部门提高公共产品供给质量、效率和服务水平的重要理念和方式，主要应用于公共基础设施和公共服务领域。我国最早关于 PPP 模式的实践出现于 20 世纪八九十年代，伴随改革开放的不断深化，PPP 模式的发展经历了从试点到普及、从引进外资到利用内资、从单一项目到片区综合开发等多维度的嬗变。[①] 党的十九大以来，我国进入社会经济发展新常态，面对供给侧结构性改革和高质量发展的新要求，以及 PPP 模式发展中涌现的复杂化、多元化、深层次问题，国家相关政策和法规文件不断进行动态性回应和调整，在优化市场营商环境、强化债务风险防控、严格合同主体履约、加强绩效考核评价、鼓励项目合理收益等方面建章立制，强化监管，推动 PPP 模式发展逐渐步入调整规范阶段。

2. PPP 模式基本概念归纳

我国政府关于 PPP 模式的政策和法制规范，广泛见于行政规章和各级政府的规范性文件中。例如，财政部《关于推广运用政府和社会资本合作

---

① 任仲文编《政府和社会资本合作（PPP）模式：领导干部公开课》，人民日报出版社，2020。

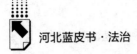

模式有关问题的通知》规定，PPP 的通常模式是由社会资本承担设计、建设、运营维护基础设施的大部分工作，并通过“使用者付费”及必要的“政府付费”获得合理投资回报；政府部门负责基础设施及公共服务价格和质量监管，以保证公共利益最大化。国家发展改革委《关于开展政府和社会资本合作的指导意见》规定，PPP 模式是指政府为增强公共产品和服务供给能力、提高供给效率，通过特许经营、购买服务、股权合作等方式，与社会资本建立的利益共享、风险分担及长期合作关系。

3. PPP 模式的理论阐释和解读

陈婉玲、汤玉枢指出，PPP 的本质在于合作，通过连接政府与非公共部门在资金、技术、管理等方面的优势，通过激励相融的制度安排，实现良性互动达至“双赢”。[①] 谭臻、吕汉阳指出，狭义的 PPP 是指在基础设施和公共服务领域，政府和社会资本建立一种基于合同的长期合作关系，并利用市场机制合理分配风险，提高公共产品和服务的数量、质量和效率；广义的 PPP 是指在平等合作的基础上，政府增加、改进和优化公共产品和服务的供给，实现物有所值。[②]

综上，PPP 模式是政府为提高基础设施及公共服务领域公共产品供给质量和效率，增强公共服务能力，通过特许经营、购买服务、股权合作等方式，与社会资本基于合同建立的一种风险分担、利益共享的长期合作关系。

（三）行政法规制的必然性和必要性

1. 高速公路 PPP 模式中的行政法律关系

高速公路 PPP 模式实施全周期涉及的参与主体众多、性质复杂，其中，政府方参与主体主要包括各级政府及其所属有关工作部门、项目实施机构、政府出资人代表等，社会资本方主要包括各类国有、民营、外商投资、混合所有制企业及其他主体。此外，还涉及其他使用公共产品和服务的公民、法

---

① 陈婉玲、汤玉枢：《政府和社会资本合作（PPP）模式立法研究》，法律出版社，2017。

② 谭臻、吕汉阳：《政府和社会资本合作（PPP）核心政策法规解读与合同体系解析》，法律出版社，2018。

人或者社会组织。本文仅从行政实体法律关系角度将高速公路 PPP 模式涉及的主要行政法律关系归结为如下三种。

一是实施行政授权形成的行政法律关系。主要是指政府基于 PPP 模式履行行政管理职能而与项目实施机构之间形成的纵向、隶属行政法律关系。项目实施机构由县级以上政府明确的行业主管部门（一般为交通运输主管部门）或者其他机构担任，负责项目识别、前期准备、运营和移交等全周期管理工作。比如，河北省交通运输厅公路管理局（现为河北省公路事业发展中心），作为河北省太行山高速公路、京德高速、荣乌高速 PPP 项目实施机构，组织各参与方开展了社会资本招投标、项目合同磋商和谈判、项目实施工作方案的制定等工作，为项目规范、顺利实施奠定了良好基础。

二是签订行政协议（也即行政契约、行政合同）形成的行政法律关系。高速公路采用 PPP 模式是基于合同方的协议建立合作关系，对项目合同的制定、协商、履行、解除直至失效的全过程进行法律规制。比如，太行山高速公路 PPP 项目合同体系就包括项目招标投标文件、投资协议、项目合同、股东协议、履约合同等众多合同文件，关涉项目的注册资本、工程进展等各阶段具体内容，只有合同体系全面、规范、完善，才能保障项目风险可控、合作共赢，从而实现最终目标。

三是基于行政监督和行政救济形成的行政法律关系。2019 年最高法发布《最高人民法院关于审理行政协议案件若干问题的规定》，将 PPP 项目纠纷定义为“行政协议”纠纷，按行政诉讼处理，明确了 PPP 项目合同的性质为“行政协议”，因而基于高速公路 PPP 项目的合同必然形成行政法律关系。

2. 行政法对高速公路 PPP 模式的应然关注

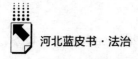

高速公路 PPP 模式是政府和社会资本的合作，其本质是公私合作，从治理导向和法制规范层面看，高速公路 PPP 项目在运行过程全周期必然兼具公法的强制性要素和私法的自治性要素，且以前者为优先。因此，以行政法对项目运行实施规制和保驾护航，是行政法治的题中应有之义。同时，结合高速公路 PPP 模式中包含的多重行政法律关系，可以将行政法对其规制

和保障的应然方面主要归结为以下三项：一是以行政法基本原则和理念为根本指导，创造高速公路 PPP 模式实施的良好市场环境、行政生态和法治土壤；二是以行政法制体系规制项目各参与方的行政法律关系，保障各方利益合法、公平实现，重点规制政府方参与主体（如政府及其相关行业主管部门、实施机构、政府出资人代表等）的行政监管职责及追究与救济；三是根据高速公路 PPP 模式自身特点，细化规制行政许可、行政契约等行政行为。

二　具象分析：基于行政法基本范畴与框架界定主要规制方向

（一）基于行政法基本原则的规制研究

行政法基本原则集中体现行政法的目的和价值，其效力贯穿并高于全部行政法制规范，是实现行政法规制和保障功能的重要指导和补充。本文选取依法行政原则、诚信原则、行政效益原则三项具有重要基础作用的基本原则，对高速公路 PPP 模式进行规制方向分析。

1. 依法行政原则

一是遵守行政职权法定，在项目招投投标、融资监管、工程建设和运营管理、审计监督等方面依法承担监管职责，不能盲目为了项目效益突破法律制约。二是全面遵守现行有效的法律、法规、规章，法无规定不可为。三是制定高速公路 PPP 模式相关法规、规章，以及其他规范性文件，且不得与上位法相抵触。

2. 诚信原则

一方面，政府应当依法依规履约践诺，政府方各参与主体要充分保护社会资本方参与主体的信赖利益，避免发生政府失信；另一方面，社会资本方各参与主体作为合作者、行政相对人或者利害关系第三人，也必须诚信，比如诚实公示投标信息，诚信开展履约保函提交、注册资本金注入等工作。社会资本方对诚信原则的履行需要政府方加强监管和保障。

3. 行政效益原则

一是提升政府行政效率，优化、简化行政程序。比如，以行政立法优化高速公路 PPP 项目用地审批手续、加强推动沿线地方各级政府履行征地拆迁有关职责等。二是按照政府和社会资本合作风险责任承担等原则，没有正当理由不要干涉应当交由社会资本进行投资、建设、运营、管理的事项和正当商业行为。三是在优先满足和维护社会公共利益的同时，实现社会投资方各参与主体的合理收益，在社会公共利益和企业经济利益之间寻求良好平衡。

（二）基于行政组织法的规制研究

1. 项目实施机构

高速公路 PPP 项目是政府和社会资本的合作，不是某个行业或部门和社会资本的合作，形式上要求项目实施机构能够完全代表政府，还要与项目公司签订 PPP 项目合同。但实际上，政府的众多职责分散在不同的部门，为了高效协调所有的政府部门、实现在整个项目周期内与项目公司的良好合作，需要依法授予项目实施机构相应主体条件和职责权限。最直接、高效的方式就是建立隶属于本级政府、独立于相关政府工作部门的项目实施机构，并以法律、行政法规授予实施机构协调政府各部门的权限和职责。实现这一点必然需要一个相对长期的立法博弈过程。当前具有较强可操作性的方式是，建立由本级政府负责人牵头、各相关部门主要负责人参加的协调联席会议制度，定期召开会议，协调解决合作期间出现的问题，由政府直接授权的项目实施机构采取具体措施。同时，不断完善和优化 PPP 项目合同体系的履约机制，接受合理的内容变更（如价格调整），在实施方案确立的核心条款框架下，针对合作期间出现的问题和项目实际执行情况及时签订补充协议。

2. 项目资产规制与保护

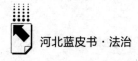

一是发挥价格杠杆调节作用，结合高速公路差异化收费政策，提升高速公路使用和通行效率，提升项目资产增值效能。二是在高速公路 PPP 项目合同体系中明确约定建设期和运营期社会资本的投资控制责任、项目资金及

资产监管、价格及调整机制、项目资产移交方式和法律状态、移交违约及处理等内容。

（三）基于行政行为法的规制研究

1. 行政协议

高速公路 PPP 项目合同体系包括项目实施机构与社会资本方之间签订的投资合作协议、社会资本各方之间签订的股东投资协议（或称股权协议）、项目实施机构与项目管理公司签订的项目协议，以及其他分项补充合同等，其指导思想应当为优先考量项目的公益性，在此前提下实现社会资本的合理收益。因此，应当坚持依法行政原则优于合同约定，肯定行政优益权。[①] 比如，在满足一定条件时，政府方对不履行合同义务的社会资本方参与主体直接强制执行；在特殊情势变更和触犯违约条款时行使合同单方解除权。

2. 行政许可

一是及时向社会公布高速公路 PPP 项目行政许可事项、审批程序、申报条件、办理时限和服务承诺等，实现行政审批标准化，增强行政审批的明确性和可预测性。二是优化项目审核流程、提升投资审批效率，结合高速公路 PPP 项目具体情况推行“多评合一”“多图联审”“区域评估”“联合验收”等工作方式。比如，在实施太行山高速公路 PPP 项目过程中，涉及行业审查、占地审查、防洪评价、环境评价、水土保持、压覆矿、节能评估、社会风险评价、涉路施工许可、穿跨越审批等许可事项。通过强化部门协同、优化工作机制，如健全项目实施联评联审机制、并行办理主要审批手续等，可以明显提升许可办理效率。三是结合优化营商环境，维护市场秩序，营造公平竞争环境。比如，在项目招标引入社会资本后进入建设期，以及交、竣工验收之后进入运营期的初期，采取约谈社会资本方主要负责人、实施信用评价、开展风险评估和风险监测预警等方式做好事中监管。

---

① 余凌云：《行政法案例分析和研究方法》（第二版），清华大学出版社，2019。

3. 行政接管

本文所指的行政接管是指行政主体为防止侵害公共利益而在特定紧急情况下对特定行业的实施主体（主要是企业）执行强制移交和管理的一种干预性行政监管措施。高速公路 PPP 项目作为典型的涉及公共利益的特殊项目，政府及其相关主管部门必须对项目实施进展及相关情况和质量进行监控，在危及项目公共利益实现的紧急情况下执行对项目的强制移交和管理。

（四）基于行政监督与救济法的规制研究

本文此处讨论的行政监督与救济，主要涉及对高速公路 PPP 项目中的行政主体或其他代表政府方的主体行使行政权力、作出行政行为的行政系统内部监督、对违法行政行为进行行政救济和司法救济。

1. 行政监督

一是加强上级政府对下级政府、各级政府对其工作部门依据行政隶属关系形成的层级监督，比如加强省级政府对市、县政府实施高速公路 PPP 项目的政策引导、行政指导和监督，政府对其所属发改、财政、交通运输等行业主管部门上报的实施方案等文件进行审批。二是加强上级政府工作部门对下级因业务领导或指导关系形成的行业职能监督。高速公路 PPP 项目运行全周期各环节涉及发改、财政、交通运输、自然资源、物价、税务、应急、公安、环境保护、安全监督、质量监督等众多行业主管部门的多种程序，比如行政许可、登记、检查、指导、备案、信息公开、处罚等程序，探索完善相关行业监管制度体系。三是充分发挥监察、审计等专门监督机关的专业监督作用，以及依法进行评价、控制、督促、处理等。比如，审计部门对本级财政部门高速公路 PPP 项目库的定期审计、对本级交通运输部门高速公路 PPP 项目的专项审计等。

2. 行政救济

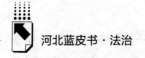

一是行政调解。由政府及其授权的有关行业主管部门法定采取诉讼方式以外的措施进行纠纷调解，比如高速公路 PPP 项目工程进度滞后，没有达到约定的阶段性目标时，如果通过各方努力能够很快消除阻碍，则可运用行

政调解的方式快速制定解决措施，高效解决争议。二是行政复议。作为现行行政法制体系中的一种法定救济方式，其对行政争议的合法性与合理性审查，比司法审查更有利于公平、便捷地解决问题，从而有利于最大限度保护社会资本方各主体的经济和社会效益，实现解决纠纷、保护项目运行的最终目标。三是行政诉讼。行政诉讼是社会资本方各参与主体维护合法权益的重要保障，也是高速公路 PPP 项目争议处理机制不可或缺的重要部分。

三　对策建议：行政法框架下规制高速公路 PPP 模式的路径设计

通过前述基于行政法基本范畴和原理对高速公路 PPP 模式规制方向的分析，可以将行政法框架下规范高速公路 PPP 项目运作的路径设计初步归结为如下四个方面。

（一）依法治理，加快健全高速公路 PPP 项目行政法制体系

第一，在国家层面 PPP 项目法制规范框架体系内，制定和完善相关法律、法规、规章等，加快《PPP 条例》等基础性法制规范出台，明晰和界分国务院及发改、财政、交通运输、中国人民银行等各工作部门在高速公路 PPP 模式下的行政监管职责，清理在审批、审核、督导、检查等实际工作中的“重复监管”“交叉监管”，确保各工作部门在主管范围内依法履职。第二，加强政策引导，鼓励省内结合本行政区域内高速公路 PPP 项目发展实际和资源条件，健全高速公路 PPP 模式的地方性法规、地方政府规章体系，统一确立高速公路 PPP 模式的指导原则、工作流程、绩效管理、争议解决机制等，为高速公路 PPP 项目全周期运行过程明确法制依据。第三，县级以上政府交通运输主管部门及公路事业发展机构、高速公路经营管理主体应当明确划分职能范围，重点对高速公路 PPP 项目行政审批、运作流程、资金监管、绩效监测、项目信息披露等方面加强监督和协调，优化行政程序，制定和完善相应的规范性技术指引、标准等。

（二）履职尽责，合理规范政府方参与主体的行政监管机制

在供给侧结构性改革和国家治理现代化进程不断深化的背景下，优化配置监管权责、增强监管能力、实现监管目标，对政府职能转变提出了更高要求。第一，加强项目报建审批调度，建立县级以上人民政府及其发改、规划、住建、交通运输、环保、财政等工作部门对高速公路 PPP 项目的协调工作机制，确保提供高效的政务服务。第二，通过依法授权或者行政委托等方式确定实施高速公路 PPP 项目的政府方参与主体资格，主要包括各级政府及其相关工作部门、项目实施机构和政府方代表。项目实施机构统筹组织开展项目运营各项工作，提升项目运营专业水平和效率；由行政立法对作为政府出资人代表的主体进行资格、条件的明确。第三，实现行政监管和合同监督的有机融合，充分运用绩效管理、定价机制、收费机制、服务标准等合同监督手段，有效实现监管目标。第四，鼓励和培育具有良好项目运作经验的中介服务机构，推动建立法制规范、政府指导、行业自律相结合的管理体系。

（三）严格履约，全面履行高速公路 PPP 项目合同体系约定

第一，各参与方应当按照现行有效的行政、民商等法律法规制定和履行合同。第二，根据高速公路 PPP 项目所处行政区域、市场经济发展水平、营商环境等不同情况，以及各参与方合作意愿、风险承受能力、协商水平等差异，结合项目具体运营需要并充分协商，充分利用法律、融资、财经等专业咨询顾问组织，因地制宜制定符合具体项目运作特征的合同文件。第三，相关行业主管部门严格履行职责，做好合同内容审核和履约监督工作，确保合同意思表示真实、风险分配合理、有效保障各方合法权益。第四，重视对合同执行期间绩效管理和考核指标的制定，建立涉及考核目标、跟踪方式、监控追踪、客观评价的全周期绩效管理机制，实现政府付费、使用者付费与绩效管理直接挂钩，将绩效评价结果作为全周期价格调整等因素变动的重要依据，确保公共利益最大化。

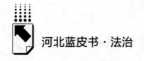

B.9

新时代“枫桥经验”的河北公安探索*

樊 璠 樊智伟**

摘 要： “枫桥经验”是践行党的群众路线的生动体现，是政法综合治理领域的一面旗帜。经过60多年的发展，新时代“枫桥经验”内涵更加丰富，深刻把握新时代“枫桥经验”精髓，总结河北公安探索实践成果，持续深化和推进新时代“枫桥经验”，对加强基层治理体系和治理能力现代化，确保为中国式现代化建设提供安全发展环境，具有重要意义。

关键词： “枫桥经验” 社会治理 基层公安

“枫桥经验”始于枫桥，源于公安。它是践行党的群众路线的生动体现，也是政法综合治理领域的一面旗帜，更是中国之治的闪耀名片。河北地处京畿，环卫京津，使命特殊，责任重大，特别是在政治安全、平安建设等方面面临更高要求。近年来，河北公安坚定举旗铸魂，全力推进“平安河北建设”，以“访民情、解民忧、化矛盾、防风险、治乱点”为根本要求，深入开展“百万警察走进千万家庭”行动，致力搭建警民沟通桥梁，实现社会和谐稳定。截至2023年，河北省共有13个派出所被评为全国“枫桥式公安派出所”，55个派出所被评为省级“枫桥式公安派出所”。2022年以来，全省公安机关累计走访家庭2377万余户、学校1.9万余个、企业单位19.6万

* 本文系2023年度河北省社会科学发展课题“新时代枫桥经验的河北公安探索”（课题编号：20230301019）的研究成果。

** 樊璠，河北公安警察职业学院助教，研究方向为公安学、政治学、教育学；樊智伟，河北省退役军人服务中心中级政工师，研究方向为政治学。

余家，服务群众68.9万余人，消除安全隐患2.2万余处，化解各类矛盾纠纷18.6万余起，为推进构建共建共治共享的基层社会治理新格局贡献积极力量，为奋力谱写中国式现代化建设河北篇章创造团结稳定的社会环境。

一 充分认清新时代“枫桥经验”的重要意义

新中国成立以后，浙江省原诸暨县枫桥人民发扬“靠前一步、主动作为”的工作作风，充分发动和依靠群众，妥善处理了许多影响社会稳定的问题，创造了“坚持矛盾不上交，就地解决，实现捕人少，治安好”的“枫桥经验”。在改革开放时期，进一步发展成为新时期“枫桥经验”，即“小事不出村，大事不出镇，矛盾不上交”。进入新时代，在习近平新时代中国特色社会主义思想的指引下，深化形成了新时代“枫桥经验”，其鲜明特点是坚持“党建统领、人民主体、多元共治、三治结合”，实现“矛盾不上交，平安不出事，服务不缺位”。[①] 坚持好发展好新时代“枫桥经验”，积极加强预防警务工作，充分发挥派出所这个综合性战斗实体在社会治安防控系统中的关键性作用，对推进更高水平的平安河北建设具有十分重要的时代价值和实践意义。

（一）坚持和发展新时代“枫桥经验”，是推进社会治理现代化的现实需求

党的二十大报告提出，加快推进市域社会治理现代化，提高市域社会治理能力。[②] 近年来，我国经济社会发生深刻变化，人民群众对美好生活的向往与发展不平衡、不充分之间的矛盾更加突出。随着全球化的加速，经济社会中的矛盾和冲突日益增加，尤其是在经济转型的过程中，这种情况更为严峻。面对新的形势要求，必须适应社会主要矛盾新变化，将新时代“枫桥经验”与新时代中国特色社会主义思想相结合，通过坚持和发展“枫桥经

① 金伯中：《法治视野下的新时代“枫桥经验”》，《浙江警察学院学报》2022年第3期。
② 《高举中国特色社会主义伟大旗帜，为全面建设社会主义现代化国家而团结奋斗——在中国共产党第二十次全国代表大会上的报告》，《人民日报》2022年10月26日。

验”不断化解各类社会矛盾，完善社会治理体系、提高社会治理能力，提升基层社会治理水平。

（二）坚持和发展新时代“枫桥经验”，是锻造过硬公安队伍的必然要求

当前，国际格局加速演变推进，社会治安形势复杂严峻，要求公安队伍必须具备更加过硬的实战能力和更加严格的纪律作风。坚持和发展“枫桥经验”，必须突出政治建警、从严治警，始终把队伍建设作为首要任务，努力建设一支听党指挥、绝对忠诚、服务人民、作风优良的过硬公安队伍。通过各类教学集训、比武竞赛和实战演习等活动，激发全体民警工作动力，始终保持昂扬态度、饱满热情，有效提升公安队伍实战水平，打造一支符合当今社会需求、促进和谐稳定、服务人民群众的“铁军”。

（三）坚持和发展新时代“枫桥经验”，是实现公安工作高质量发展的重要路径

随着经济全球化的加快，各行各业都在走高质量发展路线。“枫桥经验”是人民群众在党的领导下实践探索出的具有中国特色的社会治理道路，也是促进公安工作高质量发展的重要路径。在新时代，我们要坚持和发展新时代“枫桥经验”，不断推动思维理念和体制机制革新，将公安机关的优势转化为基层社会治理效能。努力打造“枫桥式公安派出所”，不仅可以更好地维护人民的合法权益，而且可以更好地促进基层治安稳定，从而更好地满足人民的需求，更好地保障人民的合法利益，对推动基层治理能力水平提升、公安工作高质量发展起到积极作用。

（四）坚持和发展新时代“枫桥经验”，是党的群众路线的延伸拓展

习近平总书记强调，“我们党来自于人民，党的根基和血脉在人民”。[①]

① 《习近平：在党史学习教育动员大会上的讲话》，中国政府网，2021 年 3 月 31 日，https：//www. gov. cn/xinwen/2021-03/31/content_ 5597017. htm。

“枫桥经验”是党在公安工作中贯彻落实群众路线的具体实践，是公安机关坚持执法为民、密切联系群众、践行初心使命的重要载体。“枫桥经验”以其深刻的思想内容，将解决阶级矛盾与改善社会管控有效结合，充分反映出一种尊重个人基本权利、全心全意为人民服务的精神，激励全体民警始终牢记“民警姓民，执法为民”，根据人民群众的新需要，主动顺应人民群众的新期待。创建“枫桥式公安派出所”活动进一步畅通了民意收集渠道、增强了公安机关群众工作能力，使公安机关更好地察民情、听民声、解民忧、暖民心，深深扎根于人民群众之中。

二 深入理解新时代“枫桥经验”的实质内涵

（一）党建引领是“枫桥经验”的政治灵魂

中国特色社会主义最本质的特征是中国共产党的领导，最大的优势是中国共产党的领导。“枫桥经验”之所以经久不衰、永葆活力，最根本的一点，就是充分发挥党的领导政治优势，通过依靠和组织群众，化解消极因素，解决社会矛盾，把党的领导真正落实到基层，正确解决社会治理“谁来抓”的问题。党的领导是深化践行新时代“枫桥经验”的根本保证，用好“枫桥经验”加强基层治理工作，必须要把党的领导贯穿始终，全流程融入、全链条结合、全方位渗透。党政军民学、东西南北中，党领导一切；个人本事再大、行政手段再硬，也比不了党组织的作用。做好基层安全稳定工作，必须紧紧抓住党组织建设这一要害，发挥党的政治领导力、思想引领力、群众组织力，让广大人民群众紧密团结在党的周围，确保党组织服务管理到底到边，精准落实到每个角落。

（二）以人为本是“枫桥经验”的根本立场

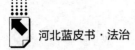

“枫桥经验”之所以成为中国共产党治国理政的宝贵财富，关键在于它始终坚持群众路线这一党的根本政治路线。人民是国家的基石，是社会发展

的不竭源泉和动力，一个国家的强大离不开人民的支持和参与。“枫桥经验”之所以作为新形势下推动社会治理发展的重要成功经验，就在于它始终不变地坚持相信群众、发动群众、组织群众、依靠群众。“枫桥经验”的历久弥新，根本在于始终坚持人民至上，始终扑下身子、沉下心来，深入基层倾听群众“心里话”，站稳群众立场，厚植为民情怀，努力当好群众的“贴心人”“暖心人”“放心人”。

（三）“三治融合”是“枫桥经验”的时代特征

坚持自治、法治、德治“三治融合”是“枫桥经验”创新发展的重大成果，要以自治为基础、法治为保障、德治为先导，把特色优势转化为治理效能。坚持自治为基，就是要发挥基层群众自我管理、自我服务、自我教育、自我监督作用，让群众的事情由群众自己来管，变“要我做”为“我要做”；坚持法治为本，就是要在基层单位创造办事依法、遇事找法、化矛盾用法、解问题靠法的良性环境；坚持德治为先，就是要弘扬社会主义核心价值观，强化社会公德、职业道德、家庭美德教育，以德治扬正气。把多元共治作为重要着力点，坚持优势互补、无缝协作、基层善治，进一步提升人民群众幸福感、获得感、安全感，进一步构筑管理机制完善、运转高效的基层社会治理体系。

（四）源头治理是“枫桥经验”的实践精髓

“枫桥经验”强调通过加强基层社会治理，从源头上防范和解决社会矛盾，确保社会的和谐稳定和公共安全。源头治理的核心思想是从问题产生的根源入手，采取积极有效的措施，防患于未然，避免问题的扩大和恶化。在公安工作中，源头治理意味着注重预防和预控，通过加强社会风险评估、安全隐患排查，及早发现并解决问题。这种做法能够在问题尚未出现或者在初期阶段就加以干预，防止问题的发展蔓延，降低社会治安风险。通过源头治理，公安机关能够更好地预防和控制社会问题的发生，提前发现和解决潜在风险，有效维护社会的稳定和安全。源头治理的实践精髓在于思维的转变和工作的创新，将公安工作从被动应对转变为主动预防，为实现社会治安和谐稳定作出积极贡献。

三 河北公安坚持发展新时代“枫桥经验”探索实践

六十载栉风沐雨，“枫桥经验”不断发展，内涵不断丰富。河北公安紧密结合地域特点，着力推动京津冀协同创新共同体建设，聚焦国家重大战略需求，以打造“平安前哨”为着力点，积极开展新时代“枫桥经验”实践探索，为经济强省、美丽河北建设营造安全环境。

（一）聚焦“矛盾不上交”，坚持多元共治、系统监督，完善矛盾内部化解机制

河北公安始终坚持人民至上，秉承“联动融合、多元共治”的思维理念，努力做到“矛盾排查全、矛盾有人访、矛盾化解早”，结合地域特点分析研判情况，探索完善矛盾纠纷排查化解长效机制，找准找实各类矛盾风险，各类问题隐患力争发现在早、化解在小、解决在根。石家庄市高新区公安分局珠峰派出所积极探索具有自身特色的矛盾调解模式，注重关口前移，建立 161 个业主社区微信群，及时掌控矛盾线索，化“事后调”为“事前控”，遴选律师、法官、退休民警等组成专业调解队伍，配合群众基础好、威信高的“珠峰群众”，积极化解民间纠纷。5 年间，该所累计调解矛盾纠纷 1400 余起，建立矛盾化解档案 562 份，调解成功率达 99.3%，2023 年被评为全国第三批“枫桥式公安派出所”。①

（二）聚焦“平安不出事”，坚持预防为主、打防结合，加强治安防控体系建设

安全感，是老百姓最基本的民生需求。着眼推进国家安全体系和能力现

① 《调解有特色点亮“和谐灯”——珠峰派出所创新工作方式化解群众矛盾纠纷》，石家庄新闻网，2023 年 7 月 4 日，http://news.sjzdaily.com.cn/2023/07/04/99832700.html。

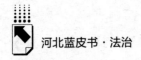

代化，河北公安紧抓科学布局防控、灵敏侦测预警、治安要素管理、智慧警务打造等重点任务，采取完善协同机制、警民深度融合、浓厚宣传氛围等有力措施，构筑动态立体防控格局，扎实推进预防警务落地生根，全力维护社会安定，群众平安体验感持续提升。承德市公安局双桥分局桥东派出所在全市范围内率先完成“两队一室”建设，依托综合指挥室，构建开放共享的“大数据超市”，常态对辖区案事件易发地区进行无死角巡查，利用科技手段开展精准打击。2022 年，派出所智能感知预警案事件信息 27 条，提供警情研判信息支撑 230 余次，辖区刑事、治安案件发案数同比分别下降 15%、24%，警务工作提质增效显著。①

（三）聚焦“服务不缺位”，坚持人民至上、服务为先，聚力解决人民急难愁盼

河北公安机关始终坚持群众需求在哪里，服务保障就跟进到哪里，忠实践行“零距离服务群众”的宗旨。2022 年，河北省公安厅出台《河北省公安机关服务保障稳定经济运行十项措施》，广泛开展“互联网+户政服务”，全年共通过各级互联网平台办理人口业务 23.9 万笔，深入推进公安业务“网上办、自助办、就近办”，真正实现让数据多跑路、群众少跑腿。河北省平山县西柏坡派出所是全国首批“枫桥式公安派出所”，辖区年均接待游客 500 万人次，全所民警始终牢记“红色圣地在身边，服务群众在心间”，着力强化民生警务，开设 24 小时网上在线服务，随时响应群众诉求，突出急事急办、特事特办，不断提高老区群众安全感、满意度，实现连续 15 年警员“零投诉”。

四　发展运用新时代“枫桥经验”存在的问题

坚持与发展“枫桥经验”已经成为新时代社会治理的法宝，但在探索实践和发展运用的过程中，仍有一些盲点误区和矛盾问题不容忽视。

---

① 《河北承德桥东派出所用心用情打造新“枫”景》，中国警察网，2023 年 8 月 23 日，https：//special.cpd.com.cn/2022/paynwzxc/gazsy/sy1/823/t_1099727.html。

（一）思想认识高度有待进一步提升

部分单位只是“纸上谈兵”，只注重“形”，忽视了“神”。在创建工作中，对于如何结合当地、本单位的实际情况，缺少清晰的工作思路和规划，没有找到主攻方向和突破口。基层公安部门对“枫桥式公安派出所”创建工作的重要性和必要性有了比较统一的认识，但是，许多单位还是依靠上级的统一部署安排多，自身积极主动创新实践少。单纯只是为学而学，没有结合自身实际情况“因地制宜”，而是一味“生搬硬套”，效果不佳，原本可参考借鉴的良性社会治理模式，变为靠行政力量维持的“盆景”，虚有其表，丧失了学习的初衷。还有些单位政绩观有偏差，过于功利主义，觉得抓创建工作见效慢，不像案件侦破、打击犯罪那样成果显著，没有将创建工作放在第一位进行部署和落实，存在“抓一抓”“放一放”的现象。

（二）横向联动力度有待进一步加大

坚持和发展“枫桥经验”，强调的是共建共治多方联动，不是某个部门一家之责。社会秩序稳定需要公安机关、司法部门、城管部门、信访部门等多个部门的通力协作。在实践中，各部门之间存在协作不畅、权责不清、分工不清、信息共享不及时等问题，造成了工作质量不高，社会治理整体推进不到位。有些部门大局意识不强，整体站位不高，将社会治理工作片面理解为公安部门的责任，整体协同配合的意愿不强，错误地认为公安掌握执法权，理应当先锋、打头阵，即使工作出现意外情况，也应当由公安部门来兜底，因此工作积极性不高，存在等靠思想，行动较为迟缓。

（三）全员参与程度有待进一步深化

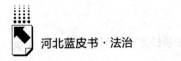

从基层普通群众的层面来看，还存在民众参与意识不强、思想站位不高、积极主动性不够的问题。许多群众缺乏社会主人翁意识，片面认为社会治安仅仅是公安机关、政府机构的事情，将自己置身于公共空间之外，特别

是在应对突发事件时，往往怀着“看客”“旁观者”心态，很难积极主动、向前一步。在缺少群众力量支持的前提下，“枫桥经验”难以从源头上防范和化解风险，尤其是在大型城市社区，由于彼此之间缺乏足够的沟通与理解，陌生人之间的社会关系尚未完全改善，因此在紧急情况下，很难建立有效、持久的互助与援助机制。

（四）创建活动实效有待进一步巩固

在“枫桥式公安派出所”创建活动中，一些基层单位缺乏清晰的目标，为了创建而创建，为了考核而创建，仅仅是简单部署任务，并没有盯着具体抓落实，一些警务室处于空转状态，没有很好地起到警民沟通、为基层群众服务的作用。一些单位律师驻所制度并未实际落实，仅仅是挂个牌匾；入企联村入户走访工作仅停留在账册上，真正为企业、群众解决的实际问题和难题很少；各种平安类社会组织看起来很多，但多数是空架子，实际作用发挥并不理想，往往是为了应付上级检查而成立。在创建活动中，一些单位过分注重宣传效果，而忽视了公安派出所的实际工作能力和效果，形式主义仍有一定“市场”。①

（五）科技支撑有待进一步增强

新时代“枫桥经验”更加突出科技支撑，将5G、大数据、物联网、人工智能等新一代数字技术运用于提高社会治理效能，可有效弥补传统工作方法缺陷，意义十分重大。实践中，部分单位深度运用科技成果的能力还不够，比如有些小区虽然安装了人脸识别系统，但是因缺乏有效维护更新，难以正常发挥作用，一些地区受基础条件限制基层派出所科技设备配备不足。此外，数据共享也不够充分，面对大数据时代，各部门普遍重视数据的收集与利用，但部门间仍存在一定壁垒，数据交流共享还不够精准高效，依然存在多头采集、重复采集的情况，既影响效率又浪费资源。

---

① 潘海波：《基层公安机关创建“枫桥式公安派出所”的实践和思考——以诸暨市公安局为例》，《公安学刊》（浙江警察学院学报）2019年第5期。

五　传承发展新时代“枫桥经验”的路径思考

人民公安来自人民、植根人民、心系人民。进入新时代新征程，聚焦中国式现代化建设任务，人民公安要强化宗旨意识，树牢为民观念，持续深化新时代“枫桥经验”，在守护人民幸福和安宁上精准发力，努力推动公安工作高质量发展。

（一）坚持党建引领，确保工作方向正确性

“枫桥经验”历久弥新、长盛不衰，究其根源，就是要把党的领导贯穿基层社会治理的各个方面，让党组织发挥“领头雁”的作用。要配强“好班子”，有效整合基层力量资源，发挥好党组织把脉定向、领航掌舵的作用，积极创新“党建+”模式，不断延伸组织触角，将党建引领有机融入每一次任务、有效汇入每一次行动。注重党员队伍日常监督，教育多一份、管理严一格、标准上一层，把广大党员的模范表率作用充分发挥出来，党员素质过硬，群众的事就好办。坚持“一所队一特色、一支部一品牌”，开展派出所“最强党支部”“先锋警务室”“党员模范岗”等系列创建活动，健全支部组织架构，规范党务工作运作，丰富党建活动载体，开展红色革命、传统文化、国情党情等各类主题教育活动，打造富有地域特征、时代特色、公安特点的基层党建品牌。

（二）完善制度机制，强化群众参与积极性

“枫桥经验”注重利用人民群众的力量，把矛盾和冲突最大限度地化解于基层、化解于萌芽之中，这就要求社会各界积极参与，充实社会公共安全资源。健全的激励机制可以充分调动社会各方面力量的积极性，从而提升城市基层警务工作的效率。完善考核评价机制，采取“平安报表”方式，对各地的平安建设进行综合评价，优化奖惩制度设计，推动城市基层公安机关等治安主体主动向治安治理共同体演变。强化群众参与基础保障，着力提升

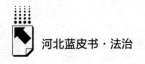

群众获得感，完善相应奖励扶持机制，物质奖励与精神鼓励并重，帮助提升个人影响，实现社会价值，为社会组织打造品牌效应，为其提供物质和政策支持，使其能持续地发挥自身功能，从而使其更好地参与社会管理。打破传统单一管理模式，探索多元化治理体制机制，在社会治理中，政府、社会组织、企业和个人等多个主体充分发挥自身优势，形成协同合力，共同推动社会的稳定和发展，实现社会治理目标。

（三）加大科技投入，提高警务管理时效性

科技是提升治理能力的新动力。习近平总书记指出，“要运用大数据提升国家治理现代化水平。要建立健全大数据辅助科学决策和社会治理的机制，推进政府管理和社会治理模式创新”。[①] 提高基层公安社会治理能力，必须充分利用以大数据为代表的科学技术“大引擎”，在确保数据安全前提下，打破行业信息壁垒，贯通平台间数据链路，实现派出所和社区网格之间信息实时推送，有效解决非警务警情流转慢、涉警隐患被忽略的问题。结合不同地区实际情况，引入身份证识别仪、警务通、显示大屏等设施设备。同时，及时开展相关业务培训，推动智能化装备设备融入日常警务管理，提升“智慧警务”建设水平，让优势资源向基层一线倾斜。但接受科技不意味着放弃人力人性化的一面，还要注重继承传统公安工作方式下积累的优秀经验与文化，更好践行以人民为中心的群众路线。

参考文献

孙梓翔：《创建新时代“枫桥式公安派出所”：价值、功能与实践》，《武汉公安干部学院学报》2020 年第 4 期。

湖州市公安局课题组：《从“枫桥经验”到“枫桥式公安派出所”——湖州公安坚

① 《习近平主持中共中央政治局第二次集体学习并讲话》，中国政府网，2017 年 12 月 9 日，https：//www. gov. cn/xinwen/2017-12/09/content_ 5245520. htm。

持发展新时代“枫桥经验”的实践与思考》，《公安学刊》（浙江警察学院学报）2019年第5期。

刘绘锦：《创新“枫桥经验”加强治安防控工作对策研究》，《人民法治》2019年第24期。

马小翔、于伯文：《新时代“枫桥经验”引领下加强派出所工作探析》，《公安研究》2020年第6期。

侯庆武：《市域社会治理背景下基层公安机关坚持和发展“枫桥经验”的认识与思考》，《公安研究》2023年第7期。

张嘉玲：《“枫桥经验”在城市基层公安工作中的适用性研究》，硕士学位论文，中国人民公安大学，2021。

《河北：为美好新期盼打造“平安前哨”》，《人民公安报》2022年12月23日。

《谱写基层善治新篇章——坚持和发展新时代“枫桥经验”综述》，《河北法制报》2023年11月7日。

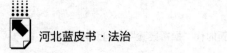

B.10

河北省固体废物污染防治立法、执法状况调研报告

骆艳青*

摘 要： 近年来，河北省高度重视固体废物污染防治的立法、执法工作，2022年修订了《河北省固体废物污染环境防治条例》，初步形成了以该条例为统领，相关的地方性法规为支撑的固体废物污染防治地方性法规体系。在执法工作中，完善了组织机构，并以“无废城市”建设、专项执法调查、专题询问为契机，强化了相关执法。本报告对相关的立法、执法工作进行了概述，并对需要进一步完善的问题及相关应对措施进行了探讨。

关键词： 固体废物污染防治 危险废物 固体废物处置 “无废城市”建设

固体废物一般是指在生产、生活和其他活动中产生的，丧失原有利用价值或者虽未丧失利用价值但被抛弃或者放弃的固态、半固态、置于容器中的气态的物品、物质等。近年来，我国高度重视固体废物污染的防治工作，2022年以来，制定或修订了《固体废物分类目录》《进口货物的固体废物属性鉴别程序》《低中水平放射性固体废物的岩洞处置规定》等多部规范性文件和标准。为了更好地开展固体废物污染防治工作，近年来，河北省也加大了该领域的立法、执法力度。

---

* 骆艳青，河北省社会科学院法学研究所助理研究员，研究方向为地方立法、生态环境保护。

一　河北省固体废物污染防治立法状况概述

原《河北省固体废物污染环境防治条例》制定于2015年，其规定已与2020年4月修订的《固体废物污染环境防治法》不太一致。为此，2022年9月河北省第十三届人民代表大会常务委员会审议通过了修订后的《河北省固体废物污染环境防治条例》（以下简称《条例》），并于2022年12月1日起施行。修订后的《条例》分总则，监督管理，工业固体废物，生活垃圾，建筑垃圾、农业固体废物等，危险废物，保障措施，法律责任，附则共9章、75条。《条例》致力于弥补、提升河北省固体废物污染环境防治工作的短板、弱项，为河北省固体废物减量化、资源化、无害化处理提供强有力的地方立法法治保障。《条例》的主要内容如下。

（一）规定了固体废物污染防治工作的主要原则

坚持减量化、资源化、无害化原则；应当采取措施，减少固体废物的产生量、推进固体废物资源化进程、降低固体废物的危害性。坚持污染担责原则；相关的单位和个人，对造成的环境污染应承担相应的法律责任。危险废物转移应当遵循就近原则。各级人民政府对本行政区域内固体废物污染环境防治工作负责；生态环境主管部门对固体废物污染环境防治工作实施统一监督管理等。

（二）进一步强化、完善了相应的监督管理制度

一是规定省政府生态环境主管部门会同有关部门建立全省的固体废物污染环境防治信息平台，推进固体废物收集、转移、处置等全过程监控和信息化追溯工作。二是规定相关部门应当建立健全固体废物统计制度，完善固体废物数据统计的范围、口径、方法。三是规定县级以上生态环境主管部门及负有固体废物污染环境防治监督管理职责的部门，有权对从事与固体废物污染防治有关活动的单位、生产经营者进行监督检查，并规定了具体的监督检

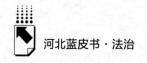

查方法。四是规定在特定情况下，有关部门可以对违法处理的相应固体废物及其相关物品、设施等予以查封、扣押。除此之外，还规定了相关的生产者、经营者信用记录制度、约谈制度等。通过一系列制度的规定、实施，进一步强化了固体废物污染防治工作的监督管理。

（三）进一步强化了全过程监管要求

根据《条例》的规定，产生工业固体废物的单位应当建立工业固体废物管理台账，内容要涵盖工业固体废物产生、收集、贮存、运输、利用、处置的全过程。生活垃圾的清扫、收集、运输、处理也要全过程予以监督管理。对危险废物的产生、转移、利用、处置等要全过程予以在线监控。要规范建筑垃圾的产生、收集、贮存、运输、利用、处置等行为，建立建筑垃圾全过程管理制度等。

（四）对危险废物的防治规定了严格的监管制度

根据《条例》的规定，省政府应当组织有关部门编制危险废物集中处置设施、场所的建设规划，合理布局，确保本省的危险废物得到妥善处置。产生、收集、贮存、利用、处置危险废物的单位应当按照要求安装视频监控设备，并与固体废物污染环境防治信息平台联网，将全过程在线监控的相关数据上传至国家相应的信息管理系统。产生危险废物的单位，要建立危险废物管理台账，如实记录信息；制定符合相关规定的危险废物管理计划，并向所在地生态环境部门申报相关资料。危险废物的转移要按有关规定填写相应的转移联单。从事危险废物经营活动的单位，应当取得相应的许可证，并应投保相应的环境污染责任保险，以提高赔付能力等。

根据疫情防控的经验，《条例》还对医疗废物处置进行了一些特别规定。一是县级以上政府应当合理布局医疗废物的分类收集、贮存、集中处置设施；不具备条件的农村、偏远地区，要建立相应的周转设施、移动处置设施。二是医疗卫生机构对本单位产生的医疗废物应当按照相关规定依法予以收集，并按照就近集中处置原则，交由相应的集中处置单位予以处置。三是医疗废物集中处置单位，不得拒绝接收符合接收条件的医疗废物，并采取有效措施予以处置。四是在发生重大传染病疫情等突发事件时，医疗废物等危险废物的相应处理，由县级以上政府统筹协调，各部门协同配合。

（五）进一步加强保障措施

按照《条例》的规定，对于固体废物转运、集中处置等设施的建设需求，县级以上政府及有关部门在编制国土空间规划、相关专项规划时，应统筹考虑。推动固体废物处理的市场化建设，鼓励第三方机构提供专业化服务，并给予一定的税收优惠。政府支持固体废物污染环境防治的科学研究、技术开发、推广应用，大力推进固体废物污染环境防治的技术创新等。

此外，《条例》还规定，积极推进危险废物的跨区域转移协同。依据《条例》规定，河北省与京、津以及周边地区建立危险废物区域联防联控合作机制，加强信息共享、协调合作。共同协商，建立危险废物跨区域转移机制，简化转移审批程序。共建、共享危险废物处置设施，开展跨区域联合执法。同时，积极探索建立相应的生态环境补偿机制。

可以说，《条例》的修订对进一步提升河北省固体废物污染防治能力和水平，进一步推进“无废城市”、美丽河北建设具有重要的意义。

除了《条例》外，《河北省城乡生活垃圾分类管理条例》《河北省土壤污染防治条例》《河北省地下水管理条例》《河北省水污染防治条例》《河北省非煤矿山综合治理条例》等地方性法规，均对固体废物污染的防治进行了相应规定。可以说，河北省已建立以《条例》为统领，相应的地方性法规为支撑的固体废物污染防治地方性法规体系。

二　河北省固体废物污染防治执法状况概述

为了更好地强化固体废物污染防治执法，河北省做了众多工作。

（一）完善了相应的组织建设

一是成立了“河北省固体废物管理中心”。该中心为省生态环境厅直属的处级事业单位，主要职责是建立固体废物管理的档案和相关数据库；协助管理辖区内固体废物和危险废物转移、交换、处置等活动；协助管理危险废物处置单位及设施运行；参与危险废物经营许可及进出口审批；协助处置突发性危险废物、危险化学品污染事故；开展固体废物管理的相关培训工作等。二是建立了河北省固体废物动态信息管理平台。平台以危险废物处理企业主动网上报告的方式落实相关企业的主体责任，以建立全省管理“一本账”的方式加强全省危险废物的事中、事后监管。通过采集危险废物产生、转移、处置利用的全过程信息，构建“产废—转移—处置”的流向监管数据网，以实现“覆盖全省、三级应用、全程管理”的目标。此外，为了提高固体废物污染防治工作的科学决策水平，加强防治工作的技术支撑，更好地开展防治工作的技术咨询、评审，河北省生态环境厅还组织建立了固体废物污染防治专家库，入库专家两年一征集。相关机构的完善，为开展固体废物污染防治执法提供了组织保障。

（二）职责主管部门做好日常管理工作

以河北省生态环境厅为例，2023 年，其出具了 20 多份一般固体废物跨省处置的反馈意见函，依据对相关材料的审查，作出了不同的处理意见。如北京某科技发展有限公司涉嫌伪造“一般固体废物、生活垃圾无害化转运处理服务协议”等文件，该厅作出了不接收该公司的 20000 吨轻物质（废塑料）进行协同处置的处理意见。而对于符合相关规定的申请，则作出了予以接收处置的处理意见，如同意接收处理上海某科技发展有限公司的污染土壤等。①

2022 年 3 月，最高人民法院举行新闻发布会，发布了人民法院依法审

① 资料来源于河北省生态环境厅网站。

理的固体废物污染环境典型案例，河北省一案例成功入选。职责主管部门从烦琐的日常工作做起，努力把好固体废物污染防治工作的源头，更好地做好河北省固体废物污染防治执法工作。

（三）以专项执法检查为契机，做好固体废物污染防治执法

专项执法检查一直是河北省加强生态环境保护工作强有力的手段。近年来，特别是2021年，河北省各级人大就固体废物污染防治的执法工作、“一法两条例”落实情况进行了专门执法检查。“一法两条例”是指《固体废物污染环境防治法》、《河北省固体废物污染环境防治条例》和《河北省城乡生活垃圾分类管理条例》，都是有关固体废物污染防治工作的重要法律法规和地方性法规。定州市人大在对某住宅小区垃圾分类项目、人民医院医疗废物处置管理中心、某固废处理有限公司，就固体废物、医疗废物等的收集处置情况进行实地考察后，还召开了有关部门和人员参加的座谈会。会上提出，有关部门要强化责任意识、担当意识。各部门要各司其职，协调联动、同向发力，加大综合整治力度，建立联动机制。要强化对固体废物的常态化监管，严厉打击违法处置固体废物的行为。[①] 同时，要加大宣传力度，丰富宣传形式，普及固体废物污染防治的法律知识。同年，河北省人大常委会也对“一法两条例”的实施情况、有关部门如何推动固体废物污染防治工作、河北省固体废物污染防治工作亟须解决的问题等，进行了专题询问。通过专项执法检查、专题询问等方式，河北省渲染了固体废物污染防治工作的氛围，推动了固体废物污染防治的执法工作。

（四）借助“无废城市”建设的推进，进一步做好固体废物污染防治的执法工作

“无废城市”一般是指以创新、协调、绿色、开放、共享的新发展理

① 参见《市人大常委会开展固体废物污染环境防治“一法两条例”执法检查》，《定州日报》2021年5月28日。

念为引领，通过推动形成绿色发展方式和生活方式，持续推进固体废物源头减量和资源化利用，最大限度减少填埋量，将固体废物环境影响降至最低的城市发展模式。可见，“无废城市”建设与固体废物污染防治工作息息相关。

2022 年 3 月，河北省印发了《河北省“十四五”时期“无废城市”建设工作方案》，在“主要任务”中规定了进一步完善固体废物管理政策体系，加大力度降低工业固体废物处置压力，进一步推动生活固体废物源头减量，推进建筑垃圾多维综合利用，进一步提升危险废物综合治理能力等与固体废物污染防治相关的内容。河北省各地也借助推进“无废城市”建设契机，进一步做好固体废物污染的防治工作。

2022 年以来，张家口通过促进“无废城市”建设，努力推动固体废物污染防治工作的持续提升。一是加大重金属减排工作力度。2021 年以来，张家口先后印发了《关于上报全口径涉重金属重点行业企业清单的通知》《张家口市重金属污染防控工作方案》等文件，加大重金属减排工作的力度，提前完成了“十三五”规定的重金属减排目标，也为“十四五”的重金属减排工作打下了良好的基础。二是进一步推进危险废物审批改革。优化危险废物经营许可办事流程、压减时限。许可证的申领、到期延续，由原来的 20 个工作日缩短为 7 个工作日；许可证的变更、注销审批，由原来的 20 个工作日改为即来即办。三是扎实推进固体废物风险隐患的排查。2022 年，张家口共排查危险化学品经营企业 735 家次，发现问题 36 个，已整改到位 29 个。533 座尾矿库排查工作也已全部完成。另外，为了减少对企业的干扰，采取“互联网+评估”等方式，完成 60 家涉危重点企业的评估。同时，督促了 15 家经营危险废物的单位和企业，投保了环境污染责任保险。①

2023 年 7 月，河北省生态环境厅召开了新闻发布会，会上指出，河北省“无废城市”建设等重点领域固体废物污染防治工作取得明显成效，固

① 《牢筑安全生态屏障！张家口全力推动固体废物管理》，河北省生态环境厅网站，2023 年 1 月 9 日，https：//hbepb. hebei. gov. cn/hbhjt/ztzl/zhuanlan/sthjfb/101665709146169. html。

体废物环境污染治理能力、水平大幅提升。可见，河北省“无废城市”建设的推进，也是进一步做好固体废物污染防治执法工作的一个有利契机。

三　河北省固体废物污染防治立法、执法需进一步予以完善的方面

近年来，河北省的固体废物污染防治立法、执法工作取得了一定成绩，积累了一些经验和做法，但在一些方面仍需加以完善。

（一）一些企业的主体责任意识仍需进一步提高

产生固体废物的企业以及从事固体废物经营的企业，作为固体废物污染防治的主体本应具有较高的主体责任意识。应按照有关政策、法律规定积极主动地履行上报等义务，并严格按照规定进行固体废物的转运、处置等。但个别企业法律意识淡薄或禁不住利益的诱惑，非法处置固体废物的事件仍时有发生。

以河北省入选最高人民法院发布的依法审理固体废物污染环境典型案例为例，该案例为被告人张某在河北某村经营一家废旧塑料颗粒加工厂，为了节省成本，其将产生的废塑料、废油布、废油墨桶、废油漆桶等固体废料，以较低的价格交由无任何经营手续的康某处置。康某又以极低的价格让姜某提供非法倾倒场所，在某村渗坑倾倒了6车危险固体废物，后被查获。最高人民法院在该起案件的“典型意义”中指出，在生产、生活中一些固体废物较为常见，但这些废物对环境的污染却容易被忽视。产生这些废物的企业对此必须有清晰的认识，对这些废物的处置必须合法合规，以免污染环境。该案的处理，有利于提高有关企业和社会公众对固体废物危害环境的认识，有助于推动相关企业和群众对生产、生活中常见的固体废物进行合法合规的处置，有助于推动固体废物的无害化处理。①

---

① 《石家庄辖区法院一案例入选人民法院依法审理固体废物污染环境典型案例》，石家庄法院网，2022年3月3日，https：//sjzzy. hebeicourt. gov. cn/article/detail/2022/03/id/6555855. shtml。

为了有效提高相关企业的主体责任意识，除了加大宣传力度外，还应利用固体废物动态信息管理平台等管理机构和设施，敦促相关企业积极进行主动申报。除此之外，还应对重点区域和行业加大日常巡查力度和监督力度，对一些轻微的违法处置固体废物事件，严格按照相关规定进行批评教育或依法进行处罚，防微杜渐。提高相关企业的主体责任意识，不是一蹴而就的事情，应从日常的点滴做起，逐渐加以培养。

（二）固体废物的处置需要更有力的技术支持和技术合作

固体废物传统的处理方法如焚烧、填埋等，存在一定的环境污染风险，对人类的身体健康也存在一定的损害风险。如焚烧会产生有害气体、颗粒物，污染空气，对人体健康造成损害。填埋会产生一定的渗漏，有可能污染土壤和地下水。随着国家对固体废物污染防治的重视度不断提高，生物降解、热解、气化等一些新的固体废物处理方式已经出现，但在实际应用中仍存在一些技术瓶颈，相比之下处置成本也较高。这些新技术需投入更多成本予以研发和改进。同时，也应加大生物降解、材料回收、固体废物转化为能源等技术的研发和改进力度，以提高固体废物资源化利用效率。

固体废物的无害化、资源化处置，需要强有力的技术支撑。近年来，河北省的职责主管部门成立了诸多专家委员会、专家库以提供相应的技术支持。如生态环境厅就单独或会同有关部门成立了“河北省危险废物鉴别专家委员会”、“河北省省级清洁生产专家库”和“河北省‘无废城市’建设专家库”等智囊机构。但这方面的工作仍需进一步加强，一方面要充分发挥这些专家的作用，可效仿山西省等成立固体废物污染防治方面的技术指导帮扶组，以求在全省范围内，在固体废物的产生、运转、处置等各方面提供技术上的支持与指导。另一方面，探索寻求区域技术合作。目前，河北省与京、津及周边地区在固体废物污染防治方面的区域合作，主要集中在联防联控、危险废物跨区域转移等方面，技术方面的合作很少。而北京、天津拥有众多的一流高校和科研机构，在全国范围内都拥有巨大的技术优势。河北省应抓住紧邻京、津的地理优势，积极探索与两地的技术合作。即可与两地的高校、科研机构合作，也可与两地有关部门协商，将技术合作纳入危险废物跨区域转移处置生态环境补偿机制。

总之，固体废物的合理处置需要强有力的技术支持，河北省在此方面需要进一步探索与完善，而且这是一项持续性工作，技术会不断创新与完善，此项工作需持之以恒。

（三）拓展固体废物污染防治的主体和融资渠道

固体废物污染防治与生态环境的整体改善和人民健康都有着密切关系，应鼓励社会力量参与。特别是在技术的创新与研发方面，应允许、鼓励更多力量参与其中。这样既有利于发挥各方面的力量，也能在一定程度上缓解研发资金的压力。在此方面，河北省应予以进一步的探索与创新。

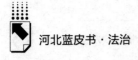

B.11
河北省深入推进法律职业共同体建设研究报告

刘淑娟*

摘　要：　全面推进依法治国，建设一支德才兼备的高素质法治工作队伍至关重要，推进法律职业共同体建设是加强法治工作队伍建设的重要内容。目前，河北省法律职业共同体建设取得了一定成效，但是也面临诸多挑战。本报告在总结河北省法律职业共同体建设状况基础上，梳理出需要解决的理论和实践问题，并提出相应的改进建议，为深入推进法律职业共同体建设、打造更高水平法治河北提供决策参考。

关键词：　法律职业共同体　法治河北　河北省

党的十八届四中全会提出，全面推进依法治国，必须大力提高法治工作队伍思想政治素质、业务工作能力、职业道德水准，着力建设一支忠于党、忠于国家、忠于人民、忠于法律的社会主义法治工作队伍。党的十八届四中全会对法律职业共同体的范围、交流与发展提出了明确要求，为法律职业共同体建设指明了方向。

一　法律职业共同体的概念与构成

本报告所说的法律职业共同体是指由立法、执法、司法人员，律师，法

* 刘淑娟，河北省社会科学院法学研究所副研究员，研究方向为犯罪学、社会治理。

学教育和研究人员，以及其他从事法律工作的人员所组成的特殊社会群体。这个群体一般受过专门法学教育和法治思维训练，具有比较完备的法律专业知识。他们在整个社会中具有较高的法治素养，不仅共同从事相关法律职业，而且担负凝聚法治共识、提升法治信仰的职责，在法治建设中发挥独特作用。

关于法律职业共同体的人员构成，法律界有广义、狭义之分。狭义的法律职业共同体人员包括法官、检察官、律师和法学学者。广义的法律职业共同体人员则包括公检法等司法机关工作人员、律师、法学教育人员、法学研究人员，以及其他从事法律工作的人员，包括立法机关工作人员，行政执法机关工作人员，仲裁机关、公证机关工作人员等。党的十八届四中全会通过的《中共中央关于全面推进依法治国若干重大问题的决定》提出了法治工作队伍的概念，并将其范围确定为法治专门队伍（包括立法、执法、司法队伍）、法律服务队伍（包括律师、基层法律服务工作者、人民调解员）、涉外法治人才队伍（包括涉外律师）和法学家队伍（包括法学学科带头人、法学骨干教授队伍）。法治专门队伍和广义的法律职业共同体的外延大致相同。

从法律职业共同体成员的特点来看，构成该共同体的个体均具有法律职业身份，掌握法律术语，熟悉法律知识。他们都经过专门的法律教育和职业训练，是具有统一的法律知识背景、模式化思维方式、共同法律语言的知识共同体。在客观上，他们以从事法律事务为本，是有着共同的职业利益和范围，并努力维护职业共同利益的利益共同体。在主观上，他们都拥有对共同的法治精神价值的追求，抱持对法律的信仰以及维护社会公平、正义的崇高理想。

二　我国法律职业共同体建设的体制机制优势与特点

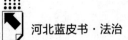

虽然我国的法律职业共同体建设起步较晚，目前处于探索与建设阶段，

尚存在一定的薄弱环节和不足之处，但是，作为党领导下的中国特色社会主义国家，我们在加快推进法律职业共同体建设进程中，具有独特的体制机制优势。

（一）我国法律职业共同体建设的体制机制优势

1. 习近平法治思想指导下统一的法治思想、法治理念为法律职业共同体形成奠定思想理论基础

我国的法治队伍是党领导下依法治国的中坚力量，习近平法治思想是习近平新时代中国特色社会主义思想的重要组成部分，是全面依法治国的根本遵循和行动指南，其内容博大精深，为形成统一的法律职业共同体奠定了坚实的思想理论基础。

2. 统一的法学教育资源为法律职业共同体的形成奠定统一的知识基础

法律职业共同体的一个重要特征是具有相同职业目的、职业准则、职业操守、职业知识的专业群体。法学知识教育和传授在这个共同体建设中具有重要作用，法律职业共同体成员之间的共识很大程度上来源于共同认可的法律知识、法治理念和法治价值。在此意义上说，法学教育是法律职业共同体建设的基础和起点。法学教育承担法律专业人才培养、法律知识与技术传授训练、法律价值观念与思维塑造等重要任务。我国统一的法学教育体系培养了大批法律人才，为法律职业共同体建设奠定了知识基础。

3. 统一的法律职业资格考试为法律职业共同体的形成奠定制度基础

2001 年国家司法考试制度建立实施，形成了统一的法律职业准入考试制度，也成为中国法律职业共同体建立开端的标志。2018 年 4 月，司法部审议通过《国家统一法律职业资格考试实施办法》，建立了国家统一法律职业资格考试制度。与司法考试相比，法律职业资格考试扩大了取得法律职业资格的准入范围，担任法官、检察官、律师、公证员、法律顾问、仲裁员（法律类），以及政府部门中从事行政处罚决定审核、行政复议、行政裁决的九类人员必须通过法律职业资格考试。国家统一法律职业资格考试制度的建立实施，为推进法律职业共同体建设统一了门槛，使通过考试取得法律职业资格的人员具备共同的法律知识、法律思维，和应用相关知识处理实际问题的能力，为法律职业共同体的形成提供了制度基础。

（二）现阶段我国法律职业共同体建设呈现的共同特点

1. 司法机关成员之间职业共同体意识相对较强

公检法机关作为司法机关，不仅在法律制度上规定了相互制约与配合，在多年的司法实践中也形成了较强的职业认同，相比于共同体中的其他成员，具有更加典型的共同体意识，较大程度上实现了共同体成员间的彼此尊重、平等相待、互相支持。

2. 律师群体相对处于较为弱势的地位

律师群体作为当事人的代理人，与司法机关、执法机关具有明显的博弈性质，不属于国家机关工作人员，没有国家“权力”，只有法律赋予的“权利”，而这种“权利”的行使，很多情形下是需要掌握国家权力的司法机关和行政执法机关予以支持的。也正是基于此，司法机关、行政机关较多地从“保护”律师执业权益方面来处理与律师的关系，双方之间的平等意识尚需培育。

3. 在法律职业共同体不同成员之间，职业分工意识较强，而共同的职业伦理观念尚未完全形成

广义的法律职业共同体成员包括立法机关工作人员、司法机关工作人员、行政执法机关工作人员，以及律师、公证员、仲裁员、法学研究人员等，不同的职业有着本行业共同遵守的职业伦理和从业要求，不同的职业伦理与要求之间会产生一定冲突，如果处理不好，甚至会加剧冲突，影响法律职业共同体的形成与发展。

4. 法律监督助力法律职业共同体建设

为保证法律的统一和正确实施，法律设立了多种监督机构和监督机制，其中检察机关是《宪法》规定的专门的法律监督机关，对行政机关执法活动、司法机关司法活动进行监督。作为权力机关的各级人大司法和监察委员会也具有对司法活动和行政执法工作的监督权力，充分发挥法律监督机构和

监督渠道的作用，及时发现和解决法律实施中的问题，对于法律职业共同体建设具有强有力的推动与促进作用。

三　河北省法律职业共同体建设实践

（一）河北省推动法律职业共同体建设探索与经验

1. 加强律师执业权益保障，律师地位与作用得到明显改善

为保障律师权益，改善律师执业环境，河北省司法机关、行政机关等相继出台了一系列规范、措施。如省法院、省司法厅联合发布《关于开展刑事案件律师辩护全覆盖试点工作的通知》，省法院印发《关于进一步尊重和保障律师执业权利 规范法官和律师关系的意见》，省法院、省检察院、省公安厅、省国家安全厅、省司法厅出台《关于依法保障律师执业权利的规定》。针对疫情期间律师会见被告人困难问题，省法院、省检察院、省公安厅、省司法厅出台《关于依法保障执法办案工作的通知》，明确律师会见流程，为律师在疫情期间会见被告人提供了及时有力的保障。为解决律师取证难问题，省法院、省司法厅出台《关于执行程序中适用律师调查令的若干规定（试行）》，省法院、省司法厅、省律师协会联合出台《关于深入推进律师参与人民法院执行工作的实施意见》，以发挥律师专业优势，提高执行工作效率。省法院将律师执业权利保障工作纳入审务督查和司法巡查工作范围，保障律师执业权利成为常态。省检察院于 2023 年 10 月在全省部署开展提升律师阅卷服务专项活动。全省三级检察机关依托 12309 检察服务中心和“12309 中国检察网”平台，“现场+异地+互联网”三位一体服务律师阅卷，全面提升律师阅卷便利程度。

2. 重视制度创新，增强不同法律职业间的互动与认同

一是建立完善协调联动机制。省法院与省检察院联合出台《关于建立沟通机制的规定》，建立常态化沟通机制，定期召开联席会议，随时沟通反馈重大、敏感事项。省法院建立法官协会与律师协会、人民法院与司法行政机关双联席会议制度，各级检察机关与当地司法局、律师协会联合建立检律定期会商机制，通过面对面的沟通加强联系，提升司法办案规范化水平。2021年3月，省检察院与省高级人民法院、省公安厅、省司法厅联合出台了《关于防范和惩治民事虚假诉讼的规定》，构建公、检、法、司协作配合的联合防范和惩治民事虚假诉讼工作机制。

二是加强共同业务培训与交流。落实中组部、最高法、最高检、司法部《关于建立法律职业人员统一职前培训制度的指导意见》，司法机关与律师开展共同培训，为形成共同的法治理念和职业认同提供基础支撑。省法学会和省法学会下属各专业研究会为不同法律职业群体提供了一个沟通与交流平台，通过学术研讨会、法律讲座等形式，聚焦重大理论与实践问题，开展学术交流与合作，在观点的交流与碰撞中，形成共同的法治理念与价值追求。司法机关与各高校合作，共同建设法学研究基地和法治实践基地，进一步增强理论界与实践界的良性互动。省法院、省检察院分别与中国政法大学、河北大学、河北经贸大学、河北农业大学、河北地质大学等高校签订合作协议，围绕检校合作、院校合作的人才培养、课题研究、社会服务等，开展多方面合作。省律师协会、警察协会、法官协会、检察官协会，通过举办公诉人、辩护人对抗赛，以及学术交流、业务研讨等活动，增进彼此理解和认同。

随着法治国家建设进程推进，律师发挥作用的深度与广度不断拓展，广大执业律师以政府机关法律顾问、司法机关法律监督员、人民调解员、普法志愿者等多重身份，为法治建设作出重要贡献，地位与作用得到越来越多的重视，也促进了执业环境改善。

三是不同法律职业群体参与多元矛盾化解活动、法律宣传教育活动，在法治实践中增强认同感，培育共同的法治理念。法院系统健全“两个一站式”建设，实化多方参与的诉前调解功能，共同维护社会和谐稳定。“木兰有约”公益普法活动，由省妇联权益部、省女检察官协会、省女法官协会、省律师协会联合发起，成员由女法官、女检察官、女律师组成，三家联动开展公益法治宣讲活动，增进了法官、检察官、律师三方的互动交流。通过不同形式的合作与实践，深化了法官、检察官和行政执法人员对于律师工作在依法治国进程中作用的认识，从而构建执法人员、司法人员与律师彼此尊重、平等相待，互相支持、互相监督，正当交往、良性互动的新型关系。

（二）河北省法律职业共同体建设中存在的挑战与问题

1. 法律职业共同体成员之间的认同度较低，法律共同体意识有待加强

在理想状态下，法律职业共同体成员拥有共同的教育背景、知识结构、法治理念和信仰，相互之间应该有较高的认同感。但是现实情况并非如此。尤其是法官、检察官与律师之间，有时甚至出现关系相当紧张的情形，阻碍了法律职业共同体建设进程。

2. 律师履职权益保障存在短板，律师的弱势地位尚未得到根本扭转

在司法实践中，尚存在律师权益得不到应有保障的情况。尤其是在律师会见、调查取证以及庭审等环节中，一些法律法规执行打折扣，存在律师会见难、调查取证难和庭审走过场等现象，律师的作用未能得到充分发挥。

3. 不同职业间交流互动尚未形成长期机制和一体遵循的制度

在法官、检察官与律师职业交流方面，法官、检察官辞职做律师的比例明显大于律师转做法官、检察官的比例，良性互动不足。2016 年 6 月 2 日，中共中央办公厅印发了《从律师和法学专家中公开选拔立法工作者、法官、检察官办法》，明确了从律师、法学专家中选拔立法工作者、法官、检察官的原则、条件、要求与程序。《法治河北建设规划（2021—2025 年）》也提出，“探索从符合条件的律师、法学专家中招录立法工作者、法官、检察官、行政复议人员制度建设”。但是，由于各种主客观原因，从律师中选拔立法工作者、法官、检察官的工作并未全面开展。在法官、检察官与律师的互动沟通方面，法官、检察官的动力明显不足，为了防止司法腐败设立的法官、检察官与律师之间的防火墙，在一定程度上为律师与办案法官、检察官的有效沟通设置了障碍。

不同职业间的联席会议尚未形成长期性制度。在实践中，法院与检察院之间，法院、检察院与律协等不同机构间均有尝试联席会议制度，也取得了明显效果，但尚未上升为规范性制度，刚性较差，制约了作用发挥。

4. 公检法机关之间以及司法机关和律师之间存一定程度的“各自为政”现象，在一些问题的认识上仍有较大分歧，执法司法理念有待进一步统一

这种现象突出反映在罪与非罪的认定、非法证据排除、检察机关抗诉、案件发回重审等案件定性及处理过程中。该现象的存在损害了国家法律的统一性和公正性，阻碍了法律职业共同体的建立。

四　制约法律职业共同体形成的现象及原因分析

（一）从制度设计看，不同职业之间存在天然对抗与排斥

公检法之间的法律关系是互相配合、互相制约，相互之间的认同感相对较高；而公安、检察机关与律师在诉讼中的角色具有一定的对抗性。这种制度设计，初衷是通过不同角色的对抗，从不同的角度来完成对于事实的认定和对于法律的适用，达致司法公正。在此过程中，如果忘却实现司法公正的终极目标，则容易形成不同职业人员之间的对立，这也是律师履职受阻、同案不同判等一些司法乱象形成的重要原因之一。

（二）法律行业从业壁垒的存在导致不同职业间缺少对职业共同体的认同感

虽然国家法律职业资格考试统一了法律职业准入资格，但是《法官法》《检察官法》《律师法》规定了各自独立的从业资格、遴选程序、考核标准等，法律行业从业壁垒尚存，互相之间的流动受限，认同感较低。尤其是司法机关、行政执法机关的个别人员权力本位观念比较严重，对于律师职业持有偏见，不能依法、公正处理与律师的关系。

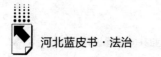

（三）不同职业体系各自出台独立的法律适用规定，导致在大的法律框架下，对同一问题的认知可能产生较大的分歧

初始的法学教育应当使学生形成统一的法律知识体系和法治理念，从而为法律职业共同体的形成提供坚实的基础。但是，目前的法学教育比较侧重于理论教学，对于法律实务技能的培养重视不够，甚至理论陈旧，与法治实践脱钩，造成毕业学生不能很好适应法治实践的要求，需要在实践中重新学习与适应。在统一的法治理念较为薄弱情况下，司法人员工作当中倾向于遵循本系统、本部门的规定，进一步扩大了不同职业间认识的差异。

（四）管理考核模式不同导致不同的职业定式

不同法律职业群体的具体考核标准之间不可避免地会有冲突。司法机关、执法机关规定的改判率、发回率、行政决定撤销率等类似的考核指标，在不同机关之间、同一机关的上下级之间，以及与律师之间具有客观的冲突。如果只从自己的角度出发，可能会表现为比较激烈的对抗。例如，有的司法人员为了降低改判率，对检察机关的抗诉持有抗拒心理；个别检察机关人员对于自己起诉的案件，不能接受律师无罪辩护和法官的无罪判决。所有这些现象都反映出个别人员过于注重个人得失，不能以追求司法公正为行为准则。此外，相关机关的考核标准不够科学也影响了不同法律职业间的配合与认同。

（五）不同职业之间的协调互动未能形成常规化的制度机制，从而不能发挥应有作用

虽然法院、检察院之间，以及其他共同体之间均进行过联席会议制度的尝试，但是尚未形成一种制度，缺少了刚性约束，势必影响作用发挥。没有详细的程序性规则，规定召集的主体、条件、形式以及达成的结果如何实现等，可操作性较低。不同职业之间的人员流动虽然有了初步的制度性规定，但是缺乏系统性和可操作性，尚需以制度创新推动落实。

五　进一步推进法律职业共同体建设走向深入的对策与建议

（一）提高政治站位，牢固树立法律职业共同体理念

法律职业共同体成员要提高政治站位，深刻认识加强法律职业共同体建设的重要意义，加强法律职业共同体建设的必要性紧迫性，牢记社会主义法治工作者的职责使命，在党委统一领导下，加强共同体内部成员的协作配合，致力于保障和促进社会公平正义，维护国家法治统一，为建成更高水平的法治河北提供有力支撑和保障。

（二）加强法律职业共同体建设的顶层设计

习近平总书记指出，“推进法治专门队伍革命化、正规化、专业化、职业化，确保做到忠于党、忠于国家、忠于人民、忠于法律”。[①] 推进法律职业共同体建设是依法治国、依法治省的前提条件和重要内容，涉及多个单位和部门，需要发挥党委领导统筹协调作用。建议由省委组织部、省人大、省委政法委、省法院、省检察院、省司法厅、省教育厅等部门联合制定《关于加强法律职业队伍建设的规定》，规定法律职业共同体的成员组成，以及相互配合、互动交流的程序与内容等，为河北省法律职业共同体建设提供政策指引。

（三）进一步完善法律职业共同体的良性互动交流机制

1. 充分发挥省法学会及其下属各研究会的作用，将其打造为法律职业共同体内部成员间交流对话重要平台

鼓励实务部门人员积极参加或者承办法学会研讨会的活动，对于积极承

---

① 《坚定不移走中国特色社会主义法治道路 为全面建设社会主义现代化国家提供有力法治保障》，习近平系列重要讲话数据库，2021 年 2 月 28 日，http：//jhsjk. people. cn/article/32038656。

办研讨会或者积极参加法学会活动的，可以在考核方面列为加分项。在研讨内容选择上，注意平衡理论性问题与实证性问题，使研讨会真正成为法律职业共同体探讨各种法律理论和实践问题的平台，通过研讨与争论凝聚共识、增加认同。尝试建立法律职业联合会，将法官协会、检察官协会、律师协会、仲裁协会、公证员协会作为其成员单位，制定联合会章程以及法律职业共同体的建设规划和年度工作计划，制定统一的法律职业伦理规范并对执行情况进行检查和监督，促进各职业群体间的交流与合作等。

2. 充分发挥法律顾问、咨询专家、人民监督员等人员的作用

在实践中，多数司法机关、行政执法机关聘请了律师、法学教学和研究人员担任咨询专家、法律顾问、人民监督员等，但是这些人员的作用并没有得到充分有效的发挥。各机关单位应当制定较为详细的实施细则，规定符合某些条件的案件、事项必须经过法律专家咨询或者听证。严格落实重大行政决策合法性审查制度和行政规范性文件的合法性审核制度，落实立法听证、立法后评估制度，在促进立法司法执法规范化的同时，增强法律职业共同体的认同感。

3. 完善法律职业人员同堂培训制度

认真落实司法部《关于建立法律职业人员统一职前培训制度的指导意见》，推动建立法官、检察官、律师、公证员等法律职业人员职前培训制度，提高法律职业人员的政治素养、业务能力和职业伦理水平。建议在省委政法委的统一领导下，推动公、检、法、司同堂培训规范化、制度化、常态化。积极探索控、辩、审同台访谈培训模式和案例分析交流探讨培训模式，构建政法系统协同联动的培训机制。

（四）充分发挥检察机关法律监督和人大司法监督以及司法机关内部监督作用，规范执法司法行为，为法律职业共同体建设营造良好环境

1. 强化检察机关法律监督

检察机关是国家法律监督机关，依法对有关国家机关执法、司法活动的合法性以及国家工作人员利用职务的犯罪和其他犯罪行为进行监督。检察机

关通过行使四大检察职能，规范司法活动和行政执法活动，查处违法犯罪行为，保障执法司法活动廉洁性，维护法律正确实施。受理举报和控告，在办理案件过程中提出检察建议，督促有关机关和组织纠正不利于法律职业共同体建设的行为，建章立制，完善不同部门间的相互协作、配合机制，以制度建设助推法律职业共同体早日建成。

2. 强化人大司法监督

加强对法律法规落实情况的监督。通过对《律师法》、《法官法》、《检察官法》以及《行政诉讼法》、《刑事诉讼法》、《行政处罚法》等的执法检查，发现问题，提出整改建议，推进法律职业共同体建设。加强对司法机关、执法机关依法履职的监督。通过对司法机关、行政执法机关的专项工作进行执法检查和专项评议，督促司法机关和执法机关直面问题，积极整改。通过类案评查监督方式，着重解决不同地区审判机关同案不同判问题，以及法院、检察院在法律适用方面的偏差问题。

3. 以案件质量评查为抓手，强化司法机关内部监督

案件质量评查是司法机关和行政执法机关加强内部监督的重要方式。通过定期对办理的案件进行“案件质量评查”，及时发现和解决行政执法和司法中的突出问题，提升执法司法效能，实现公平正义。在案件质量评查过程中，注意发现在保障律师执业权利方面存在的问题，以及同案不同判、疏于履责、滥用权力等不利于法律职业共同体建设等现象及苗头，并督促整改，以查促改。

（五）继续重点聚焦保障律师执业权利问题，补齐法律职业共同体建设短板

律师群体是法律职业共同体的重要组成部分，依法保障律师执业权利是法律职业共同体建设的一个有力抓手。要努力推动构建律师与司法人员“彼此尊重、平等相待”的新型关系。公检法司机关应继续优化办案流程，给予律师平等地位，依法保障律师执业权利。建立健全法官协会、检察官协会与律师协会，人民法院、人民检察院与司法行政机关联席会议制度，前者

对于后者提出的意见建议及时予以答复。畅通办案人员与律师的沟通渠道，保障律师的代理意见得到充分的表达。

坚持问题导向，有针对性地开展工作。对于律师反映比较强烈的问题进行认真研究，提出整改方案。尤其是在司法改革过程方案出台之前，要征求律师协会意见，就保证律师履职作出制度安排。聚焦热点问题，比如近两年推行的认罪认罚从宽制度和涉案企业合规改革工作，在充分发挥律师作用，保护刑事案件嫌疑人、被告人、被害人权利方面存在不少问题，需要司法机关和律协进行探讨解决。司法机关要把对律师执业权利保障工作的检查纳入业务督察和司法巡查的工作范围，确保维护律师依法履职形成常态。要集中梳理保障律师执业权利中存在的突出问题，加强整改。要完善案件评查机制，预防和及时发现同案不同判现象，从源头上减少阻碍法律共同体建设的因素。

（六）制定和培育统一的职业伦理和法治文化，凝聚法治共识，坚定法治信仰

目前，不同法律职业均有本行业应当遵守的职业伦理和规则，相互间的内容和侧重点有一定的差异且自成体系。为增加职业认同，培育形成统一的法律职业伦理非常必要。

1. 树立共同的法律职业伦理

法律职业共同体成员在职业活动中，需要共同遵循的基本伦理应当包括：遵守宪法和法律，维护社会公平正义，尊重和保护人权，勤勉尽责，清正廉洁等。法律职业共同体内部不同行业间，要互相尊重、平等相待，依法定职责互相制约、互相配合，从不同的角度共同维护公平正义，为法治建设作出贡献。法律职业伦理规范可以由法官协会、检察官协会、律师协会等行业性组织共同协商制定，逐步扩大范围，直到涵盖整个法律职业共同体。

2. 加强对法学院校学生的法律职业伦理教育

法学院校学生是法律职业人员的主要来源，初始的法学教育对于其以后的职业生涯影响巨大。要改革目前的法学教育内容，增加和丰富法律职业伦

理教育，提高法律专业毕业生的专业素质和能力。

3. 加强职业法律人的继续教育

由于目前的学校教育与法治实践要求存在一定的差距，职业法律人的继续教育对于高素质法律职业共同体的形成尤为重要。要整合高等院校、司法机关、行政机关、律师行业的优质教育资源，构建统一的法律职业继续教育模式，使职业法律人形成共同的职业立场、职业精神、职业态度、职业责任。同时，为适应不同职业的不同需求，要实行“统分结合”的培训模式，在一体化培训基础上，进一步实行职业分流培训，提高业务能力和依法履职能力，建设政治素质和业务能力双提升的法律职业共同体。

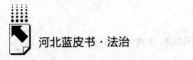

司法建设

B.12

常态化扫黑除恶中的法律监督问题研究

——以加强新时代检察机关法律监督为视角

刘亚昌　王育红*

摘　要：　党中央部署开展的扫黑除恶专项斗争取得了辉煌战果，随后接续部署开展常态化扫黑除恶斗争，两年多来取得了一系列重要战果。新形势下黑恶势力有了新动向，黑恶犯罪呈现新特点，司法办案中律师恶意炒作舆情案件增多、侦查机关违规取证时有发生、涉黑恶财产处置不规范、指定居所监视居住矛盾突出等诸多问题，严重影响了斗争的有效深入开展。在全面分析研判的基础上，本文从完善涉黑恶财产处置检察监督、强化同步录音录像检察监督、推进指定居所监视居住检察监督等方面提出了改进意见，以期长效常治。

关键词：　常态化扫黑除恶　检察监督　非法证据　涉黑恶财产

---

* 刘亚昌，河北省人民检察院，河北省检察业务专家，全国检察理论调研人才，研究方向为刑诉法、刑法；王育红，河北地质大学副教授，研究方向为民商法。

为期三年的扫黑除恶专项斗争取得了压倒性胜利，在关键时间节点上，习近平总书记作出重要指示，“要推动扫黑除恶常态化”“决不让其再祸害百姓”。[①] 2021年中共中央办公厅、国务院办公厅印发《关于常态化开展扫黑除恶斗争巩固专项斗争成果的意见》，对常态化开展扫黑除恶斗争作出安排部署，自此扫黑除恶转段进入常态化阶段。但是“常态化”不是“平常化”“一般化”，针对当前黑恶犯罪时有发生、黑恶势力隐藏蛰伏、行业整治还未到位的现实情况，中央政法委提出“常态化扫黑除恶永远在路上”。[②] 两年多来，虽然扫黑除恶取得了卓有成效的业绩，但是面对日新月异的经济社会环境和错综复杂的法律关系，有必要对常态化以来的黑恶势力犯罪呈现的新特点、新规律进行分析研判，对司法办案中亟待解决的问题进行梳理，在此基础上对相关工作进行有效改进，以期为国家安全、社会安定、人民安宁提供更加有力的司法保障。

一　常态化开展扫黑除恶斗争的现状分析

自2021年常态化扫黑除恶斗争开展以来，各政法机关持续攻坚、协同发力。据统计，截至2023年6月，全国公安机关打掉涉黑恶犯罪组织共计2971个，其中涉黑组织362个，涉恶犯罪集团2609个，破获案件3.97万起；全国检察机关共审查起诉涉黑恶犯罪嫌疑人3.5万人，其中组织、领导、参加黑社会性质组织犯罪9551人；全国法院一审审结涉黑恶犯罪案件5657件，相关涉案款436.24亿元。[③] 与此同时，与扫黑除恶专项斗争相比，各项数据下降明显。以检察业务数据为例，常态化扫黑除恶斗争开展以来检察机关受理批准逮捕、审查起诉、提起公诉的涉黑恶案件已经实现两连降，

① 《习近平在十九届中央纪委五次全会上发表重要讲话》，中国政府网，2021年1月22日，https://www.gov.cn/xinwen/2021-01/22/content_5581970.htm?eqid=e3344b47004fe34f000000026460ede7。

② 陈一新：《常态化扫黑除恶要坚持打早打小、露头就打》，中国长安网，2022年6月24日，https://www.chinapeace.gov.cn/chinapeace/c100007/2022-06/24/content_12639859.shtml。

③ 《常态化开展扫黑除恶斗争取得新成效》，《法治日报》2023年6月14日。

其中2022年受理批准逮捕、提起公诉的涉黑恶案件分别较2021年下降43%、36%，反映出扫黑除恶取得了扎扎实实的成效。

常态化扫黑除恶斗争开展以来，河北省检察机关坚决贯彻习近平总书记关于扫黑除恶的重要指示批示精神和党中央的决策部署，认真落实最高检、省委的各项工作部署，紧紧围绕以检察工作高质量发展服务保障经济社会高质量发展这一主题，积极能动履职，不断提高常态化扫黑除恶法治化、规范化、专业化水平。截至2023年底，全省检察机关共受理审查逮捕涉黑恶犯罪案件313件1625人，批准逮捕303件1352人；受理审查起诉416件2837人，提起公诉399件2465人。

二 常态化扫黑除恶呈现新特点、新规律

（一）扫黑除恶斗争仍具长期性、复杂性、艰巨性

为期三年的扫黑除恶专项斗争“打了一场扫黑除恶整体战、歼灭战，黑恶势力得到有效铲除，社会治安环境显著改善”。三年间包括吴某等涉黑组织在内的15319个涉黑恶犯罪组织被打掉；社会治安环境显著改善，通过扫黑除恶带动破获2015年以前的陈年积案8.08万起，刑事案件较扫黑除恶前下降13.1%；人民群众的安全感显著提高（2020年下半年人民群众安全感为98.4%），有95.7%的群众对专项斗争成效表示“满意”或者“比较满意”。①虽然专项斗争期间成效显著，但是其中也不乏“漏网之鱼”。一方面，仍然存在一定规模数量的涉黑恶犯罪。以2022年公安机关开展的夏季治安打击整治“百日行动”为例，短时间内打掉涉黑组织160余个、恶势力犯罪集团1520余个，破获各类刑事案件2万余起。②另一方面，广西“张氏家族”涉黑案、河北葛某某等涉黑案在被打击后又

① 《为常态化开展扫黑除恶专项斗争作出新的更大贡献!》，最高检网站，2021年3月30日，https：//www.spp.gov.cn/spp/zhuanlan/202103/t20210330_ 514425.shtml。

② 《公安机关纵深推进常态化扫黑除恶斗争》，《人民公安报》2023年2月28日。

“死灰复燃”，以及“唐山烧烤店打人事件”等恶性事件[①]的出现，仍在一定程度上影响国家安全、社会稳定、人民安全。这反映出与黑恶势力作斗争不可能“毕其功于一役”，扫黑除恶仍具长期性、复杂性、艰巨性，必须继续保持韧劲不松、势头不减、力度不变的工作劲头，坚决把黑恶势力打深打透。

（二）黑恶势力向隐蔽化、漂白化方向发展

经过三年的专项斗争，一批黑恶势力被铲除殆尽，一批犯罪分子认罪伏法。但也存在心存侥幸者不断变换花样潜藏蛰伏、变异升级，意图逃过“恢恢法网”；更有部分前期积累了大量“财富”的黑恶势力首要分子，在专项斗争开始前就已经有意识地“洗白”“上岸”。表现在有的黑恶势力首要分子不再公开露面带领组织成员以实施暴力犯罪获取非法利益，而是转入“幕后”通过遥控组织成员实施侵入住宅、跟随贴靠、制造垃圾、显露纹身、言语恐吓、出场摆势等软暴力行为。有的通过先“洗白”违法犯罪所得，再投资成立公司方式进行“漂白”，以所谓的公司内部管理机制代替组织的“纪律、规约”，以形式上的劳资关系代替实质的组织依附关系，故意冲淡组织结构的严密性。由此造成涉黑恶案件线索发现难、调查取证难、案件认定难、财产执行难等问题。

（三）“黄赌毒”是黑恶势力发展壮大的“温床”

从根本上来讲，黑恶势力特别是黑社会性质组织形成的目的是追求经济利益。在黑恶势力犯罪组织形成以及发展壮大的过程中，“黄赌毒”往往成为其攫取第一桶金的重要渠道，也是其发展壮大的重要倚仗。虽然“黄赌毒”本身是违法犯罪，但因其短期所带来的大量“灰黑”收入以及“丛林法则”的运行规则，往往更为黑恶势力所青睐。有的涉黑组织通过开设赌

---

① 《关乎陈某志等涉嫌寻衅滋事、暴力殴打他人等案件侦办进展情况的通报》，河北省公安厅网站，2022年6月22日，http：//gat. hebei. gov. cn/default. php？ mod = article&do = detail&tid = 33598。

场、组织卖淫等方式谋取非法利益，以此聚拢社会闲散人员，看场放风、招揽赌客，同时围绕开设赌场、组织卖淫又进一步衍生出诸多违法犯罪。有的涉恶集团除了开设赌场，还主要通过吸食毒品拉拢成员，毒品成为维系恶势力组织存续发展的重要手段。可见，“黄赌毒”本身不仅是违法犯罪，更成为滋生黑恶势力犯罪的“温床”，彻底铲除“黄赌毒”是有效遏制黑恶势力犯罪的治本之策。

（四）坚持依法惩治规范办案是常态化扫黑除恶的基本原则

扫黑除恶专项斗争的标志性成果是颁布实施了《反有组织犯罪法》，为开展常态化扫黑除恶斗争提供了法治保障。因此，常态化扫黑除恶斗争必须沿着法治轨道运行，必须坚持“不放过、不凑数”的办案原则。事实证明，凡是坚持依法惩治、规范办案的，成效突出，反之，不仅效果不好还很可能引发负面舆情。以“唐山烧烤店打人事件”为例，虽然前期有舆情炒作，但是公检法协调配合，公正司法，使得以陈某志为首的恶势力组织受到法律的严肃惩处，最后的判决结果有力地回应了社会关切、符合主流期待、得到广泛认可和支持。① 反之，如果司法办案不规范，负面舆情持续发酵，就会直接影响办案效果。因此，必须将“依法”二字融入司法办案的血脉，确保公平正义以人民群众看得见的方式实现。

三　常态化扫黑除恶存在的问题

常态化扫黑除恶斗争开展以来，虽然在加大惩治力度、完善工作机制、突出治本清源、加强学习宣传等方面取得了一些成效，但与国家治理体系和

① 参见《“唐山烧烤店打人案”一审公开宣判》，《检察日报》2022年9月24日；《2022中国法治实施十大事件》，“中国法治实施报告”微信公众号，2022年12月31日，https：//mp.weixin. qq. com/s? _ _ biz=MzI5NzE0MjExMw==&mid=2653614076&idx=1&sn=752cac9554c6b735a4e277a995e27059&chksm=f767ddf2c01054e447ab8cd303db4f65f84b4d36a10bf0cdc752e3860d04928989e33a78b361&scene=27。

治理能力现代化的要求以及人民群众的新期待相比，仍有不少差距，还需高度重视、深入研究。

（一）统一指挥机制有待完善，一以贯之的工作力度不够

涉黑及重大涉恶案件具有涉案人员多、违法犯罪事实多、牵涉面广等特点，对此需要由上级公安机关统一协调、统一调度，组建大规模、成体系、专业化的侦查团队集中攻坚。在司法实践中，各地公安机关均成立了由市局主导的办案组，从多地公安机关抽调人员协同作战。但是通过调研发现，有的公安机关综合指挥统筹调度力度不够，相当一部分案件实际是以基层办案单位为主导，侦查的统一性、协调性、规范性大打折扣。另外，侦查机关从多部门或多单位抽调人员组成专案组集中力量侦办涉黑恶案件优势明显，但缺点也十分突出。从前期人员组成来看，专案组成员大多是从其他县局或市局相关部门临时抽调，稳定性不足，案件移诉检察机关后公安专案组即予解散，大多返回原工作岗位，只留下少数人员负责后续工作。但公安留续办案力量薄弱，多为不掌握案件整体情况的人员，导致审查起诉过程中公诉部门与侦查机关沟通较为困难，退回补充侦查也缺乏强有力的支持，影响了涉黑恶案件的办案质效。

（二）侦查取证不规范，瑕疵证据问题突出

一是搜集、提取的物证和书证不全面、不规范。有的偏重言词证据，对该提取的物证未提取，该勘查的现场不勘查或勘验检查不细致，造成物证遗漏；有的在搜查扣押涉案物品、书证时没有见证人签字，也未进行录音录像，无法确定证据来源等；有的扣押物品清单记载内容与被扣押物品实际不符；有的对扣押的财务凭证等书证未经犯罪嫌疑人辨认，对相关物证、书证的证据能力和证明力均造成严重影响。二是提取视听资料、电子数据证据不及时、不规范。表现在有的扣押犯罪嫌疑人的手机后，未及时组织当事人辨认，封存前后未对扣押手机拍照并制作笔录，未及时阻断手机信号、切断手机电源，亦未能及时检测 MD5 值等，导致提取的电子数据完整性、真实性

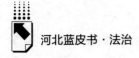

存疑。三是现场勘验笔录、辨认笔录等制作不细致、不规范。勘验、辨认等笔录对于收集固定客观证据、研究判断案情等方面具有基础性支撑作用。有的现场勘验、辨认、指认等笔录制作不细致，对一般客观记载事项进行简单复制粘贴，未如实记载基本情况，影响了对整个勘验结论的认可。有的现场勘验、辨认、指认等笔录制作不规范，没有见证人或者见证人未签字，见证人不适格。有的不进行现场勘验或者具备辨认条件不依法组织辨认，勘验记载内容有误等。四是司法鉴定不严谨、不规范。鉴定意见具有专业性和科学性特点，但是，受各种因素影响，涉黑恶案件鉴定意见形成过程中出现一系列问题。有的送检检材、样本来源不明，以致影响鉴定意见的采纳；有的同时存在多份相互矛盾的文书，如何取舍存在重大争议，对案件后期处理带来诸多不利影响；还有的送检检材与相关提取笔录、扣押物品清单等记载的内容不符，鉴定意见适用条文错误、笔误，缺少鉴定人签名、盖章等。五是言词证据违规取证、不规范取证情况比较普遍。“重言词、轻实物”“重实体、轻程序”的观念根深蒂固，违规取证的情况较其他类型证据更突出、更严峻。有的讯问犯罪嫌疑人时间过长，但形成的笔录过短，无法排除存在引诱供嫌疑；有的讯问过程中存在总结性发问、部分回答选择性记录等问题；有的侦查人员用语不文明，存在言语斥责犯罪嫌疑人的情况。

（三）同步录音录像不规范、争议较大

同步录音录像制度被称为“讯问程序之窗”，从形式上打破了“密室讯问”的桎梏。基于“规范侦查取证行为”的初衷，我国刑事立法确立了同步录音录像制度。但在涉黑恶案件的办理过程中，同步录音录像存在以下焦点问题。一是同步录音录像本身存在的问题。有些案件未随案移送同步录音录像资料；有的录音录像制作不规范，未核对讯问开始、结束时间，无三画面同步也未进行环录等；有的同录不完整，不显示核对修改笔录并签字的过程；有的同录光盘存在讯问视频无法播放等技术性问题。二是同步录音录像的定性及使用问题。公、检一般认为同步录音录像不是诉讼文书和证据材料，“属于案卷材料之外的其他与案件有关的材料”，辩护人未经许可，无

权查阅、复制。[①] 而律师则认为同步录音录像属于证据范畴，移诉后可以查阅复制，实践中争议较大。[②] 在此过程中，有的审判机关未经审查擅自向辩护律师提供全部同步录音录像，造成了办案事故。

（四）指定居所监视居住问题较多、矛盾突出

从当前涉黑及重大涉恶案件查办情况看，侦查机关在办案初期对主要犯罪嫌疑人大多采取指定居所监视居住的强制措施。经统计，2021 年常态化扫黑除恶斗争开展以来，涉黑案件犯罪嫌疑人指定居所监视居住强制措施适用率达 49%，一些重大涉黑恶案件适用率更高。与高适用率伴随而来的是犯罪嫌疑人及其辩护律师投诉多、反映问题多、矛盾突出。有的采取指定居所监视居住强制措施违法，未在法定羁押场所讯问犯罪嫌疑人等。特别是刑讯逼供、非法取证问题，当事人及辩护律师反映极其强烈。尽管检察机关介入调查后未发现明显存在违法取证行为及线索，但为充分保障犯罪嫌疑人权利，审慎起见对指定居所监视居住期间所取得的犯罪嫌疑人供述全部不作为起诉依据。即便如此，仍不能有效解决问题。有的指定居所监视居住执行不当。按照规定，指定居所监视居住一般由公安机关执行，但个别聘用保安公司人员协助执行，导致案件“跑风漏气”。还有的未能充分保障辩护律师的会见权等。

四　常态化扫黑除恶的有效进路
——检察监督之维度

常态化扫黑除恶是一场人民战争，也是一项民心工程，但是形势的艰巨

---

① 参见 2019 年《人民检察院刑事诉讼规则》、2014 年《人民检察院讯问职务犯罪嫌疑人实行全程同步录音录像的规定》、2014 年《公安机关讯问犯罪嫌疑人录音录像工作规定》等。

② 参见全国人大常委会法制工作委员会刑法室编《〈关于实施刑事诉讼法若干问题的规定〉解读》，中国法制出版社，2013；郭烁《纠结的“查阅”同步录音录像：新〈刑诉法解释〉第 54 条述评》，《上海政法学院学报》2022 年第 1 期；谢小剑《讯问录音录像的功能发展：从过程证据到结果证据》，《政治与法律》2021 年第 8 期；王晓东、康瑛《〈关于辩护律师能否复制侦查机关讯问录像问题的批复〉的理解与适用》，《人民司法》2014 年第 3 期等。

性、复杂性决定了其不可能一蹴而就。立足服务大局，坚持问题导向，结合检察监督职责，对下一步工作提出以下对策建议。

（一）完善涉黑恶财产处置检察监督

坚持依法审慎的原则，准确甄别违法犯罪所得与合法财产。最高法、最高检、公安部、司法部公布的《关于办理黑恶势力刑事案件中财产处置若干问题的意见》（以下简称“两高两部《意见》”）从七个方面对黑恶势力犯罪组织涉案财产作出明确界定，《反有组织犯罪法》第四十六条也明确了有组织犯罪组织涉案财产依法应予追缴、没收的范围，为“黑财”与合法财产区分提供了法律依据。根据以上规定，检察机关要积极引导公安机关对涉案财产取得时间、性质、来源甚至组织成员婚姻家庭收入情况、民事诉讼情况进行充分取证，在此基础上依法准确甄别。一是对于组织成员依托组织行为获得的财产，依据法律规定果断认定为黑社会性质组织财产。对于组织成员、成员家属没有其他正当工作或者其他合法途径获得收入的，可以将其名下财产或者实际拥有的财物直接认定为通过黑社会性质组织违法犯罪所得。以H省Q市办理的袁某某等涉黑案为例，该案主犯袁某某的妻子刘某某、儿子袁某均系组织成员，经查该二人均无其他可获得合法收入的正当工作，故将该三人名下或实际拥有的房产、车辆等直接认定为通过该黑社会性质组织违法犯罪所得，直接予以没收。二是对于有证据证实确属与黑社会性质组织无关的案外财产，检察机关查明后及时建议公安机关予以发还。以C县办理的涉黑案为例，公安机关扣押的某涉黑组织成员邵某某前妻刘某名下的房产，经核实查明邵某某与刘某系两度离婚，扣押的房产是第一次离婚时依据离婚协议分割给刘某的财产，但此时邵某某尚未参加黑社会性质组织。根据相关法律规定确属刘某婚前合法财产。三是对于权属混同的被告人财产，检察机关在引导公安机关全面收集证据，认真甄别涉案财产来源、性质、权属的基础上，能够明确析分出违法犯罪所得以及以违法犯罪所得购买的财产的，建议依法处置。对于确实无法明确析分的，依据存疑时有利于被告人原则，认定为个人财产。四是对于需要追缴犯罪所得、判处罚金的组织成员，继续保持对其财产查封、扣押状态。例如，考虑到袁某某涉黑案多为共同犯罪，被告人可能被判决承担追缴、没收财产及罚金等多种刑事法律后果，甚至可能负有民事赔偿责任，且该案扣押多为房产，无法进行精准财产分割。为保障后续执行，检察机关未对查扣财产草率发还或解封，根据两高两部《意见》第十九条，坚持等值追缴原则，在不超出犯罪总额的前提下，继续保持相关人员财产的查封、扣押状态，待被告人切实履行刑事责任、民事责任后，再依法解除查封、扣押状态。五是对于具有财产价值的特殊标的物依法收缴。袁某某涉黑案的涉案财产中存在大量优质号段电话号码，其中 8888 连号 4 个，多位 3 连号、9999 连号、6666 连号、2222 连号等多个。经查，这些优质号码均具有市场交易价值，日常生活中存在大量优质手机号码使用权转让交易情况，经估算该案涉案优质号段电话号码市值百万，检察机关查阅法拍网、司法判例，发现法院系统存在将该类手机号使用权予以拍卖的案例，并将以上案例提供给法院作为处置依据，建议法院予以收缴。

（二）强化同步录音录像检察监督

尽管有学者认为同步录音录像属于证据的范畴，但是在法律及相关规范性文件修改前，同步录音录像仍应定性为“案卷材料之外的其他与案件有关的材料”，而非“诉讼文书或证据材料”。其根本理由在于证据的法定性。当然，同步录音录像并非一概不作为证据使用，为了达到指控犯罪的目的和效果，检察机关可依职权决定同步录音录像可以作为证据使用。辩护律师一般无权查阅、复制同步录音录像。按照最高检答复，同步录音录像“属于案卷材料之外的其他与案件有关的材料”，“辩护人未经许可，无权查阅、复制”，但仍存例外情形。一是查阅的例外。根据《刑事诉讼法》第五十六条，《人民检察院刑事诉讼规则》第七十四条、第七十五条，辩护人在符合相关条件的情况下可以查阅同步录音录像。首先要以存在非法取证行为为前提并提供相应的证据或证据线索。其次查阅限于可能存在非法取证的时间段内。最后查阅地点仅限于在检察机关或者法院，不能复制。二是复制的例外。根据最高法相关批复，辩护人在符合以下条件的情况下可以复制同步录音录像。首先是检察机关已随案移送了同步录音录像；其次是该同步录音录像已经在庭审中播放；最后不属于依法不能公开的材料。①

对于作为案件证据材料使用的讯问犯罪嫌疑人录音录像，检察机关在移送法院前，或者将讯问犯罪嫌疑人录音录像准许辩护律师查阅前，应当进行审查。一是审查的情形。首先在案件审判阶段，法院按照相关规定调取讯问犯罪嫌疑人录音录像的，应核实是否将该录音录像作为案件证据材料。其次对于重大刑事案件特别是涉黑恶刑事案件，检察院在侦查、审查起诉阶段依法提前介入时，应将对证据合法性审查以及对讯问犯罪嫌疑人录音录像的审查作为工作的重点，发现问题的及时向侦查机关进行通报。最后对于重大案件特别是涉黑恶刑事案件在侦查终结前，按照最高检、公安部、国安部《关于重大案件侦查终结前开展讯问合法性核查工作若干问题的意见》的相关规定，检察院驻看守所检察人员对讯问合法性进行核查。二是审查内容。审查应从形式和实质两个方面进行。形式审查应包括但不限于，审核同步录音录像是否全程、完整，是否全覆盖，录制是否规范等。实质审查应包括但不限于，审核侦查机关取证方法是否符合规定，取证程序是否规范，同步录音录像的内容与讯问笔录等证据是否一致或意思相符，且相互之间不存在无法排除的矛盾和无法解释的疑问，特别是讯问时间和地点、参与讯问的侦查人员、被讯问的犯罪嫌疑人、主观心态等关键事实是否一致等。三是审查后的处理。经审查，发现侦查机关通过非法方式收集犯罪嫌疑人供述的，检察机关应当按照《刑事诉讼法》第五十六条的规定，对该证据予以排除，不得作为移送起诉以及提起公诉的依据。发现瑕疵证据的，应按照程序由承办的公安机关及时补正或作出说明。不能补正或者作出合理解释的，不得作为定案的根据。

---

① 吴洪淇：《模糊的权利：新〈刑诉法解释〉中讯问录音录像定位反思》，《法学》2021年第12期。

（三）推进指定居所监视居住检察监督

《刑事诉讼法》明确了检察机关对指定居所监视居住的监督检察权，但是在司法实践中可操作性不强，检察监督效果乏善可陈。为此，应做进一步规范，明确监督检察的重点。具体是：侦查部门应通过变更、解除及撤销程序对“不再具备指定居所监视居住条件”、“法定期限届满”和“不应追究刑事责任”的情形进行重点监督。检察机关应重点审查：是否符合指定居所监视居住的适用条件；是否按照法定程序履行批准手续；在决定过程中是否有其他违反法律规定的行为，包括申请、决定机关在指定居所监视居住程序中，违反《刑事诉讼法》、《人民检察院刑事诉讼规则》、《检察机关执法工作基本规范》以及其他规范性文件中禁止性规定的行为。检察机关刑事执行部门在对执行活动的合法性进行监督的基础上，应重点对指定居所监视居住的必要性进行监督检察。具体可以参照羁押必要性审查的方法和程序。明确开展检察监督所采取的方式，主要包括：查阅法律文书、案件材料及有关证明材料；听取侦查部门及办案人员的意见；听取犯罪嫌疑人及其法定代理人、近亲属、辩护律师或者其他有关人员的意见；其他方式。明确处理结果。对指定居所监视居住的决定进行审查后，发现存在违法情形的，应当报请检察长及时提出纠正意见；认为决定合法的，应当及时提出审查意见；由相关人员申请或者经有关部门交办、转办的，应当将审查意见及时答复申请人或有关部门。①

（四）全方位做好涉黑恶犯罪“打防管控”

一是强化责任担当，确保各项任务落实到位。坚决贯彻落实习近平总书记关于扫黑除恶斗争的重要指示精神，牢固树立与黑恶势力长期斗争的思想，继续保持斗争韧劲不松、势头不减、力度不变，坚决把黑恶势力打深打

① 刘亚昌、王超：《指定居所监视居住制度的合宪性解读与完善——以国家治理现代化为背景》，《中南大学学报》（社会科学版）2015 年第 5 期。

透，不获全胜决不收兵。二是加强法律监督，积极推进执法司法规范化建设。坚持运用法治思维和法治方法依法精准打击，始终在办案中监督，在监督中办案。加强立案监督、侦查活动监督、审判监督和刑罚执行监督，提升法律监督效能。秉持客观公正立场，强化证据审查，增强发现和纠正刑讯逼供、非法取证等侦查违法行为的能力，从源头上保证办案质量。对长期立而不侦、久侦不结的刑事“挂案”和作治安处罚的黑恶组织惯常实施的违法犯罪案件，开展重点监督。三是统筹协调，充分发挥检察一体化优势。涉黑恶案件因为复杂性特征，对证据审查、出庭公诉都提出了更高的要求。在办理涉黑恶案件过程中，检察机关要充分发挥一体化优势，有效整合有限力量排除干扰和阻力，在纵向上形成指挥力、在横向上形成协作配合力，快速反应、高效运转，保证法律实施的统一性和公正性。四是依法介入，尽量把问题解决在前端。认真贯彻落实提前介入全覆盖要求，真介入、实引导，真正把证据确实充分问题优质高效地解决在侦查阶段，从源头上提高办案质量。进一步加强与公安机关的沟通联系，要在各地司法实践的基础上，进一步健全提高介入侦查质效的机制。在介入侦查中开展立案和侦查活动监督，在发挥介入侦查作用基础上，严控退查和延期，优化“案—件比”，防止程序空转。五是加强协作配合，全面提升办案质效。各政法机关应加强分工负责，提升协作配合水平，形成工作合力，进而实现案件办理政治效果、法律效果和社会效果的有机统一。进一步加强侦查监督与协作配合工作机制，推动形成检察机关、公安机关在协作配合中强化监督制约、在监督制约中保障协作配合，共同提升指控犯罪的能力和水平。进一步推进政法机关同堂业务培训，统一执法理念和尺度，消除分歧意见，共同加强对网络赌博等新型犯罪的研究。加强行政执法与刑事司法的衔接，共同做好重点领域、重点行业治理，积极参与社会综合治理。

（五）坚持源头治理综合治理

一是及时应对、准确发声，强化网络舆情引导处置。强化网络舆情意识，及早发现、快速应对，防止负面信息在网络上持续发酵、蔓延。健全舆情应对机制，由相关部门牵头构建“识别、判断、处理、回复”链条式一体化流程。建立完善重大敏感涉黑恶案件剖析制度，由检察官现身说法，讲办案体会，重点剖析重大敏感涉黑恶案件办案过程中存在的问题，学习交流相关应对策略及技巧，以专业的办案水平和公正的办理结果引导舆论，回应社会关切。二是彻底铲除黑恶势力滋生土壤。针对信息网络、自然资源、交通运输、工程建设等重点行业领域持续开展专项整治活动，督促行业主管部门加强监督，堵塞漏洞，严防由行业乱象向黑恶犯罪演变。克服办案中的“就案办案”思想，严防把“小案”拖成“大案”。深挖彻查案件背后可能存在的黑恶犯罪、腐败问题，彻底破除关系网，切实维护群众切身利益。

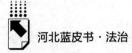

B.13

“中国之治”语境中的检察功能与检察理念

马少猛*

摘　要： “国家治理现代化”是“中国之治”在新时代的具体表现和主题，也是“中国之治”的追求目标。在“中国之治”中，检察机关除注重加强自身检察制度现代化建设成为现代化国家治理体系一部分之外，更要立足职能积极融入国家治理现代化并为其提供法治保障，充分发挥解决矛盾冲突和维护社会秩序、规范引导民众行为和推动规则/政策形成、监督制约权力和实现并维护公平正义等检察功能，树立旗帜鲜明讲政治、一心一意为人民、全面平衡抓监督、双赢多赢共赢、围绕大局履行职能、务实开放谋发展、实现“三个效果”有机统一等检察理念。

关键词： 中国之治　国家治理　检察功能　检察理念

回望历史，中国历史上出现了文景之治、开皇之治、贞观之治、开元盛世、康乾盛世等所谓的“治世”“盛世”。鸦片战争之后，中国被迫调转身形看世界，以被动态势和落后面貌出现在以西方国家唱主角的世界舞台上。辛亥革命后，中国在态势上由被动变为积极主动与世界接轨。在中国共产党的领导下，新中国成立后，我们才真正得以全新面貌和崭新角色出现在世界舞台上并扮演举足轻重的角色。历经数十年的发展，励精图治，在党的带领下，中华民族经历了从站起来到富起来再到强起来这一伟大历程。国家富强

* 马少猛，河北省社会科学院法学研究所助理研究员，研究方向为监察与司法、法治反腐。

和民族强盛需经过艰苦奋斗才能实现，一经实现，要避免陷入“其兴也勃焉，其亡也忽焉”这一“历史兴亡周期率”，实现可持续发展。在这一时代背景下，党中央推出“国家治理体系和治理能力现代化”的时代命题，实施推进国家治理体系和治理能力现代化这样一项伟大复杂的综合性系统工程。

随着党的十九届四中全会召开，“中国之治”成为热点。“国家治理现代化”“中国之治”二者经常一起出现，甚至经常混淆或者互为替换词使用。那么，二者究竟是什么关系呢？一般认为，党的十九届四中全会开辟了“中国之治”的新境界。[①] 可以说“国家治理现代化”是“中国之治”在新时代的具体表现，是“中国之治”在新时代的主题，是“中国之治”千百年来的追求目标。在当前语境下，“中国之治”可以理解为“党的十八大以来中国社会所表现出来的欣欣向荣的有序治理景象”。[②] 也可以说，在当前语境下，“中国之治”是对中国特色社会主义制度和国家治理体系及其效能的集中概括。在新时代，“中国之治”具有特定的语境与含义，大致可理解为：在中国共产党的坚强领导下，中国人民坚持和完善中国特色社会主义制度沿着中国特色社会主义道路前进，健全完善国家治理体系、提升国家治理能力，充分发挥制度优势，合理运用国家治理体系和治理能力来实施国家治理，以实现“两个一百年”奋斗目标、实现中华民族伟大复兴、实现天下“安定、太平”。检察机关作为人民代表大会产生的国家权力结构中的一极，既是司法机关，又是宪法规定的法律监督机关。如何融入“中国之治”，在“中国之治”中具有何种功能，又须秉持何种理念，这些是检察机关在当前时代命题和系统工程中亟待解决的问题。

---

① 《开辟“中国之治”新境界——写在党的十九届四中全会召开之际》，新华网，2019 年 10 月 27 日，http：//www. xinhuanet. com/2019-10/27/c_ 1125158803. htm。

② 石国亮：《比较视野下的“中国之治”》，《前线》2017 年第 7 期。

一　检察如何融入"中国之治"

在国家治理现代化中，必然少不了国家政治权力构架"一府一委两院"中任何一极的自身制度的现代化。检察作为我国国家政治权力构架中的一极，其自身制度现代化是国家治理体系现代化的有机组成部分，毋庸置疑需要注重加强自身建设，完善检察制度，构建高效的检察运行和管理体系，实现检察运行、管理体系和运行、管理能力现代化。然而，作为司法机关和法律监督机关，在注重搞好自身现代化建设的同时，还须为国家治理现代化提供服务保障，即立足自身法定职能积极融入并助推国家治理现代化。检察机关和检察工作如何融入"中国之治"，在其中能起到什么样的作用，关键之处在于：加强对法律实施的监督，保证法律统一正确实施，推进全面依法治国，进而推进国家治理体系和治理能力现代化，为国家治理体系和治理能力现代化提供法治保障。① 加强对法律实施的监督，把法律监督的宪法要求落实到位，保证法律统一正确实施，推进国家治理现代化，为国家治理现代化提供法治保障，检察机关须承担政治、法律、社会等多方面的责任。

一是政治责任。检察机关始终承担着服务保障党和国家工作大局的政治责任，这是首要责任。我国检察机关既是政治性很强的业务机关，也是业务性很强的政治机关，必须始终肩负服务保障党和国家工作大局这一政治责任。综合运用刑事、民事、行政、公益诉讼"四大检察"职能，服务和保障国家工作大局。二是法律责任。检察机关肩负维护执法司法公正、维护国家利益和公共利益的法律责任，这是主要责任。公平正义是执法司法公正的生命线，维护执法司法公正的关键在于守护住其生命线。作为宪法规定的法律监督机关和司法机关，检察机关在维护执法司法公正、维护公平正义中发挥至关重要的作用。检察机关以诉讼法律监督为主线，维护当事人合法权

---

① 《在国家治理体系和治理能力现代化进程中落实检察责任（权威访谈）——访最高人民检察院党组副书记、副检察长邱学强》，人民网，2019 年 12 月 11 日，http://society.people.com.cn/n1/2019/1211/c1008-31501332.html。

益，维护社会公平正义。作为保护国家利益和公共利益的重要力量，检察机关在法律赋权范围内，充分履行公益诉讼检察职责，围绕人民群众关注的公共利益焦点、难点，通过适时发出诉前检察建议乃至提起公益诉讼，督促相关行政机关依法履行监管职责，确保国家利益和公共利益切实得到维护。三是社会责任。检察机关还承担着促进社会依法治理的社会责任，这是重要责任。检察机关参与社会治理，既是检察权能的重要内容，也是检察机关的重要责任。① 加强社会治理，创新社会治理方式，形成科学高效的社会治理体制，必须用法治方式进行社会治理，走法治道路进行社会治理，运用法治思维和法治方式解决社会治理中的问题。检察机关针对社会突出问题或在办案中发现的问题，制定司法解释，规范指引社会治理；针对在法律监督过程中发现的社会治理方面的问题，及时向有关部门发出检察建议，促进依法治理。贯彻落实“谁执法谁普法”的要求，以案释法，持续践行“一个案例胜过一沓文件”，以司法个案彰显公平正义，增强全社会法治意识。

为国家治理现代化提供法治保障，检察机关承担多重责任，而责任需要用实际行动和具体工作加以落实，以“四大检察”“十大业务”的实绩落实责任。例如，针对脱贫攻坚这一大局，最高检提出六项具体措施，要求全国检察机关为党分忧、为民司法，以实绩提供有力司法保障。② 就检察业务工作而言，在刑事检察中，做优普通犯罪检察工作，突出重罪之“重”保稳定，在反腐败斗争中展现“检察担当”；在民事检察中，对法院生效裁判、调解书进行监督，对法院的审判违法行为进行监督，对法院的执行活动进行监督，对民事虚假诉讼进行监督，当好群众利益的“守护之神”；③ 在行政检察中，探索建立穿透式行政检察监督，④ 着眼于实质性化解行政争议，促

① 吴建雄：《社会管理创新中的检察功能与检察品质》，《人民检察》2012 年第 9 期。

② 《最高检：充分运用检察职能护航脱贫攻坚事业》，最高检网站，2020 年 3 月 10 日，https：//www. spp. gov. cn/dj/xwjj/202003/t20200310_ 456260. shtml。

③ 《〈聚焦“四大检察”〉系列报道之一丨做到“四大检察”，向何方?》，《民主与法制周刊》2020 年第 6 期。

④ 《〈聚焦“四大检察”〉系列报道之一丨做到“四大检察”，向何方?》，《民主与法制周刊》2020 年第 6 期。

进解决程序空转问题；在公益诉讼检察中，主动出击守护公共利益,[1] 一方面办理好法律明确赋权领域的案件，另一方面积极稳妥拓展办理群众反映强烈的其他领域公益诉讼案件，并为立法提供实践依据。在社会治理方面，检察机关充分利用自身优势积极开展法治宣传教育，发挥引领作用，促使社会依法治理之观念深入人心。检察机关在以实际行动和工作实绩为保障和助推"中国之治"、积极融入"中国之治"时，需要充分发挥现代化的检察功能，秉持并融入现代化的检察理念。

二 "中国之治"语境中的检察功能

检察机关既是司法机关，与审判机关共同行使司法职能，又是法律监督机关，担负维护国家法律统一正确实施的法定职责。必须紧紧围绕国家治理现代化的总体目标，牢牢把握国家治理现代化的总体要求，充分发挥检察机关作用，促进国家治理现代化水平的提高。同时，我国检察机关的"内在品格",[2] 决定了其理应参与国家治理及其现代化。我国检察权具有检察本质的人民性、检察功能的服务性、检察活动的公正性等特性,[3] 这些决定检察机关在推进国家治理现代化中承担多方面的功能。

（一）解决矛盾冲突和维护社会秩序

司法是法治社会中解决社会冲突的最终方式和最彻底的方式。在我国，司法有着更深层次的内涵，不仅定分止争而且案结事了，不仅公平公正地解决争端，而且力求消除产生争端的矛盾，其最高目标并非止步于"案结事了"而是追求"公平正义"。2019 年以来，随着"四大检察""十大业务"新工作格局的逐步形成，检察机关更加注重从源头上解决矛盾冲突，在落实

---

① 《〈聚焦"四大检察"〉系列报道之一丨做到"四大检察"，向何方?》，《民主与法制周刊》2020 年第 6 期。

② 吴建雄：《社会管理创新中的检察功能与检察品质》，《人民检察》2012 年第 9 期。

③ 吴建雄：《社会管理创新中的检察功能与检察品质》，《人民检察》2012 年第 9 期。

认罪认罚从宽制度中承担主导责任，为高效惩治犯罪、减少和解决社会矛盾冲突贡献检察力量。中国司法强调在严格执法的基础上，注重情、理、法的结合，追求法律效果与政治效果、社会效果的有机统一。换而言之，中国司法具有被动性与能动性相结合的特征。这也是我国司法与西方所谓的只服从正义与法律、办案仅限于案件本身依法处理的被动性司法的明显区别。值得一提的是，检察机关紧抓“枫桥经验”本质内涵，加强检察环节预防和化解社会矛盾机制建设，坚持、传承并创新运用“枫桥经验”防范化解矛盾纠纷，解决涉及群众切身利益的突出问题，引导社会各界养成以法治解决纷争的习惯。

此外，检察还具有维护社会秩序的功能。检察机关通过依法打击刑事犯罪，维护社会秩序。密切关注社会秩序领域的专项问题，强力推进扫黑除恶专项斗争，坚决依法打击涉黑涉恶犯罪，坚决打击黑恶势力“保护伞”，突出打击严重暴力犯罪、多发性侵财犯罪及其他严重侵害群众权益、影响群众安全的犯罪，严厉打击严重影响人民群众获得感、幸福感、安全感的犯罪。通过对监察机关移送的职务犯罪案件审查起诉，打击职务犯罪，完善职务犯罪检察制度，维护行政管理秩序。通过查办司法工作人员相关职务犯罪，推动公正司法，维护良好的司法环境和秩序。通过开展公益诉讼，对民事、行政行为以公益诉讼方式加以制约，助推行政机关依法行政，以司法权力对国家权力加以制约，有效维护社会公共利益及秩序。通过强化诉讼法律监督职能，维护司法公正与权威，形成并维护良好社会秩序，达到维护和促进社会和谐稳定、提升治理能力和水平的目的。

（二）规范引导民众行为和推动规则/政策形成

司法的运行过程和裁决结果能够影响人们外在行为，促使其依据法律行事。同时，司法的运行过程及裁决结果也能够使人们对自己的行为后果产生可预期性，影响其内心判断与选择，进而促使其自觉遵守法律。检察司法是法律的一种适用活动，检察机关在工作中，注重规范引导社会成员行为。比如，在刑事执行检察中，教育犯罪分子认罪伏法、积极改造，为其回归社会、重新做人打下良好基础，规范引导违法涉诉的特殊人群接受社会主流思想观念与核心价值观，抑制或消除其从事反社会行为的思想动机。在推动落实认罪认罚从宽制度中，检察机关发挥主导作用，对于符合《刑事诉讼法》规定的适用认罪认罚从宽制度的案件，积极进行多方面协调、沟通，确保量刑建议精准化，规范引导民众行为。同时，结合所办理的各类案件，检察机关充分合理利用传统新闻媒体和新媒体，宣传普及法律和防范违法犯罪的知识，积极进行法治宣传教育，形成检察业务与检察宣传工作的良性互动。[①]检察司法的这种规范与指引功能，也体现了对国家治理的重要参与。

此外，检察还具有推动规则或者政策形成的功能。结合检察运行实践及办案实践，检察机关针对在实践当中发现的国家治理体系和治理能力方面的疏漏、制度机制上的漏洞，发出检察建议，促进相关制度机制健全。通过类比、对比分析，进行综合调研、研判，检察机关为党和国家加强国家治理充当参谋助手，为当地党委和政府搞好社会治理献计献策，就相关方面体制机制问题提出有针对性、说服力的建议，以检察力量助推国家治理体系更加完善和国家治理能力进一步提升。不可否认，可能是由于受立法技术不够精细、完善等因素影响，法律有时难以避免会出现有漏洞、有瑕疵、不够严谨、不够具体、不够明确等问题。或者说，法律难以避免会出现法律规范之间存在冲突、法律规范模糊、法律调整存在空白等问题或现象。司法机关通过出台普适的司法解释或司法政策，弥补法律漏洞，有利于推进国家治理体系和治理能力逐步走向现代化。

（三）监督制约权力和实现并维护公平正义

国家治理现代化，必然要求建立健全权力运行制约和监督体系，必然要求把权力关进制度的笼子。关进制度笼子的权力，必然被要求在法治轨道上运行，必然会受到监督制约。宪法给予了检察机关明确的定位，赋予其法律

① 《最高检：以检察自觉助推国家治理体系和治理能力现代化》，正义网，2019 年 11 月 13 日，http：//news. jcrb. com/jxsw/201911/t20191113_ 2076040. html。

监督的神圣使命，这决定了我国检察机关具有监督制约权力的功能。法治是治国理政的基本方式，其具有自我监督和自我约束的属性。① 在国家治理现代化的进程中，法治是必不可少的时代主旋律。现代法治国家通过国家根本法对国家权力作出合理的框架构建，在顶层制度设计上限制权力恣意性，对权力进行制约和监督，或者进行分权制衡，避免权力滥用。我国政体是人民代表大会制度，由其产生“一府一委两院”，形成稳定的政治架构。在这种政治架构中，需要专门的法律监督机关来维护社会和政治秩序的稳定性。我国检察机关作为宪法规定的法律监督机关，在政治架构和权力监督制约体系中发挥维护社会和政治秩序稳定性的独特作用。作为国家政权体制中的一极，我国检察机关负有维护宪法和法律统一正确实施的职责，通过全面履行检察职能，发挥独特作用。我国检察机关通过加强对司法权力的监督与制约，维护司法公正和权威，提升司法公信力，促进和维护社会公平正义。检察机关通过对监察机关移送的职务犯罪案件进行审查起诉，发挥制约功能；通过对司法工作人员相关职务犯罪进行立案侦查，发挥监督功能；通过对诉讼活动的监督，制约国家机关的侦查权、审判权。检察机关在督促行政机关严格执法、规范用权方面具有重要作用，保证其依法行政。就自身而言，检察机关通过完善检察权内部监督制约机制来强化对检察权运行的内部监督，通过检务公开来保障人民群众知情权、参与权，以督促自身规范行使检察权。

公平正义，是人类政治智慧和社会理性的结晶，是人类社会追求的目标，同时是人类社会进步的重要标志，也是衡量人类社会的价值尺度。社会的公平正义是动态的，并非一蹴而就，一旦实现还需要持续维护。实现并维护公平正义是人类社会的追求，是我国最高权力机关设置“检察”的主要目的和终极目标。检察权的产生，源于社会公平正义的需要。或者说，人类对实现并维护社会公平正义的需求催生了检察权。如果任由犯罪行为恣意、行政权失范、司法权妄为，则必然导致社会公平正义遭到破坏。而检察权的设

① 吴建雄：《社会管理创新中的检察功能与检察品质》，《人民检察》2012 年第 9 期。

立，则恰恰能够惩罚或抑制犯罪、规制行政权、监督审判权等，起到有效抑制社会公平正义偏失的功能，确保能够实现并有效维护社会公平正义。

三　“中国之治”语境中的检察理念

理念是行动的先导，是引领办案的思想、灵魂。只有坚持正确的理念，检察机关才能在各项检察工作中有新思路、新方法，才能开拓新局面。检察机关在服务保障“中国之治”中肩负重要责任，在推进国家治理现代化中承担多方面功能。承担的重大责任与功能要求检察机关应当树立旗帜鲜明讲政治的理念、一心一意为人民的理念、全面平衡抓监督的理念、双赢多赢共赢的理念、围绕大局履行职能的理念、务实开放谋发展的理念、实现“三个效果”有机统一的理念。

（一）树立旗帜鲜明讲政治的理念

讲政治，是马克思主义政党的特点与优势。树立检察理念，必须把讲政治作为根本要求。首先要强化政治自觉，坚定政治原则和政治方向，始终坚持党对检察工作的绝对领导；其次要强化思想自觉，自觉在思想上同以习近平同志为核心的党中央保持高度一致，用新思想武装头脑、指导工作。认真贯彻落实党中央精神，学习领会中国特色社会主义制度与国家治理体系的显著优势，坚定制度自信；全面认清“中国之治”新愿景、把握“中国之治”新要求，[①] 提高政治站位，立足检察职能，服务与保障“中国之治”。讲政治必须与检察业务相结合，开展检察业务必须以讲政治为统领。坚定制度自信，把党对检察工作的绝对领导贯穿检察工作全部领域的各个环节，坚持和发展中国特色社会主义检察制度，充分发挥“四大检察”职能，在推进国家治理现代化中贡献检察智慧与力量，为“中国之治”提供法治保障。

---

① 《强担当　善作为　以检察履职实现国家治理现代化》，《检察日报》2019 年 12 月 5 日。

（二）树立一心一意为人民的理念

检察机关作为党领导下的司法机关，最根本的政治属性是人民性。检察机关讲政治的根本目的是为人民服务。[①] 新时代检察理念，必须坚持以人民为中心，检察工作必须以人民的根本利益为出发点和落脚点。检察机关以人民群众新需求为导向，改进检察工作，优化检察职能，做优传统检察职能，补强职能短板，维护最广大人民群众的根本利益，为人民提供优质高效的检察产品，为“中国之治”赢得最广泛、最深厚、最可靠的群众基础。同时，要围绕民生需求，办实办好人民的事情，做深做细人民得实惠的检察工作。办理好群众信访案件，各级检察机关将心比心，落实群众来信件件有回复制度，优化、完善信访案件受理与初步审查机制。检察机关践行好“公共利益代表”的新使命，把开展公益诉讼作为维护人民群众利益的重要举措，顺应人民群众的新需求。要加强与人民群众的联系。人民群众是检察工作最广泛、最直接的信息来源。加强与人民群众的联系、沟通，让公平正义真正可触可感可信，增强人民群众获得感、幸福感、安全感。检察机关改变传统检察工作宣传方式，利用新媒体全方位宣传检察工作，展现检察队伍新风貌；全面深化检务公开，持续拓展新媒体公开平台，提高检察工作透明度与公开性，以人民群众看得见的方式拉近检察机关与群众的距离，满足人民群众对司法公正的新要求；实行人民监督员制度，引入外部监督力量，保障人民群众对检察工作的参与权、知情权、表达权，贯彻以人民为中心的发展思想。

（三）树立全面平衡抓监督的理念

宪法赋予检察机关法律监督的神圣职责，检察机关立足于法律监督属性与职能，坚持以办案为中心，主动适应新形势，深化内设机构改革，实现检察工作全面、平衡、充分发展。一是做优刑事检察。在检察机关法律监督格局中，刑事检察是检察职能中最传统的一项，始终处于重要地位，必须强

① 《站高看更远：讲政治始终摆在检察工作第一位》，《检察日报》2018 年 11 月 26 日。

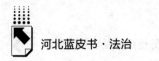

化、优化。新时代刑事司法面临的新情况新问题，要求检察机关主动转变理念，以理念变革提升业务能力。第一，落实司法责任制，突出刑事检察专业化建设；第二，推进捕诉一体办案模式，突出检察官在刑事诉讼中的主导责任，提升办案质效；第三，加强对刑事诉讼全过程的监督。二是做强民事检察。切实改变“重刑轻民”状况，树立精准监督理念，提升民事检察质量与效率。三是做实行政检察。行政检察是弱项中的弱项，短板中的短板。行政检察既维护司法公正，又监督、促进依法行政。做实行政检察，坚持监督与办案的辩证统一关系，在监督中办案，在办案中监督，践行双赢多赢共赢理念，提升行政检察质效；把办案重点放在扶贫救助、社会保障等领域的行政诉讼监督案件中，同时加强行政执行环节，特别是行政非诉执行环节的监督。四是做好公益诉讼检察。公益诉讼是一项新增职能。由检察机关提起公益诉讼，有利于优化司法职权配置，推进法治政府建设，维护国家利益和公共利益。做好公益诉讼，要强化与行政机关的沟通，形成良性、互动、积极的工作关系；回应社会的热切关注，扎实做好维护公共利益的检察工作。

（四）树立双赢多赢共赢的理念

检察机关立足于法律监督职能，做好法律监督工作，要树立双赢多赢共赢的理念，同其他执法、司法部门形成良性、互动、积极的工作关系。首先，正确认识法律监督的目的与价值。检察机关作为法律监督机关，与公安机关、审判机关、司法行政机关分工与职责不同，不存在地位高低之分。法律监督不是你错我对的零和博弈，也不是我高你低的居高临下，而是共存共赢、共同进步。① 监督者与被监督者的目的与价值一致，法律监督的目的是规范被监督者权力的行使，提醒、促进被监督者重新审视并自我纠错，最终目的是确保宪法和法律的统一正确实施。其次，把双赢多赢共赢理念贯穿法律监督全部领域的各个环节，寻找双赢多赢共赢的基点。比如，在公益诉讼中，检察机关践行好“公共利益代表”的新使命，发挥检察建议在履行法

---

① 《以理念变革引领新时代检察工作创新发展》，《检察日报》2018 年 8 月 16 日。

律监督职责、维护国家利益和公共利益、参与社会依法治理中的重要作用，通过提出刚性检察建议，实现双赢多赢共赢。又如，在民事检察工作中，坚持原则性与灵活性相结合，与审判机关通过良好的沟通、协调，实现最好的监督效果。再如，在监督效果的落实上，检察机关应加强检察建议的跟踪回访，帮助被监督者纠正问题，与监督对象共同解决难题，使被监督者真正感受到检察机关的监督工作是为了帮助他们，是为了共同维护社会公平正义与公共利益。

（五）树立围绕大局履行职能的理念

新时代政法机关的职责使命是维护国家政治安全、确保社会大局稳定、促进社会公平正义、保障人民安居乐业。这就要求检察机关立足检察职能，积极参与社会治理，在党和国家工作大局下开展检察工作，为党和国家工作大局服务。围绕大局履行职能首先要自觉增强大局意识，增强服务大局的主动性。服务大局，是检察机关履行职责的必然要求，是解决检察工作中存在的问题的根本手段。其次要提升履职能力，增强服务大局的有效性。紧紧围绕宪法、法律赋予检察机关的职能，遵循司法发展规律，优化司法资源配置。在法律监督新格局形成后，关键是提升履职能力。一方面满足人民群众多元司法需求，另一方面提升专业化水平，全面平衡充分发展“四大检察”职能。最后要准确把握重点领域和关键环节，增强服务大局的针对性，主动适应新形势、新变化，找准切入点，做到精准服务。

（六）树立务实开放谋发展的理念

司法体制改革深入推进，检察工作处在转型时期，检察权的内容、配置发生重大变化，要求检察机关面对新形势新任务，以创新精神，抓住深化改革的契机，更新检察理念，树立务实开放谋发展理念，推动检察工作均衡健康发展。首先要求真务实、抓落实。新时代检察工作的使命任务、历史方位、总体思路已经明确，检察机关要抓紧做好落实，这是新时代检察工作创新发展的关键。只有求真务实、抓落实，才能将检察理论新认识变为实践，进而在实践基础上创新检察理论，推动检察工作创新发展。其次要以开放姿态传递自信。通过开放日活动，拉近检群关系，倾听民意，展现检察机关的诚意与自信，提高检察业务能力与服务水平；通过检察外事工作，传递中国改革开放成就与法治建设成果，推动与其他国家的检察务实合作。最后要着眼检察事业发展，创新检察工作。坚持以办案为中心，把检察理念落实到办案中；进一步深化司法体制综合配套改革，推进司法责任制、员额制等各项改革措施的落实。能否让习近平新时代中国特色社会主义思想在检察领域落地生根、开花结果，能否推动“四大检察”全面协调充分发展，能否实现新时代检察工作新的飞跃，关键要靠以务实的态度谋发展、抓落实。

（七）树立实现“三个效果”有机统一的理念

“三个效果”有机统一是指政治效果、法律效果、社会效果三者的有机统一。检察机关办理案件必须坚持“三个效果”有机统一的价值取向，“三个效果”有机统一是衡量办案质量的重要尺度。[①] 坚持“三个效果”有机统一，首先，必须厘清“三个效果”之间的关系。第一，深刻把握政治效果这一灵魂。政治效果是社会效果与法律效果实现的根本保障。坚持以政治效果为导向，服从并服务党和国家工作大局，追求社会效果与法律效果。第二，深刻把握社会效果这一关键。社会效果是检察机关办理案件的落脚点。检察机关在司法办案中既要实现社会公平正义，又要回应人民群众对社会的关切，满足人民群众对新时代检察机关的新需求。第三，深刻把握法律效果这一基础。法律效果是对检察机关办理案件的基本要求。检察机关坚持以事实为根据，以法律为准绳，维护司法公正，为“三个效果”有机统一打下坚实基础。其次，把“三个效果”有机统一理念落实到办案中。在司法办案中准确认识“三个效果”之间的关系，防止将其割裂开来。片面追求政治效果与社会效果将损害法律尊严与司法公信力；片面追求法律效果将导致

① 《以理念变革引领新时代检察工作创新发展》，《检察日报》2018 年 8 月 16 日。

机械办案。检察机关必须运用政治智慧指导司法办案，准确适用法律，维护社会公平正义。

四　余论

完善检察制度，是完善国家治理体系的内在要求。依法正确行使检察权，是提升国家治理能力的必然要求。在推动国家治理现代化的进程中，检察机关除了加强自身制度建设外，更要把各项检察工作融入其中。助推国家治理现代化，不仅需要进行检察制度建设，健全行之有效的工作机制，大力提升检察治理能力，还要进行检察人员队伍建设，使其具备与使命相适应的检察职业品质[①]。为扮演好助推国家治理现代化大局中的检察角色，为充分发挥检察在国家治理中的效能，须建设能够满足国家治理现代化需求的检察铁军。

① 所谓职业品质，是指完成特定的社会职责所应具备的心理条件或心理素质。参见吴建雄《社会管理创新中的检察功能与检察品质》，《人民检察》2012年第9期。

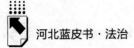

B.14

诉源治理理论、实践与创新发展研究

李北凌*

摘　要： 诉源治理是凝聚东方智慧、中国特色、时代意蕴的概念，是国家治理在纠纷化解层面的内容表达。首要意义在于通过推动更多法治力量和治理资源向引导端用力，加强矛盾纠纷源头预防、前端化解，是坚持和发展新时代“枫桥经验”的题中应有之义。当前，我国各地积极丰富创新诉源治理理论与实践，已形成相当的制度以及经验积累。但仍面临诸如法院系统司法定位、诉源治理体制机制等深入发展的瓶颈问题，需要通过厘清诉源治理主体权责、完善诉源治理体制机制、深入推进诉调衔接等方式，共同推动构建共建共治共享的社会治理格局。

关键词： 诉源治理　多元解纷机制　司法定位　诉调衔接

党的二十大报告指出，在社会基层坚持和发展新时代“枫桥经验”，完善正确处理新形势下人民内部矛盾机制，及时把矛盾纠纷化解在基层、化解在萌芽状态。科学探索推动诉源治理现代化，为新时代“枫桥经验”勾画了理论蓝图和实践路径。

一　诉源治理理论生成发展历程

“诉源治理”是凝聚东方智慧、中国特色、时代意蕴的概念。中华优秀

* 李北凌，河北省社会科学院法学研究所助理研究员，研究方向为地方法治建设。

传统文化中的讲折衷、尚中庸、倡调和，将矛盾化于未发或初发之时，成为“诉源治理”的基因与遗传密码。古人云：“听讼，吾犹人也，必也使无讼乎”①，“消未起之患、治未病之疾，医之于无事之前”②，“居安思危，思则有备，有备无患”③，“且欲防微杜渐，忧在未萌”④。这些息诉止讼思想以及预先采取适宜措施于未病、未乱、未萌、未患之时，所蕴含的核心内涵、历史逻辑和价值功能，与诉源治理工作具有高度的契合性。

鉴古知今，诉源治理是中华优秀传统文化在法律领域的映照。诉源治理是国家治理在纠纷化解层面的内容表达。其首要意义在于通过推动更多法治力量和治理资源向引导端用力，加强矛盾纠纷源头预防、前端化解、关口把控，通过完善预防性法律制度，从源头上预防矛盾纠纷的发生，最大限度减少矛盾纠纷总量。⑤

党的十八大以来，社会转型加快，大量社会矛盾纠纷随之而生，结构性或摩擦性案件、群体性案件的数量不断增加，法院尤其是基层法院普遍面临“案多人少”客观现象，司法系统压力陡增，全国司法数据连年呈现诉讼量快速增长态势。为正确处理改革、发展、稳定三者之间的关系，2015 年，中共中央办公厅、国务院办公厅公布《关于完善矛盾纠纷多元化解机制的意见》，提出完善矛盾纠纷多元化解法律制度。2020 年 11 月，习近平总书记在中央全面依法治国会议上明确提出：“推动更多法治力量向引导和疏导端用力，完善预防性法律制度，坚持和发展新时代‘枫桥经验’，完善社会矛盾纠纷多元预防调处化解综合机制。”⑥ 2021 年 2 月，中央全面深化改革委员会第十八次会议审议通过《关于加强诉源治理推动矛盾纠纷源头化解

---

① 出自《论语·颜渊》。

② 出自（唐）孙思邈《备急千金要方·养性》。

③ 出自《左转·襄公十一年》。

④ 出自（梁）沈约《宋书·吴喜传》。

⑤ 《完整准确全面贯彻新发展理念　发挥改革在构建新发展格局中关键作用》，《人民日报》2021 年 2 月 20 日。

⑥ 《坚定不移走中国特色社会主义法治道路　为全面建设社会主义现代化国家提供有力法治保障》，习近平系列重要讲话数据库，2021 年 2 月 28 日，http：//jhsjk. people. cn/article/32038656。

的意见》，诉源治理正式成为国家社会治理领域的重要制度安排。

伴随诉源治理理论重要论述的不断丰富，诉源治理逐渐转化为党中央重要决策部署以及法规制度。人民法院作为诉源治理的排头兵，积极扎实推动诉源治理工作。2019 年 2 月，最高院印发《关于深化人民法院司法体制综合配套改革的意见——人民法院第五个五年改革纲要（2019—2023）》，提出诉源治理的工作重点是创新发展新时代“枫桥经验”，完善“诉源治理”机制，坚持把非诉讼纠纷解决机制挺在前面，推动从源头上减少诉讼增量。2019 年 8 月，最高院出台《关于建设一站式多元解纷机制一站式诉讼服务中心的意见》，强调人民法院工作机制应当“主动融入党委和政府领导的诉源治理机制建设”，“切实发挥人民法院在诉源治理中的参与、推动、规范和保障作用，推动工作向纠纷源头防控延伸”。2021 年 9 月，最高院印发《关于深化人民法院一站式多元解纷机制建设推动矛盾纠纷源头化解的实施意见》，对诉源治理实践中出现的新问题提出针对性意见，囊括了诉源治理目标、诉源治理模式、诉源治理信息化等方面。由是观之，伴随社会治理进程加快，诉源治理的治理方式、治理手段、工作模式、体系搭建都在逐步推进中明确。

诉源治理是社会治理的重要内容，更是国家治理体系的重要组成部分。在诉源治理中，“四维治理”的理论以及方法得到了充分体现。首先，诉源治理要求治理领域的统筹兼顾、治理主体的多元参与，进而最大限度提高治理效率，形成协同共建的治理合力，这是系统思维在诉源治理中的因应；其次，诉源治理必须严格依法开展，运用法治思维与法治方式，在法治轨道上推进诉源治理现代化，此为法治思维在诉源治理中的体现；再次，诉源治理过程中强调多种治理手段与方式，如政治、经济、文化等的多样化综合应用，以形成诉源治理的专业化、科学化与现代化局面，这有赖于综合治理思维的应用；最后，源头治理思维则强调矛盾源头预防、前端化解、治理重心下移的强基治理理念。通过“四维治理”理论及方法的指导与引领，诉源治理形成由政府负责、司法推动、社会协同、公众参与、法治保障的共建共治共享社会治理体制。

二　各地诉源治理实践

（一）扎实推进诉源治理创新发展——河北模式

1. 坚持将非诉讼纠纷解决机制挺在前面——河北省调解制度新发展

河北省法院坚持把非诉讼纠纷解决机制挺在前面，积极构建以人民调解为基础，多种调解方式协调联动、优势互补的大调解工作格局。全省共有人民调解员32万余人，律师调解员2300多人，人民调解组织5.8万余个，个人调解工作室1475个，行业性专业性调委会1501个，调解力量不断壮大。2021年以来，全省人民调解工作充分发挥维护社会稳定和谐“第一道防线”积极作用，共调解各类矛盾纠纷87万余件，调解成功率达98%以上。

省司法行政系统通过巩固完善“调解+法律服务”工作模式，积极探索发展调解工作主体与机制多样化。推动律师调解服务全覆盖，加强行业性专业性人民调解组织建设，不断完善商事调解机制，加强调解员队伍建设和提升调解工作质效。截至2023年10月，为合力推动矛盾基层化解，全省法院已与3603个乡镇、村居等基层治理单位建立工作关系。积极打造智慧法院“冀时调”平台，通过线上平台方式给群众提供全面司法服务并对相关工作进行调解指导，引入多方社会力量参与多元解纷过程。

2. 纵向贯通搭建矛盾纠纷过滤网——邯郸永年“三源共治”模式

近年来，河北省邯郸市永年区人民法院坚持把非诉讼纠纷解决机制挺在前面，依托“枫桥式人民法庭”创建，以非诉解纷推动“三源共治”，探索构建了“党委领导、纵向贯通、横向联动、和合少讼”的基层治理模式。

自2021年以来，永年区法院转变工作思路，充分发挥调解在矛盾纠纷预防化解中的基础性作用，进一步深入践行新时代“枫桥经验”，不断将司法力量向前端向未发聚集，探索诉源治理新模式、新路径。6个基层法庭、17个法官工作站覆盖全区，先后培训人民调解员、网格员等110

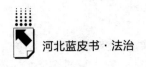

余次，充分依靠群众智慧和力量，指导人民调解员、网格员及时就地化解矛盾纠纷，强劲的司法服务为法治永年建设注入最强内核。该院广府法庭、大北汪法庭先后分别入选最高院第四批、第五批新时代人民法庭建设典型案例，成为全国人民法庭的样板。人民调解员李社其获评“全国模范人民调解员”。

3. “三端共治”解纷工作法——河北阳原法院

2023 年 11 月，河北阳原法院作为河北省政法系统唯一一家入选的全国新时代“枫桥经验”先进典型，全面落实省法院“三源共治”要求，扎实推进诉源治理、案源治理、访源治理，从源头上减少诉的形成、案的衍生、访的产生，做深做实新时代“枫桥经验”，实质化解纠纷，努力为大局服务、为人民司法。

阳原法院利用贴近基层群众的优势，推行“三端共治”解纷工作法，2023 年前三季度，全县民事诉讼案件同比下降 10.46%，146 个行政村实现无诉讼，占全县总数的 48.5%。

源头预防“抓前端”。全县 14 个乡镇分别组建“纠纷隐患排查群”，成员包括政法委员、法庭庭长等，积极进行矛盾隐患排查；开展“法官说法”和巡回审判，根据案件态势分析靶向普法，极大降低全县的万人成讼率；积极指导人民调解，发挥司法建议作用，协助各行政村修订村规民约，从源头减少诉讼。

非诉挺前“疏中端”。贯彻落实最高院《关于加快推进人民法院调解平台进乡村、进社区、进网格工作的指导意见》，紧紧依靠党委政法委，与县工会、工商联等 6 个重点部门建立联动机制，构建基层矛盾纠纷预防化解大格局；依托“冀时调”平台，以 5 个基层法庭为枢纽，向上对接诉讼服务中心，向下对接各村，群众足不出户即可实现矛盾纠纷云化解；通过“码上办”和“三不到庭全到家”，为群众提供“家门口”司法服务。

实质解纷“治末端”。做实诉中定分止争，将调解贯穿审判全过程，2023 年案件调撤率达 68%；做深诉后息诉服判，判后主动回访，做到案结事了人和，截至 2023 年 8 月，上诉案件同比下降 35.3%；做优审执有效衔接，推行“立保调一体”“立审执一体”，用“一个流程”整体化、系统化、实质性解决“一起案件”。

（二）健全矛盾纠纷过滤分层机制——诉源治理浙江模式

起源于普陀，发展于黄岩、瓯海的浙江诉源治理探索，肇始于2017年。舟山市普陀区人民法院联同综治办、信访局等14个部门共同入驻区委设立社会治理综合服务中心，协力破解社会治理碎片化、解纷机构分散化等问题。就在当年，舟山市普陀区人民法院收案量即下降31%，重大疑难纠纷调处成功率和履行率均达100%，形成了多元解纷“普陀模式”。紧随其后，2018年，浙江省台州市黄岩区正式成立全国首家社会矛盾纠纷调处化解中心，集信访、复议、仲裁、调解、诉讼等功能于一体，囊括了17个部门30个平台机构23个业务窗口，其中，常驻工作人员140多名，该中心设置专门的编制和经费，领导岗位由相关党委及职能部门领导兼任。化解中心将全区几乎所有涉及基层治理职能的部门整合。除此以外，中心注重职能分流与衔接，将所有功能重新合并划分，形成优势互补、分层递进的6个功能分区，由综合信息指挥中心为各个功能分区进行工作统筹调度和数据分析。中心明确和解、调解、仲裁、诉讼等纠纷解决手段的不同适用顺位，非诉讼解纷手段在前端发力，诉讼则是解纷机制的最后一道防线。多元解纷力量能够协调配合、分层过滤，统筹形成合力，共同打造矛盾纠纷多元化解的组织平台与科学机制。针对不同类型纠纷为其配置合适的解纷手段，更好地将矛盾纠纷化于未发，致力于形成党政领导、社会协同、多方参与、齐抓共管的工作格局。

与此同时，在人工智能、大数据以及云计算等信息技术迅猛发展的时代背景下，在线纠纷解决机制成为多元化纠纷解决机制整体中不可或缺的重要部分。浙江法院研发推广在线矛盾纠纷多元化解平台ODR，采用递进式、漏斗型矛盾纠纷分层过滤化解模式，整合优质资源，将法院审判系统、移动微法院、网上立案平台以及人民调解平台等互联互通，提供“一站式”纠纷化解服务。经过一系列制度创新和治理实践，2022年，浙江全省社会治理中心统一受理各类信访和矛盾纠纷66.5万件，办结61.7万件，化解成功率达92.8%。[1]

（三）推动诉源治理法治化——陕西省西安中院

2022年以来，西安中院大力推动诉源治理现代化，与西安市政府建立府院联动“总机制”，推行“多元解纷+司法确认”模式；创建“无讼社区”“蓝约融治”等一系列创新品牌，充分释放实质解纷效应；设立诉源治理总站，依托全市45个人民法庭建立诉源治理工作站，在社区等基层组织设立诉源治理共享司法驿站；推行人民法庭“调立审执访一体化”改革。2022年，全市法院案件增幅从往年的平均20%下降到4.4%；2023年1~10月，全市法院诉前委派调解案件137769件，调解成功90132件，调解成功率为65%，[2] 案件高速增长的态势基本得到扭转。积极延伸审判职能，加强司法建议工作，近年来全市法院发送司法建议1904件，反馈采纳1031件，反馈采纳率54.1%。截至2023年11月15日，全市法院一审收案数量同比下降6.89%，[3] 诉源治理工作取得明显成效。

陕西省西安中院着力构建“党委领导、政府主导、多方参与、司法推动、法治保障”的诉源治理大格局，厘清源头环节、诉前环节、诉中环节、诉后环节工作重点，分层分类推动解纷工作有序深入推进、统筹协调。

三　诉源治理法治化、现代化实践困境

如上所述，诉源治理立足我国国情，将司法规律与实际问题结合，各地积极投身构建诉源治理大格局，形成各具特色的治理模式，取得了重要进展。但鉴于当前诉源治理领域仍存在法治化转型的机制性问题，对创新发展

① 《社会治理中心：矛盾纠纷分层过滤之道》，《人民法院报》2023年8月18日。
② 《今年前10月全市法院诉前调解成功案例9万余件》，《西安日报》2023年11月24日。
③ 《今年前10月全市法院诉前调解成功案例9万余件》，《西安日报》2023年11月24日。

新时代“枫桥经验”、推动社会治理现代化等构成了挑战，因此亟须打破现实障碍与突破发展瓶颈。

（一）诉源治理主体职责重叠，司法定位欠清晰

诉源治理作为中国特色社会治理的重要组成部分，体现出“中国之治”独特性。诉源治理是涉及多个责任主体、治理客体、规范体系、制度机制的复杂系统工程。其牵涉利益广泛，交织汇聚审判权、行政权、法律监督权与人民群众合法权益。权力机构职责边界不清、职责重叠，是当前制约诉源治理法治化、现代化发展的重要障碍。

诉源治理最早由法院系统提出，是将审判权主动融入社会治理、嵌入地方治理，坚持实质性化解争议，将调解向前延伸，目的在于“抓前端，治未病”。[①] 在该理念的指引下，尽管诉源治理已经从“法院主推”上升到“党委主抓”，但实践中法院在诉源治理中的主导角色并未发生根本变化。然而，人民法院作为国家审判机关，行使宪法赋予的审判权，应当秉持司法中立性与谦抑性理念，这与目前实践中法院主动包揽诉源治理工作相左。在部分案件的处理中，法院职权过早介入，干扰了行政管理权的行使。审判权通过调解程序向前延伸呈现了扩张趋势，造成与行政权的职责体系边界模糊，司法主体功能定位出现混乱。

诉源治理多元化纠纷解决机制中还存在机构职权交叉重叠的困扰。在新时代“枫桥经验”倡导的多元解纷理念的引领下，全国各地相继强化各个职能部门的多元化解纠纷职能。形成“综治中心+一站式矛盾调解中心+政府信访机关+N”的多元化纠纷解决机制。其中，综治中心通常归口单位是党委政法委；一站式矛盾调解中心隶属司法行政机关；政府信访机关内部通常设置各类矛盾综合调解工作办公室；N 指的是党委政府职能部门之外的其他解纷机构，如人民法院设置的调解中心、人民调解委员会、各地律师协会设立的调解组织等。综治中心与一站式矛盾调解中心以及政府信访机构各自职权在多

---

① 《要把能动司法贯穿新时代新发展阶段审判工作始终》，《法治日报》2023 年 4 月 11 日。

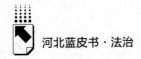

元解纷工作中存在交叉重叠，案件存在同质化趋势，诉源治理呈现“九龙治水”工作局面，造成多元解纷资源的浪费与司法主体功能定位的模糊。

（二）诉源治理机制有待完善，方式亟待创新

当前诉源治理工作理念与机制有待更新。实践中存在将诉源治理法治化、现代化等同于广泛开展的以人民法院为主导力量的调解工作，注重短期利益，将矛盾纠纷“一调了事”，忽略了诉源治理与多元解纷机制中更为重要的社会治理属性和对社会关系的修复、基层自治组织的健康发育等远景目标的达成，进而无法实现全局性协同治理效果的提升。

诉源治理中社会解纷资源参与性不足。诉源治理法治化、现代化重视引导、鼓励社会多元主体参与矛盾调解与基层治理过程，但在当前诉源治理工作中，党委政法委、行政机关、社区网格员仍然是解纷的主要资源和力量。社会组织与群团组织融入参与比例较低，尚未构建完备的诉源治理共同体，社会解纷资源参与解纷利用率不高，效率有待提升。

矛盾纠纷预警、预防不足。在基层网络化管理过程中，矛盾纠纷识别、预警功能有限。早期萌芽阶段的矛盾往往未能引起解纷主体的重视，无法识别并消除其产生或激化的原因，导致矛盾纠纷造成利益持续受损，矛盾最终恶化。基层网格员是网格社会治理基本功能的核心行动者也是功能负责人①，因此，网格员制度的完善程度直接关系到诉源治理的水平与能力。当前，基层网格员多为兼职，整体素质存在较大差异，在基层治理工作中，难以对矛盾纠纷风险进行准确识别和预警。

（三）诉源治理诉调衔接存在适用困境，诉调资源配置不均

诉调衔接是诉源治理的重要举措。调解方式是“调和与迁就的温和技术”②，更有利于降低冲突对抗性和促进矛盾依法实质化解，同时在纠纷解

① 韩志明：《城市治理的清晰化及其限制——以网格化管理为中心的分析》，《探索与争鸣》2017年第9期。

② 冯俊海：《论“适宜调解”条款之把握》，《法律适用》2013年第11期。

决过程中体现和平协调的价值，因此被称为矛盾解决的“东方智慧”之花。实践中，法院一般会积极引导当事人选择诉前调解，最大限度利用调解优势，提高纠纷解决效率。但司法实践中忽略当事人意愿强制进行调解的调解异化现象，反而容易造成当事人之间以及与法院之间的对抗，伤害司法公信力与权威性，侵犯公民合法权利。

诉中阶段的诉调衔接繁简分流标准模糊。在多元解纷机制中，繁简分流相关规定缺乏明确指引，精细程度不高，诉调衔接规定碎片化，缺乏可操作性。与此同时，在诉调衔接工作中，大量司法资源充实到诉前调解，审判资源被相对挤压，造成司法服务供给不足。法院在诉源治理工作中的主动作为一方面有利于形成联动司法工作局面，能够最大限度体现中国特色社会主义司法制度优越性；另一方面主体资源配置的不平衡造成当前的审判质量并不理想，法院内部不断衍生多轮诉讼，持续消耗大量司法资源，不利于诉源治理法治化、现代化的持续推进。

诉后阶段诉调衔接主要问题在于司法确认适用范围过窄。一方面，社会对多元纠纷解决方式的认识理解不足，并不完全认同或信任多元解纷方式的司法效力与权威，人民调解在实践中并未如政治话语一般热度高涨；另一方面，调解协议的司法确认范围过窄，只有人民调解委员会、特邀调解组织或特邀调解员调解达成的协议可以申请司法确认。作为诉源治理重要中坚力量的其他调解组织，其调解协议并不能从立法层面获得司法确认，这极大制约了多元解纷机制中调解力量作用的发挥。

四　诉源治理完善创新发展的路径建议

针对当前诉源治理过程中出现的发展桎梏与瓶颈，应当准确识别社会矛盾纠纷发生的主要原因，坚持系统思维、系统方法、多措并举、分层递进、统筹推进，对诉源治理过程中的相关机制进行优化完善，建立健全诉调衔接机制，以达到政治、经济、社会协调发展的高质量综合效果。

（一）加强制度保障，明晰诉源治理主体间权责关系

应当从国家政策以及党中央政策法规层面对诉源治理进行准确政策定位。推动诉源治理与多元解纷进行一体化立法，总结提炼当前各地优秀实践经验为制度样本，将其转化为法律制度、固定为制度优势，真正形成治理效能。理顺诉源治理各参与主体的权责关系，明确各主体职责范围，着重从以下几个方面入手。

第一，明晰人民法院司法审判权与部门行政权的权力边界，秉持司法谦抑性。司法谦抑性也被称为司法克制，指的是司法机关在行使司法权力过程中应当尊重包括行政单位在内的其他国家机关在法律规定的裁量权范围内行使权力的方式、幅度以及决定权。① 具体到诉源治理过程，人民法院应当以司法谦抑性为活动原则，尊重行政机关自由裁量权，在诸如拆迁补偿、失业群体生活保障等问题上尊重行政机关的行政行为，法院原则上不宜进行深度介入，否则容易出现法院职能“泛社会化”或“泛行政化”现象。以不断积累的诉源治理实践经验观察，法院在治理过程中从“扩张”趋势逐渐转为“规范”发展，表现为法院诉源治理实践不断融入“党委领导、政府负责、民主协商、社会协同、公众参与、法治保障、科技支撑”的社会治理体系。法院在诉源治理实践中承担的角色应当从“主导者”向“辅助者”转变，协助引导基层团体组织及人民调解组织积极参与化解社会矛盾纠纷。

第二，全面整合、统筹诉源治理各主体在多元解纷机制中的权力适用范围。当前，多个职能部门多元化解纠纷的职能设置，一定程度上造成群众在面对多元解纷机构时难以抉择。因此，建议全面整合各方面解纷主体的解纷资源，建设更高水平的一站式综合矛盾联合调解中心。建议矛盾调解中心以县域为单位，由县级党委政法委进行统一归口管理，让县级综治中心与矛盾调解中心合署办公。由各级党委社会工作部统筹指导管理信访工作，政府信访机关不再保留社会矛盾调解职能，将政府信访机关社会纠纷矛盾调解职能

① 黄永维、郭修江：《司法谦抑原则在行政诉讼中的适用》，《法律适用》2021年第2期。

统一划归一站式矛盾调解中心，避免重复多头管理，影响治理效率。其他治理主体，包括人民法院、检察机关、律师事务所以及各种调解机构相应将其解纷资源向矛盾调解中心派驻，真正形成解纷力量多元化、集约化、科学化设置，实现“只进一扇门”“最多跑一趟”工作目标。

（二）推动完善诉源治理工作机制

伴随社会矛盾纠纷存量的逐渐化解，增量速度放缓，诉源治理应当由运动式治理向常态化治理过渡。应当逐渐明确诉源治理的关键问题以及工作重点，完善综合性诉源治理工作机制。以新时代“枫桥经验”社会系统性治理理念为指导，将诉源治理工作重点由“解决纠纷”向培育良好社会关系转变。推动更多社会主体参与社会治理，丰富社会矛盾纠纷化解法治路径，使调解、仲裁、诉讼等纠纷解决方式协同发力，形成功能互补、衔接流畅的多元解纷工作机制。

第一，注重构建诉源治理现代化长效法律法规。建立常态化治理机制，应当明确完善的治理规则以及治理组织。在中央相关系列政策文件作为顶层设计的前提下，结合各个地区诉源治理先进实践经验，探索制定多元化纠纷解决以及诉源治理专门性法律，在此基础上，完善各省域层面诉源治理现代化的地方性法规，结合各地不同经济发展实际情况和特色治理需求，对诉源治理经费来源、人员保障、诉调衔接机制、解纷层次、社会解纷力量以及资源的培育与整合等问题予以细致化规定。

第二，建立“塔式”纠纷解决模式，大力推动县级矛盾调解中心建设。所谓“塔式”纠纷解决模式是以市级、县级、乡镇街道为组成部分的多元化解纠纷机制设计。[①] 其中，塔尖为市级诉源治理机制，塔身为县级诉源治理机制，乡镇街道诉源治理机制则为塔基。三者相互补充、支持，分工协作，共同构成有机统一的诉源治理机制整体。市域范围内通常不设置矛盾调解中心，降低解纷重心。其治理重点在于组建市内诉源治理体制机制、统筹

① 牛正浩：《新时代“枫桥经验”视域下诉源治理现代化路径构建》，《学术界》2023 年第 9 期。

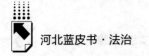

培训工作人员、调度分配社会化解纷资源。县级矛盾调解中心则作为多元化解纠纷机制的重心和主要工作阵地，进行强基建设。县域诉源治理主体作为“第一道防线”，积极调处风险较低的矛盾纠纷。如遇重大风险隐患矛盾纠纷，则应迅速与市域诉源治理主体进行通报协作，积极妥善应对。作为塔基的乡镇街道诉源治理机制，则主要发挥协同社会解纷资源、维系良好基层社会关系的功能，通过自治、法治、德治相结合的方式充分吸纳群团组织、行业协会、律师组织等下沉基层。此外，优化社区网格员工作机制。明确网格员社会治理的专门化职能定位，明确权责功能范围，尽力保障专门承担社会治理的本职工作，将其从其他相关度不高的工作中解脱出来。加强网格员履职保障，加强对网格员的岗前培训、履职培训，对社会治理实操技能进行重点培育，切实提高其履职能力。

第三，完善矛盾调解中心功能，建立完善信访、调解、诉讼三支队伍，形成分层递进化解纠纷的强大合力。完善分工负责机制，将信访、调解、诉讼三个工作环节有效衔接。矛盾调解中心建立无差别窗口，实行一窗受理、统一分流。在调解阶段，注重发挥法院的司法引领、规范、保障作用，加大对调解工作指导力度，帮助与培育其他调解组织以及社会力量参与社会治理。

（三）完善诉源治理诉调衔接

第一，诉前阶段，完善一站式诉调衔接工作机制。上述“普陀模式”通过推动各种治理主体，诸如工商联调解委员会、消费者权益保障调解委员会、金融纠纷调解委员会等的建立，进一步拓展诉调衔接范围。积极鼓励调解组织、仲裁机构、工会、妇联、法院等多元解纷主体入驻矛盾调解中心，指导各类矛盾纠纷化解主体开展调解工作，进行速裁快审与司法确认，同时提供便民诉讼服务，有效衔接调解程序与诉讼程序。加强调解主体与综治部门联动工作机制，及时进行风险研判。重点关注重点行业领域矛盾纠纷，进行提前排查预警，邀请相关行业协会或行业调解组织进驻，对相关领域矛盾纠纷进行统一类型化内容确定，促进赔偿标准、证据规则等内容标准化，健全业务协同以及诉非衔接工作机制。

第二，诉中阶段，完善繁简分流标准。繁简分流标准能够提高调转诉案件的精确性，提高办案效率，缩短周期。可以推广采用“系统算法+繁简分流”方式甄别、合并调转诉案件，促进诉调对接实质化。① 繁简分流标准可采用案件标的额、案件争议难易度作为辅助界定标准，并根据案件类型、数量、地域特征、司法资源配置等进行动态调整。合理配置诉调资源，确保法院审判职能的高效发挥。准确界定法院在诉源治理过程中的司法定位，确保“调解与审判”“非诉和诉讼”“司法性职能与治理性职能”等保持适度平衡，让司法审判成为维护社会公平正义的“最后一道防线”。

第三，诉后阶段，扩大调解协议司法确认范围。通过完善相关法律法规，扩大调解协议司法确认范围，将行业调解协议、消费者调解协议等纳入司法确认范围。通过扩大司法确认范围，进一步强化诉调衔接，提高非诉解纷手段的司法效力与权威，建立高效便捷的现代化多元矛盾解纷机制，为我国经济快速、高效发展保驾护航。建立司法审查形式审查为主、实质审查为辅原则，合理放权至非诉纠纷解决机制，尊重当事人的主观意愿。对于涉及公共利益的调解协议，可以对是否违反法律规定与公序良俗进行实质审查，以维护公共利益，确保社会秩序的稳定与和谐。

① 周蓉：《论化解案件激增诉讼风险的进路与方法》，《法律适用》2020 年第 24 期。

B.15

新时代家风对和谐家庭建设的法治价值研究

石改军*

摘　要：　伴随《民法典》的颁布，婚姻家庭法进入了法典化时代。《民法典》第1043条是对婚姻家庭立法连续性、适用性、系统性与科学性的补益，提炼了婚姻家庭法的价值内涵，展现了其规范功能、警示功能和伦理功能。同时，在如何践履夫妻忠实、尊老爱幼进而维护和谐家庭的义务上，体现了"书不尽言，言不尽意"技术留白的立法特征，有待高度共识的裁判解释方法完成其实践意义。本文经实务案例分析、条文体系解释、古外类法参阅，最终发现新时代家风是和谐家庭建设的精神力量，德法合治构成了家事纠纷治理体系，对平等、和睦、文明的婚姻家庭关系建设具有重要的法治意义。

关键词：　家风家教　和谐家庭　德法合治

一　实务聚焦：S市婚姻家庭纠纷实例分析

依托S市法院办案系统平台和辖区法院多元解纷平台案例，进行婚姻家庭关系影响观察。

（一）家事司法案例观察

1. 家暴型

罗某与赵某夫妻二人自2018年分居，赵某多次到罗某住处施暴：2018

* 石改军，法律硕士（法学），石家庄市中级人民法院研究室副主任，研究方向为民事实务。

年7月把罗某摔倒致昏迷，经诊断为左侧基底节取腔隙性脑梗塞；2018年11月用剪刀致罗某多处受伤；2019年8月用刀砍伤罗某头部造成3厘米伤口。法院依法支持罗某人身保护申请，禁止赵某实施家庭暴力，禁止接触、威胁、辱骂，禁止到罗某现住所。

2. 离散型

刘某与张某原系夫妻，因张某出轨，刘某起诉离婚，女儿由刘某抚养，后经对女儿进行DNA亲子鉴定，排除刘某与女儿的亲子关系，刘某遂起诉离婚后损害赔偿。法院认为，张某的行为严重损害了夫妻感情，违背夫妻忠实义务，刘某没有法定抚养义务，最终判决张某向刘某支付精神损害赔偿金，并返还抚养费用。

3. 赡养型

朱某育有三个子女A、B、C，其妻已病故，朱某诉请未尽赡养义务的A、B支付医疗费并进行赡养照顾。法院认为，负有赡养义务的子女应关注老年人物质生活及精神生活，故判如所请并要求子女节假日进行看望问候。

（二）社会基层治理案例观察

1. 摩擦型

刘某、王某离婚后，王某长期在外打工，孩子由王某继母抚养，王某继母以解除继母子关系为由要求自行抚养孩子，经调解，刘某、王某定期探望孩子并解决上学问题；蒋某出嫁后一直随父母同村组生活，户籍未迁出，后家庭承包地被征收，蒋某因出嫁后不再拥有本村身份而没有获得征地补偿，根据《妇女权益保障法》和参考案例，经调解，蒋某获得同本村男子平等的征地补偿权利。

2. 冲突型

范某夫妇有三个儿子却只得在外棚居住，经调解，三个儿子同意轮流在家赡养老人；陈某以孟某出轨、家庭暴力起诉离婚，并提交相应证据，因就离婚和精神损害赔偿等问题调解不成转入法院速裁团队审理。

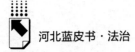

3. 继承型

齐某去世后留下三处农村房产及存款等共计500多万元，继承人对遗产分配始终未协商一致，虽遗嘱存在瑕疵，但深入探究遗嘱的真实意思表示，经调解，长达四年的继承纠纷得以解决。

（三）背后问题探究

在家事司法案例和社会基层治理案例的考察中，可以建立婚姻家庭关系影响漏斗模型（见图1）。

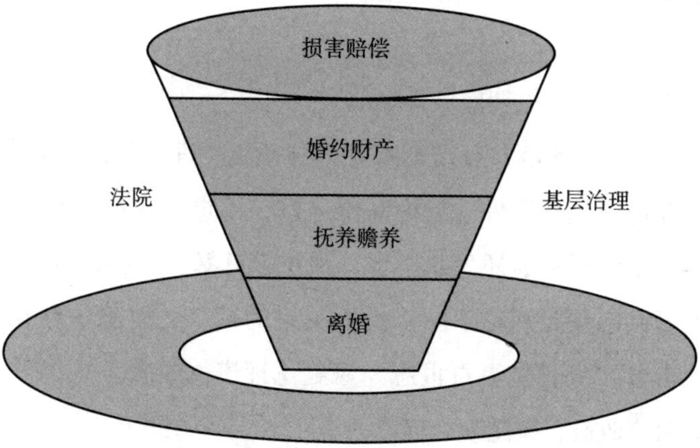

图1　婚姻家庭关系影响漏斗模型

家庭成员受社会婚姻家庭伦理道德观念、法制观念潜移默化，加上个人素质、教育程度、精神病理等自我约束不力，诱发了家庭不和谐关系。

1. 崇尚个体自由，家族观念逐渐淡化

在传统社会，人们以家庭家族为单位进行生产生活，“家法”在家族内部具有强制性落实效果；到了现代社会，国家法替代了家族法，伴随近现代革命，传统伦理道德逐渐削弱了秩序的价值；改革开放以来，婚姻家庭领域的个人意志也在不断彰显。家庭作为社会关系中的最小共同体，以血缘、亲缘、姻缘作为维系发展的基础，家庭成员之间强调团结协作、共享利益、共担风险，[①] 与充斥着个人自由至上、个人理性第一的商品经济存在一定的冲突矛盾。现代家庭形态逐渐变化、家风家法功能逐渐弱化，家庭关系逐渐走向以注重个体为特征的发展方向。

2. 崇尚个人利益，团体价值逐渐弱化

随着人口出生率的快速下降，中国的人口老龄化程度不断加深，如何让老年人实现老有所养、老有所依、老有所安成为社会急需解决的问题。生活节奏不断加快，子女对老人的赡养照料、日常陪伴、精神安慰越来越少，子女争老人房产、老人离婚争夫妻财产等纠纷越来越多，利己主义泛滥，"予子女善、予家庭睦"利他观念逐渐退化，老年人与家庭成员利益冲突日渐凸显。

3. 崇尚婚姻自由，伦理属性逐渐消减

2022~2023 年，S 市共有婚姻家庭案件 30134 件，与过去几年增幅趋势基本一致，在传统民事案件总量中高位运行，比重一直在 35%以上。[②] 离婚率逐年走高，婚约彩礼返还争执不休，保护家庭暴力受害人的人身安全保护令增多，夫妻共同债务纠葛不断，婚姻关系的缔结与解除中存在大量纷争，都在不断冲击着"一日夫妻百世恩"家庭伦理道德观念。

4. 崇尚财产收益，家属观念逐渐淡漠

社会发展多元化，婚恋观、财产观随之变化，家庭成员内部特别是夫妻之间开始更多重视个人财产权益。从近年 H 省法院公开裁判文书数据分析，涉"夫妻债务"纠纷案件增长率为 15%左右[③]。结合典型案例分析发现，"共同生活支出""超日常家事代理""恶意串通逃债""夫妻分别财产公示""违法债务排除"等难以判断。同时，三代同堂为拆迁利益分家析产纠纷案件越来越多也越复杂，家属关系中"财"的属性不断突出，"人"的属

① 李拥军、雷蕾：《论我国婚姻家庭关系的伦理价值与立法表达——以〈民法典（婚姻家庭编）〉制定为背景》，《政法论丛》2019 年第 2 期。

② 参见 S 市 2022~2023 年婚姻家庭纠纷案件年终报告。

③ 参见中国裁判文书网。以"H 省""民事案件""夫妻债务"为检索条件，获得中国裁判文书网公开的 H 省涉夫妻债务纠纷裁判文书样本 875 份。

性变得脆弱。

乌鸦有反哺之义、羊羔有跪乳之恩，反差的是当下亲属关系冲突加剧、离婚率上升、留守儿童增多、老无所养等社会现象日益突出。《民法典》第1043条正是积极回应以上社会问题，系统回答了“优良家风建设、文明家庭建设”是促进建立和谐婚姻家庭关系的基础，是婚姻家庭立法的核心价值。

二　法理评鉴:《民法典》第1043条之检视

新中国成立后的第一部法律，不是宪法，而是婚姻法，婚姻法以单行法的形式走过七十载悠悠岁月，终于迈入了民法典时代。《民法典》第1043条首次把“家风”纳入法律规范，虽然该条款属于倡导性规定，但其背后所体现的是对“家风”的倡导，更是对家庭伦理道德的引领与规范。

（一）何谓“家风”

家风，是在家庭建设中形成的立身之本、处世之道、生活作风、伦理观念、道德风尚等的总称。[①] 古时家风主要是整家、齐家、为人、处事、修身、兴国，如《朱子治家格言》讲“黎明即起，洒扫庭除”，《林氏家训》言“孝始于事亲，终于报国”，《颜氏家训》提倡“修身齐家，为学治世”。因此，优良家风之功能，主要在于形成家庭成员行为准则和家庭美德，为家庭关系乃至社会和谐提供内在的价值追求与秩序支撑，从而维护家庭和睦、社会稳定。

在社会持续变革历程中，中国家庭法先后经历了三次较大的冲击：1915～1919年新文化运动以及“五四运动”前后对家的彻底批判；1966～1976年“文化大革命”对家的严重破坏；2003～2011年《婚姻法》司法解

① 龙翼飞：《编纂民法典婚姻家庭编的法理思考与立法建议》，《法制与社会发展》2020年第2期。

释（二）（三）经济理性对家的全面侵入。[1] 在这个过程中，旧时家族观下“勤俭、贵和、谨慎、宽厚、慎独、自强”等家庭美德，不能再诉诸“家法”寻求家族内部强制力；同时，家风被国家法治权威替代，一直未以“法律原则”的面貌转化为构建婚姻家庭关系的道德要求。因此，“家风”入典的意义，不仅在于消解以往的破家立人革命法理观，更重要的意义在于，重新建构家庭的功能，实现家庭与国家的有序治理与良好互动。

（二）“家风”条款体系性认识

1. 与婚姻家庭编“一般规定”

《民法典》第 1043 条是婚姻家庭法的核心价值，与调整对象、基本原则、概念释义并列在婚姻家庭编“一般规定”中，第一款赋予了“优良家风”法律地位，同时提出宏观举措，即“弘扬家庭美德”“重视家庭文明建设”；第二款解释“家庭美德”，明确了夫妻之间、家庭成员之间的行为规范，第一款和第二款的关系更像是内涵与外延、一般与特别的关系。同时，厘定“亲属”“近亲属”，明确婚姻家庭各主体之间权利义务，扎根了本土、回应了现实，使得立法体系更加饱满、逻辑思路更加严谨，在传承与革新、回归与发展的过程中实现婚姻家庭编的法律关系调整。

2. 与《民法典》总则

《民法典》总则编第 1 条指出制定本法需要“适应中国特色社会主义发展要求，弘扬社会主义核心价值观”，亮明了总纲及立法目的，阐明了各编共同共通的原则价值。将“优良家风”条款纳入《民法典》，既体现着“总分”编体系结构，又契合了婚姻家庭编自身独特的社会化要求。同时，婚姻家庭编在《民法典》的体例中又具有一定的特殊性，即在调整对象上，既调整人身关系又调整财产关系，既不是单纯的“人法”，亦不是单纯的

---

① 参见李春斌《家庭法律化：民法典编纂中婚姻家庭编的重大使命——基于中国家庭法百年来变革的反思》，《辽宁师范大学学报》（社会科学版）2017 年第 4 期。

“财法”；在保障人民权益方面，包含了老年人、妇女、儿童权益保障法的内容与理念，兼有私法和公法属性；在民风习俗遵从审视上，尤为珍视民主文明友善的核心价值，对家暴、天价彩礼、失管失教等背离优秀传统文化基因的，以违反公序良俗为由进行批判。因此，“优良家风”条款，兼有法治和德治的特征，是弘扬社会主义核心价值观的婚姻家庭法治贡献。

3. 与婚姻家庭编其他条款或单行法

有人认为，《民法典》第 1043 条在整个法律条款中只是作为一项倡导性法律规定，并不具有强制性规范。事实上，婚姻家庭编其他条款或单行法对于有悖家风的行为，列出了一定的救济程序和权利保障指引，采用“家务劳动补偿”+“经济帮助”+“离婚损害赔偿”的架构。以离婚损害赔偿制度为例，《民法典》第 1054 条、1091 条、1092 条，从婚姻成立、人身（精神）和财产损害赔偿三个方面，构成“婚姻无过错方损害赔偿”救济体系，实现惩罚与救济的双重功效；以未成年监护制度为例，《民法典》“家风条款”与《未成年人保护法》、《家庭教育促进法》等法律相互配合，内部效力如实施家庭教育、判断撤销监护资格等，外部效力如侵权责任编第 1088 条监护人责任。同时，优良家风赋予“家长权”以正当性，对婚姻家庭编其他条款和单行法予以漏洞涵盖，为有悖夫妻和睦、敬老爱幼、家庭教育的行为匹配了一定的规范效力。

道德与法律是维持婚姻家庭关系长久发展的两方力量，二者缺一不可。《民法典》第 1043 条引“优良家风”建设入典，旨在以权威的形式在婚姻家庭关系中倡导“家风”，有效发挥该条款在家风建设中的价值引领功能，否则，沉睡的条文只会削弱法律的权威，以及人们遵从良法的自觉意识。

三 中外考察：家风对和谐家庭建设的秩序功能

“西人所谓法者，实兼中国之礼典。”① 婚姻家庭价值观中的伦理、道

① 〔法〕孟德斯鸠：《孟德斯鸠法意》（上册），严复译，商务印书馆，1981，第 7 页。

德，需要建立有效的法律制度规范，所谓民无法不立、国无法不治，优良家风建设的路径基础为国家所立良法，并需辅以吸收社会道德伦理优秀价值观念。

（一）古代婚姻家庭制度的优秀伦理传统

1. 重视孝道伦常，家庭成员和谐相处，将违“孝”非“礼”行为入刑

《说文解字》写道，善事父母者为“孝”。上为“老”，下为“子”，传承、扶持、相通，是其内涵。“不孝”在夏商时期《孝经·五刑》中入重罪，“亲亲”在西周“礼”中是重要立法原则，“不孝、不睦、不悌、不友”作为严重犯罪在北齐“重罪十条”与隋唐“十恶”中入罪。在中国古代诸法合体时代，孝敬父母是律法调整婚姻家庭关系最基础的责任义务，将不守孝道、违背家庭制度的行为入罪且入重罪，也是古代为了保持家庭和谐与社会稳定的重要手段。

2. 重视婚姻稳定，婚姻关系缔结烦琐严格，婚姻关系解除实行责任和感情并重

婚姻关系缔结除“六礼”之外，如《周礼·地官·媒氏》《唐律疏议·户婚》《大清律·户律·婚姻》等制度，也规定了“婚书”这一婚姻成立程序，并对“已报婚书而辄悔者”施以法律责任、对无过错方予以补偿。在婚姻关系解除方面，西周建立了一套“七出三不去”的婚姻解除制度；唐朝则在“七出三不去”的基础上，增加了夫妻双方自愿“和离”，以及由官府强制解除的“义绝”，发挥了维护封建家庭秩序的作用。

（二）近现代婚姻家庭制度的优秀伦理传统

1. 学习欧洲大陆民法观念，适应中国民情法则

清末民初婚姻立法的主要载体是《大清民律草案·亲属编》。如近亲间不得结婚，根据寺院法亲等计算确定近亲属范围，融入本国的风俗习惯及伦理考量；“因奸而被离婚者，不得与相奸者结婚”，体现对通奸行为的矫正功能和谴责，以及清末修法注重由外向内吸收世界普遍规则，又注重适于本土民情。相较之下，目前的司法解释在对彩礼返还范围、概念等的认定中，对“财”“礼”机械按契约和赠予两条线处置，对“高价彩礼”缺乏否定和批判。家事纠纷伴随诉讼制度产生，深受中华传统法律文化的影响，自古以来呈现“情理法”的特征，与社会主义核心价值观的基本内涵相契合，与当代社会所倡导的文明家风一脉相承。

2. 先进民主气息和家族宗法观念并存

“有配偶者，不得重婚”引入《大清民律草案》后，虽并未得到贯彻实施，但在一定程度上影响大理院后续关于重婚行为的认定。[①] 如民国某判例“现行法令采用一夫一妇之制，如家长与妾之关系自不能与夫妇关系同论，盖纳妾之契约实为无名契约之一种”。[②] 又如“夫妇于成婚前，关于财产有特别契约者，从其契约。前项契约，须于呈报婚姻时登记之”[③]，“妻于寻常家事，视为夫之代理人。前项妻之代理权，夫得限制之。但不得与善意第三人对抗”[④]，妻作为夫的家事代理人，承担对外债务产生的责任。由于《大清民律草案》并未颁布，民国时期规范婚姻领域的制度法则为“（前清）现行律民事有效部分”和习惯法。[⑤] 又如《中华民国民法·亲属编》创设“无责任之一方，对于有责任之一方，得请求损害赔偿或抚慰金”。清末民初婚姻家庭制度和司法判决离不开道德的考量，通过维持与培育宗族秩序的自生能力，激发家族成员的自主性、自律性，影响老百姓对身份契约的认知，同时贯穿中华民族传统的家庭美德、公序良俗、伦理宗法观念，具有一定的传承意义。

（三）其他国家婚姻家庭法的权利保障观念

中外婚姻家庭法体系都是以保障亲属权、维护和谐稳定家庭关系为立法

---

① 方砚：《近代以来中国婚姻立法的移植与本土化》，博士学位论文，华东政法大学，2014。

② 李志敏主编《比较家庭法》，北京大学出版社，1988，第 71 页。

③ 《大清民律草案》第 1357 条。

④ 《大清民律草案》第 1355 条。

⑤ 参见大理院某判决载“民国民法典尚未颁布，前清现行律除与国体及嗣后颁行成文法相抵触之部分外，当然继续有效。至前清现行律虽名为现行刑律，而除刑事部分外，关于民商事之规定仍属不少，自不能以名称为刑律之故即误会其为已废”。

目的。

1. 以赡养制度为例

现代社会除关注老年人物质生活需求外，越来越注重老人精神世界的关怀与保障。《俄罗斯联邦家庭法典》规定“有劳动能力的成年子女，应赡养其无劳动能力需要帮助的父母，并关心他们”。[①] 《日本民法典》第877条第（一）项规定“直系血亲及兄弟姐妹之间，有相互扶养的义务”。为了进一步量化子女对于父母的“精神赡养”程度，一些北欧国家对子女与父母之间的住所距离、子女在一定时间阶段内与父母接触的次数等进行规定。

2. 以婚姻制度为例

很多国家民法典倡导夫妻忠实义务履行，注重营造文明和谐的婚姻家庭关系。《德国民法典》第1353条规定：“夫妻婚姻关系存续期内，二人互负同居义务，互相负责，不得为不忠行为，同时可约定互相忠实的具体情形。”第823条规定：“配偶一方恶意侵害对方人身、财产权利的，另一方得诉请损害赔偿的权利。”《法国民法典》第266条规定，在仅仅因为配偶一方的过错而离婚时，无过错方可对过错方享有损害赔偿请求权，可请求物质或精神损失赔偿。《英国婚姻诉讼法》第5条规定，配偶一方存在出轨，并且另一方感受到侮辱、虐待情形的，可向法庭提出离婚请求，并要求出轨方给予一定的赔偿。

费孝通先生在《乡土中国》、苏力先生在《法治及其本土资源》中都提到了，中华文化特有的东西对于解决当今现实问题的意义；其他国家的婚姻关系，虽然充斥着契约精神，但大多数婚姻家庭立法文义蕴含着一致的法治秩序、政治秩序和伦理秩序。因此，以上婚姻家庭制度优秀传统和法治文化，对于审视优良家风对和谐家庭建设和社会稳定促进方面的法治价值大有裨益。

---

① 李丽、谢光荣：《农村留守老人精神赡养伦理问题》，《中国老年学杂志》2013年第9期。

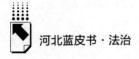

四　德法合治：新时代家风对和谐家庭建设的价值实现

“法安天下，德润人心。”① 我国《民法典》开宗明义“弘扬社会主义核心价值观”，而《新时代公民道德建设实施纲要》对新时代公民培育和践行社会主义核心价值观提出了总体要求和重要指导，即“德法兼治”。

（一）充分发挥新时代家风观的德法合治理念

新时代家风观，以家庭为基、以家教为体、以家风为用，三位一体，承担了基层社会治理功能。

1. 家风观的内生秩序

第一，家庭是人生的第一个课堂。家庭、家族、宗族是古代中国社会的坚实基础和基本单位，婚姻家庭法律制度在漫长的人类历史发展过程中，已经深深地融入每一个个体的思想认知与行为方式。随着时代变迁和社会发展，家庭发生了模式和结构的变化，但家庭始终是社会的细胞，以血缘和婚姻为纽带。因此，婚姻家庭法的规范功能和伦理价值立足家庭，旨在帮助家庭形成稳定、和睦的关系。

第二，家教是家风的外在体现。身教胜于言教，家教利于社稷。一方面，家庭道德是规范家庭生活、调节家庭关系、鼓励或约束家庭成员行为的道德准则。家庭教育决定着孩子以及家庭成员的价值观和行为取向，亟须实施好《家庭教育促进法》，在法律制度的教育引导下，培育良好家风家教。另一方面，家庭教育是培育社会主义核心价值观的土壤，通过家庭教育以优秀的价值观引导家庭成员学会做人、完善人格，和睦于家庭、和谐于社会。

第三，好家风是家庭文明的根本追求。天下之本在国，国之本在家。

---

① 《习近平：坚持依法治国和以德治国相结合 推进国家治理体系和治理能力现代化》，习近平系列重要讲话数据库，2016 年 12 月 11 日，http：//jhsjk. people. cn/article/28940092。

家庭、家教、家风内生逻辑下的良好家风建设应更正当、更具价值。一方面，实现夫妻关系文明建设，依法处理“互相忠实，互相尊重，互相关爱”的夫妻关系，树立优良家风、倡导家庭美德；另一方面，实现家庭关系文明建设，依法处理“敬老爱幼，互相帮助”的家庭成员关系，为家庭成员树立新时代家风行为准则，集聚推动家庭文明、社会文明前进的力量。

2. 家风观的外生张力

第一，优良家风形成“良俗”。规则首先表现为习惯，风俗习惯是维系民众日常生活、维持社会秩序稳定最基础、最朴素的规范。地方风俗习惯在立法与司法层面的地位与价值，自古以来就是我国传统文化的重要组成部分。比如《宋刑统》中“先问房亲”规则源于家族成员间的约定俗成，之后成为社会成员的普遍认同。《民法典》第 10 条也有类似规定，法律没有规定的，可以适用习惯。优良家风承载民众家庭观念的普遍认同、婚姻家庭法治信仰，是新时代公民德治建设的宝贵思想资源。

第二，良俗表现为规则。地方风俗习惯逐渐以“习惯法”“自治法”的形式影响和制约人们的行为、大众的秩序观念，但实践中司法的伦理教化功能发挥不足。一方面，在家事裁判实践中，应体系化认知《民法典》家风条款，提高适用率、说理性，注重家风对社会秩序的塑造和规范功能，以优良家风涵养社会文明；另一方面，针对实践与传统脱节，如多民族语境下出现用西方宗教文化裁判说理的情形，注重古代裁判家风观念的继承，以及融情理法、重德性教化的裁判理念于当今裁判的释法功能。

第三，家事规则参与基层治理。良法是建设法治体系的前提与基础，善治则是法治体系实现的重要保障，良法的制定是为了最终达到善治的目标。随着《家庭教育促进法》《未成年人保护法》《妇女权益保障法》等特殊单行法的颁布和修改，家事司法不断提升体系化适用认知，强化社会治理效能，充分发挥家事治理中道德的支撑作用。自古流传下来的那些深深刻在国人基因里的传统道德风俗习惯、家事规则规范着家庭成员的一言一行，家庭孕育秩序价值，成为其能够参与基层社会治理的厚重本土化资源。[①] 因此，家事司法应逐步发现、发挥优良家风对于推进基层法治建设的不可替代作用。

（二）解释论视角下和谐家庭建设的司法救济

《民法典》第 1043 条“家风”条款的法治价值，不在于争论其是否仅为倡导性规定，而在于解释论视角下的司法救济对和谐家庭建设发挥的道德和法律指引功能。

1.《民法典》视域下的“夫妻忠实”

有观点认为，依据婚姻法解释“仅以夫妻忠实义务诉讼不应受理”的规定，说明夫妻忠实义务不具有法律强制属性，该观点值得商榷。我国婚姻损害赔偿制度，以离婚为前提，符合损害赔偿构成要件的严重违反夫妻忠实义务行为也可获得司法救济，并非一概将“夫妻忠实”之诉拒之门外。在实务中，离婚损害赔偿涉及重大过错判定、赔偿范围确定、过错程度评价三个主要方面，每一层面呈现体系解释和文义解释、历史解释交织的局面。比如，历史解释时能否追溯《大清民律草案》《中华民国民法·亲属编》的法文化，体系解释时过错的层次和程度标准问题是否适用侵权责任编。《民法典》第 1091 条重大过错兜底条款修正了离婚损害赔偿裁判路径无序状态。《民法典》第 464 条对离婚损害赔偿范围中的忠实协议的评价，不能简单否定其具有债的法效，而要考察是否已形成优良家风之事实、家庭成员对履行忠实协议之合理期待等。

2.《民法典》视域下的“尊老爱幼”

倡导性法律规定缺少确定的法律后果，欠缺法律规范的逻辑构成，很难产生法律关系的独立根据。因此，司法实践多进行体系化认知，结合其他规范审视其法律调整作用。如《民法典》第 1067 条删除了原《婚姻法》第 21 条规定的“父母对子女有抚养教育的义务；子女对父母有赡养

① 苏力：《法治及其本土资源》，中国政法大学出版社，1996。

扶助的义务”的内容，属于体系化的编纂，使得第1067条与第1043条、第1074条构成了我国抚养赡养一般制度。从强制履行的内容来看，强制履行限于抚养费、赡养费，对“常回家看看”等精神抚慰予以倡导。但是，结合《老年人权益保障法》第18条“家庭成员应当关心老年人的精神需求，不得忽视、冷落老年人”的精神，多地家事审判典型案例判令给予老人精神关怀的实践，符合《民法典》优良家风建设的法治价值要义。

（三）多元解纷视角下和谐家庭建设的社会救济

清末大理院正卿张仁黼曾提出：“数千年来礼陶乐淑，人人皆知尊君亲上。此乃国粹所在，必宜保存，用各国之法以补其不足。犹须造就法律人才，治法治人，相因为用，然后可收实效。”① 在上述婚姻家庭关系影响漏斗模型中，家风对实现和睦家庭、和谐社会建设法治价值的促进，除了需要新时代家风观念的深入人心、家事司法的有效实施，还需要多元解纷基层治理环境的构建。一是涵养公序良俗。风俗习惯承载民众的信仰、规范民众的行为、约束民众的意识，而且历经社会巨变，仍具有强大的稳定性。在基层治理秩序中，一方面将向上向善、美满幸福的家风观融入诉前调解和参与村规民约建设等，另一方面作为补充法源适用善良风俗习惯，并加强裁判论证说理，不断缓解制定法张力，充分发挥德法合治功能。二是传承与发展中国优秀传统文化。新时代家风以家学、家训、家规等形式作为支撑，不仅传承“仁义礼智信”，还弘扬红色家风、革命家风和廉洁家风，将社会风清气正、民族伟大复兴等家国一体观念融会贯通。家事多元解纷实践，可以不断吸收“家族文化”、“乡贤文化”、“有利让三分”文化等，并提炼成调解方法，引导家庭成员心存善念、信守承诺、家庭和睦。三是补益道德风尚。根植现代德治精神，将“优良家风”要求在《民法典》第1043条中予以体现，肯

① （清）赵尔巽等：《清史稿》卷四百四十一，列传二百二十八《张仁黼》，中华书局，1977，第12423页。

定其在中国民法立法史中之贡献，[①] 以现代精神文明进步之姿，在人民法庭参与乡村振兴、扫黑除恶与纠纷源头治理，深入推进基层治理法治化建设时，将社会主义核心价值观融入基层社会矛盾多元治理。

新时代家风的法治价值在于，《民法典》婚姻家庭编充分吸收习近平总书记关于家风重要论述精神，民事司法不断探索实践和谐文明家庭建设的多元解纷途径，形成了“德法合治”“家国同构”的基层社会家事纠纷治理体系。《梁慧星谈民法》一书提到“中国民法学的进步之一，表现在敢于针对中国现实问题设计法律对策”。“优良家风”法典化，饱含了道德思维和法律思维，影响婚姻家庭编的具体法律制度设计；同时，家庭家风自律作用、司法审判他律作用、社会多元解纷治理作用，也影响现实社会中人们的家庭道德表现。因此，充分理解“德法合治”理念，体系化认识“优良家风”条款的内涵外延，致力于新时代家风的价值思考，对于化解家庭矛盾、促进家庭和谐、维护社会稳定、构建德法双修的治理体系，甚至对于应对家事司法新形势、新挑战，都具有积极意义。

---

① 《“优良家风”写进民法典的法治意义》，《检察日报》2020 年 1 月 8 日。

社会治理

B.16 河北省法治文化建设路径探析

董 颖*

摘 要： 文化体现了国家的软实力。全面依法治国、中国式现代化河北场景的构建，需要法治文化的支撑。近年来，河北省在法治文化建设中进行了广泛的探索，注重法治价值的塑造，创新普法形式，加强法治文化阵地建设，打造法治文化品牌，赓续传统文化与红色法治精神血脉。法治上升到价值层面，法治信仰、法治意识、法治观念和法治思维成为全社会共同的价值目标。河北省应进一步明确法治文化建设的定位，更好发挥法治文化激励、教育和引导功能，充分挖掘历史文化资源，完善乡村公共法律服务体系，并与社会治理实践相结合，使法治文化建设与社会治理实践相辅相成。运用现代科技手段丰富法治文化建设的形式，吸引更多的社会公众参与法治文化建设。

---

* 董颖，河北省社会科学院法学研究所研究员，研究方向为法治文化、社会治理。

关键词： 法治文化 价值塑造 公众参与

文化体现了一个国家的软实力，具有凝魂聚气、强基固本、优化环境、规范引领作用，是建设法治国家的内在动力和精神支撑。2021 年 4 月 5 日，中共中央办公厅、国务院办公厅印发了《关于加强社会主义法治文化建设的意见》，指出："社会主义法治文化是中国特色社会主义文化的重要组成部分，是社会主义法治国家建设的重要支撑。"全面依法治国、中国式现代化河北场景的构建，需要法治文化的支撑，使法治信仰、法治意识、法治观念和法治思维成为全社会共同的价值目标。党的二十大报告指出，"弘扬社会主义法治精神，传承中华优秀传统法律文化，引导全体人民做社会主义法治的忠实崇尚者、自觉遵守者、坚定捍卫者"。《关于加强社会主义法治文化建设的意见》还要求，"把建设社会主义法治文化作为建设中国特色社会主义法治体系、建设社会主义法治国家的战略性、基础性工作和建设社会主义文化强国的重要内容"。法治文化是建设法治国家的价值基础，全社会法治化水平的提高，需要以文化为根基，并以此作为示范和引领，最终形成全民认同的法治观念和法治理想。近年来，河北省在法治文化建设方面有很多值得推广的亮点和创新，并形成了一系列法治文化品牌，标志着全省法治文化建设进入了新的阶段。

一 河北省法治文化建设的探索和实践

（一）总体布局

2021 年，河北省委出台了《河北省法治社会建设实施方案（2021—2025 年）》，明确提出"建设社会主义法治文化。弘扬社会主义法治精神，传播法治理念，恪守法治原则，注重培育全社会法治信仰、法治意识、法治观念、法治思维，充分发挥法治文化的引领、熏陶作用，形成守法光荣、违法可耻的社会氛围，为法治建设提供精神动力、打牢社会基础。不断完善机制、创新形式，把法治文化建设纳入精神文明创建活动，丰富法治文化产品，培育法治文化精品，扩大法治文化的覆盖面和影响力。加强法治文化阵地及设施建设。利用‘12·4’国家宪法日、‘3·15’消费者权益保护日及重大纪念日、传统节日等开展群众性法治文化活动，举办大学生法治文化节，组织青年普法志愿者、普法讲师团、法治文艺团体等开展法治文化基层行活动，有效促进法治文化与传统文化、红色文化、地方文化、行业文化、企业文化融合发展”。为落实中央和河北省关于加强法治文化建设的政策，各地市在法治文化建设方面进行了总体布局。如保定市委办公室、市人民政府办公室印发了《关于加强社会主义法治文化建设的工作举措》，要求深入挖掘保定市传统文化中的法治元素，发挥地域、部门、行业特色和文化优势，促进法治文化建设与保定市传统文化、红色文化、廉政文化、行业文化、机关文化、企业文化、校园文化、社区文化、城市文化等有机结合，打造在全国、全省叫得响的法治文化集群，形成富有地方和行业特色的法治文化品牌。利用“互联网+普法”创新“智慧普法”新模式，发挥好“学习强国”平台、冀法通 App、“保定普法”微信公众号和今日头条矩阵作用，满足不同群体法治需求；法院、检察院制作普法短视频，丰富普法形式；发挥普法骨干和普法宣讲团作用，开展“民法典宣讲”活动，推动《民法典》进机关、进学校、进社区、进乡村，使法治观念根植于社会公众的内心深处。

（二）创新普法形式

普法宣传已成为提升全民法律意识、培养全民法律素养的重要途径。随着经济社会的发展，普法宣传已从简单的宣讲过渡到全方位的立体普法过程。通过注入更多的文化内涵，法律更加深入人心，普法活动的方式日益创新。河北省各地也充分利用当地的文化资源，“文化搭台，法律唱戏”。如保定市拥有保定老调、满城寸跷、涿州皮影等几十种地方戏曲和文化遗产，这些丰富的文化内涵深刻影响着当地群众的生活，将法治元素注入其中，有益于加深记忆和理解。保定市也是高等院校的集中地，当地充分利用这一优势，组织在校法学专业大学生、教师等成立普法志愿者团队，深入基层，对与群众生活密切相关的法律问题进行深入浅出的解说，并由民间文化团体将法律故事编成节目进行表演，在传统节假日或民间文化活动过程中将法律知识传播给民众，取得了良好的社会效果。同时，重点对未成年人和老年人进行法治教育，发挥当地社会团体的力量，利用亲子班、老年学习班等平台，对未成年人进行法治启蒙，让老年人远离诈骗，普法工作进一步细化。

安国市组织普法志愿者，开展“普法宣传进农村，移风易俗倡文明”主题宣讲活动。根据农村的实际情况，有针对性地推进农村法治文明建设，志愿者用通俗易懂的语言为群众讲解法律条文，并结合案例加深群众对法律条文的理解，先后开展《民法典》、妇女儿童保护、禁毒反诈等主题宣传，还采用“宣讲+书法”的方式，一方面加大了普法的力度，另一方面传承了具有特色的地方文化，文以载道，调动群众学法知法的积极性，以此弘扬法治精神，使普法更加具有文化底蕴，促进社会和谐。

邱县注重优化普法格局，以“互联网+法治文化”的模式，谋划县级公共法律服务中心整体工程。7 个乡镇和全县 217 个村级法律服务中心（站）已全部完成挂牌任务，形成了全县三级调解网络全覆盖。目前有各级人民调解委员会 251 个，专兼职调解员 1249 人，对发现的矛盾纠纷案件，实行联调联动，争取主动，形成司法所、派出所、乡镇法庭、基层乡村干部多方参与的机制。

河北省司法机关在“互联网+法治宣传”中，注重发挥互联网的作用，实现普法从“面对面”到“键对键”，并以群众的需求为导向，根据实际情况进行精准普法，努力让法治融入百姓生活，成为一种生活方式，从“灌输式”宣传变成以需求为导向的精准普法。

近年来，河北法院系统通过拍摄微电影的方式进行法治宣传教育。河北省高级人民法院根据河北省固安县人民法院柳泉法庭原庭长冯国生同志先进事迹和真实案例改编而成的原创评剧微电影《情满柳泉》于 2023 年 10 月正式上线，充分展现了人民法院能动履职、司法为民的生动实践。2022 年 12 月，由邯郸市涉县司法局出品、河北有座山文化传媒有限公司联合创作的以真实事件改编的法律援助题材微电影《暖》在腾讯视频、微信公众号、抖音直播等平台正式上线。影片通过丰富多彩的文化形式，广泛宣传《宪法》《民法典》《法律援助法》等法律法规和现代公共法律服务体系，引导广大群众自觉尊法、学法、守法、用法，在全社会形成办事依法、遇事找法、解决问题用法、化解矛盾靠法的浓厚法治氛围，为加快推进法治社会建设提供坚实保障。

（三）加强法治文化阵地建设

法治文化阵地作为法治文化的重要载体，是法治理念、法治思维传递与受众良性互动的场所，在潜移默化中提供文化滋养，河北省各地把法治文化建设纳入城乡规划，提高法治文化阵地的受关注度。

石家庄市藁城区整合多方资源将法治文化元素融入街区公园，公园内划分特点鲜明的主题区，进行《宪法》《民法典》宣传，还特别设立了与市民关系密切的反养老诈骗、反电信诈骗主题区，并宣传信访条例及行政法知识，配以彩灯及法字方块等法治景观，提升法治的文化意蕴，使群众在游园休闲过程中感受法治氛围。宣传栏还有“藁城普法”微信公众号、“律师直通车”二维码，扫描二维码就可以学习丰富的法律知识，拓宽了普法的渠道。保定市在市区及县、乡村规划建设法治文化广场、法治文化长廊，同时加大法治宣传栏、法治宣传电子屏、法治户外宣传广告的布置力度，其中“东风宪法主题公园”于2018年12月25日正式揭牌。这是一座以《宪法》为核心，以“学习宪法、遵守宪法、维护宪法、运用宪法”为主题的法治文化园区。群众在休闲娱乐过程中，能够接受法治的熏陶，感受法律的尊严，从而进一步树立尊法守法的观念，成为推动法治文化建设的有生力量。

邱县积极利用历史文化资源，打造独具地方特色的法治文化阵地。县司法局通过邀请本地文化人士、律师等专业人士多方调研，深入挖掘文化内涵，将法治文化融入当地文化广场布景，形成法治文化公园。公园内设法治格言、法治人物、法治典故等板块。主城区的人和大街成为法治宣传一条街，设立了普法宣传牌96块，内容包括《宪法》和《民法典》条文及法治题材的漫画等，还打造了坞头宪法苑、新鲜庄村法治宣传一条街、民法典苑等法治文化阵地，使社会公众能够随时随地学法，感受法律的价值。

1. 打造法治文化品牌

法治文化具有引领示范意义，各地结合本地实际，推出了独具特色的法治文化品牌。如廊坊市中级人民法院在 2021 年推出普法微动漫《动漫说法》。动漫小法官“廊廊坊坊”成为普法代言人，以新媒体为平台，进行线上普法。这种普法形式生动形象、通俗易懂，深受大众欢迎。自开播以来，先后从全市两级法院每年近 10 万件审判案例中精选涉及生态环境保护、食品药品安全等民生领域的案例及诉讼程序方面的案例，进行典型案例分析和诉讼指引。同时，“廊廊坊坊”小法官在“12 · 4”国家宪法日、“3 · 15”消费者权益保护日、“4 · 15”全民国家安全教育日等重要普法节点，开展主题突出的精准普法。对未成年人的普法更有针对性，配合“普法菜单”，面向中小学校和幼儿园进行专题普法，在此基础上，启动上线海霞法官 AI 形象，升级了法治讲堂，并进一步推出系列文创产品。2022 年，《动漫说法》普法课堂被最高人民法院评为“全国法院文化建设特色项目”。《动漫说法》中有一期名为《为见义勇为撑起法律保护之伞》，入选了“全国法院百优新媒体作品”。2022 年，“开学季——《动漫说法》进校园”活动登上 CCTV13 新闻频道和新华社、央视新闻客户端。《动漫说法》经过编辑整合，成为普法教材推向社会。《动漫说法》作为法治文化建设的有益尝试，打造了独具特色的法治文化品牌，普法的覆盖面大大增加，普法的社会效果得到有效提升。邱县是全国闻名的农民漫画之乡。县司法局充分利用这一文化优势，在漫画中融入普法元素，司法局先后邀请知名漫画家创作了《漫画图解司法行政》《漫画社区矫正法》《漫画民法典》，法律服务等法律宣传工作也与有地方特色的漫画有机结合，以简洁风趣的方式图解法律法规，构思巧妙、立意新颖，形象生动、重点突出，公众能够快捷了解法律法规，实现了本地文化资源与普法工作的融合，不但使农民漫画得以传承光大，还赋予了法治教育的内涵。邢台市桥东区司法局的“清风普法”品牌已创建多年，在微博、微信、今日头条等渠道都进行普法宣传，并且将线上线下普法工作融合，成为当地群众熟知的法治宣传品牌。

2. 历史传承与精神赓续

全省各地司法机关、红色教育基地，利用自身资源优势，开展法治宣传教育，传承传统法治文化及红色法治文化的优秀内涵。2022 年 11 月 24 日，华北人民政府旧址被命名为第四批全国法治教育基地。华北人民政府位于平山县王子村，成立于 1948 年 9 月 26 日，当时已建立包括司法部在内的 9 个部委，被誉为“共和国雏形”。华北人民政府在政权建设方面进行了开创性的尝试，成为追溯我国政权建设和法治建设历史，传承红色法治文化的重要教育基地。

依托直隶审判厅建立廉政文化教育基地和“司法文化博物馆”。直隶审判厅曾是河北省高等法院驻地，审理过新中国第一反腐大案“刘青山、张子善案”，入选第七批全国重点文物保护单位。这一历史性事件，显示了法治教育与廉政教育的意义，对国家工作人员特别是司法人员具有警示作用。“司法文化博物馆”展示直隶审判厅的建立、机构和人员设置，以及由封建司法向现代司法转型的历史意义，还特别展示民法从古至今的演变过程，并将古代民事法与新修订的《民法典》进行对比，以小视频、知识竞答等方式进行宣传。

2023 年 10 月，张家口人民法院历史陈列馆开馆，陈列馆通过图文解说、照片实物展示、声光电多媒体相结合的方式，重温了张家口人民法院 70 多年来艰苦奋斗、开拓创新、不断发展壮大的历史进程。陈列馆从开篇词板块开始，以“学史明理、学史增信、学史崇德、学史力行”16 个字为导向。整个展馆分为主题墙、开篇词、前言、张垣经纬、法院沿革、初创建功、浴火重生、探索前行、困局坚守、护航改革、开启新篇、长河浪涌、结束语共 13 个部分，详细介绍了张家口人民法院历史变迁、先进事迹，展示了几代法院人为大局服务、为人民司法的情怀，未来还将成为弘扬新时代法院文化、法院开展红色教育和宣传中国特色社会主义法治文化的重要平台。

二　法治文化建设中存在的问题

（一）法治文化建设应有更深层次的思考

法治文化是法治建设的灵魂，能够凝聚人心，形成有效的指引和评价体系。目前法治文化建设大多流于表面，如打造法治文化阵地，在网站、自媒体进行文化宣传和展示，但缺乏总体思考，法治文化的根基需进一步筑牢。对传统文化的借鉴和传承，也是法治文化建设的重要环节。在挖掘历史文化、红色文化，借鉴外来优秀法治文化方面，还需更深层次的思考。

（二）民众的广泛参与未得到充分体现

民众是法治国家建设的主体力量，也是法治文化建设的重要参与者。“全过程人民民主”正是体现了人民民主全链条、全方位、全覆盖的特点。法治文化建设只有倾听人民的意见建议，以人民的利益为根本出发点，为法治文化建设注入更多更新的时代意识和主体意识，体现社会多元共治的格局，才能形成适应社会发展的法治文化基础。在法治文化建设中，不论是价值层面还是文化阵地建设，民众的参与程度还未达到应有的水平。

（三）农村地区的法治文化建设仍缺少价值支撑

只有法治文化具有价值支撑，群众才能有守法的自觉性。在广大的农村地区，由于各地经济社会发展不平衡，法治资源分布不均，现代法律意识在许多地区未得到普遍接受。偏远农村的普法活动，有时体现为走过场，简单发放一些法律法规文本，未进行进一步阐释。法律的权威也未得到应有的彰显，许多人在发生纠纷时甚至怀疑法律。由于农村经济发展水平的限制，教育和基础设施经费保障有限，许多农村青壮年在外打工，留守的老年人和未成年人对法治具有疏离感，法治文化建设缺少有生力量。特别是在一些乡村，基层干部法治思维弱化，不注重法律知识的学习和自身修养的提高，在基层治理中，以人治的视角处理事件，在化解矛盾纠纷方面，以快速平息为目的，未能发挥法律的教育引导作用，阻碍了健康法治文化的形成。

乡村公共法律服务方面，亟须乡村社区公共法律服务专业人员为村民提供有效的法律服务。但由于法律服务的综合素质不高，许多人并非专业人士，对法律一知半解，宣传效果有限，甚至产生负面效应，弱化了村民参与的积极性。在制度建设方面，尽管公共服务的总体架构已经基本形成，但在实际运作中，因法律服务站点较少，在普法宣传、帮扶方面发挥的作用不明显，对矛盾纠纷的调解更是有很大的提升空间。

（四）法治文化资源未能完全对公众开放

在“博物馆热”成为趋势之际，司法陈列馆、教育基地对外开放，可以使参观者特别是未成年人在庄严的场景中感知公平正义的力量，近距离接触文物资料，利用公共参与空间开展模拟法庭等体验活动，使展馆一直处于鲜活的状态，对弘扬法治文化具有重要意义。如果博物馆、陈列馆能通过法律文化展示影响未成年人，则也是实现其教育引导功能的重要体现。但目前河北司法机关内部的展览馆、陈列馆基本上仅限于内部交流或有组织的普法活动，未实现对社会公众开放。除了内部交流或有组织的普法活动，平时基本处于闲置状态。一方面考虑到陈列馆的日常维护需要人力物力资源支持，另一方面法院文化陈列馆的定位尚未明确，更偏重内部交流，即使本院的工作人员也很少有机会参观和学习，偏离了文化陈列馆建设的初衷。

三　河北省法治文化建设的路径分析

（一）注重文化的价值意义

文化的力量是无形的。部分人在社会生活中对法律的抵触、对抗，遇事回避法律、寻求潜规则的现象，体现出守法未成为人们的自觉意识，更未成为一种生活方式和自然习惯。只有使法治成为生活方式，转化为价值信念，才能使人们发自内心认可和崇尚法律，做到全民自觉尊法守法，遇事找法、解决问题靠法，并进一步形成权利意识，具有权利义务观念，从而进阶到更高层次的宪法法律至上、法律面前人人平等的法治理念深入人心。在公民法治意识和法治素养提升过程中，文化发挥着指引和激励作用。在现代法治社会中，法律涉及人们社会生活的方方面面，只有将法治精神、法治思维和法治方式融入每个人的日常生活，法律才能得到有效的实施，只有全体人民都成为社会主义法治的忠实崇尚者、自觉遵守者、坚定捍卫者，才能使尊法守法成为全社会的生活方式，同时促进法治文化的培育。在法治文化建设中，应注重法治文化的价值意义，筑牢法治文化建设的根基。

改革开放以来，我国的法律体系不断完善，社会主义法律体系的基本框架已经形成。制度构建为法治中国建设提供了良好的社会基础。而法治的真正实现，在于价值观念和思维方式以及行为方式的转变，精神层面的法治文化建设更为关键，任务更艰巨，要经过不懈努力。全民守法的关键在于领导干部，现实中一些干部法治意识淡薄，未形成法治思维，甚至将个人意志凌驾于法律之上，对民众形成负面示范作用。因此，法治文化建设的重点体现在精神层面，具有无形的价值意义。法治观念若不能在全社会有效树立，法律在现实生活中就没有真正的权威，如果现实中守法成本高、违法成本低，守法烦琐、障碍重重，违法便捷、获利多多，民众守法的动力会大大降低。

社会主义法治文化是对我国社会主义法治建设认识不断加深的重要成果，是法治的内在精神和外在表现的统一，其内在的精神就是与中国法治实践相适应的法治理念，它是社会主义法治文化的重要构成要素，集中体现和反映了社会主义法治的价值取向和本质要求，对我国的立法、执法、司法、守法以及法律监督具有重要的指导意义。法治文化渗透于社会政治、经济、科技、民生等方方面面，因此，法治文化建设的定位应当明确，以达到激励、教育和引导的目的。

（二）充分挖掘当地历史文化资源

与当地特色结合，法治文化才具有生命力和可持续性。法治文化建设须分析当地历史和现实的发展脉络与发展前景，充分利用当地历史文化资源，结合当地的人文特点、社会习俗、经济状况、地理环境等，筑牢法治文化的根基，使法治文化成为引领当地法治建设的重要精神动力。

法治文化品牌具有带动效应，提供良好的示范和引导，传递主流价值观。目前，全国许多地区已形成标志性法治文化建设品牌，如江苏省通过挖掘大运河文化，结合本土法治资源，打造了“大运河法治文化品牌”；浙江省以“宪法宣传周”为抓手，重点打造“浙里+宪法”主题宣传品牌，在活动中特别重视面对中小学生的宪法宣传，有的学校组织“宪法晨读”活动，有的通过网络直播的方式，引导学生加深对宪法精神的解读，征集“我与宪法故事”微视频，使宪法精神深入内心；河南省则围绕黄河流域生态保护和高质量发展，打造“河南黄河法治文化带”；内蒙古地区具有独特的文化符号，“法治乌兰牧骑”“红色文艺轻骑兵”等承担了普法宣传的任务，成为法治文化建设的一张名片；广东省根据岭南文化的特点，提倡弘扬廉洁文化与商业文化，传递诚信、守法等理念，创建法治文化建设新品牌。总之，只有充分考虑当地社会生活的各个层面，将法治文化与地域文化相结合，才能发挥法治文化在法治河北建设中的重要精神驱动力量。

在河北发展的历史长河中，留下了许多宝贵的文化遗产，挖掘和提炼河北优秀传统文化的精髓，使优秀的传统文化与社会主义法治文化融会贯通，形成不断传承的文化血脉，厚植文化土壤。河北地处华北平原腹地，地域辽阔、人口众多，加之处于京畿要地，形成了独具特点的文化传统，具有吸纳性、开放性和包容性的特点。法治文化的源流可以追溯到秦汉时期，特别是在近现代，晋察冀抗日根据地留下了丰富的红色法治文化遗产，其中司法为民、便民利民、巡回审判等理念和机制传承至今，成为公正司法的基本宗旨和价值理念。同时，中原文化的厚重、北方文化的豪迈、南方文化的韧性都有所体现。但文化在发展过程中应注重创新和进步，不能抱残守缺，除了挖掘传统文化中注重家风家教、乡规民约的合理成分，也应认识到农业文明的局限性，引导民众形成现代法治观念、规则意识，彰显法治文化更深沉、更有持续性的力量。同时，要处理好历史与现实、历史与未来的关系。文化的传承具有延续性，不能割断历史，应提炼法律文化及当地法治历史的现实意义，对历史进行客观的总结和梳理，不能沉缅于历史，不注重扬弃，更不能为了挖掘与当地相关的法律资源而生搬硬套、随意解释，应始终恪守司法机关应有的严谨、追求真理与真相的初衷。

在法治文化建设中，要注重形式的创新，充分利用当地文化特色繁荣法治文艺，加强文化交流，吸收先进文化，推动传统文化的创造性转化。河北有地方戏、民间艺术表演等多种文化资源，与法治元素结合，将发挥更好的法治宣传作用。

（三）完善乡村公共法律服务体系

公共法律服务在化解多元利益纠纷、维护公民合法权益方面具有举足轻重的作用，是社会和谐稳定的重要保障。我国公共法律服务体系的基本框架已经形成。在农村地区，乡村振兴的重要保障之一是公共服务体系的优化，而公共法律服务体系的完善更是重中之重。公共法律服务是维护农村社会安定、助力农民解决法律纠纷的重要途径，在现代乡村，公共法律服务体系对乡村振兴和送法下乡活动均有重要意义。在农村地区，乡规民约持续发挥重要作用，多元规范与多元化矛盾纠纷化解机制是当今社会的客观需求。传统文化积淀形成的习惯、风俗，具有深厚的文化基因，在社会治理中具有重要意义。在这一过程中，既要尊重法律的权威，不能使乡规民约凌驾于法律之上，又要协调二者的关系，关注乡土社会自治性的特点。这就需要公共法律体系进一步健全，法律服务人才下沉到基层，熟悉乡土社会的特点，协调法律与乡规民约的关系，把握司法的边界，在情与法、情与理中妥善处理矛盾，通过矛盾的化解提升法律信仰的层次。

河北省农村公共法律服务体系建设应进一步提高服务的有效性，继续加大财政支持力度，推动农村社会治理的有效性，使法治文化建设具备良好的社会法律基础。目前，农村公共法律服务体系建设面临的主要问题之一是法律服务人员的缺乏，基层法律服务资源需要不断整合。有些地区开展法官、律师进社区活动，无论是在城市社区还是乡村社区都收效明显，正规的法律资源下沉到基层，进行专业的法律指导，提供有效的法律服务，如法律咨询、纠纷解决以及提供法律意见和建议。法律服务水平的提高，必将带动全社会知法守法的积极性提升，形成办事依法、遇事找法、解决问题用法、化解矛盾靠法的习惯。同时，重视法律服务平台的建设，线上线下协同推进，实现法律服务网络全覆盖，拓宽民众获得公共法律服务的渠道。

实现公共法律服务的多元化格局，吸引社会力量的广泛参与。政府在公共法律服务中起着主导作用，但只有政府与社会力量形成良性循环，吸引更多主体参与其中，广泛吸收意见和建议，才能推动公共法律服务体系的持续优化。应在实践中及时改进公共法律服务的方式和举措，增强民众的获得感，真正筑牢法治文化建设的根基。

（四）法治文化建设与社会治理实践相结合

社会治理的具体实践中，无处不体现治理理念和价值追求。法治文化则引导着法治理念和法治思维方式的确立。

法治文化是全面推动社会治理现代化的精神动力。良法善治的法治文化，对立法、执法都提出了更高的要求。法治文化具有凝聚民心的作用，将崇尚理性、追求公平正义与社会主义核心价值观作为治理之本义，成为社会治理现代化的价值目标。在社会治理中，执法人员坚持依法行政，领导干部作为关键少数成为守法的典范，行政权力受到严格的程序规制，坚持普治并举，有序推进多层次多领域依法治理。社会治理体现的多元共治特点，要求最大限度地吸纳更多主体参与共建共治，增强各方的参与意识和规则意识，凝聚各方的共识。首先要抓住关键少数，领导干部带头尊法守法，同时，要壮大基层法治力量，要重视对人民意见的征集，使法治文化建设与社会治理实践相辅相成。

河北省在社会治理中发展新时代“枫桥经验”，坚持以人民为中心的理念，践行法治文化建设的价值目标。如邢台市中级人民法院指导辖区 19 个基层法院，在工业园区内设立“法官工作站”，与园区的群众零距离接触，工作站法官的联系方式透明公开，并建立了特定工作群，以解答群众提出的问题。邢台中院还制作了《企业防范法律风险五十二项提示》，为各企业提供合同样本及法律文书范本，为法律文本的规范提供参照，预防合同纠纷的发生，法院作为社会治理中的重要法治力量发挥了积极作用。社会治理体现了共建、共治、共享的理念，目标是实现全民参与社会事务的治理，治理的主体包括政府、企事业单位、社会组织、基层社区和公民个人，是国家治理体系和治理能力现代化的重要组成部分。社会治理要弘扬社会主义法治精神，增强全民的法治观念，培养全民知法守法的生活习惯，在维护人民的合法权益、化解社会矛盾中，引导人民表达利益诉求，使全体人民成为法治的忠实倡导者，自觉遵守法律，维护法律的权威，从而全面推进依法执政、严格执法、公正司法、全民守法。

（五）运用现代科技手段丰富法治文化建设的形式

随着科技的发展，智慧社会建设步伐的加快，互联网成为现代公民社会成长发育过程中的一个重要公共领域，互联网为法治文化建设提供了各种便捷的平台，公民的参与机会大大增加，公民可以借助网络表达诉求、发表意见和建议，对公权力进行监督。网络互动性的特点增加了多元表达的机会。司法机关的网站、微信公众号、微博等，成为法治宣传、展示、实践的平台，有的地区开放云展览馆，分享法治文化的历史和未来，使公众在厚重深沉的环境中增强法治信仰，崇尚法律的权威。有的地区通过微信、微博等传递法治文化建设的最新信息，输出法治理念，公民在学习和互动中加深对自身权利保护的认识，感受法律的力量。同时，在法治文化建设中，更应保证网络空间的文明性，保证公民始终有坚定的法治信仰，不受非法情绪的裹挟。此外，还要加强有效参与机制的引导，促进合理的价值共识的形成。

新媒体成为法治文化宣传的又一阵地，随着信息技术的普及发展，网上获取信息成为主要生活方式之一，民众触手可及的平台，比传统的展板、传单等形式更为便捷有效。以生动、重点突出的方式传递法治观念，对近期民众关注的法律问题进行梳理、推陈出新，具有跨时空的力量。通过微信公众号、抖音、快手等新媒体平台传播典型案例，通过分析案情阐释法律法规，打造具有特点的项目，以系列视频的方式打造法治文化建设品牌，有利于吸引更多人参与法治文化建设。

B.17

人工智能法学教育教学改革探索*

——以人工智能法学实验班为例

胡海涛　赵　东　陈鹏帆**

摘　要：　人工智能技术的发展和应用给传统的法学教育教学带来了前所未有的机遇与挑战，可以说，这是近代法学学科诞生几百年来所未有的“大变局”，法学教育面临前所未有的机遇与挑战。从目前国内外人工智能法学教育教学改革的格局来看，正由“点→面”式的平面格局向“技术→问题”式的立体格局转变，我国的人工智能法学教育教学应当顺应这种转变，在搭建多学科综合教学平台的基础上，进一步推进以人工智能技术与法律实践深度融合为内容的法学教育教学改革。河北经贸大学围绕人工智能法学实验班的建设，以“人工智能+法学”教育教学改革研究目的为指导，设置“人工智能+法学”教育教学改革目标，创新性地提出了“人工智能+法学”培养改革的新模式，从培养目标、平台建设、场景模式、人才选拔、评价标准等方面探索出一条“人工智能+法学”优秀新法科人才培养新模式。

关键词：　人工智能　法学教育　教学改革　河北经贸大学

---

* 基金项目：河北经贸大学 2020 年度校级教学研究重点项目“‘人工智能+法学’教育教学改革研究——面向我校人工智能法学实验班建设”（项目编号：2020JYZ07）；河北省教育厅重点项目“卓越法治人才培养背景下创新创业教育的课程体系设计与完善”（项目编号：2018GJJG172）。

** 胡海涛，法学博士，河北经贸大学教授，硕士生导师，研究方向为人工智能法学教育；赵东，法学博士，河北经贸大学内聘副教授，硕士生导师，研究方向为人工智能法学教育；陈鹏帆，中国政治大学数据法治研究院在读博士，研究方向为数据法学。

一　人工智能法学教育教学改革的国内外格局

（一）国内人工智能法学专业试点与教学平台“点→面”式平面格局

我国人工智能法学教育教学和人才培养模式研究主要体现在两个层面。首先，国家层面的战略布局。2017 年，我国出台了《新一代人工智能发展规划》，按照该规划，我国将逐步进入人工智能时代，① 为此，针对法学高等教育提出了“人工智能+X”的复合专业培养新模式，鼓励人工智能与法学等学科的交叉融合。为落实这一国家战略，教育部发布的《高等学校人工智能创新行动计划》指出，面对新一代人工智能发展的机遇，高校要进一步强化基础研究、学科发展和人才培养方面的优势，不断推动人工智能与教育深度融合、为教育变革提供新方式。其次，高校层面的教学改革和平台建设。西南政法大学成立了“人工智能法学院”，增设“人工智能法学”二级学科，打造了人工智能法学课程群，开启校企协同育人培养模式。② 北京大学法律人工智能研究中心，建立了法律与人工智能产学研一体化基地，致力于高端法律人工智能复合型人才培养；清华大学智能法治研究院致力于打造交叉学科研究平台和创新型孵化中心，促进法学与计算科学等专业的交流与融合，培养复合型人才。此外，东南大学、四川大学、中国人民大学、中国政法大学、中南财经政法大学等一批高校的法学院都建立了“人工智能+法学”教学科研平台，为人工智能时代的卓越法律人才培养探索新路。从上述各个高校目前的人工智能法学建设情况来看，由于智能技术、教学师资、实践经验等各个方面的因素，国内高校还停留在设置人工智能法学专业的“点”与打造相关教学平台的“面”的平面式格局阶段。

---

① 姚万勤：《刑法应如何应对大数据时代数字版权保护的“焦虑”》，《重庆邮电大学学报》（社会科学版）2016 年第 5 期。

② 陈亮：《把握时代脉搏 培养创新型法律人才——西南政法大学成立人工智能法学院》，《人民法治》2018 年第 16 期。

（二）国外人工智能技术与法律实践深度融合“技术→问题”式立体格局

早在20世纪70年代，美国学者阿尔文·托夫勒就曾预言，社会信息源将从以自然信息为主导转向以人工编码信息为主导。在此观念的影响下，国外的人工智能技术运用于法律领域，不管是在时间上，还是深度和广度上，都领先于我国。① 与此相适应，国外高校也较早地广泛开展了“人工智能+法学”的教学和研究，主要集中在三个方面。第一，以计算机算法为技术支撑的法律信息学、计算法学的教学和研究，代表为美国斯坦福大学法学院的“CodeX—斯坦福法律信息中心”、美国麻省理工学院的“计算法学实验室”；第二，将人工智能、机器人、大数据分析技术与相关的法律、伦理、政策、监管等问题深度融合的教学与研究，代表为新加坡国立大学法学院的“技术、机器人、人工智能和法律中心（TRAIL）”、多伦多大学法学院“创新法律与政策研究中心”；第三，致力于人工智能法律工具、软件开发、数据库建设的教学和研究，代表为意大利佛罗伦萨大学的“法律信息理论与技术研究所（ITTIG）”。经过多年的发展，国外高校在人工智能法学教育领域已经基本完成教学平台的建设，并形成了相对较为成熟的教育模式，开始向纵深发展，致力于人工智能技术与司法实践中相关法律问题深度融合的理论研究与教育教学，是在专业的“点”与平台的“面”基础上的从技术到问题的立体式格局。

从总体上看，由于在观念、技术、学科结构、人才培养模式等诸多方面的差距，国外高校关于“人工智能法学”的教育教学研究已经远远领先于国内高校，形成了以计算机技术、信息技术算法、机器人技术等为支撑，融合了法律、伦理、政策、社会治理等诸多元素，囊括了法律信息学、计算法学、法律工具学等诸多“人工智能+法学”的“新法科”人才培养模式。国内外人工智能法学教育教学改革还存在以下不足：第一，针对性不强，更多

① 滕珺、朱晓玲：《大数据在美国基础教育中的运用》，《人民教育》2014年第1期。

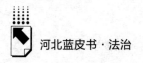

是基于广义法学的教育教学，结合人工智能技术的发展，提出“人工智能+法学”的教学改革措施，没有基于不同的部门法特征，有针对性地构建人工智能部门法学教育教学改革措施；第二，体系化缺失，人工智能法学教育教学改革体系化缺失，相关教育理念、教学方法没有形成系统化结构体系，呈现“碎片化”的特征；第三，技术导向性不足，真正将人工智能技术融入人工智能法学教育教学改革实践的尚不多见。

二　人工智能技术背景下法学教育教学面临的机遇与挑战

（一）以人工智能技术的发展为契机推进法学教育教学的全方位变革

第一，课堂教学的层面。密切联系社会实践，推进课堂教学与司法实践的无缝对接。法律没有自身独立的历史，其实质是人们具体的物质活动的历史。本质上，法律是经济社会发展的物质生产实践在上层建筑领域的投射或者反映。科学技术作为社会生产力发展的第一推动力，引起了物质生产实践中所体现的人与人之间社会关系的深刻变革，作为调整人们社会关系的社会科学，法学必须对新科技所引发的人们物质生活方式的转变及由此带来的社会关系的变革作出法学上层建筑领域的回应。正是在这个意义上，我们认为，法学是一门调整人们社会关系的实践性很强的学科，其研究和适用的对象必须紧密追随司法实践的变革。人工智能技术的发展与应用不仅在传统的理论框架内对各个部门法提出了新的课题，也打破了“自然人中心主义”所建构的已有的法学理论体系。与此同时，随着人工智能技术运用于司法实践，诸如美国威斯康星州诉卢米斯案中法院使用的COMPAS 量刑系统①、基于 IBM Watson 计算机系统的 ROSS 人工智能机器

① 李本：《美国司法实践中的人工智能：问题与挑战》，《中国法律评论》2018 年第 2 期。

人律师法律服务系统[1]、上海刑事案件智能辅助办案系统[2]等，对诉讼程序和案件实体都提出了全新的挑战。由此，法学教育领域必须直面人工智能时代的到来，以司法实践的新变革为导向，在教材选择、教学目标、教学内容、培养计划、培养目标等各个教育教学目标模块中融入和体现人工智能技术发展所带来的法律实践变革，实现法学课堂教学与法律司法实践的无缝对接。

第二，理论研究的层面。传统法学基础理论研究拓展了新视域，从弱人工智能的生理功能性智能行为技能+物理动作性非智能行为技能的客观行为模式，到强人工智能的类人思考机器智能+复杂仿真非智能行为技能的客观行为模式，再到超人工智能的独立思考机器智能+超人类非智能行为技能的客观行为模式，不同技术阶段的人工智能在客观行为模式上具有质的层次区别，当这种不同层次的智能化行为模式运用于司法实践，必然改变传统的司法运行机制和模式，给司法实践带来很多新问题。这些问题将极大地拓展传统法学基础理论研究的视域，具体表现为以人工智能技术为核心的人工智能法学、计算法学、区块链法学等一批新兴的交叉学科的崛起，给法学学科的研究注入了新的理论生命力。

第三，人才培养的层面。有利于教育培养“人工智能+法学”的优秀新法科人才。互联网、大数据、云计算和物联网等技术引发的新兴业态、商业模式、社交结构的蓬勃发展，为经济社会注入新动能，深刻改变人们的生产生活方式。同时，发展的不确定性以及可能会产生的风险和挑战在法律、安全、就业、道德伦理、政府治理、经济发展、社会稳定乃至全球治理等方面都带来重大课题，人工智能法治应运而生。加强人工智能法治研究，构建人工智能法治体系，营造人工智能法治生态，将人工智能发展纳入法治轨道，亟须以技术思维理解法律现象、解决法律问题的新法科人才。以河北经贸大学人工智能法学实验班为例，该实验班面向“双一流大学”等高端学术平

---

① 左卫民：《关于法律人工智能在中国运用前景的若干思考》，《清华法学》2018 年第 2 期。

② 严剑漪：《揭秘“206”：法院未来的人工智能图景——上海刑事案件智能辅助办案系统 164 天研发实录》，《人民法治》2018 年第 2 期。

台、法检系统高级专业岗位、机关企事业单位高级法务管理岗位，培养“跨学科、高技商、善思考、富潜质”，熟悉人工智能运作机理、能够以信息技术的思维方式理解人工智能发展所产生的法律现象，能够使用人工智能技术和工具解决法律实践中专业问题的新法科人才。实验班以新工科滋养新法科，通过将人工智能技术的理念、思维方式、处理问题模式等融入法学专业教育，培养学生处理法学领域因采用人工智能技术出现的新的不确定性所需要的信息素养、技术素养、思维模式素养等。同时，培养学生具备必要的人文素养（价值观素养、文化理论素养等）、国际视野、外语交流沟通能力等。围绕上述目标，人工智能法学实验班进行的一系列课程改革、教学改革、培养模式改革、评价标准改革，始终都围绕“培养什么样的人才”这样一个教育主题。法学是一门实践性很强的学科，在人工智能技术已经广泛应用于司法实践的大背景下，人工智能法学实验班的教学改革，对于培养适应新技术背景下法律理论与实务新图景的复合型优秀法科人才，具有非常重要的意义。

第四，学术交流的层面。促进不同专业的教师进行“跨学科”交流与碰撞。在社会科学的范畴内，法学是专业性和实践性都很强的一门学科，毋庸讳言，在传统的法学教育教学中，法学教师都坚守在自己的专业领域，即便是进行所谓的“跨学科”研究，也还是囿于其他相邻的诸如哲学、社会学、伦理学等学科。应该说，法学研究从来没有突破，或者打破过社会科学与自然科学、人文学科与理工学科的学术研究壁垒，人工智能技术的出现提供了跨文理合作学术研究的可能，现实中的“人工智能+法律”新问题、新现象也倒逼法学教师与理工科教师进行跨学科交流与碰撞。而以河北经贸大学人工智能法学实验班为代表的“人工智能+法学”实体教育教学平台，则为不同专业的教师提供了一个进行“计算机与法律”“大数据与法律”“仿真虚拟与法律”之间对话和交流的平台，为教师拓展自身专业领域的研究视野提供了广阔的空间，为法学的学科建设提供了丰富的新技术营养，必将滋润出新的学术硕果。

（二）人工智能技术背景下传统法学教育面临的挑战

1.传统法学培养规模面临的技术性挑战

毋庸讳言，在高等教育的人文社会学科系列当中，法学专业已连续多年被教育部等权威部门评价为“控制专业”“红牌专业”。但是，我们还要看到，就经济社会发展对法律人才需求的角度来说，我国法律人才的培养规模属于地域、行业发展不平衡的“相对过剩”，法学人才培养的总体规模与社会总体需求之间的比例并没有达到饱和的最佳值，法律专业人才过于集中在东部经济发达地区，广大中西部地区法律人才匮乏的现状短时间内不太容易得到彻底的改变。从国家法治人才平衡的宏观战略层面看，这并不是一个新问题，关键在于如何解决这个问题。传统的思路是通过政策支持、资源倾斜、条件保障等各种渠道实现总量不断增长的法律专业人才的合理流动。但是，随着人工智能技术在法律服务领域的不断发展和广泛应用，就整个法律服务行业来看，提供法律服务的方式、效率、模式都发生了深刻的变革。随着智能辅助办案系统、各种法律服务智能软件的开发和运用，人工智能技术已经可以替代很多传统的法律服务项目。在国外，像 Beagle、RAVN、KMStandards、Seal Software、Law Geex 等提供智能合同分析功能的公司越来越多，法律文件审阅将实现高效的自动化①，而 Ross Intelligence 将 IBM Watson 的 Q&A 技术运用于破产法律的研究，可以自动识别法律信息的重要程度，提高律师检索案例的效率②。法律人依靠在法律事务当中提供自己所掌握的法律专业知识为当事人提供法律服务的职业价值正在逐步萎缩，如果仍然坚持传统的人才培养模式，可以预见，在技术的冲击下，我国法律专业人才的培养规模必将从“相对过剩”走向“绝对过剩”，进一步加剧法学教育所面临的时代危机。

2.传统法学基础理论面临的智能化挑战

以人工智能技术为代表的新兴科技手段已经深刻影响和改变法学传统理

① 左卫民：《关于法律人工智能在中国运用前景的若干思考》，《清华法学》2018 年第 2 期。

② 曹建峰：《“人工智能+法律”十大趋势》，《机器人产业》2017 年第 5 期。

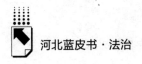

论所致力解决的现实社会关系，相应也在一定程度上颠覆了各个部门法学既有的理论基础。诸如，以智能算法为核心的人工智能作品著作权的归属[①]，民事法律关系中人工智能法律主体地位和民事责任，强人工智能犯罪中强人工智能体与设计者、监督者的刑事责任分担[②]，人工智能犯罪的行为模式、主观罪过、刑罚设置等都超出了传统部门法学既有理论的“射程”。换言之，传统法学理论已经无法很好地应对人工智能技术的应用所产生的实际问题，而且这种技术性冲击已不囿于某一部门法学科，理论与实践的脱节所带来的必然是法学学科的整体性变革。易言之，在传统法学理论体系之外，围绕人工智能技术构建具有相对独立性和显著技术特点的人工智能法学体系已不是一个理论问题，而是一个实践问题。传统法学的基础理论是以具有生理基础的自然人为核心建立的，其理论构建的基点是具有自由意志的人，规制的对象是在人的自由意志支配下对他人或者社会产生影响的客观外在行为，归责的基础是行为人主观上存在故意或者过失。人工智能的出现，首先从根本上实现了从自然人到智能主体这一颠覆传统的法学理论根基的转换，在此基础上是法律关系的主体资格、调整范围、规制对象、归责原则等一系列法学基础理论的变革。

3. 传统法学教学模式面临的时代性挑战

传统的法学教学模式是以教师课堂讲授为主，穿插案例教学、学生讨论等师生互动环节，存在案例陈旧，与司法实践脱节，教学模式单一、僵化等诸多问题。造成教学模式单一、僵化的原因在于，我们的法学教育没有紧跟时代的变化，仍然固守传统的教学内容、方式。历史唯物主义法学思想认为，法律没有独立的历史，其实质是人们具体的物质活动的历史。科学技术作为推动社会物质生产发展的第一生产力，其所带来的人们社会生活状态以及社会关系的变革，必然要体现在作为政治上层建筑的法律思想中。不管是否承认，人工智能技术已经不可阻挡地渗透到当代法治建设的方方面面，我

---

① 王迁：《论人工智能生成的内容在著作权法中的定性》，《法律科学》2017 年第 5 期。

② 皮勇：《人工智能刑事法治的基本问题》，《比较法研究》2018 年第 5 期。

们的法学教育理念必须能够适应这种时代要求，法学教学模式必须能够应对这种时代挑战。以大数据、区块链、算法、虚拟仿真等人工智能技术为内容的新法学教学，必然要求构建与之配套的教学方法和教学模式，任何抽象的教学理论都是以实际的教学内容为导向的，而任何实际的教学内容都是建立在现实的经济社会发展这一历史事实的基础之上的。正如马克思反复强调的，“把我们的全部叙述都建立在事实的基础上，并且竭力做到只是概括地说明这些事实”。①

三 河北经贸大学人工智能法学实验班“人工智能+法学”人才培养改革新模式

河北经贸大学围绕人工智能法学实验班的建设，以“人工智能+法学”教育教学改革研究目的为指导，设置“人工智能+法学”教育教学改革目标，相应模式可以用图1概括。

（一）制定“工具+理论+实践”的人工智能法学人才培养目标

人工智能法学实验班进行的一系列课程改革、教学改革、培养模式改革、评价标准改革始终围绕“培养什么样的人才”这样一个教育主题。法学是一门实践性很强的学科，在人工智能技术已经广泛应用于司法实践的大背景下，人工智能法学实验班人才培养目标的设定，对于培养适应新技术背景下法律理论与实务新图景的复合型法律人才具有非常重要的意义。具体而言，人工智能法学学科的人才培养主要有三大具体目标，即掌握人工智能发展的技术特点、理解人工智能背景下的法律现象、解决涉人工智能的司法实践问题。在上述一连贯的培养目标中，“掌握技术”是人工智能法学人才培养的工具目标；“理解现象”是人工智能法学人才培养的理论目标；“解决问题”是人工智能法学人才培养的实践目标。从实现人才培养目标的路径

① 《马克思恩格斯全集》（第1卷），人民出版社，1995，第371页。

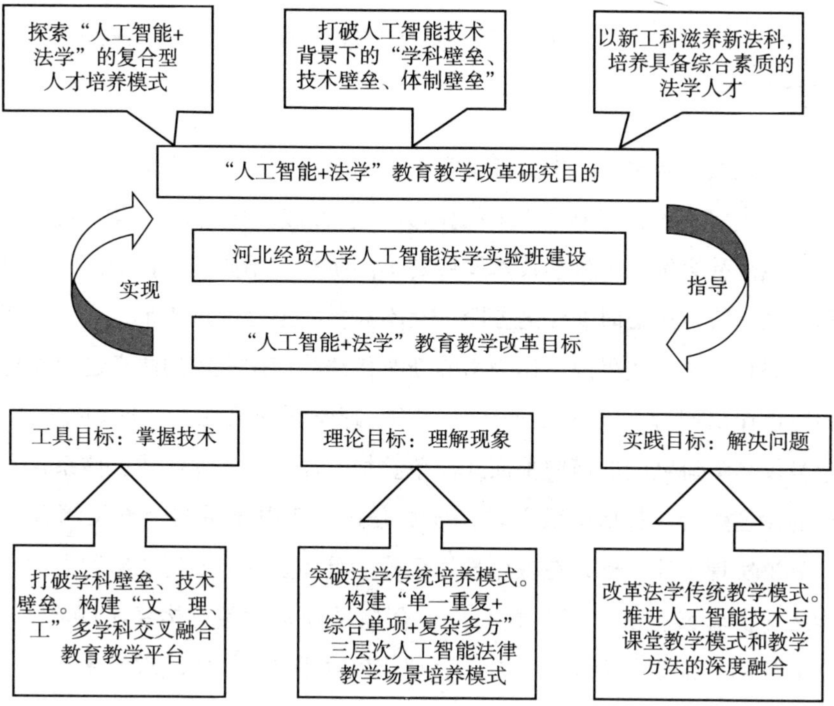

图 1　人工智能法学实验班"人工智能+法学"人才培养改革新模式

来看，以文、理、工多学科交叉的教育教学模式为主线，并在此基础上，通过人工智能法学课堂教学与演练实现理解人工智能背景下的法律现象的"理论目标"；通过人工智能法律实践基地的模拟操作实现培养人工智能法律实务能力的"实践目标"；通过跨学科的技术学习实现培养人工智能法律人才的"技术目标"。培养人工智能法学专业学生运用机器算法进行数据收集、数据预处理以及增加数据处理精度的"大数据思维能力"①，运用计算机科学的概念去求解问题、设计系统、理解人类行为的"计算思维能力"。一言以蔽之，构建以多学科交叉为主线，贯穿课堂教学、实践基地、技术学习三大教育模式的人工智能法学人才培养目标体系。

---

① 何清等:《大数据下的机器学习算法综述》,《模式识别与人工智能》2014 年第 4 期。

（二）打造“文、理、工”多学科交叉融合的“人工智能+法学”教育教学平台

在传统教育教学体系中，各个学科之间研究对象、理论基础和知识体系的差异，决定了不同学科解决问题的方式、方法、思路存在明显差异。同时，在经济社会发展和科学技术发展的不同阶段，不同的学科所面临的研究问题在某一特定历史时期泾渭分明、互不涉猎。但是，近年来，人工智能技术的发展打破了上述界限，作为培养新时代法律应用人才的法学高等教育必须相应地作出回应，实现“文、理、工”跨学科交叉融合。这种交叉融合不应当仅是学科之间的横向平面式简单叠加，而应当是立体式、体系化、系统化的深度融合，包括思维方式、技术方式、知识体系的全方位耦合式融合。为了实现上述目标，在教育教学模式的具体设计上，河北经贸大学人工智能法学实验班打破了学科壁垒，整合院系师资力量，构建了融合“文、理、工”的“通识教育平台”“法学专业教育平台”“实践教学平台”“选修教学平台”等多学科交叉教育平台，将计算机、大数据、云计算、区块链等技术学科融入传统的法学学科，培养以“人工智能+”为特征的复合应用型“新法学”人才。

（三）构建“单一重复+综合单项+复杂多方”的三层次人工智能法律教学场景培养模式

法学是以调整社会关系为目标的社会科学，按照最一般的理解，所谓社会关系是指在共同生产和生活中所形成的人与人之间的关系。从主体的角度来看，包括个体、群体、国家内部以及三者之间的社会关系，不同主体之间所适用的法律规则场景是完全不同的。传统的法学根据不同的法律适用场景划分了相应的部门法类别，每一个部门法体系和规则都是针对其调整的社会关系所建构的。在每一个部门法内部，每一种新的社会关系的出现不过是原有社会主体在该部门法内部法律地位和性质的变异，未能从根本上逃逸出该部门法所具体适用的法律场景。但是，人工智能技术的出现改变了这一现

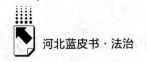

状，表现在从根本上对传统社会关系主体的挑战，主体的变化带来了法律适用场景的根本性变革，人工智能法律适用场景作为一种全新的法律场景对传统的法学教育提出了新的要求。根据“人工智能+法学”的学科特点，结合人工智能法学实验班学生的不同年级、不同基础、不同兴趣，将教学场景分为三个层次。第一个层次教学场景，针对单一重复法律场景的教学。这一教学场景的特点在于人工智能技术单向度地运用于格式化的法律适用场景，这种单向度格式化的法律适用场景具有可重复、模式化、标准化的特点，具体包括运用初级人工智能技术进行文件管理与审查、格式法律信函和文书的起草、诉讼期限的控制等。第二个层次教学场景，针对综合单向法律场景的教学。这一法律适用场景的主要特点是以人工智能技术为主导，基于大数据的综合分析、整理功能，为客户制定、提供个性化的法律策略和服务。具体包括基于大数据搜集分析功能的诉讼策略的选择、个性化法律文书的起草、尽职调查等。第三个层次教学场景，针对复杂多方法律场景的教学。这一法律适用场景是以虚拟仿真、深度学习等高级人工智能技术为特征的，以人机互动、人机沟通、多方参与为模式，提供复杂法律场景下的随机、即时法律服务。与前两个法律适用场景相比，这一场景已不仅仅是人工智能技术单向度的简单应用，而是以人工智能技术为主导的，以人机沟通为模式的法律智能服务，服务的内容也从格式化、标准化、模式化走向法律智能创造性活动。具体包括以人机沟通、模糊处理、智能自主学习为特征的高级人工智能技术支持下的事实证据的收集、调查与取舍，与双方当事人的互动、谈判、沟通与协调、出庭辩论等。

（四）选拔人工智能法学培养的优秀“种苗”

一个不可否认的事实是，无论技术如何进步、知识体系如何更新，也不论如何创新教学方法、变革教学模式，归根结底，教育始终还是围绕学生展开的。高等教育更是一个以培养学生专业能力为核心的综合素质不断提高和完备的过程，不同的培养目标所决定的目标群体的筛选实际上就成为这一过程的初始环节。如果将学生比作一件工艺品，高校是锻造工艺品的教育熔炉，用人单位是购买和使用工艺品的客户，经济社会的发展状况是工艺品的生产制造标准，那么，要制造出符合生产标准、满足客户要求的工艺品的前提是，进入以具体培养目标、特定教学方法和教学模式建造的教育熔炉的“胚胎”，必须具备成为最终成品的基本要素。在传统意义上，法学被定位为人文学科，受到过去文理分科固有观念的禁锢，传统法学学科的学生基本都是文科生，理工科学生很少，这种单一的专业培养“种苗”构成已不能适应以人工智能技术为代表的“新法学”复合人才的培养要求。正是基于上述考虑，河北经贸大学根据实验班的培养模式、培养目标、学科设置等不同特点，重点面向全校新入学的本科生，不分文、理、工科，进行笔试、面试、能力测验，选拔出一批既有理工科基础，又有很好的人文社会科学素养的新生，作为人工智能法学实验班培养的优秀“种苗”。

（五）设置“AILE—耦合”模式的综合毕业评价标准

人工智能法学的学科定位、培养模式、培养目标等独特的教育理念和教学模式，决定了层层选拔的优秀“种苗”经过4年的培育和锻造，其作为人工智能法学专业“成品”的合格标准必然不同于其他普通法学专业的普通标准。所谓“AILE—耦合”模式，是以培养“人工智能+法学”交叉融合卓越法治人才为教育目标，致力于在理论层面和应用层面实现法学教育与人工智能的交叉融合、深度融合与体系化融合。[①] 该模式所构建的综合评价机制是以人工智能技术与法学理论的融合产出效果作为评价导向的。对于人工智能法学实验班的毕业生而言，除了必须掌握传统的法学核心课程知识，还必须具备利用计算机科学、数据分析等涉人工智能技术处理法律问题和进一步开展法学研究的能力。实验班通过将人工智能技术的理念、思维方式、处理问题模式等融入法学专业教育活动，培养学生处理法学领域因采用人工智能技术而出现的新的不确定性所需要的信息素养、技术素养、思维模式素

① 邹卫中、李萍萍：《人工智能与法学教育融合发展研究》，《南宁师范大学学报》（哲学社会科学版）2020年第2期。

养等。同时，还培养学生具备必要的人文素养、国际视野、外语沟通能力。在学制设计上，除了本科 4 年的基本学制外，根据学生的基本情况、培养目标的实现程度，实行 3~6 年的弹性学制，最终面向“双一流大学”等高端学术平台、法检系统高级专业岗位、机关企事业单位高级法务管理岗位，培养一批法律人工智能技术和人工智能法学的高层次复合型“新法科”人才。

B.18

互联网平台的社会影响与治理路径*

赵　雪**

摘　要：　互联网已经成为全球使用最广泛的信息工具，应用最深入的信息技术，创新最活跃的商业领域，正在深刻地改变人们的生产生活方式，有力地推动了社会经济发展。互联网用户规模的扩张，带来了数字经济的蓬勃发展，不断加速重塑工业经济时代的商业体系，也引发了对现有法律政策、贸易规则、治理体系的前瞻性思考。互联网的开放性、无界性和赋能性既带来了侵犯消费者隐私、不正当竞争等传统法律问题，也带来了一些诸如人工智能伦理、科技发展与平等保护等新问题。互联网法治相关的问题已经成为全球最为瞩目的研究前沿之一。本文从互联网平台的影响入手，利用好互联网平台这个关键变量，厘清在平台经济发展中要处理好的关系，将有助于找准并规避其中潜在的挑战，从而为推进国家治理体系和治理能力现代化提供有力支撑。

关键词：　互联网平台　法律规制　社会影响　平台治理

一　互联网平台的多元属性与社会影响

中国信通院发布的《中国数字经济发展研究报告（2023 年）》显示，

* 本文系2023年度河北省社会科学发展青年课题“优化营商环境视阈下网络交易平台治理责任研究”（课题编号：20230301024）的研究成果。

** 赵雪，河北省社会科学院法学研究所助理研究员，研究方向为经济法学、竞争法与知识产权法、法治政府。

2022 年，我国数字经济规模已经突破 50 万亿元，同比名义增长 10.3%，连续 11 年高于同期 GDP 名义增速。数字经济已成为拉动我国 GDP 增长的重要驱动力，而互联网平台企业作为我国数字经济发展的重要组成和关键载体，也是这种新兴经济业态的领跑者、引领者，所以互联网平台依法合规经营是数字经济健康持续发展的客观需要。此外，2022 年 6 月 24 日完成修订的《反垄断法》第九条和第二十二条对数字经济领域的反垄断监管作出了明确的规定，推动强化对数字经济领域互联网平台企业的反垄断监管。2022 年 4 月 10 日，《中共中央 国务院关于加快建设全国统一大市场的意见》（以下简称《意见》）正式发布，《意见》明确要求着力强化反垄断，“破除平台企业数据垄断等问题”，“形成政府监管、平台自律、行业自治、社会监督的多元治理新模式”，也表明了互联网平台企业的健康发展，关系我国经济高质量发展，对进一步推动国家建设高标准市场体系、构建高水平社会主义市场经济体制、实现发展战略目标具有重要意义。①

《中国互联网发展报告 2023》指出，截至 2023 年 6 月，中国网民规模达 10.79 亿人，互联网普及率达 76.4%；截至 2023 年 6 月，中国累计建成开通 5G 基站超过 293.7 万个，IPv6 活跃用户达到 7.67 亿人；截至 2022 年底，我国算力总规模位居世界第二。2022 年，中国数字经济规模达 50.2 万亿元，总量稳居世界第二位；中国数据产量达到 8.1ZB，位居世界第二；数据储存量达 724.5EB，占全球数据总储存量的 14.4%。与经济贡献相比，以互联网平台为核心的数字治理体系与治理能力也成为国家治理体系与治理能力现代化的重要组成部分。作为国家治理体系与治理能力在网络空间的体现，互联网治理已经深度嵌入“国家—市场—社会”的多重互动关系。

按照平台的发展演进脉络和提供商品或服务的复杂程度，网络平台发展大致可分为以下 3 个阶段：在第一阶段，最开始互联网是一个信息发布的渠道平台，双方或多方用户通过互联网进行信息的交互传输。此时，互联网平

① 刘腾岳、孙懿纲、孙晋：《浙江首推互联网平台企业竞争合规规范开拓数字经济治理新模式》，《中国价格监管与反垄断》2023 年第 1 期。

台作为信息传输平台不参与用户的内容发布，只提供中立的技术传输介质，因此才有版权法领域“避风港原则”的出现。互联网信息传输过程可以描述为信源→信道→信宿。其中，“信源”是发布信息的人，即上传者；“信宿”是收到信息的人，即终端用户；“信道”就是信息发布的平台、渠道，即互联网信息服务提供者，也就是最初的互联网信息传输平台。因此，互联网信息平台可以简单表述为为用户提供信息发布服务的平台。平台又可以细分为门户平台、搜索平台、社交平台等，如通常使用的网站、论坛、博客、搜索引擎、微博、微信等。

第二阶段，互联网交易平台不断发展，商品展示、广告宣传、定价议价、在线支付、物流、理财等功能不断加入，平台可以提供的交易服务也日渐丰富。商务部发布的《第三方电子商务交易平台服务规范》规定：“第三方电子商务交易平台（以下简称第三方交易平台）是指在电子商务活动中为交易双方或多方提供交易撮合及相关服务的信息网络系统总和。”常用的淘宝、天猫、京东、唯品会等都属于第三方交易平台。商品展示、要约承诺，商品的交易、运输、评价、纠纷解决等全部在线上完成。

第三阶段，网络已经远远超越促成商品或服务的交易这一功能，不仅出现了各种各样、不同细分垂直领域的互联网平台，还出现了开展不同领域业务的综合性互联网平台。综上，中国互联网法律规制和平台治理之间的动态理论研究也成为互联网法律治理的热议话题。

二　互联网平台与行业发展之间的几个关键维度

回首人类文明史，波澜壮阔的大航海时代第一次将分布在各大洲的文明与物种相连接，使人类实现物理意义的连接；而互联网时代将人类科技、工业、文化等进一步相连相融，使人类实现精神意义的连接。网络平台化趋势开启后，网络平台更呈现与工业革命后诞生的传统企业截然不同的枢纽属性。

互联网平台在近几年呈现爆发式发展趋势，得益于宽带互联网、大数据、云计算等技术的迅速普及和迭代，在强大的数据能力、运算能力、信息安全能力的加持下，随着全球智能硬件渗透率不断提升，整个互联网迎来了商业模式的完美升维，一大批具有行业影响力的互联网创新型企业蓬勃涌现。2017 年 3 月，科技部火炬中心联合长城企业战略研究所发布的《2016 年中国独角兽企业发展报告》显示，2016 年全国互联网独角兽企业达到 131 家，比 2015 年增加了 70 家。从全球看，我国独角兽企业数量和美国相当，反映了中国整体创新实力快速提升。中美两国独角兽企业数量遥遥领先。从国内看，全国的区域创新生态不断优化，多个城市陆续出现独角兽企业，上海、北京、杭州、深圳等成为独角兽企业的聚集地。从领域看，电子商务、B2B、B2C、C2C、智能硬件成为独角兽企业集中领域，智能经济、平台经济及共享经济也正在使更多的“独角兽”应运而生。另外，近年来针对互联网平台公司的指责和批评，在大洋两岸几乎同时爆发。多年来，意气风发的互联网创始人一改商业新贵、创新引领的明星形象，FaceBook 创始人扎克伯格在“数据门”后接受了美国国会多次质询，并向公众道歉。为了理解这一转变，互联网平台法律责任问题往往成为讨论的关键。

究其然，为了理解这一“悖论”、为了正确看待互联网平台与行业整体发展的关系，以下几点应当认清。

（一）互联网发展的客观趋势：平台是大势所趋

就像 IT 产业发展遵循摩尔定律一样，新用户增加带来消费的效用递增，不断创造新的需求。在此背景下，一些互联网企业通过为用户提供更多、更好的产品与服务，不断满足用户新的、更高层次的需求，在市场竞争中脱颖而出，从最初的网络产品服务提供商成长为平台型大公司。水深鱼大、海阔鱼跃，网民规模的增长和各类需求的不断释放是平台型企业产生的基础性环境。

（二）互联网行业的竞争背景：平台地位的兴起、衰落与重塑

在世界范围内，互联网的商业化历程不过 20 多年，就已见证一些大型

互联网平台的兴起与衰落。雅虎及我国几大门户网站，作为信息资讯的聚合者，是早期的互联网平台。随着搜索引擎的兴起，特别是近几年算法推荐类新闻阅读模式的快速发展，门户网站作为资讯聚合平台的地位旁落。平台型企业也并不限于社交、电商、搜索领域，在我国估值超过100亿美元的新兴互联网企业中，餐饮起家的美团点评、信息流领域的今日头条等，正在成为新的网络平台。能否坚持以用户价值为依归，坚持人本化的发展理念，不断为用户创造价值，提升社会总体福利水平，是平台持续发展能力的根本检验。

（三）互联网平台的考量：开放的市场经济，并兼具全球格局和国家战略视角

与石油等传统行业不同，互联网以信息为基础，资源具有可复用性和非独占性。科技进步、消费升级创造了丰富多元、近乎无限的应用场景与个性需求。人工智能、虚拟现实等新技术的不断发展，为行业“洗牌”提供了新的契机。面对颠覆性技术与应用，仅凭企业规模大，并不能确保优势。新应用场景的不断出现，使得原有互联网平台并不具有传统行业所谓的“垄断”地位。即使在某一领域，用户需求的多元化、个性化和快速变化也使产业呈现百花齐放的竞争态势。判断一家互联网平台对产业发展的价值，是否坚持开放战略是很重要的一个指标。在以信息生产为基础的互联网领域，平台的开放战略会激发行业、产业和整个经济领域的创新活力，优化供给侧结构性改革，促进社会生产效率的提升。

反对垄断并不是反对规模大的经济实体，反对“大而有罪”的简单归因，更应当反对的是人为设立的市场垄断门槛，我们需要保持的是市场自由进出的经营环境，有灵活的准入和退出机制。此外，当前的市场经济环境已经由封闭走向开放，国际经贸交往日益频繁，我国正在从“网络大国”迈向“网络强国”，越来越多的国内互联网企业“走出去”参与国际竞争。因此，对同一个经济实体的价值考量，应当兼具全球格局和国家战略视角。

（四）互联网平台的角色转变：多重链接节点重新塑造社会关系与规则

平台在复杂的商业和社会活动中“扮演了基础服务商、资源调度者的角色”，在平台模式下，每个节点都产生效能，这大幅提升了各种社会活动链接的效率，也产生了前所未有的动员效果，更成为互联网平台时代显著的特征。新的平台重新塑造各方关系，也使得政府监管与平台的关系发生相应变化。以上几种情况，都给法律规则运行与制度变迁带来新的挑战，互联网平台公共政策供给不足。每当与互联网平台有关的热点话题出现时，互联网平台的法律责任及其边界厘清都成为焦点——围绕以平台为核心的互联网法律制度如何实现有效供给及公共政策重塑。平台的市场经营者和规制者双重主体身份，以及在社会中与角色相适应的主体责任，也使得平台作为数字时代具有公共性的新型主体，从商业利益与公共利益相统一的视角思考其在经济发展与社会正义促进中的角色。

三　互联网平台经济发展中要处理好的几方面关系

2023 年是落实党的二十大精神的开局之年，按照党的二十大的要求，将会开启全面建设中国特色社会主义现代化国家新征程的重要时刻。[①] 2023 年“两会”提出了一些重大的精神，李强总理在记者招待会上也讲了一些很重要的判断和观点。从数字经济来讲，“两会”审议通过的国务院机构改革方案，决定组建国家数据局，这是一个很重要的标志，也是一个信号。2023 年 10 月 25 日，国家数据局正式揭牌，负责协调推进数据基础制度建设，统筹数据资源整合共享和开发利用，统筹推进数字中国、数字经济、数字社会规划和建设等，由国家发展改革委管理。[②] 这是我国顺应数字经济内

① 《市场化改革为高质量发展添动能开新程》，《中国经济导报》2022 年 11 月3 日。

② 《聚焦国家数据局正式挂牌》，《新华每日电讯》2023 年 10 月 26 日。

在规律在政府治理上的优化和调整，也是促进数字经济发展的一项重大制度安排。

回顾 2022 年，中央为了支持和促进平台经济规范健康持续发展出台了一系列政策，提出了一些要求。3 月，国务院金融委会议提出坚持稳中求进，促进平台经济平稳健康发展，提高国际竞争力；5 月，国务院印发《扎实稳住经济一揽子政策措施》，提出要出台支持平台经济规范健康发展的具体措施；12 月，中央经济工作会议也强调，要提升常态化监管水平，支持平台企业在引领发展、创造就业、国际竞争中大显身手。①

2023 年以来，从中央到地方纷纷出台了很多政策，从政策的角度、舆论的角度都吹响了拼经济的号角。中国式现代化，既包括经济体系的现代化、人的现代化，也包括国家治理体系、治理能力的现代化。经济体系现代化中一个很重要的内容，是数字经济上一个新的台阶。因此，不论是总的形势要求，还是中央政策的制定，都有一个很明确的指向。数字经济的发展面向一个新的时代，平台经济的发展有无限的空间，这是首先应该明确的一个问题。所以，解放思想、与时俱进，发展平台经济要坚持处理好以下几个方面的关系。

（一）要处理好平台经济发展与规范的关系

首先发展是第一要务，坚持发展是硬道理，是最根本的诉求，规范、治理、监管都是为了更好地发展。全国人大财经委曾参与组织《电子商务法》起草的学者提到，在起草中坚持了促进发展、保护权益和维护秩序，重点还是在发展。规范也好，保护消费者的权益也好，最后还是要符合发展的要求。曾经有人讨论浙江为何能够出现一个阿里巴巴这样的平台企业，其实就是政府干预最小化，让企业在竞争中充分发展。再比如，温州也是靠改革发展起来的，相对减少政府在市场经济中的干预，政府的主要工作是创造更好

① 赵乐瑄：《推动平台经济规范向好发展　为数字经济注入更强大活力》，《人民邮电》2022 年 12 月 28 日。

的市场化、国际化、法治化营商环境，这样才能实现更好的发展。所以，由表及里，当今平台企业、平台经济，本身还是发展不足的问题，重点是要保护发展的积极性。垄断竞争或者竞争垄断，是在竞争发展过程中产生的一种现象，如果对竞争没有产生实质性损害，那么从更长的发展周期来看，是有其合理性的。特别是在数字经济时代，由于技术创新迭代性很强，平台企业通过竞争取得的垄断地位随时可能被打破。垄断竞争可能成为常见的经济现象。因此，在推进竞争政策的过程中，就不能仅仅因强调反垄断而对处于竞争垄断地位的平台经济或平台企业实行更加严格的监管。要规范限制的应是垄断行为，要从理论、政策和实践几个方面研究解决这些问题。

（二）要处理好政策引导与依法行政、依法治国的关系

对于平台经济还是要以鼓励发展为主，对其监管一定要坚持依法治国的原则，采取包容审慎的监管态度。所谓的常态化监管，实际上是针对过去的一些运动式监管而提出的。如果没有运动式监管，可以不提常态化监管。常态化监管就是稳定的、有效的依法监管。2022 年 7 月召开的中央政治局会议指出，完成平台经济专项整改，对平台经济实施常态化监管。这个决策是在对过去一段时期工作总结基础上提出的新要求，为今后的监管提供了新的方向。坚持依法治国，就必须对平台经济实施常态化监管，正确处理政策引导与依法行政、依法治国的关系。常态化监管本身就意味着包容审慎原则，这是今后要坚持的一个基本原则。

（三）要处理好产业政策和竞争政策的关系

竞争政策是基础性政策。产业政策体现了国家发展战略，但也应该服从竞争政策的本质要求，尽量减少在产业政策推行过程中影响平等竞争，或者给平等竞争造成新的障碍。因为市场经济的核心就是市场在资源配置中发挥决定性作用，要允许企业自主创新、探索发展方向。给予一定自主权，激发企业创造活力，不是说只有按照产业政策“绿灯”发展的才保护，如果不在“绿灯”范围内，其他领域的发展法律保护就无法保证。因此，过多强

调按"绿灯"发展，恐怕不利于发挥企业自主创新能力，不利于发扬企业家精神。特别是在新的国际环境下，发展具有国际竞争力的产业集群，特别是平台经济，要给予空间让市场充分发挥作用。

市场经济是法治经济，企业是"法无禁止皆可为"，而政府是"法无授权不可为"。如果有"绿灯"，那主要是针对政府，要求政府应在法律的授权范围内制定实施政策。而对企业设"红灯"、搞负面清单，是市场经济通行的一种规则和做法。负面清单每年都在调整，基本上是在缩小，可能临时出台一些政策在负面清单的基础上扩大了或者外延了，从而对企业有一些要求，成为"红灯"。对此要充分论证，评价政策提出的依据和可能给企业造成的影响，极力避免"一令出则一业衰"的情况。同时，出台限制某个领域发展的政策时，要关注受影响的市场主体有没有获得有效的行政复议和司法救济渠道，这才是市场经济所要求的法治环境。总之，对企业设"红灯"、亮"红灯"，一定要慎之又慎，依法进行。要从让市场在资源配置中发挥决定性作用这个高度，正确处理好产业政策和竞争政策的关系，这也是对平台经济健康、可持续发展最重要的保护。

四　互联网平台治理面临的挑战与争议

（一）数字经济时代平台治理面临的挑战

当前数字经济时代新业态发展带来了新的挑战，包括嵌套经营模式下的责任主体难辨析、直播打赏行为效力认定标准待统一、数据权益民事司法保护面临新困境等。同时，平台自治方面也产生了新问题，如平台的信息披露不及时不全面、个人信息收集处理不规范、电商直播营销存在夸大宣传现象等。针对上述挑战和问题，司法助力完善数字经济治理体系是关键，只有通过确立数字正义规制数字经济的价值观、行业组织建立科学合理的行业标准、能动司法助力数字经济发展、外部公共治理正当介入，实现社会多元主体共建共治、内部治理与外部治理协同，才能有效应对数字经济时代消费者权益保护所面临的诸多挑战。同时，要找准审判工作着力点，充分发挥司法裁判的指引和示范作用，为服务数字经济发展筑牢司法屏障。

现代社会已进入数据时代，习近平总书记指出，“当今时代，数字技术、数字经济是世界科技革命和产业变革的先机”。[①] 数字经济是继农业经济、工业经济之后的新型经济形态，是推进中国式现代化的重要时代背景。在数字经济发展过程中，各类新型平台的治理与其用户权益的保护问题显得格外突出。数字经济是驱动经济发展的引擎，数字经济发展凸显了平台治理与用户权益保护的重要性。然而，两者之间存在内在的矛盾。以往民法时代，民事主体之间是平等地位，数字经济时代，平台经济促进了数字权力的崛起，平台与用户之间的关系并不完全平等，在用户分散化的情形下，如何保障用户与平台平等对话，是一个值得探讨的话题。数字经济需要探索平台治理和用户权益保护的平衡，需要依托各方力量的参与和治理，通过对话、交流、共建，共同为数字经济的发展保驾护航。平台治理与用户权益保护离不开立法、行政、司法、社会保护多措并举。

数字经济如今已成为中国经济发展的新增长极。数字平台企业作为数字经济时代的代表性产物，凭借双边或多边市场特性汇聚海量用户和数据，在取得快速发展的同时引发了数字平台垄断现象。数字平台垄断现象治理应在不突破底线的前提下，从多维度把握鼓励平台健康发展与防止平台垄断之间的平衡点，[②] 从大国科技博弈和提升国家创新体系整体效能的视角，权衡加强创新产出和反垄断规制间的关系，秉持“促创新、强监管、守底线”原则健全数字经济治理体系，明确数字平台垄断现象治理的动态调节标准，创新反垄断调节方法，建立数字平台垄断现象治理动态调节机制。

（二）数字经济时代平台面临的争议问题——以电子商务平台为例

司法实践对《电子商务法》争议问题予以有力回应，《电子商务法》规

---

① 《把握数字经济发展趋势和规律 推动我国数字经济健康发展》，《人民日报》2021 年 10 月 20 日。

② 蔡笑天、马爽：《国家创新体系视角下的数字平台垄断现象及其治理策略》，《全球科技经济瞭望》2023 年第 1 期。

则在法律适用中经受住了实践的检验。但也有一些规则存在需要进一步完善的地方，也因此引发了关于一些具体规则的争议。①

1. 平台的认定问题

《电子商务法》第九条第二款对平台的定义在司法适用中的问题主要集中在：如何将现实中复杂的平台形态，与《电子商务法》中关于平台的规定对应起来，从而根据《电子商务法》的规定对其提出合规要求。本文以"《电子商务法》第九条"为关键词在威科先行平台进行检索，经整理统计，涉及涉案平台是否属于电子商务平台问题的判例数量为156篇。实践中，法院的认定思路主要分为两种：一是直接引用"交易撮合""信息发布"等特征要素，从而得出平台属于电子商务平台的结论：二是倾向于灵活认定，注重个案情况的具体分析。如全国首例认定直播带货场景下的直播平台为电商平台侵害商标权案的裁判思路一定程度上回应了新型平台模式定性问题的相关法律争议问题。

2. 平台审核义务的认定问题

《电子商务法》第二十七条要求电商平台保证主体登记信息真实，由此便引发了电商平台审核义务边界的问题，也是实践中相关诉争的核心争议焦点。以"《电子商务法》第二十七条"为关键词在威科先行平台上检索，经整理后共有相关判例57篇。整体来看，保证主体登记信息真实的注意义务边界的判定仍然以个案中法官的自由裁量为准。在义务标准上，法院倾向于采用形式审核标准来认定审核义务是否履行。实践中，法院认定平台是否尽到审核义务还采取了一种以事后提供信息倒推尽到审核义务的裁判思路，不过也仍然呼吁平台不断完善商品、服务发布管理规则、流程，以及监测、排查手段，为买卖双方提供更好的网络交易环境。最后，是否尽到形式审查义务通常会考虑到平台的审查能力，但对于审查能力的认定标准不一，法官对此仍有较大的自由裁量权。

3. 安全保障义务问题

《电子商务法》第三十八条在司法适用中的争议集中体现为"未尽到安

① 参见《北京大学电子商务法实施报告2023》。

全保障义务”的认定标准以及“相应的责任”的具体形态问题。本文在北大法宝平台上以《电子商务法》第三十八条第二款为裁判依据，设置裁判时间为从 2019 年 1 月 1 日至 2023 年 11 月 18 日，剔除掉无效样本，一共检索到涉及安全保障义务的民事判决书 13 份。法院依据《电子商务法》第三十八条第二款判决平台承担未尽到安全保障义务的民事责任的具体形态不一、裁判标准各异，但判决平台承担补充责任的案件占大多数。[①]

4. 电子合同的成立问题

《电子商务法》第四十九条在实际适用上的问题主要来自对该条第二款的不同理解。首先一个问题是，该条第二款与《民法典》相关规定的关系问题。另一个问题是商家标价错误情形下的“羊毛党”问题。对此，司法实践中的通行做法是：认定这个时期的“消费者”并非法律需特别保护的弱势群体。并且根据过失相抵或公平原则，当事人一方违约造成对方损失，对方对损失的发生也有过错的，可以减少甚至免除违约方相应的损害赔偿责任[②]，借此实现利益平衡。

5. 不正当竞争问题

平台内经营者通过刷单炒信、恶意差评、恶意投诉等行为进行不正当竞争的问题时有发生，平台间通过“二选一”等形式进行不正当竞争的现象频发。但需要厘清的是，具体的法律适用仍需就具体法律纠纷进行单独的判断。《电子商务法》不能绝对地直接适用于所有电子商务领域的法律纠纷，在平台“二选一”的规制问题上，《电子商务法》第三十五条侧重于保护平台内中小商家使其免受平台的不公平限制，而不能作为平台“二选一”的专门规制条款，对于“不正当竞争”的认定仍需适用《反不正当竞争法》。

总而言之，《电子商务法》逐渐在各类民商事案件中崭露头角，在司法领域得到越来越广泛的适用，同时为电子商务领域新型法律关系的认定提供

① 徐慧蕴：《电商平台安全保障义务之实证分析与理论进路——以〈电子商务法〉第 38 条第二款为切入点》，《湖北经济学院学报》（人文社会科学版）2023 年第 6 期。

② 葛智慧、屈茂辉：《电子合同成立时间研讨——以〈民法典〉第 491 条第 2 款与〈电子商务法〉第 49 条为中心》，《时代法学》2022 年第 5 期。

了一定的法律制度指引。虽然在个别条款的适用上仍存在一定的争议和讨论，但《电子商务法》仍然彰显了与其他现行法律规范之间的良好衔接性和适用性，在保障电子商务各方主体利益、维护市场公平竞争秩序、促进电商健康持续发展方面起到了不可或缺的作用。

五　互联网平台治理的对策与展望

平台经济有利于提高全社会资源配置效率，推动国民经济循环各环节健康发展，也有利于提高国家治理的智能化、全域化、个性化、精细化水平。[①] 但近年来，平台经济领域“强者愈强”的马太效应不断加剧，“大数据杀熟”、平台“二选一”、零工劳动权益受损等问题引发公众强烈不满，侵害消费者权益，限制中小企业创新发展，不符合我国迈向共同富裕的战略目标。相关中央经济工作会议释放了清晰明确的政策信号，对平台经济要兴利除弊，促进发展和依法规范并重。因此，未来平台治理相关立法将赋权监管部门，从构筑国家竞争新优势的战略高度出发，坚持发展和规范并重，关注平台经济自身的发展规律，以市场竞争、弱势群体权益保护和平台用工劳动权益保障等为切入点，构建平台经济治理的法规体系，落实“促进公平竞争，反对垄断，防止资本无序扩张”的要求。从域外立法的视角来看，各国反垄断规制利器剑指科技巨头，主要发达经济体都在探索对平台“守门人”的规制路径，充实制度工具。展望未来，建议重点关注三个方面的工作。

一是加快研究制定和出台准确适用反垄断和反不当竞争的司法解释，维护公平竞争，建立健全互联网市场竞争的顶层制度框架，明确平台经济领域新型竞争问题监管边界。推动出台中央和地方以及细分领域的反垄断指南，为企业提升反垄断合规意识和明确合规要求提供指引。

---

① 王先林：《平台经济领域垄断和反垄断问题的法律思考》，《浙江工商大学学报》2021年第4期。

二是构建大型互联网平台“守门人”制度规则。平台是连接数字经济和实体经济的桥梁，紧盯互联网生态的关键环节是推动数字经济和实体经济高质量融合发展的重要手段。可以参考国际经验，以风险防范为指引，通过制定互联网平台的统一立法，从事前、事中和事后全流程、多维度和分层次规定“守门人”的特殊平台义务。

三是完善平台在网络社会治理中的主体责任。建议加快实施《未成年人网络保护条例》，完善老年人等弱势群体使用互联网的专门保护规则。深入落实最新修订的《劳动法》，确保零工能够获得正确的就业地位和社会权利保障。落实算法管理专门规定，确保平台工作环境中算法管理的公平性、透明性和问责性。

B.19

社会组织参与社会治理面临的挑战及法治化路径研究*

刘文慧**

摘　要： 党的二十大报告指出，要建设社会治理共同体，社会组织作为参与社会治理的重要主体，对创新社会治理机制、推进国家治理体系和治理能力现代化意义重大。近年来，河北省社会组织蓬勃兴起，在提供公共服务、化解矛盾纠纷、维护社会和谐稳定等社会治理领域作出了积极贡献。然而，当前社会组织参与社会治理仍然面临配套法律制度不完善、部分组织行政化倾向严重、社会组织参与社会治理能力不足、社会组织监管体系不健全、信息化支撑不足等诸多挑战。为此，应引导社会组织在法治轨道上参与社会治理，具体而言，需要加强顶层设计，完善相关法律制度，加快推动形成政府和社会组织的良性互动，构建政社合力，提升社会组织参与社会治理的能力，并依托数字技术提升社会组织参与社会治理的效能。

关键词： 社会组织　社会治理　法治化

党的二十大报告指出，要完善社会治理体系，健全共建共治共享的社会治理制度，提升社会治理效能，畅通和规范群众诉求表达、利益协调、权益保障通道，建设人人有责、人人尽责、人人享有的社会治理共同体。多元主体协同共治成为社会治理现代化的应有之义。而社会组织作为参与社会治理

---

* 本文系 2023 年度河北省社会科学发展研究课题"新时代'枫桥经验'指引下河北省乡村治理法治化的实现路径研究"（课题编号：20230301027）阶段性成果。

** 刘文慧，河北省社会科学院法学研究所研究实习员，研究方向为社会治理、法治政府建设。

的重要主体，能够嵌入各治理主体，广泛链接政府、市场和社会公众，在承接政府职能转移、弥补市场不足、激发社会活力等方面发挥越来越重要的作用。

一 河北省社会组织参与基层社会治理的现状

（一）河北省社会组织发展概况

一直以来，河北省认真贯彻落实关于社会组织改革发展的各项决策部署，陆续制定出台了《关于大力培育发展社区社会组织的实施意见》、《关于促进全省社会组织高质量发展的若干措施》、《河北省社会组织年度工作报告管理办法（试行）》和《河北省四类社会组织直接登记实施办法（试行）》等一系列政策文件，社会组织发展结构不断优化，整体向着高质量发展稳步迈进，呈现以下特点。

第一，社会组织类型齐全、覆盖广泛，服务范围涉及经济、教育、卫生、科技、环保、体育、法律服务等各领域。第二，社会组织孵化培育体系完善。近年来，河北省民政厅大力推进省市县社会组织孵化体系建设，省市县社会组织孵化基地覆盖率达 100%。第三，社会组织发展兼顾数量和质量，发展成熟、社会影响力高的社会组织不断涌现，形成良好品牌效应。2023 年 12 月 29 日，河北省民政厅公布了 2023 年度社会组织评估等级结果。其中，石家庄市建筑协会等 20 家社会组织获评 5A 级，河北省招标投标协会等 20 家社会组织获评 4A 级，河北省红十字基金会等 70 家社会组织获评 3A 级。这些获评 3A 级及以上的社会组织不仅在企业服务、社会公益、协作帮扶等多方面产生了积极影响，而且逐渐发展成为社会公众参与社会治理的重要载体，有效促进了社会治理效能的提升。

（二）河北省社会组织参与社会治理的实践及成效

一是发挥“桥梁”作用，顺畅连接政府、社会组织、企业及社会公众，整合资源，汇聚各方力量。比如，保定市企业家协会通过积极参与涉企政策宣传解读、加强产业协同合作、规范行业秩序等方式成为政府与企业之间沟通的纽带，不仅促进了社会治理效能的提升，还助力了经济发展。

二是立足专业优势，有效提供社会公共服务。社会治理多元化格局日渐形成，作为新兴力量的社会组织在社会治理实践中占据越来越重要的地位。比如，河北省心理干预协会、省心理咨询师协会、省心理卫生学会发挥专业优势，在疫情期间开通危机干预绿色通道，搭建网络服务平台、开通心理咨询热线，为社会公众提供心理干预、心理疏导、心理陪伴三方面专业服务，为维护社会和谐稳定作出了积极贡献。

三是聚焦社会需求，在扶弱济困、扶老助孤、恤病助残等民生保障领域发挥协同治理功能，成效显著。以河北慈善联合基金会开展的“梦想口袋”项目为例，该项目已覆盖 14 个地市 240 余所学校，使得 13317 名乡村儿童受益。截至 2022 年 9 月，全省共有各类慈善组织 625 家，居全国第 8 位，注册志愿者达 1203 万人，记录服务时间 1. 3 亿小时。

四是践行公益理念，形成社会治理合力。长期以来，河北省各级志愿服务类社会组织积极践行公益理念，不断整合志愿者队伍资源，动员社会力量广泛参与村容整治、垃圾分类、五水共治等工作。同时，在相关部门引导下，河北省社会组织积极投身乡村振兴事业，仅 2021 年，河北省 2257 家社会组织便参与了 1393 个乡村振兴项目，涉及资金高达 1. 85 亿元，受益人数超过 181 万人。

五是积极化解社会矛盾纠纷，维护社会和谐稳定。这是社会治理的基本内容，也是社会组织参与社会治理的重要领域。2022 年 6 月成立的衡水市人民调解协会发展了首批 109 名人民调解员作为会员代表，并吸收了 112 家基层人民调解委员会作为会员单位，在成立后创新服务手段，组织开展矛盾纠纷预防、排查和化解工作，有力推进了人民调解组织参与诉源治理以及平安衡水、法治衡水建设工作。

二　社会组织参与社会治理面临的挑战

当前，河北省各类社会组织蓬勃发展，在社会福利保障、乡村振兴、矛盾纠纷化解等多个领域发挥积极作用，有效提升了社会治理效能。但与此同时，各类社会组织在参与社会治理的过程中依旧面临诸多挑战，需引起高度重视。

（一）配套法律制度不完善

良好的法治环境不仅是社会组织自身规范运行和发展的前提，也是社会组织高效参与社会治理的保障。然而，从我国社会组织相关法律法规来看，虽然《民法典》《慈善法》《公益事业捐赠法》等法律的部分条款提及了社会组织，但在实践中主要用来规范社会组织成立和各项活动的仍然只有《社会团体登记管理条例》《基金会管理条例》《民办非企业单位登记管理暂行条例》等。可以说，我国有关社会组织的法律制度仍不健全。首先，缺乏一部针对社会组织的专门法律。从立法层级来看，以上三个登记管理条例均属于行政法规，法律效力层级较低，对社会组织的保障力度不强。其次，某些条款制定时间较早，仍带有浓厚的计划经济色彩，已经严重滞后于社会组织发展需要。最后，当前法规主要对社会组织的登记成立活动予以规制，而有关社会组织的政府监管、内部治理制度尚存在空白。从各省市社会组织相关政策法规来看，辽宁省制定出台了《辽宁省社会组织管理条例》，上海市、温州市针对社会组织特定问题制定出台了地方性法规，多数省市仍然是依据民政部门出台的相关政策文件调整规范社会组织运行。以河北省为例，目前河北省尚未出台针对社会组织的地方性法规，对社会组织参与社会治理的法律保障有限。

社会组织配套法律制度的不健全影响社会组织在社会治理中主体作用的发挥。一方面，由于我国尚未制定出台社会组织法，因而对于社会组织的权利义务、法律地位、职责作用等缺少明确规定，这在一定程度上造成了社会组织独立性缺失，参与社会治理的正当性和合法性存疑，制约社会组织自身的发展和社会治理效能的发挥。另一方面，相关法律的缺失容易导致社会组织和政府间权力边界混淆，可能会使政府权力不正当扩张，挤压社会组织的生存空间。

（二）部分社会组织行政化倾向严重

近年来，中央多次发文强调要推进社会组织改革，加快实施政社分开，克服社会组织行政化倾向。河北省始终按照党中央、国务院决策部署，多措并举，不断激发社会组织活力，并于 2020 年提前完成了行业协会商会脱钩改革，去行政化取得明显成效。但从实践来看，仍有相当一部分的社会组织在运行过程中对政府存在较强的依赖性，行政色彩浓厚，独立性和自主性缺失。长此以往，会架空社会组织的治理主体地位，使其无法发挥应有作用。

社会组织之所以出现较为严重的行政化倾向，与以下两方面的原因有关。第一，政府部门对社会组织的主体地位和作用认识不足。长期以来，党委政府一直是我国社会治理的主体，受行政主导体制的影响，对社会组织的角色定位常以“被管理者”居多，有些政府部门甚至习惯性地将社会组织视作延伸自身行政职能的“触角”，在希望社会组织分担其部分职能的同时，又对其采取较多的管控措施，以防因赋予其太多权力而削弱自身的权威性。第二，社会组织自身性质及资源短缺使得社会组织难以完全摆脱对政府部门的依赖。一方面，从社会组织的产生历程来看，有相当多的社会组织是在机构改革和简政放权过程中由行政力量推动形成的，这些组织的管理模式、内部治理结构均沿袭了政府模式，有些还会与党政部门合署办公，这些社会组织对政府具有天然的依附属性，行政官办色彩严重。另一方面，行政力量在社会资源的分配中占有绝对的优势和主导地位，而资金、人才等社会资源短缺是社会组织面临的长期难题。特别是在资金方面，政府购买服务是社会组织获取资金的重要渠道，为了自身存续与发展，社会组织在承接项目、开展活动时可能会优先考虑政府需求，而非社会公众的利益诉求。这种建立在资源依赖上的政社关系必然会产生双方主体地位的不对等，不仅会使社会组织产生强烈的依赖心理，逐渐丧失独立性，还为政府干预社会组织活动提供了空间，进而制约社会组织的创新发展。

（三）社会组织参与社会治理的能力不足

社会组织治理效能能否充分发挥不仅取决于外部政策法规是否完善，也与社会组织自身管理建设水平高低息息相关。从当前社会组织的发展实践来看，社会组织参与社会治理的能力仍然存在不足，具体表现在以下三个方面。

1. 社会组织内部治理水平低

社会组织内部治理情况直接反映社会组织发展成熟度，良好的内部治理生态是社会组织有效参与社会治理的基础。然而，当前社会组织内部治理能力仍有待提升。一是社会组织内部规章制度不健全。部分社会组织尚未形成以章程为核心的内部运行机制。还有一些社会组织虽然有章程，但章程内容流于形式或者未制定配套的实施细则，使得章程无法与社会组织运行实际相契合。同时，社会组织的财务制度普遍不健全，特别是关于会计核算、资金审批、财务信息公开等方面的制度存在缺失，这样容易造成社会组织内部滋生腐败，不仅会阻碍社会组织自身的发展，还会影响社会组织在公众心中的形象，大大降低社会组织的公信力。二是社会组织内部机构设置不健全。近年来，社会组织发展势头迅猛，但从其实际情况来看，大部分的社会组织成立年份不长，专业化程度低，规模小、结构简单，这样的社会组织往往未设置董事会或设立结构不合理，难以形成科学民主的决策机制。此外，监事会等监督机构的缺失也使得内部监管不到位。

2. 社会组织资金筹措能力有限

充足的资金是社会组织参与社会治理的前提条件。现阶段，社会组织的资金来源主要为政府购买服务和社会捐赠。在政府购买服务中，各级政府尚未形成成熟的项目制运转机制，社会组织资金来源不稳定。且在选择社会组织时，政府部门往往具有偏向性，会优先选择熟悉的社会组织，新加入的社会组织常处于竞争劣势，这使得各类社会组织在获取资金支持时存在严重失衡现象。而在社会捐赠中，来自企业、公众与各类公益基金的资助远远不够，其他主体参与捐赠的积极性又明显不足，甚至对社会组织的认知尚未形成，这些无疑都增加了社会组织筹措资金的难度。此外，虽然部分社会组织会通过开展经营性活动来获取资金，但受组织内部人员、技术等条件的限制，营收状况并不理想。由此观之，社会组织资金筹措能力不足、资金短缺已然成为制约社会组织参与社会治理的重要因素。

3. 社会组织人才队伍建设不强

目前，全国各地社会组织数量持续增长，但社会组织成员多为兼职人员，人才队伍不稳定。此外，由于大部分社会组织规模小、薪酬低，晋升空间有限，对专业人才的吸引力较弱。社会组织在人才队伍建设方面的不足直接影响效能的发挥，亟待解决。

（四）社会组织监管体系不健全

当前，社会组织的服务范围涉及各个领域，社会影响力不断扩大，在获得社会各界肯定的同时，也伴随一些问题的产生。例如，由于社会组织内部财务制度混乱，管理松散，腐败现象滋生，甚至某些社会组织从事非法集资、诈骗等活动，扰乱社会秩序，侵害公共利益。以上问题说明社会组织在参与社会治理过程中容易出现失范行为，而这与针对社会组织的监管体系不健全密切相关。

1. 社会组织监管主体单一

虽然我国对社会组织采取的是综合监管，但从监管实效来看，全国各地社会组织的监管工作主要是依靠当地民政部门的社会组织管理局开展，第三方监管机构和社会公众的参与程度较低。社会组织管理局承担社会组织的登记审批、日常管理、监督执法、孵化培育等多项职能，工作任务繁杂，在组织实施监管的过程中难免因人力、物力的稀少而出现力不从心的情况，导致监管的实际效果不佳。同时，由于社会组织各项制度不规范，信息公开程度不够，其他监管力量也无法发挥作用。

2. 社会组织监管内容不全面

从有关社会组织的法律制度来看，当前对社会组织的监管侧重事前监管，即严格按照社会组织登记注册要求，对社会组织是否符合登记条件进行严格审查，而对社会组织登记成立后的事中事后监管有所疏漏。事实上，登记注册只是社会组织参与社会治理的第一步，后续其承接各项社会服务、组织开展日常活动是否规范有序更值得关注。

3. 社会组织监管方式创新不足

一方面，登记条例中规定的社会组织年检年报制度是民政部门掌握社会组织发展状况，对其进行监管的主要措施之一。但以上制度不能及时发现社会组织在日常活动中的问题，起到的监管效果也不尽如人意。另一方面，现有的监管手段多以清理、打击等硬性惩罚措施为主，说服、教育、引导等柔性方式使用较少。长远来看，这不利于激发社会组织活力，也不利于更好发挥社会组织的主体作用。

（五）社会组织参与社会治理信息化支撑不足

在信息化加速发展的大数据时代，社会组织展现的活力远远不够。究其原因，一方面在于社会组织治理观念落后，相当一部分社会组织仍然只依赖传统的治理手段，对大数据的价值重视程度不够；另一方面在于社会组织缺少熟练分析、使用大数据的专业人才，无法有效开发和挖掘相关数据价值，人才储备情况难以匹配现实情况需要，进而影响社会组织创新活力的激发。

三　社会组织参与社会治理的法治化路径探析

（一）加强顶层设计，完善相关法律制度

一是制定社会组织法，明确社会组织主体地位。通过制定社会组织法这一专门性法律，对社会组织的法律性质、法律地位、与政府和市场的关系、应承担的民事权利义务、政府的监管范围及权限等多方面内容予以明确，使

得社会组织能够在法律框架内充分行使自身权利，保障其在社会治理中组织开展的各项活动于法有据。

二是结合社会组织发展需要适当调整现有法规，完善登记制度。依据现行政策法规，除了行业协会商会类、科技类、公益慈善类和城乡社会服务类等四类社会组织采取直接登记外，其余社会组织仍采取严格的双重登记管理模式。在实践中，社会组织类型广泛，符合直接登记条件的社会组织所占比例较低。而大量社会组织由于自身规模较小，发展水平较低，无法被核准注册。对此，应依据社会组织的性质、发展的重点领域等适当降低登记门槛，放宽对社会组织在办公场所、人员数量等方面的要求，以更具灵活性的方法赋予社会组织主体地位，保障其发展。同时，对于无法满足登记条件但已实际发挥作用的社会组织，引导其在所在社区或乡镇以备案的形式进行登记，以便将其纳入管理体系，并依据实际情况进行培育扶持。

三是配套制定诸如《社会组织行为规范》《社会组织监督管理办法》等规范性文件，引导社会组织规范活动，有序参与社会治理。

（二）推动形成政府和社会组织的良性互动

一是政府转变治理观念，提高对社会组织作为协同治理主体的重视程度。当前，社会治理体制不断创新，打造共建共治共享的治理格局，关键一步就是要政府先从理念上扭转以往单中心治理的思维，主动从“全能政府”向“有限政府”转变，用实际行动践行共治理念。其中，便要充分认识到社会组织是与政府、市场等并立的治理主体，因具有公益性、自治性等特点在参与社会治理时能够发挥自身独特优势应对政府和市场可能出现的双重失灵，满足社会公众多层次、个性化诉求，维护社会和谐稳定。此外，社会组织作为联系政府和社会公众的桥梁，不仅能够有效激发各方治理活力，也能在一定程度上对政府的治理活动进行监督，从而提升政府治理效能。

二是明确政府和社会组织权责边界。制定政府权力清单，明确规定政府对社会组织的指导、管理、监督方式和范围，为“政社分开、权责明确”

的模糊表述配备一套清晰、可操作性强的规则，以防公权力的不正当扩张，进而保障社会组织的发展空间。

三是健全政府购买服务机制。首先，在政府购买服务过程中，政府部门要明确自己的角色定位，始终与社会组织保持平等合作关系，赋予社会组织适当的自主权。其次，建立政府购买服务监督问责机制。前期以公开投标为主要方式，给予符合资质的社会组织平等的竞争机会，择优选择；事中对实施中的服务项目采取动态监管，及时发现、解决问题；事后加强监督问责。最后，加强政府购买服务评估体系建设。通过引入第三方评估机构，对服务项目从完成质量、社会影响力、公众满意度等多方面进行量化打分。

（三）提升社会组织参与社会治理的能力

一是优化社会组织内部治理，增强自治性。一方面，制定社会组织章程，形成完善的社会组织内部治理架构。可借鉴国内外企业治理的先进经验，采用“决策—执行—监管”分权分工体制，对会员代表大会、理事会、监事会的职责进行明确规定。同时，以组织章程为基础，根据社会组织发展状况，调整修订运营管理条例并制定相应的实施细则，保证社会组织在运行过程中有章可循。另一方面，完善财务管理、信息公开等各项制度，提高社会组织自律性。细化财务管理制度，严格规范会计核算行为，加强资金使用全过程管控，确保相关财务信息真实、准确、完整，严防腐败问题发生。提高信息公开标准，充分利用各类融媒体平台公开财务、人员变动、活动开展等信息，最大限度向社会公众公开整体运行情况，以此提高社会组织活动的透明度，保证社会组织在“阳光”下长远发展。

二是拓宽社会组织筹措资金渠道。采取多元化筹资策略，积极与企业对接合作，通过提供优质服务项目与企业逐渐建立稳定有效合作关系；加强社会组织品牌建设，聚焦公共服务，不断提高公共服务质量，提高社会影响力和公众认可度，吸引民间资本投入；加强与其他民间组织的合作交流，实现资源和经验的优势互补，提高自身“造血”能力，走出资金不足困境。

三是壮大社会组织人才队伍。加强社会组织薪酬福利保障，依据地区实际制定社会组织薪酬福利体系指导标准。同时，社会组织内部建立成员晋升机制，确保个人有充足的发展空间，以此增加社会组织成员的稳定性并吸引更多人才加入。加强人才选拔、使用和推介，与高校进行联合培养，引导更多人才参与社会治理活动。定期开展内部培训，加强交流学习，不断提高社会组织成员的相关专业知识和服务水平。

（四）完善社会组织监管体系

建立健全社会组织内外监管体系是社会组织在法治轨道上高效参与社会治理的必然要求。从社会组织内部监督来看，要建立严格的自律机制，规范服务项目提供流程，充分发挥监事会作用，将内部监督制度落到实处。从社会组织外部监督来看，首先，进一步优化政府监管。除了组织实施年检外，还要不定期抽检社会组织具体运营情况，并对其财务状况、活动开展情况进行重点督导，对督导检查中发现的问题要求限期整改。同时，建立社会组织奖惩机制，加强对品牌社会组织的宣传和表彰，并依据在社会治理中的贡献度给予奖励。对存在违规违法等问题的社会组织严肃处理，必要时可联合相关部门给予撤销登记的处罚。其次，加大第三方监管机构监管力度。近年来，第三方监管机构在规范社会组织发展方面取得了一定成效，但仍存在监管机构专业水平不足、评估标准不统一、评估结果应用不理想等问题。为此，应尽快确定统一评估标准，完善评估指标体系，并将评估结果作为政府购买服务和社会组织能否享有税收政策优惠的重要参考，切实发挥第三方机构对社会组织的约束作用。同时，督促监督评估机构加强对其人员的专业培训，确保评估结果权威、可靠。最后，强化社会公众监督。在社会组织信息全面公开的基础上，拓宽社会公众监督渠道，以线上线下相结合的方式，通过设立举报箱、公布举报热线、网上信箱等方式鼓励引导社会公众对社会组织开展常态化监督。

（五）依托数字技术提升社会组织参与社会治理效能

随着互联网时代的到来，数字技术逐渐渗透到各行各业，为社会发展注入了新的活力。在此背景下，依托数字技术进行社会治理是社会组织的必由之路。第一，社会组织需与时俱进更新治理理念，充分认识数字技术在实现协同治理和提升社会治理效能中的重要作用，积极运用数字技术参与创新社会治理。第二，依托数字技术，搭建社会组织综合服务平台。一方面，通过对各级各类社会组织的摸底调研，将社会组织的基本情况统一录入数据库，建立社会组织信息公开系统，以便政府和社会各界进行监管。另一方面，利用平台拓宽社会组织与政府、社会组织与企业、各社会组织间的信息共享和沟通交流渠道，实现各治理主体间信息畅通、及时，能以最优方案精准定位、精准选择、精准实施公共事务服务、管理等社会治理工作。

B.20
京津冀环境资源保护刑事司法协作机制研究

李亚雷　张　恒　齐海军　陈　曦*

摘　要：　京津冀生态环境保护是一项跨区域的系统工程，需要三地司法机关协调配合；在现有的条件下，只有加强京津冀法院之间的司法协作，才能充分发挥法院在环境资源保护中的作用，特别是破坏环境资源保护罪的治理。本文借鉴其他国家和地区在环境治理中的协作经验及长三角区域法院一体化的实践经验，提出了京津冀地区法院在破坏环境资源保护刑事案件中的协同治理路径和机制，以期推进京津冀地区法院在环境资源保护中的刑事司法协作。

关键词：　破坏环境资源保护罪　合作治理　协作机制

* 李亚雷，法学学士，邯郸市复兴区人民法院常务副院长，研究方向为刑法学、环境法学；张恒，法学硕士，河北司法警官职业学院讲师，研究方向为刑事诉讼法、民商法；齐海军，法学硕士，邯郸市复兴区人民法院速裁庭法官，研究方向为民商法学、刑事诉讼法学；陈曦，河北经贸大学法学专业2021级本科生，研究方向为环境法。

环境是人类生存和发展的基本前提，对人类的重要性不言而喻。由于环境污染不仅影响人们的食品安全，而且对人类和其他动物的生命造成严重威胁，空气污染、水污染、土地污染造成的环境问题对京津冀的快速发展产生了负面影响。

京津冀地区自然资源丰富，交通发达，环境状况自然受到更多关注。但是随着经济发展，环境污染治理问题也越来越需要三地的协同，特别是严重的环境犯罪问题更需要三地加强协同。加强环境污染治理是京津冀一体化的必然要求，从各地成功经验分析，绿色环保的生态发展也是为了适应国家发展要求。①

生态环境保护是一项系统综合工程，需要相关部门通力合作。这就不仅要推进建立京津冀各自区域内法院与检察院、公安机关、环保部门之间的协调联动机制，还要推动建立跨区域的环境污染案件协调联动机制。

一　破坏环境资源保护罪概述

破坏环境资源保护罪，是指个人或单位故意违反环境保护法律，污染或破坏环境资源，造成或可能造成公私、财产重大损失乃至人身伤亡的严重后果，触犯刑法并应受刑事惩罚的行为。长期以来，受限于司法的地方行政色彩，不同行政区划之间各自为政，信息资源不通，司法协作机制缺位，京津冀地区的生态环境犯罪治理工作一直处于相对封闭状态，这与破坏京津冀地区生态环境犯罪的流动性特点产生矛盾，加之行政执法与刑事司法之间的相对割裂，京津冀地区生态环境犯罪案件的发现和处理面临诸多现实困难，亟须深入调研和解决。

2021 年颁布的《刑法》修正案（十一）将破坏环境资源保护罪第三百三十八条修订为：

“违反国家规定，排放、倾倒或者处置有放射性的废物、含传染病病原

① 齐炳升：《京津冀环境污染防治法律问题研究》，硕士学位论文，河北大学，2020。

体的废物、有毒物质或者其他有害物质，严重污染环境的，处三年以下有期徒刑或者拘役，并处或者单处罚金；情节严重的，处三年以上七年以下有期徒刑，并处罚金；有下列情形之一的，处七年以上有期徒刑，并处罚金：

（一）在饮用水水源保护区、自然保护地核心保护区等依法确定的重点保护区域排放、倾倒、处置有放射性的废物、含传染病病原体的废物、有毒物质，情节特别严重的；（二）向国家确定的重要江河、湖泊水域排放……（三）致使大量永久基本农田基本功能丧失或者遭受永久性破坏的；（四）致使多人重伤、严重疾病，或者致人严重残疾、死亡的。有前款行为，同时构成其他犯罪的，依照处罚较重的规定定罪处罚。”

其中“有下列情形之一的……”为新增内容，细化了应当判处七年以上有期徒刑的情形，也使得该法条的适用更具有可操作性。

第三百四十一条修订为：“非法猎捕、杀害国家重点保护的珍贵、濒危野生动物的，或者非法收购、运输、出售国家重点保护的珍贵、濒危野生动物及其制品的，处五年以下有期徒刑或者拘役，并处罚金；情节严重的，处五年以上十年以下有期徒刑，并处罚金；情节特别严重的，处十年以上有期徒刑，并处罚金或者没收财产。违反狩猎法规，在禁猎区、禁猎期或者使用禁用的工具、方法进行狩猎，破坏野生动物资源，情节严重的，处三年以下有期徒刑、拘役、管制或者罚金。违反野生动物保护管理法规，以食用为目的非法猎捕、收购、运输、出售第一款规定以外的在野外环境自然生长繁殖的陆生野生动物，情节严重的，依照前款的规定处罚。”

第三百四十二条后增加一条，作为第三百四十二条之一：“违反自然保护地管理法规，在国家公园、国家级自然保护区进行开垦、开发活动或者修建建筑物，造成严重后果或者有其他恶劣情节的，处五年以下有期徒刑或者拘役，并处或者单处罚金。有前款行为，同时构成其他犯罪的，依照处罚较重的规定定罪处罚。”第三百四十四条后增加一条，作为第三百四十四条之一：“违反国家规定，非法引进、释放或者丢弃外来入侵物种，情节严重的，处三年以下有期徒刑或者拘役，并处或者单处罚金。”

这次修订使得环境保护的执法司法更具有可操作性，也更加凸显了国家层面对环保的重视，也为京津冀地区环境资源保护刑事司法协作提供了法律和政策支持。污染环境行为造成的损害结果可能不仅涉及某地级市的辖区，也可能跨越地级市的区域，甚至跨越省级行政区，破坏环境资源保护罪与刑法规定的其他罪名有明显的不同之处，因此京津冀协同处理环境资源保护刑事案件十分必要。

虽然京津冀区域环境污染情况好转，但是污染环境犯罪依然较为严重。[①] 京津冀协同审理破坏环境资源保护的刑事案件的目的就是在现有刑事法律的框架内，探索建立该类案件的协同治理机制，以更有效地防范和打击该类犯罪。以水污染为例，流经河北的漳卫南运河、子牙河（滹沱河、滏阳河）、大清河、永定河、潮白河都流经天津，最终流入渤海。河流的客观现状决定着破坏环境资源保护刑事案件需要京津冀协同治理才能取得更好的效果。

二 其他国家和地区在环境治理中的协作情况

随着科技的发展，环境污染的危害不可预料，并且高科技产品的应用使得环境治理更加困难。环境污染也呈现突发性、高危险性、流动性、不可逆转性等一系列新特点。这些新的特点决定了环境污染治理的方式不再是简单的单一化治理，而是需要多方协作，引入协同治理理念和方式。[②]

（一）莱茵河治理的成功经验

莱茵河流经多个国家，各国之间的密切合作是流域治理成功的重要保障。莱茵河流域合作治理的核心机构是保护莱茵河国际委员会（ICPR）。ICPR 是一个多层次、多元化的合作机构，包括政府间合作、政府与非政府组织的合作、专家学者与专业团队的合作。ICPR 既设立了政府与非政府组

---

① 陈涛、李铁军：《京津冀区域污染环境犯罪治理研究》，《北京警察学院学报》2020 年第 4 期。

② 杜云杰：《京津冀一体化下环境污染协同治理研究》，《财富时代》2020 年第 12 期。

织参加的监督参与国行动计划实施的观察员小组，还设立了一些技术和专业协调工作组，能够有效将环保、治理、防洪和发展融为一体。各签约国家协商一致，采取共同行动，这有效地推进了莱茵河流域的环境改善。特别是2001年莱茵河部长会议通过的“莱茵河2020计划”，包含防洪、水质、生态系统改善及地下水保护等几个方面的治理目标。

莱茵河治理成功经验的启示是：一是以流域为单元对自然资源与生态环境进行评价；二是设立统一的全流域环境监测体系；三是结合各国实际规划制定流域综合治理方案；四是实行合理开发与生态治理和保护共同推进的方案。

（二）北美五大湖区域环境协作治理经验

北美五大湖是指苏必利尔湖、休伦湖、伊利湖、安大略湖、密歇根湖，除密歇根湖全部在美国境内之外，其他四湖为美加两国共有。湖水自西向东流经圣劳伦斯河，最终注入大西洋。五大湖的总面积达24.52万平方千米，水量占世界淡水湖水量的20%，是全球最大的淡水水域。20世纪60年代以来，该区域逐步成为美加边界环境污染最严重的区域之一。20世纪70年代，五大湖区域环境污染严重，美加两国开始重视起来，两国共同成立了协调组织，积极促进产业转型，鼓励多元主体参与跨域环境治理，并形成了合作共赢、共同治理的有效机制，逐步扭转了该地区的环境严重污染局面。具体来说，治理措施主要包括以下几个方面：一是基于政府间的协议推动环境治理。1909年美加两国签订《边界水域条约》，这是两国制定的第一个水质保护协议，它涉及水资源的保护、淡水的储存和利用、水质恢复以及相关的生态系统保护等。到1972年，美加两国政府又签署了《五大湖水质协议》，并不断修订将减少固体废物、减少磷排放、减少石油制品使用和排放、减少有毒物品排放等纳入管控范围。1985年，双方又签署了《五大湖宪章》，进一步细化了两国沿湖各州保护该区域环境资源的义务。2006年，美国8个州的代表与加拿大魁北克省、安大略省代表签署了旨在保护和限制利用圣罗伦斯河盆地水资源的《五大湖区—圣罗伦斯河盆地可持续水资源协议》。二是多元主体共同参与环境治理。各级政府、科研单位、流域管理机构、地方非政府团队、水资源使用者、非营利组织等都是五大湖的环境治理主体，但长期以来，政府的主导作用不容置疑，其长期坚持不懈采取实际行动保护湖区，并具体发挥协调与合作的主导作用。

三 国内其他地区法院一体化协作情况

长三角地区因地缘相近、人缘相亲，发生在该地区的环境刑事案件具有一定的相似性，但因各地法院审判资源并不均衡，裁判尺度也各自把握，处理同一类刑事案件，有时会产生不同的结果。上海、江苏、浙江、安徽四地积极探索司法一体化协作机制，在不改变行政隶属关系的前提下，打破工作边界，为处理各类刑事案件提供法治解决方案，积极推动形成有效解决跨区域环境刑事案件的处理方案。2020 年 10 月，分别来自上海市青浦区法院、苏州市吴江区法院、嘉兴市嘉善县法院的三位庭长坐在一起专门对一起太浦河流域非法电鱼捕捞案的经济损失赔偿金和生态修复费用的处理问题进行讨论，最终决定相关费用共同用于全流域的增殖放流等生态修复。更值得一提的是，三地法院还就今后跨域环境资源纠纷解决机制，包括生态基地管辖、专项基金的设立及基金使用方式等达成了一致意向。长三角地区上海、江苏、浙江、安徽四地高院联合签署了《长三角地区人民法院环境资源司法协作框架协议》[①]，形成长三角地区协同共治的生态环境司法保护全新格局，全面建立长三角地区各级人民法院之间的常态化司法协作机制，合力保护长三角地区的生态环境。

针对长江流域污染环境犯罪活动多发、易发，严重破坏长江生态环境的情况，最高检结合司法实践，提出对于发生在长江经济带各省市的两种环境污染犯罪行为，可以协同办案，依法从重处罚。一种是跨省市的污染环境犯罪活动，另一种是污染重要江河、湖泊的犯罪活动。

---

① 《加强司法协作 合力保护长江》，《人民日报》2018 年 6 月 20 日。

四　京津冀法院在破坏环境资源保护刑事案件中的协同治理

2014 年 2 月 26 日，习近平总书记首次提出："实现京津冀协同发展是重大国家战略。"[①] 2015 年 4 月 30 日，中共中央政治局审议通过了《京津冀协同发展规划纲要》，基本完成了该战略的顶层设计。各部门也积极为京津冀协同发展战略提供可靠的司法保障，2015 年 12 月，国家发展改革委、环境保护部发布《京津冀协同发展生态环境保护规划》，为京津冀生态环境保护明确了目标任务、实现路径和体制机制保障。京津冀三地人大常委会更是以《大气污染防治条例》等典型性地方立法为抓手，在生态环境协同治理上迈出了实质性步伐。[②] 2015 年，国家发展改革委、财政部等五部委发布《关于支持张承地区生态保护和修复的指导意见》，2016 年河北省人民政府印发《河北省张承地区生态保护和修复实施方案》，共同对实现张承地区生态环境的根本性好转，加快构建京津冀生态屏障提出了明确的目标要求、工作任务和保障措施。在这期间，创新体制机制的关键就是推动京津冀建立横向生态补偿机制。[③] 2016 年 2 月，最高院印发了《关于为京津冀协同发展提供司法服务和保障的意见》，直接为三地法院的深度合作提供了基本框架和制度支撑。2017 年 4 月 1 日，中共中央、国务院印发通知，决定设立国家级新区河北雄安新区。为了适应京津冀协同发展的需要，最高院及时响应，先后出台了《关于为河北雄安新区规划建设提供司法服务和保障的意见》、批复了《关于河北雄安新区中级人民法院及所辖基层人民法院案件管辖问题的请示》。2019 年 6 月 5 日，第三届京津冀司法论坛会议在河北固安召

① 中共中央党史研究室编《党的十八大以来大事记》，人民出版社，2017，第 27 页。

② 杨晖、贾海丽：《京津冀协同立法存在的问题及对策思考——以环境立法为视角》，《河北法学》2017 年第 7 期。

③ 刘广明：《协同发展视域下京津冀区际生态补偿制度构建》，《哈尔滨工业大学学报》（社会科学版）2017 年第 4 期。

开，三地高院共同签署了《关于京津冀协同发展服务保障雄安新区建设合作框架协议》，该协议从立、审、执三个环节及信息化和司法队伍建设几个方面提出要求，为三地法院机构协作、资源共享、工作联动奠定了良好基础。

上述文件的出台和协议的签订，均说明国家层面高度重视京津冀三地的司法协作特别是法院之间的协作，从最高院到三地的地方法院都及时出台落实中央政策的具体措施，共同为京津冀协同发展构建合作机制，输出优质高效的司法服务。

（一）京津冀生态环保审判现状

为有效解决京津冀环境问题，京津冀三地相继成立了一些专门的环保审判机构，对生态环保起到了一定的积极作用。党的十八届四中全会明确提出，探索设立跨行政区划的人民法院。2014 年底，北京市第四中级人民法院成立，管辖以北京各区县政府为被告的行政案件，以及北京市内的跨地区重大资源环境保护案件、重大食品药品安全案件等。北京市第四中级人民法院还可以管辖北京铁路运输法院、天津铁路运输法院、石家庄铁路运输法院第一审裁判的上诉案件，实际上，北京市第四中级人民法院已经成为跨省级行政区划的普通法院。

根据最高院关于环境审判专业化的工作思路，强化环境资源保护案件的审判力量，天津一中院结合审判工作实际，于 2014 年 9 月组建成立了环境资源合议庭，负责审理辖区内涉及环境资源纠纷的一、二审民事案件。2016 年 6 月，京津冀三地法院召开第一次法院联席会议，这标志着京津冀法院联席会议制度正式运行，会上，三地法院对立案、裁判标准的统一、疑难问题的共同商讨机制、审判信息的互通互享机制、规范性文件的统一适用均进行了有益的探索。2016 年 9 月，京津冀三地签署《京津冀环境资源审判协作框架协议》，在立案、管辖、审判等方面建立协作机制。2017 年 10 月，京津冀三省市六地法院在天津市蓟州区法院共同签署了司法协作协议，初步构建了跨省市司法协作框架机制。

查询“中国裁判文书网”，对环境资源类案件数据按年分类统计，可以看出，2019~2023年京津冀三地环境资源类案件共计9010件（见图1），其中北京受理1175件、占13.0%，天津受理1497件、占16.6%，河北省受理6338件、占70.3%。以民事、行政、刑事作为划分标准，三地共受理刑事案件8109件、占90%，民事案件649件、占7.2%，行政案件252件、占2.8%。可以看出，环境资源类案件中绝大部分是刑事案件，行政案件最少。

按照年份统计京津冀三地法院2019~2023年的环境资源类案件受理数量，可以看出，2019年以来环境资源类案件数量增幅最大的是河北，而京、津两地基本持平。这也进一步说明河北的经济转型升级之路任重道远。

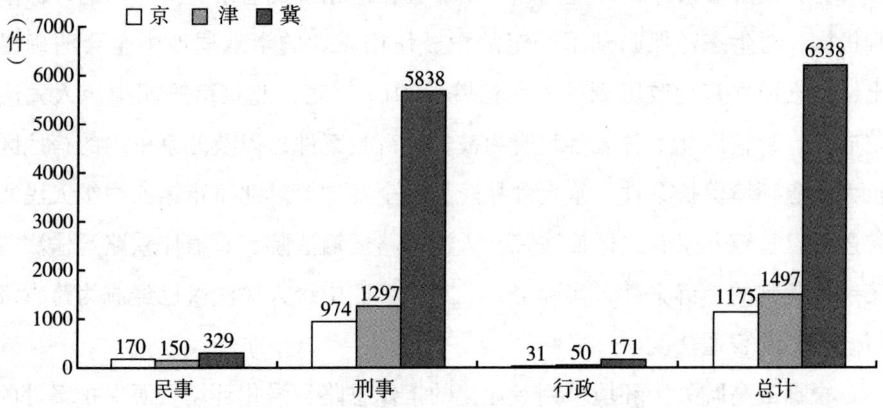

图1　2019~2023年京津冀三地环境资源类案件分布

资料来源：中国裁判文书网。

通过分析数据可以看出，三地的环境资源类案件分布不均衡。一是案件类型分布不均衡，三地均是刑事案件占绝大多数，民事和行政案件占比很小；二是从地域来看，三地分布不均衡，河北无论是案件总数还是按年份统计数量均多于京、津两地；三是环境资源类刑事案件占绝大多数，京津冀地区虽然对污染环境者处罚严厉，但整治效果并不理想。因此，有必要尝试探索新的符合京津冀现实的环境资源协同治理模式。

（二）建议设立跨省域的京津冀生态环保法院

长期的司法实践已经证明，通过传统的法院审判模式加环境资源审判庭、环保合议庭模式来应对京津冀地区的环境资源类案件，收效甚微，很难对京津冀环境问题实现有效的司法救济。建议遵循最高院相关文件的精神，建立专门的京津冀生态环境法院，这既是顺应司法改革趋势设立跨区域专门法院的有益尝试，也是京津冀地区环境治理司法救济的实际需要。根据环境资源类案件的跨行政区域特性，建议借鉴其他国家和地区生态环保审判机构的实践经验，建立跨省域的专门的京津冀生态环保法院。可以借鉴我国铁路运输法院、海事法院等专门法院及北京市第四中级人民法院的先例，首先，建立最基本的一级跨省级行政区划的生态环保法院，即京津冀生态环保法院，由该院作为一审法院，负责审理京津冀三地所有与环境污染、环境资源问题有关的民事、行政、刑事案件。由该院结合三地的实际情况，在法律、法规规定的范围内制定统一的审判标准，以有效解决环境资源类案件的管辖问题，避免出现有的案件争着管、有的案件无人管的情况。其次，选择部分重点区域设置审判庭，以有效解决重点区域的环保资源类案件审判问题。再次，考虑到环保法院管辖的地域广阔、案件相对较少的现实情况，可以只设一级生态环保法院，在京津冀三地管辖行政区域较大的区县设立环境资源法院的派出法庭，就地审理不超过一定标准的环境资源类案件，以有效实现“两便原则”，更有效地让违法者受惩罚，保护三地的生态资源和环境。最后，考虑到河北是京津冀地区环境资源类案件的主要案发地，并且河北省高院已设立集环境刑事案件、民事案件、行政案件于一体的环境保护审判庭，建议将京津冀生态环保法院的上诉法院确定为河北省高院。

建立环保巡回法庭作为京津冀区域解决跨域环境污染犯罪的有效媒介，巡回法庭独立于京津冀三地法院，隶属于最高院资源环境审判庭，专门负责审理京津冀地区跨行政区划的环境污染或侵权案件。巡回法庭主要负责审理、解决跨区域较为复杂、影响较大的环境刑事、行政和民事案件，特别是超越京津冀三地能力所及的案件。在京津冀地区设立专门的环保巡回法庭，既有利于跨区域环境资源类案件审理的专门化，也有利于击破违法企业的保护伞，打破地方保护主义的顽瘴痼疾，为京津冀地区环境资源类案件审理法律适用标准的统一提供了重要前提。

另外，要优化京津冀区域环保巡回法庭的人员组成。一方面，对法院的审判人员开展定期培训，使现有的审判人员适应环境资源类案件审判的实际需要。另一方面，在新人招录时，应加强对环境法律人才的重视，结合法院的特点和实际需要，有意识地招录具有环境法律专业背景和环境保护专业背景的人才；除了正常的四级联考公务员招录之外，可以面向社会招录部分具有较丰富环境资源类案件诉讼经验的律师和学者，打造一支具有较强环境资源类案件处理能力的复合型审判团队，努力打造一支政治过硬、业务精通、综合素质较高的专业化环境资源类案件审判队伍。

（三）构建专门的审判程序和组建专业的审判团队

审判机构专门化是推进环境资源类案件跨区域集中管辖的重要支撑。构建专门的审判程序和组建专业的审判团队是推进环境资源类案件处理专业化的基本要求。

尝试创设专门的审判程序，可以从以下几个方面着手。首先，推行统一的审判理念。必须坚持预防为主、最有益于生态保护和生态修复的原则和指导思想。其次，推动统一的因果关系推定规则落实。受害人、行政机关和公诉人只要提出了因果关系存在的初步证据，就可以推定因果关系成立。再次，推动诉前司法令的实施。针对可能造成的环境资源重大损害或者为避免损害的扩大，法院可以依职权或依申请出具司法令，责令被告在限期内采取相应的行为。最后，加强综合调处。针对环境资源类案件可能涉及的若干主体，进行综合调解和系统处理，推动各方达成协议，若协议达成须向社会公告协议的内容，防止损害社会公共利益。另外，需要说明的是，关于证据，既要重视传统的证据种类，更要强调专家的参与，不仅将专家证人的意见作为当事人陈述的重要内容，而且要通过设置合理的程序，鼓励和肯定法庭就因果关系判断、损害后果评估、修复的措施和费用等问题向专家库（专家委员会）咨询意见建议。

着力打造专业的审判团队，人民法院可以结合法官办案司法责任制、员额制、审判管理扁平化、庭审实质化等改革措施，在民事、刑事、行政三大审判业务部门中选择具有较强环境资源类案件审理能力的员额法官进入环资审判团队，着重培养适应“三审合一”模式的专业队伍。同时，加强环境资源类案件审判法官的专业化培训，可通过开展多层次多样化的培训，针对环境资源类案件审判中经常涉及的大气、水、土地、噪声等污染的专业知识，邀请国内外专家学者对环境资源类案件审判法官进行培训，使法官既娴熟掌握环保法律知识，又具有一定的环境资源专业知识，以更好地审理环境资源类案件。

（四）构建京津冀环境资源类案件协作审判机制

环境污染的流动性和区域性特点决定了京津冀这个整体的生态系统环境治理和生态补偿等一系列问题要从整体视角来规划和安排，构建京津冀环境资源类案件协作审判机制势在必行。具体来说，第一，有效利用不断发展的信息技术成果构建高效的审判协同平台，逐步实现跨域环境资源类案件的互联网审判。目前，跨域立案的技术已经逐步成熟，完全可以利用现有的跨域立案技术，实现跨域重大案件一体化处理，为京津冀环境资源类案件的审理提供有力的支撑。第二，依托智慧法院建设成果，不断扩大司法协作范围，简化协作程序。第三，华宇系统的网上开庭功能为跨域协作审理环境资源类案件提供了走向现实的可能。第四，环境资源类案件的执行可以充分利用现有三地法院执行指挥中心的沟通协调机制，实现环境资源类案件执行的三地一盘棋效果。

（五）建立优质高效的审判信息共享机制

三地携手共同创建审判信息共享机制有利于提升环境资源类案件的审判质效。第一，运用大数据技术建立三地环境资源类案件通用数据库，以实现有效的信息共享。在通用数据库中，三地可随时录入环境资源类案件，三地法院可以随时存取共享的数据资料。第二，通用数据库要动态更新，可以按照季度或年度及时录入新的案件信息。第三，该数据库可以在最高院环境资源巡回法庭的主导下搭建，三地的中级法院集中管辖环境资源类案件，并及时对上述数据库进行动态更新，并负责及时对库内数据进行分析和整合。第四，为了统一裁判尺度，缩小地区审判差异，区域内的典型环境资源类案件可以提交最高院巡回法庭审核，并按年度及时向三地公布，三地负责审理环境资源类案件的中级法院也可以结合各地区的实际情况，按年度或季度发布典型案例，达到既为环境资源保护提供司法保障，又向广大民众提供生动普法教育的目的。

五 结语

随着京津冀协同发展战略的全面推进，京津冀三地破坏环境资源保护刑事犯罪问题日益突出，三地法院在处理此类案件时面临的问题也日益复杂，迫切需要三地法院积极应对并建立长期的协作机制，按照“谁受益、谁付费”的原则，正确界定补偿主体和受偿主体。可以借鉴欧洲和美国、加拿大跨域环境治理经验，吸收长三角地区法院一体化协作的有益做法，探索出一条适合京津冀环境治理的路径。

参考文献

范如国：《“全球风险社会”治理：复杂性范式与中国参与》，《中国社会科学》2017 年第 2 期。

余敏江：《论区域生态环境协同治理的制度基础——基于社会学制度主义的分析视角》，《理论探讨》2013 年第 2 期。

赵树迪、周显信：《区域环境协同治理中的府际竞合机制研究》，《江苏社会科学》2017 年第 6 期。

高明、郭施宏、夏玲玲：《大气污染府际间合作治理联盟的达成与稳定——基于演化博弈分析》,《中国管理科学》2016年第8期。

孙伟增等:《环保考核、地方官员晋升与环境治理——基于2004—2009年中国86个重点城市的经验证据》,《清华大学学报》(哲学社会科学版)2014年第4期。

李敏:《协同治理:城市跨域危机治理的新模式——以长三角为例》,《当代世界与社会主义》2014年第4期。

刘峻岩:《大数据时代京津冀大气污染联防联控探析》,《中国环境管理干部学院学报》2017年第4期。

李雪玉、杨富强:《我国雾霾成因分析及散煤治理建议》,《煤炭加工与综合利用》2017年第2期。

初钊鹏、刘昌新、朱婧:《基于集体行动逻辑的京津冀雾霾合作治理演化博弈分析》,《中国人口·资源与环境》2017年第9期。

张亚军、翟海峰:《区域大气污染联防联控的概念及理论基础》,《河北企业》2017年第5期。

徐飞:《空间关联视域下跨区域治污资源配置研究》,《环境经济研究》2017年第1期。

杨丽娟、郑泽宇:《我国区域大气污染治理法律责任机制探析——以均衡责任机制为进路》,《东北大学学报》(社会科学版)2017年第4期。

王一彧:《雾霾污染联防联控的中国实践与环境法思考》,《湖北警官学院学报》2017年第4期。

张伟、蒋洪强、王金南:《京津冀协同发展的生态环境保护战略研究》,《中国环境管理》2017年第3期。

左守秋、王伟:《京津冀生态文明建设区域性合作研究》,《吉林广播电视大学学报》2017年第2期。

任凤珍、高桂林、蒋北辰:《京津冀大气污染法律联防联控的实施困境及对策》,《石家庄经济学院学报》2016年第2期。

黄征学:《京津冀城市群发展面临的问题及对策研究》,《中国经贸导刊》2016年第11期。

张予等:《京津冀生态合作的现状、问题与机制建设》,《资源科学》2015年第8期。

李文杰等:《京津石三市空气污染指数(API)的时空分布特征及其与气象要素的关系》,《资源科学》2012年第8期。

易承志、张国涛:《以整体意识推进区域环境协同治理》,《学习时报》2019年7月15日。

《满足京津冀区域联防联控要求》,《中国环境报》2017年3月17日。

《京津冀及周边地区秋冬季大气污染综合治理攻坚行动方案出台》,《国家电网报》2017年8月28日。

《用制度保障促进立法协同》，《天津日报》2017 年 9 月 16 日。

Jakki Mohr, Robert Spekman, "Characteristics of Partnership Success: Partnership Attributes, Communication Behavior and Conflict Resolution Techniques", *Strategic Management Journal*, Vol. 12, No. 2, 1994, pp. 135-152.

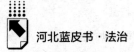

B.21

基层法院事实查明之内省与优化

——以京津冀地区民事一审被发改案件为研究始点

路银良　高　青　程　明*

摘　要： 京津冀协同迈入了高质量发展阶段，基层协同治理是其中重要的一环。京津冀地区既有相通之处，又有各自的地域特征，三地的基层法院审理案件数量较多，上诉再审案件比例较大，因此在京津冀司法协同趋势下进行案件诉源治理迫在眉睫。通过对京津冀地区一审案件的实证调研发现，案件事实不清主要分为直接事实认定不清、间接事实认定不清、新情况新证据导致事实不清三大类型。进一步对京津冀地区的一审案件取样分析后可以将事实不清的原因归纳为多个方面，即经验主义、锚定效应、逻辑扭曲、推理失当、保障缺失等。建议在遵循京津冀协同发展的规律和审判逻辑的前提下，完善案件审理的事实查明机制，以实现裁判结果的公平正义。

关键词： 京津冀司法协同　被发改案件　事实查明

京津冀协同发展背景下基层法院的功能定位主要为准确查明事实、实质化解纠纷，基层法院在前沿阵地必须将事实审的根基打牢。事实查明本质上是法官作为“历史学家”通过运用证据、经验常识和逻辑推理将碎片化、无序化事实片段“裁剪拼凑”为完整案件事实的过程。通过对京津冀地区的典型案例进行分析发现，当事人申请上诉、再审的理由多为对一审认定事

---

* 路银良，石家庄市中级人民法院研究室主任，研究方向为民商法学；高青，石家庄市栾城区人民法院审判管理办公室主任，研究方向为刑法学；程明，石家庄市中级人民法院民事审判第四庭法官助理，研究方向为民商法学。

实有异议，仍存在一、二审反复进行事实查明或一审因认定事实不清被发回重审的问题，严重损害了司法的权威性和公信力。上述情形的形成原因是多方面的，囿于现实情形短期内无法实现事实审、法律审的完全拆分，但基层法院仍可在自我剖析、诊疗的基础上对症下药，发挥其与京津冀基层协同治理相适配的审判职能优势来化解纠纷。本文聚焦基层法院重点探讨事实查明的现状、问题成因及应对之策，以期为法官准确查明事实、实现定分止争提供制度、方法和动力应援，更好地实现京津冀协同发展。

一 实践审视：着眼京津冀地区基层法院事实查明的现状

在京津冀地区基层协同治理背景下，基层法院案件审理的协同发展至关重要，而事实认定又决定法律适用，决定一个案件的走向。基层法院审理案件最重要的是查明案件事实和确认相关证据，但在裁判案件过程中存在对案件事实的认定不充分、经验主义断案、滥用证明责任等问题，导致部分案件当事人认为一审法院认定事实不清而提起上诉。同时，二审中因为基本事实不清或者基本事实认定错误而被撤销原判、发回重审的案件和因事实问题被启动再审的案件所占比重相对较高。

（一）当事人申请上诉的理由多为对事实有争议

根据威科先行网数据，2021～2023年京津冀地区一审上诉案件共计223643件，其中一审当事人在上诉状中的事实和理由部分明确写明“原判决事实不清”的上诉案件有69509件，所占比例为31.08%；2021～2023年河北省一审上诉民事案件共计189895件，其中因当事人认为一审事实认定不清而上诉的案件共55010件，所占比例为28.97%。从以上数据可以看出，当事人上诉的理由有相当一部分是对一审法院事实认定的质疑。

（二）因事实问题而提起再审的案件所占比重仍然较大

根据威科先行网数据，2019~2023 年，北京民事一审案件中再审案件共计 14322 件，北京因事实不清而提起的再审民事案件共 6875 件，所占比例为 48%；天津民事一审案件中再审案件共计 3603 件，天津因事实不清而提起的再审民事案件数量为 1726 件，所占比例为 47.9%；河北民事一审案件中再审案件共计 6444 件，河北因事实不清而提起的再审民事案件数量为 4495 件，所占比例为 69.8%。再审案件虽然已经过一审和二审，但是从以上数据可知，当事人因认为原审事实不清而提起的再审案件所占比重仍然较大，事实认定仍然是京津冀基层法院案件审理协同发展背景下需要考量的一个重要问题。

二 归纳梳理：基层法院事实查明问题的类型分析

（一）直接事实认定不清

根据《民事诉讼法》及其解释有关规定，案件的直接事实是直接能证明案件基本情况，对案件定性、法律适用、责任承担等产生直接影响的事实。比如，《合同法》第 52 条规定了合同无效的事由，案件中如果出现了这几种情形，直接可以认定合同无效。通常情况下，直接事实的认定是显而易见的，不需要其他辅助的事实加以补充，此种情况下案件事实认定不清大多和法律适用不正确相伴，也即法官基于直接事实来选择适用的法律错误，从而导致因基础事实不清被撤销原判、发回重审。

【农村宅基地转让外村案】甲与乙非同一集体经济组织成员，甲建设房屋一处，与乙签订房屋买卖合同，乙交清房款后已长达 9 年，甲起诉请求确认合同无效。一审根据《土地管理法》第 2 条、第 62 条、第 63 条的非禁止条款，即法律并不禁止不同集体土地所有制的村民之间的房屋买卖，也不否认已经取得房屋所有权的买受方可以同时取得宅基地使用权，没有支持甲的诉讼请求。二审根据最高院《第八次全国法院民事商事审判工作会议（民事部分）纪要》第19条[①]，认为河北省不属于宅基地制度改革试点地区，甲乙之间分属于不同的村集体，不能进行宅基地的转让，认定该案事实不清，发回原审法院重审。

从案例中可以看出，基本法律事实是不同村集体村民进行宅基地转让的行为是否有效。二审法院认为合同无效的原因是河北是非试点地区，不能适用宅基地改革的规定。客观事实不会自行转化为案件事实，只有经由法律评价方可形成案件事实。[②] 一、二审法院对于基础法律事实的认定出现分歧的原因在于对法律的理解出现偏差，往往实践中对基础法律事实的查明并不难，复杂的是对基础法律事实的定性，这决定了案件的裁判走向。

（二）间接事实认定不清

并非所有的案件事实都对案件裁判结果有决定性作用，有些事实认定之间可以形成一个信息链条，呈现案件的基本事实，这些事实就是案件的间接事实。比如《合同法》第92条规定的合同当事人的附随义务，诚实信用、交易习惯、通知协助等事实的认定就需要间接事实的支撑。间接事实认定不清可能是由于证据不足、重要证据缺失、主要证据存疑等。[③] 以下是根据S省某生效裁判改写的案例，其中一审法院查明了部分事实来认定案件，二审法院综合该案证据材料全面分析案件后改变了裁判结果。

【老人抚养费差额分担案】甲、乙夫妇将其三位子女丙、丁、戊起诉至法院要求支付赡养费，一审认为赡养老人是子女应尽的法定义务，综合考虑原告和被告双方的实际生活水平，以及被告的收入情况、负担能力，基于关

① 参见最高法《第八次全国法院民事商事审判工作会议（民事部分）纪要》第19条规定“在国家确定的宅基地制度改革试点地区，可以按照国家政策及相关指导意见处理宅基地使用权因抵押担保、转让而产生的纠纷。在非试点地区，农民将其宅基地上的房屋出售给本集体经济组织以外的个人，该房屋买卖合同认定为无效”。

② 张洪霞：《论司法裁判过程中事实认定的程序保障》，《黑龙江省政法管理干部学院学报》2022年第5期。

③ 祁亚平：《论事实审的有效性》，《江苏警官学院学报》2019年第2期。

心社会弱势群体的原则，认定如下：丙居住在光荣院，有疾病需政府养老，生活困难，无需承担二原告赡养费，但作为子女应当在精神上给予慰藉；丁因宫颈癌住院治疗，考虑到其自身的情况，酌定丁每月承担二原告赡养费300元为宜；戊每月承担二原告赡养费400元。二审法官认为丁现患有宫颈癌，且眼睛残疾，靠医保度日，无力支付赡养费，一审认定丁每月支付赡养费300元，属认定事实错误，故将该判项予以撤销。

由此可以看出，法官在认定案件事实时需根据经验法则、事实推断、风俗伦理等来梳理案件的事实情况，从而全面把握案件细节，作出公正的审判。该案件中成年子女对父母支付赡养费是法律明文规定的义务，一审法院直接依据法律规定作出判决，二审法院根据每个子女的实际情况来认定赡养费数额。间接法律事实被忽略可能会影响案件的实体正义，必须全面调查了解情况。

（三）新情况、新证据导致事实不清

与案件基本事实有关并且能够证明原判决、裁定确有错误的，可以认定为新证据。[①] 实践中经常有在二审中因为客观情况或者主观原因而出现新情况、新证据。基层法院审判实践中经常出现当事人在二审审理阶段提供新证据或为了判决结果更有利于自己而在一审中作虚假陈述，导致二审认定事实发生改变的情形。

【证人虚假陈述致错判案】 甲以乙、丙、丁三人未支付其劳务报酬为由诉至法院，一审法官在审理中查明乙与丙、丁曾签订协议书一份，约定由乙支付包括甲在内的十余名工人的工资，并认定该协议书真实有效，双方应遵守履行，判决由乙给付甲劳务报酬三万余元。乙不服判决结果提起上诉，并申请证人出庭作证，证明乙、丙、丁为合伙关系，乙认可其在一审作了虚假陈述，其与丙、丁二人实为合伙关系，二审法官认定乙在原审作虚假陈述，

① 李大扬：《民事审判监督程序中检察机关对新证据的查证与运用》，《证据科学》2023年第1期。

导致原审认定基本事实不清，二审予以纠正，改判乙给付甲劳务报酬三万余元，丙、丁对此承担连带清偿责任。

在实践中，很多类似案件被发回重审的原因是当事人在一审中为了自身利益而未出示或者伪造一些证据。上述案件的事实不清完全是当事人主观原因造成的，逾期举证、虚假作证、前后相悖等行为严重侵犯了其他当事人的合法权益，也浪费了司法资源，必须予以严厉打击。

三　溯源求本：京津冀司法协同下案件事实不清的成因

（一）锚定效应导致认知事实失真

在事实认定过程中，法官审理案件时最开始接触的信息是起诉状及证据材料，因此证据材料此时产生“锚信息”的作用，法官以此对案件事实进行初步构建。若后续查证与构建结果相符，法官便会采纳该证据，若后续查证与构建结果相悖，将影响法官采信相应证据的判断。如此出现了一种先入为主、因果倒置的现象：主观先于客观，假设干扰证据，就可能导致法官在查明事实时偏离正确轨道。

【“借贷专业户”错判案】甲将乙起诉至法院要求乙偿还逾期未还的借款和利息，并提交乙向甲出具的借条及相应的银行流水为证，乙答辩称甲向其的转款是甲所在公司向乙支付的工程款，不是借款。一审法官在翻阅卷宗过程中得知甲作为原告在法院有多个民间借贷纠纷，便先入为主怀疑甲有“专业放贷”的可能，认为本案疑点较多，以证据不足为由驳回甲的诉讼请求。二审法官审理后认为甲对与乙存在民间借贷关系已完成举证责任，遂改判。

该案一审法官在认定案件事实时先入为主，利用社会一般经验法则衡量案件，被不合理的前见遮蔽视阈，产生前见偏差从而导致部分证据失效。[①]

---

① 资琳：《案件事实认定中法官前见偏差的修正及控制》，《法商研究》2018年第4期。

无论是法官内心有意识地回避前视偏见，还是从审判制度方面予以规避，都是当下司法改革需要重视的问题。

（二）滥用经验法则导致案件事实不清

法官是法律人的同时，还是一个社会人，法官通过司法实践、人际交流等社会化行为获得经验，当直接证据不足以充分证明待证事实时，法官通常会习惯性地在基础事实上，根据经验法则来推定那些无法证明的事实是否发生过。当前，司法实践中事实认定出现偏误的案件很多是因为部分法官在关键证据和事实认定上较为随意，未进行充分推理论证即适用了盖然性较低的“日常生活经验法则”。由于经验法则的内涵具有模糊性，审判人员的主观性也往往深刻影响经验法则的妥当运用。

【因车费争执强下车受伤索赔案】甲以乙驾驶机动车拉乘甲致其下车时倒地受伤为由将乙诉至法院，要求乙赔偿损失。该事故经交管部门认定为乙驾车逃逸，负全部责任，原告不负责任。经审理查明，甲在乘车前已是醉酒状态，因车费问题与乙产生纠纷，并在拒付车费车未停稳时下车，乙称车辆主驾与副驾间有金属隔离，无法阻止甲强行下车，又因甲对其辱骂威胁乙才匆忙离开，不知道甲下车后倒地的情形，且证据显示乙曾向上一级交管部门提出书面复核申请。一审结合日常生活经验认为交通事故认定书具有较高的权威性故不宜轻易推翻，据此判决被告承担全部责任。二审认为乙对交通事故认定书有异议，且无证据证明现场情况，结合交通事故认定意见及全案证据认为不宜认定乙系肇事逃逸，遂改判甲自行承担部分责任。

上述案例中法官对于有重大疑问点的证据并没有加以验证，而是根据日常经验法则进行裁判。但经验法则往往并不可靠，法官在认定案件事实时对该案的证据凭借经验进行验证评价，可能出现类似于该案机械地套用事故认定书结论的情形。这样的结果就可能导致案件的误判，无法以现有证据最大限度还原案件事实真相。

（三）推理逻辑扭曲导致事实认定错误

对于法律与逻辑的问题，尽管霍姆斯的“法律的生命不在于逻辑，而在于经验”已成经典之论，一度被人们奉为圭臬，但是，如果法律中出现了逻辑谬误：轻者，法律的生命力难免会招致减损；重者，法律的生命力可能会受到致命的威胁。

【婚内为第三者借债改判案】甲、乙是夫妻关系，甲婚内出轨丙并与丙同居，在此期间其作为保证人对丙的债务承担保证责任，后丙不能偿还借款，债权人诉至法院要求甲、乙还款，原审法院以夫妻婚内共同债务为由要求乙一并还款，再审法院认为债权人未能举证证明大额举债用于夫妻共同生活或者共同经营，撤销原判。

该追偿权案件中原审法院在证明责任的分配上出现偏差，不合理地加重了被告方的举证责任，判决结果有失公允。在实践中，法官的逻辑失当主要体现在两个方面：其一，举证责任分配不清，举证、质证、辩论、证明责任承担等问题都源于证明责任的分配；其二，归纳争议焦点不明确，案件事实调查的核心是归纳争议焦点，双方当事人围绕争议焦点展开攻守对抗。归纳焦点若不够准确，未能沿着以诉讼标的争点为中心的审判脉络展开，就无法搭建“诉讼标的争点→可能存在的法律争点→事实争点→证据焦点”这一思维模块[1]，遗漏关键事实和细节。

（四）程序保障缺失导致案件查明事实不清

1. 配套程序不力导致调查取证被动

法官作为案件的非亲历者，唯有借助证据推论案件真相。若当事人收集证据的程序和权利存在缺失，可能会导致案件事实无法查明。虽然当前我国民事诉讼法对当事人的证据收集权利作出了一定程序性保障，但实际上无法完全落到实处。一是律师调查取证权的流程和救济规定处于真空状态，调取对方当事人或案外人的相关证据时阻力较大，即便律师持有调查令，也难以排除妨碍而获取证据；二是“文书提出义务”制度实践运行效果不理想，存在主体范围狭窄、申请人正当事由不明、审查程序不规范等诸多方面问

① 郎立惠：《司法改革对民事案件事实认定的影响》，《河北法学》2018年第1期。

题，限制了其实践功能的发挥。①

2. 查明的手段匮乏导致查明事实困难

囿于审判经验和专业领域外知识不足，大部分基层法官在面对新类型、专业性强、案情错综复杂的案件时，通常会有“捉襟见肘”和“本领恐慌”之感。以因事实问题被发改的民事案件中数量排名靠前的建筑工程施工合同纠纷案件为例，其具有标的大、焦点多、争议大、鉴定多、周期长等特点，在实际诉讼中当事人经常对实际施工人的认定、施工事实的界定、工程价款的优先受偿权、工程量和工程价款的确定、付款责任主体、付款数额认定以及工程质量等问题产生争议，加之双方证据掌握不全、收集提交缓慢，法院查明事实任务繁重、推进艰难。

四　进路设计：京津冀司法协同下案件事实查明的路径

（一）多维路径：增加京津冀司法协同下事实查明的方式方法

1. 问题化调查：利用“五分法”明确待查事实

（1）重视辅助事实，掌握基本事实。以刑事案件为例，印证是我国传统的刑事证明方法，刑事的证明标准为“排除合理怀疑”，但在特定情形下面临“失灵”的风险。如性侵未成年人犯罪案件由于犯罪过程隐蔽性强和客观证据缺乏，常面临缺乏有力的物证或证人证言的困局，在查明基本事实的基础上强化辅助证据的作用无疑是可行的方案。

（2）还原客观事实，摘取法律事实。法律事实是被证据证明的事件合集，这个事实是一种人为规定，法律事实可以无限接近客观事实，但也可能与之完全相反。要想在司法实践中实现法律事实无限接近客观真实，就需要对举证、质证进行充分的评估，判断证据有无客观性、关联性、合法性，通过自由心证形成对案件事实的确信及准确把握举证责任规则等实现。

① 金绍奇：《强化民事诉讼文书提出义务的再思考》，《江淮论坛》2021 年第 4 期。

（3）固定有关事实，排除无关事实。有的案件案情复杂，在双方当事人举证数量众多的情况下，如果未事先梳理证据和筛除无关事实，后期当事人结合证据发表质证意见时容易缺乏针对性，法官难以控制或指导举证顺序。因此，须在明确诉讼主张和整理完毕争点的基础上圈定有关事实。

（4）总结无争议事实，查清有争议事实。法官指导当事人理顺繁杂、无序的证据材料，明确争议焦点和审判轴线，可以促使庭审有序高效进行。理想状态下查清争议事实的逻辑进路是：确定并划出无争议事实—圈定有争议事实并归纳焦点—就争议焦点逐项分配举证责任—紧绕争议焦点逐一组织质证—查清有争议事实。在确定无争议事实时，一方面要尊重当事人的自认，另一方面要确认司法认知的事实和推定事实。

（5）回应诉点事实，聚焦判点事实。确立法官心证公开义务是一个竭尽证明资源、回应诉点事实的有效手段。虽然当事人在审理中会提供证据，但其作为非专业人士无法准确判断自身举证的充分性，在法官未向当事人说明自己的心证结论时，当事人常常自认当前所提供证据已经足够明确判点事实，便未补充任何其原本可以提供的证据，一审败诉后提起上诉才举出新证据进行新一轮审理。因此，法官有必要把自己的心证结论告知当事人，指引其把相关的辅助性证据提交出来，达到在一审阶段真正查清案件事实的法律效果。

2. 清单化调查：通过两个环节、两张清单调查事实

（1）做实庭前环节。一是固定诉讼请求。只有诉讼请求明确才能进行证据固定，因此有必要规定当事人最多只能变更一次诉讼请求，不能反复、多次主张。同时需注意，法官只能行使阐明权对当事人进行发问或提醒，促使其在公平范围内提出主张，不宜直接告知其变更诉讼请求。二是组织庭前调解。对于重大、疑难和相对复杂的案件，或者证据较多、专业性较强、当事人争议较大的案件，在庭前会议召开后、案件事实趋于清晰的情况下进行庭前调解工作。三是证据收集提前。在庭前会议的证据交换环节可以提前针对证据目录核实证据原件或原物，并征询当事人双方对证据的真实性、合法性、关联性的意见和理由，就需要补充证据的事项确定举证责任和期限等。

四是召开庭前会议。庭前会议在明确诉讼请求、答辩意见的基础上，可以提前组织当事人针对案件的事实、证据、法律适用简要陈述意见和理由，据此可以梳理出争议的主要分歧所在，归纳和确定无争议事实清单和有争议事实清单。

（2）突出庭审优质化。归纳争议焦点，有效驾驭庭审，力求"审得清楚"，逐步形成要素式审理工作法，遵循"一方主张—对方是否自认—举证和质证—认定事实—真伪不明时依举证责任分配规则认定"的次序，将法律规定细化为要件网格，将生活事实提炼为要件事实，将非规范争议焦点整理为要素争议焦点，通过"抓焦""对焦"，提高认定事实的准确性，提升庭审效率。开庭时，有效运用"对话式"审判机制，重点针对双方有争议的事实进行审理，在当事人意思表达不清晰时，引导当事人进行判断式回答，同时需保障专家辅助人、鉴定人、证人出庭，加强当庭认证，通过组织双方多轮、简洁互相发问的形式，彻底查清案件事实。

3. 规则化调查：精准合理分配证明责任

在基层司法实践中，因证明责任认识不清导致分配不当、转换失衡的情形时有发生，因此有必要厘清分配证明责任的思路。

（1）遵循证明责任分配的法定性。应依据我国《民事诉讼法》及司法解释中的相关证据规定，结合个案涉及的法律关系性质和诉辩进程，明确证明责任的承担。[①] 民事诉讼中"谁主张，谁举证"是基本原则，但是也要考虑证据距离而进行举证责任的倒置。在一些特殊类型的案件中，如环境污染诉讼、劳动争议、消费者权益保护相关案件等，关键证据及专业知识通常集中在占据强势地位的用人单位、销售商家或侵权方手中，弱势一方往往因举证不足而维权无门，于是法律规定由被告承担举证责任；如果被告无法举证证明，则可以推定原告主张的事实成立。有关举证责任分配的调适不限于倒置或转移，还包括一系列层次不同或程度不等的调整方法。

（2）强化证据分析和逻辑推理。证据的分析和推理是查明案件事实的

---

① 赵国滨：《基层法院法官查明案件事实的方法论》，《人民法院报》2023 年 2 月 3 日。

基础，应围绕诉讼争点强化证据认证的说理，杜绝“符合一般常理，应予采信”“于理不通、不予采纳”“与查明的事实和法律规定不符，不予采信”等笼统说法。经验法则适用错误和首因效应明显会导致法官在主观层面出现偏差，因此，法官应保持谦虚谨慎态度承认个人思维的有限性，鼓励当事人对质疑的事实推定进行反驳和举证，尽量换位思考并尝试以矛盾律、同一律和排中律为基准，判断设证推理、演绎推理和归纳推理等推理方式的逻辑有效性，形成逻辑自洽的证据链以达到证明标准，从而内心确信前见判断，保证实体正义的实现。

4. 场景化调查：根据案情需要分场景调查

（1）现场调查。对于涉农宅基地纠纷、承揽合同、相邻权、财产损害赔偿等案件，实地调查发挥加快审理进程、突破案件难点的重要作用。对涉案土地进行丈量，在走访过程中与原告、被告及了解案情的村民、村委会等第三方进行沟通交流，可以全面了解案件争议，更加清晰地掌握争议焦点，将阅卷所获信息与现场信息进行充分有效的整合，为作出公正合理的判决提供事实支撑，用行动让群众感受到司法为民的真情关怀，最大限度还原案件真相。

（2）专家咨询。随着社会的不断发展，尤其是建设工程施工合同纠纷、金融借款合同纠纷、劳动争议、污染环境公益诉讼等案件的复杂程度日益增加，基层法官往往缺乏相关专业技术知识造成审理难度加大。因此，有必要引入专家咨询机制，如建立科技专家咨询制度，聘请不同领域具有相关资质的特邀专家，为新型复杂案件的审理提供技术保障和智力支持，还可借助其专业知识为化解纠纷斡旋调解。同时，还可实行专家人民陪审员制度，根据审判工作需要遴选专家型陪审员，完善专家人民陪审员参与案件审理的规则，充分发挥技术优势，助力查明案件事实。

（二）配套设施：完善地域协同治理事实查明的制度设计

1. 细化虚假陈述惩戒机制

通过调查可发现，民事实务中当事人虚假陈述的案件数量只增不减，但鲜有对其进行规制的案件，绝大多数只是不予支持其诉讼请求，但虚假的陈述本就不该得到采信。因此，需结合实际对我国当事人虚假陈述规制机制进行完善。如进一步明确当事人构成虚假陈述的要件和认定程序，建立当事人诚信诉讼档案，档案数据由法院共享，法官可重点关注存在不良诚信记录的当事人提交的证据材料，细化询问前的具结制度，要求当事人一律签订保证书，开庭前法官就作虚假陈述的法律后果进行重点提醒，对当事人形成心理震慑。设置更为可行合理的事后惩戒措施，包括经济、人身、程序等方面的不利后果，如让作虚假诉讼的当事人承担一定比例的诉讼费用，降低其提供的其他证据的效力水平、承担民事侵权责任、分梯次设定处以罚款或拘留的措施、细化罚款金额和拘留天数等的规定，以有效遏制虚假陈述乱象。

2. 深化律师调查取证制度

律师行使调查取证权时，真正的难点在于调取对方当事人或案外人的相关证据（常见如对方当事人银行转账记录等），协助单位往往以涉及当事人隐私、内部有规定等为由予以拒绝。针对上述情形，可从以下几方面予以完善。一是清理“土政策”。对行政机关、金融机构等协助单位违反民诉法规定的制度予以废除或将律师取证作为但书规定予以明确。协助单位考量的“信息安全”“个人隐私”等问题，可通过对滥用调查取证权、违规获取和利用证据的律师进行惩戒解决。二是细化流程规定。建议对律师调查取证的范围、方式、程序等作出具体规定，允许代理律师持律师证、受理（应诉）通知书调取有关证据，减少律师向法院申请开具“委托调查函”或“调查令”的情形。三是畅通救济途径。建议司法行政机关、律师协会出台措施、意见依法支持律师行使调查取证权，构建主管监管单位（如金融监管局对商业银行）、上级机关对下级机关履行协助义务的监督制约机制，让律师行使权利受阻时“投诉有门”。

3. 用好交叉询问取证方式

首先，审判人员应当摒弃传统的依赖侦查卷宗的观念，坚持直接言辞原则，改变过去“庭审只是个过场，回过头还是以卷宗为本进行裁判”的做法，认识到“事实查明在法庭、证据裁判在法庭”的真正内涵。其次，强化证人出庭制度，只有证人出庭接受控辩双方的实质性质询，才能查明事实。建议将证人出庭的一部分主导权赋予控辩双方，控辩双方对证人证言有异议，提出申请的，证人就应当到庭接受质询。如果法官对证人证言有疑问，也可依职权通知证人出庭。最后，需建立更加明确的询问规则。现行刑事诉讼法对询问规则没有作出明确规定，比如要区分控方证人和辩方证人、区分主询问和反询问、区分禁止诱导证人的适用情形等。

五 结语

正如前文所说，京津冀基层协同治理是一个发展趋势，司法协同是京津冀协同发展的重要环节，基层法院事实查明成为基层协同治理不可或缺的因素。正义就像完美的圆，如何结合有限的证据，在日趋完备可行的法律规范下，通过严密的推理、恰当的经验和多样的查明方法准确认定事实，让“法律真实”最大限度接近乃至还原“客观真实”，是每一名基层法官不可推卸的责任使命。本文结合当前京津冀基层法院审判实践的现状及问题成因进行思考、论证和探索，以期填补制度缺失、改进查明方法、激发内外动力，达成化解纠纷和司法公正之愿。

正义在前方，是我们永远前行的方向。

B.22

京津冀三地专业性审判协同机制的构建*

——以股权代持执行异议之诉案件为例

张梵卿**

摘　要：　股权代持执行异议之诉法律关系复杂，不论在京津冀何地均为疑难案件，案件审理难度大，情况比较严峻，尽管法律依据已颁布十年左右，但不论是案例裁判依据还是说理仍需统一认识；京津冀三地法院对于该诉的审理仍偏保守，原因主要集中在效率倾向、说理压力以及责任分配上。股权代持这一商事操作有其现实价值，难以通过强制性规范对其禁止，如何客观看待股权代持的积极方面，以及认识它的适用边界是处理此类问题的基础。对于股权代持执行异议之诉的审理应当重视对内外法律关系的区分和定性，涉及对后续审理思路选择的理论铺垫。主流的裁判思路应当放弃外观主义与准用善意取得，坚持实质审查，重视私法自治领域公司决议的地位，正确认识工商登记的推定效力，形成具有可操作性、可复用的裁判思路。

关键词：　京津冀　股权代持　执行异议　审判协同

京津冀三地，地缘相接、产业相融、人缘相亲，历史渊源深厚，具备相互融合、协同发展的良好条件。发挥法院的司法审判职能，深化三地法院的司法协作，以审判保障京津冀中国式现代化示范区的建设。专业性审判协同

* 本文数据均来自中国裁判文书网。

** 张梵卿，河北省张家口市宣化区人民法院法官助理，研究方向为民法与民事诉讼法。

机制的构建更是司法协同的必由之路。

股权代持并非规范性概念，其未经法律载明，而是根植于商事实践，在商业习惯中形成并由司法实务反馈到规范，如《公司法》司法解释（三）[①]第二十五条将隐名股东定性和投资权益与股权本身相分离正是股权代持这一概念进入规范领域并且其自带实务胎记的最好展现。股权代持行为作为一项不被法律强制性规定所禁止且已被司法解释予以确认的商事操作，相关民事法律行为的效力不存在规范性上的桎梏。

一 考察：京津冀三地涉股权代持执行异议案件的裁判现状

（一）案件裁判情况

笔者以“股权代持”为关键词，以案外人异议之诉为案由搜索京津冀三地民事案件，共得到三地法院49份判决书，剔除其中4份与本文研究无关的判决书，以45份判决书为分析样本。

1. 裁判数量和结果

从裁判数量来看，三地裁判数量相差较大，其中北京32份、天津4份、河北9份（见图1）。从裁判结果来看，45份判决书中，4份为支持名义股东判决，41份驳回案外人诉讼请求（不支持名义股东）（见图2）。同时，支持名义股东的均为北京地区的法院，天津和河北两地并未作出支持股权代持执行异议人的判决。

2. 裁判的法律适用

通过对45份样本判决书的筛查发现，审理股权代持执行异议之诉案件，主要适用《公司法》和相关司法解释，以及《最高人民法院关于人民法院办理执行异议和复议案件若干问题的规定》（以下简称《执行异议和复议规定》）的相应规范，具体情况梳理见表1。

① 指《关于适用〈中华人民共和国公司法〉若干问题的规定（三）》。

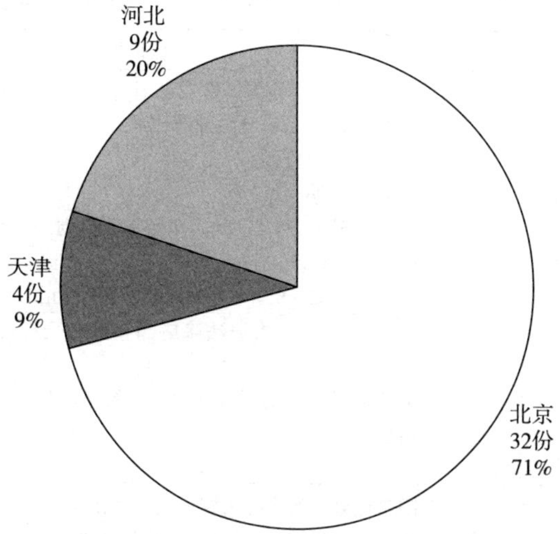

图1　京津冀三地股权代持执行异议之诉案件数量分布

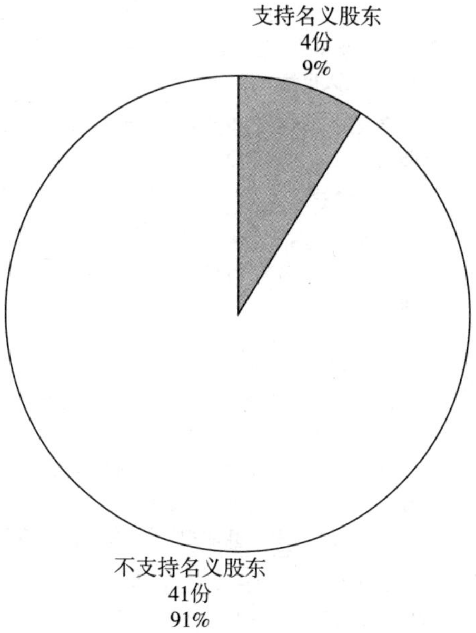

图2　京津冀三地股权代持执行异议之诉判决情况

表1　股权代持执行异议之诉案件裁判文书法律适用情况

法律法条/规定条款	具体内容
《公司法》第三十二条	有限责任公司应当置备股东名册,记载下列事项: (一)股东的姓名或者名称及住所; (二)股东的出资额; (三)出资证明书编号 记载于股东名册的股东,可以依股东名册主张行使股东权利 公司应当将股东的姓名或者名称向公司登记机关登记;登记事项发生变更的,应当办理变更登记。未经登记或者变更登记的,不得对抗第三人
《执行异议和复议规定》第二十五条第一款第四项	对案外人的异议,人民法院应当按照下列标准判断其是否系权利人:…… (四)股权按照工商行政管理机关的登记和企业信用信息公示系统公示的信息判断 ……
《公司法》司法解释(三)第二十四条第一款、第三款	有限责任公司的实际出资人与名义出资人订立合同,约定由实际出资人出资并享有投资权益,以名义出资人为名义股东,实际出资人与名义股东对该合同效力发生争议的,如无法律规定的无效情形,人民法院应当认定该合同有效 …… 实际出资人未经公司其他股东半数以上同意,请求公司变更股东、签发出资证明书、记载于股东名册、记载于公司章程并办理公司登记机关登记的,人民法院不予支持
《公司法》司法解释(三)第二十五条第一款	名义股东将登记于其名下的股权转让、质押或者以其他方式处分,实际出资人以其对于股权享有实际权利为由,请求认定处分股权行为无效的,人民法院可以参照民法典第三百一十一条的规定处理
《民法典》第三百一十一条(原《物权法》第一百零六条)	无处分权人将不动产或者动产转让给受让人的,所有权人有权追回;除法律另有规定外,符合下列情形的,受让人取得该不动产或者动产的所有权: (一)受让人受让该不动产或者动产时是善意; (二)以合理的价格转让; (三)转让的不动产或者动产依照法律规定应当登记的已经登记,不需要登记的已经交付给受让人 受让人依据前款规定取得不动产或者动产的所有权的,原所有权人有权向无处分权人请求损害赔偿 当事人善意取得其他物权的,参照适用前两款规定
《民事诉讼法》解释第三百零九条、第三百一十条第一款	案外人或者申请执行人提起执行异议之诉的,案外人应当就其对执行标的享有足以排除强制执行的民事权益承担举证证明责任 对案外人提起的执行异议之诉,人民法院经审理,按照下列情形分别处理:(一)案外人就执行标的享有足以排除强制执行的民事权益的,判决不得执行该执行标的;(二)案外人就执行标的不享有足以排除强制执行的民事权益的,判决驳回诉讼请求

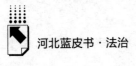

3. 裁判理由和逻辑思路

通过对 45 份样本判决书的分析，将以股权代持为由提出执行异议之诉的裁判结果和理由归纳如表 2。

表 2　京津冀股权代持执行异议之诉的裁判结果和理由统计

序号	裁判文书号	裁判结果	裁判理由
1	(2017)津 0103 民初 6617 号 (2019)津 0102 民初 4147 号	驳回	商事外观主义； 代持协议的相对性
2	(2022)京 02 民终 309 号	驳回	商事外观主义； 系商事运作行为，不构成股权代持
3	(2022)京 02 民终 529 号	驳回	商事外观主义； 系借用银行账户行为，法律禁止
4	(2022)京 02 民终 915 号	驳回	商事外观主义； 隐名股东可以向显名股东追责
5	(2022)京 03 民终 3652 号 (2022)京 03 民终 3655 号	支持	执行异议的价值目的； 股权代持不具备违法性； 信赖利益相对性

不支持代持协议的主要理由：一是商事外观主义原则；二是合同具有相对性原则。支持异议人异议，认可股权代持协议效力的主要理由：一是从执行异议程序的设立价值看，执行异议程序设立目的在于保护财产的实际所有人利益，在满足特殊条件情况下，实际权利人可以对抗执行。二是从代持行为合法性审查看，如果法律规定某一行业禁止股权代持，则相应的代持协议不应被肯定。比如《商业银行股权管理暂行办法》明确规定了商业银行股东不得委托他人或者接受他人委托持有商业银行股权，故涉商业银行的股权代持应被确认无效。而我国《公司法》并未禁止股权代持，所以股权代持并未违法。三是从信赖利益保护角度看，商事法律虽具有公示原则和外观主义原则，但需要第三人基于对公示的信赖而与之进行交易，此时第三人的信

赖利益应当受保护。若非因信赖该登记而发生的民事法律关系，不应享有相应的信赖利益。

（二）不同裁判结果的成因

对于京津冀三地各级法院对外观主义和基于此而诞生的善意取得准用等裁判依据有偏好的原因，笔者认为主要有以下几个方面。首先，基于效率价值的考量、案多人少的现实，客观上不可能对每个案件进行全面实质审查；其次，股权代持执行异议之诉法律关系纷繁复杂，说理难度高，外观主义可以在逻辑出发点规避掉这些问题；最后，在诉讼过程中实质审查需要质证的证据数量多且难度大，以公司对隐名股东的显名决议为例，作为私法自治领域，审判人员难以探明其证据的真实性与证明力，不论最后的结论如何都会导致一方当事人的不满，实质审查承担较大的风险，相较之下形式审查更利于程序的顺利推进和完结。对于效率价值以及责任分配等方面的考量，让裁判在论证说理的过程中更加偏向外观主义的思路，事实上这种思路不仅是对执行异议程序的一次重复，更是与异议之诉立法程序初衷相背离。

二 探究：股权代持无法消除的必然性分析

（一）无法磨灭的股权代持现实基础

股权代持作为一项商事操作，本身无善恶之价值判断，如国有企业改革过程中员工持股平台的出现，正是对广大为企业付出一生的老职工最有力的保护。在商事交易中，经梳理较为常见的股权代持目的有以下几种。第一，有限责任公司股东在对外转让其个人所拥有的股权时，其他股东在同等条件下享有优先购买权，即有限责任公司具有一定的人合性。也正因为如此，有限责任公司股东之间的人合性不容许隐名股东出现在公司工商登记和股东名册上，隐名股东无奈将其股权存于他人名下。第二，随着商业社会的发展，个人意识愈发强烈，隐名股东为了保护个人隐私和商业秘密，采取股权代持的方式进行风险规避。第三，国有企业改革过程中，为保障公司经营合规，不违反公司法律强制性规定，由原企业管理层作为持股平台，将员工持股置于其名下。在股权代持执行异议之诉中，因何种原因而进行股权代持具有很重要的地位，若设立名义股东出于一个较为积极的理由（如员工持股平台），则将容易在执行异议审查中获得支持，隐名股东所获利益大小不同，应承担的风险亦存在差异。① 在股权代持执行异议之诉当中，一类较为常见的裁判思路是采用《公司法》司法解释（三）第二十五条准用善意取得的裁判逻辑，即在股权代持法律关系中，名义股东债权人只要具备善意取得构成要件则司法放弃保护隐名股东的实际所有权，仅将其权益保护通过对名义股东的债权请求权加以实现，这样的裁判思路更有利于对名义股东债权人的保护。

（二）股权代持行为的规范基础

有学者认为，股权代持行为属于隐瞒真意的意思表示，② 甚至存在损害第三人或者社会利益（工商登记信赖利益）的情形，应当将其视为无效的民事法律行为③。但笔者认为应当辩证看待股权代持，不应因为其内部存在真意隐藏的意思表示情形，就将其与诚信原则对立起来，否则民法上所有的代持行为（如促进生产要素流动等积极代持行为）都将归为无效，进而可能导致审判机关确认之诉急速增长。经济社会运行的复杂性使得代持行为具有高度现实价值。法谚有云：“法律的生命在于实施。”公司法律制度已日趋完备，但由于公司治理属私法自治领域，需要对代持行为进行类型化思考。应当认识到，代持行为仍属法律行为的范畴，其若违反效力性强制性规定④，自然会得到否定性的法律评价。民事领域应当恪

---

① 吴狄：《执行异议之诉中代持股权归属问题实证研究》，硕士学位论文，吉林大学，2021。

② 丁广宇：《股权代持纠纷的有关法律问题》，《人民司法》2019 年第 17 期。

③ 参见《民法典》第一百五十四条。

④ 参见《民法典》第一百五十三条第一款。

守法无禁止即可为的原则，只要在相关领域或行业不存在明确禁止代持的规定，不论是行政权还是审判权都应当给予其自由发展的空间以激发市场的活力和创造力。

（三）股权代持的应用范围

股权代持并非适用于全部的法人，对于合伙企业本文暂不涉及。在《公司法》的范围内讨论股权代持的客体仅限于有限责任公司的股权，而不包括股份有限公司的股份或者股票。自《公司法》司法解释（三）颁布以来，有学者认为区分股权与股份（股票）并无必要，[①] 因为该司法解释通过对实际出资人与名义出资人的约定，以及承担出资义务享有投资权益等内容的限制，已经将其第二十四条的规范领域限制在了有限责任公司制度之下，从逻辑上自然排除了对于股份有限公司的适用空间。但笔者认为，在股权代持语境下区分有限责任公司与股份有限公司的适用仍十分必要，尽管两种公司作为当前我国公司法制度下双轨公司制度，抑或成立之初即具有某种本源性联系，但二者的差异性仍大于共性，[②] 若要适用《公司法》司法解释（三）第二十五条善意取得制度的思路解决纠纷，则无权处分的成立是善意取得制度的适用基础要件（将于后文详述）。此外，有学者认为两种公司的股权变动模式以股东名册变更作为生效要件，以工商登记为对抗要件，[③] 其效力仅作推定而不意味着真实权利状况。在逻辑上需要澄清，“代持”一词，即某 A 代持某 B 的某物，其中蕴含着一个前提关系即某 A 知道自己不是该物的所有者，或至少不是完整的物权状态，而是一种类似他主占有的心理状态，否则难言“代持”，这就导致了名义股东在心理状态上对于权利的占有是部分的、不完全的。

股权代持实际上是多个法律行为的共同构成，除了隐名股东与显名股东

---

① 张双根：《股权善意取得之质疑——基于解释论的分析》，《法学家》2016 年第 1 期。

② 王毓莹：《股权代持的权利架构——股权归属与处分效力的追问》，《比较法研究》2020 年第 3 期。

③ 参见赵旭东主编《公司法学》，高等教育出版社，2015。

之间的民事法律行为的内部法律关系，还有显名股东与公司之间、显名股东与其他股东之间的外部法律关系，《公司法》第七十一条对隐名股东显名化作了规定，显名化的股东与名义股东不是排斥关系，即隐名股东在获得过半数显名决议之后仍未进行工商登记变更，并不影响其作为实际权利人的地位。但内部关系对于交易相对人的风险无法控制，[①] 此时交易相对人仅指以公司为交易对象的相对人，以显名股东为交易对象的相对人此时仍然存在从工商登记信息中获得信赖利益并请求保护的余地。

三 厘清：股权代持法律关系内外特性链接新裁判逻辑

（一）股权代持法律行为内部关系

1. 名义股东在规范语境下的确权思路

《九民纪要》第一百一十九条规定了案外人执行异议之诉中可以一并提出确认请求，大大减少了当事人的诉累，但这又存在提出什么样的确认请求的差别，在效力的强弱当中存在最强的确认名义股东就是公司股东一步到位式请求，稍次之的确认名义股东为实际出资人或者享有“投资权益”[②] 等一系列诉讼请求，以及内涵最为丰富减少了裁判者说理压力但同时最容易被支持的确认实际股东享有民事权益的请求，上述三种请求的效力强度与支持难度成正比。笔者通过中国裁判文书网以“确认股东身份”、“案外人请求确认股权归属”以及“实际出资”或“享有投资权益”等作为关键词进行检索，发现裁判文书中存在少部分不审理确权请求的情况；同时，尽管裁判文书支持了实际股东的确权请求，但是对于其享有的权利能否作为阻碍执行的实际权利亦存在不同的结果。根据《公司法》第三十七条，股东作为公司所有者，其不具备日常经营权时，股东的意思表示对于公司经营的干预是应

① 张勇健：《商事审判中适用外观主义原则的范围探讨与最高人民法院〈关于适用《中华人民共和国公司法》若干问题的规定（三）〉相关条文对照》，《法律适用》2011 年第 8 期。

② 参见《公司法》司法解释（三）第二十四条第一款。

当被禁止的，学界对于股权代持法律关系的解释思路主要有委托关系说、信托关系说、无名合同说等观点。[①]

2. 现行规范语境下股权内涵三分之正当性

《公司法》司法解释（三）第二十四条第一款将投资权益从股权本体中剥离的立法操作，实属一项创举，《公司法》第四条[②]明确股权的综合属性，加之司法解释的分离确认，彻底扫清股权分列的规范障碍。基于此，治理公司的成员权与获得财产收益的财产权是可以区分对待的，名义股东享有对公司的管理权，而将收益权等财产权赋予实际股东。将股权分为所有权能、收益权能与管理权能的三分法，有利于股权代持内外关系三方之间发生的纠纷得到解决。工商登记的推定效力在没有相对人提出相反证据的时候推定名义股东为真实股东，此时所有权、管理权均归于名义股东，而收益权则因名义股东和隐名股东之间的合意进行转让，且由于《公司法》司法解释（三）规范的存在，此种商事操作得到确认。而当名义股东债权人申请强制执行的时候，审判权力、实际股东的执行异议效力以及名义股东和隐名股东内部意思表示的债权呈现递减趋势，由此所有权能因确认之诉尚未产生判决结果而处于待定状态，收益权能因执行程序可以从隐名股东处转移至名义股东债权人处得以保障名义股东债务履行，而管理权能在隐名股东未显名的状态下仍然归属于名义股东并由其行使。

3. 隐名的程度影响第三人善意的成立

股权代持合意中隐名股东不成为公司股东的意思表示以及后续的行为会导致相对人产生重大过失，而名义股东债权人申请强制执行是否善意，影响《公司法》司法解释（三）第二十五条善意取得制度的准用。与《民法通则》相比，《民法典》在善意的对象上从第三人扩充到了相对人，是否《公司法》亦应当随其后对善意的范围进行适当扩大，值得思考 。

---

① 丁广宇：《股权代持纠纷的有关法律问题》，《人民司法》2019 年第 17 期。

② 《公司法》第四条规定：公司股东对公司依法享有资产收益、参与重大决策和选择管理者等权利。

（二）名义股东与公司之间的外部关系

1. 信赖利益成立的基础——实质审查

相比于不动产登记完备的证据链，股权工商登记与此不同，公司治理作为意思自治的领域，立法者将更多的自由赋予公司法人和各股东。《公司法》第三十二条规定了股权工商登记的对抗效力，其作为一种推定权利，并未宣称工商登记是真实权利人的效力，且允许异议人依据相反的证据对此进行挑战，所以工商登记的公信力需要依据不同的交易场合具体看待。

2. 信赖利益规则适用的边界

应区分看待工商登记的公示效力，若交易的对象就是股权本身，名义股东将名下的股权转让给第三人，则买受人对工商登记信赖程度较高，且实质股东不可能及时提出显名决议和阻碍合同履行的抗辩，所以此种不利益不应当归于买受人方承担，而是应尽最大的力量保护股权买受人的利益；若是非股权的场合，交易相对人对股权登记仅作履约能力背书，此种情况难言信赖利益，当名义股东债权人债权与隐名股东所享有的收益权能及其他可能具有的权能冲突时，名义股东债权人的债权并不具有优先或特殊保护的基础。

四　规范：股权代持执行异议之诉裁判思路厘清

（一）外观主义思路之放弃

执行异议之诉中依据《执行异议和复议规定》第二十五条第四款，严格执行外观主义的审查标准，由于执行异议审查程序以效率价值为核心，以纠错为主要目的，因此符合程序的设立价值。但在异议之诉程序中，若依照外观主义审查，不仅是对前置程序的重复，还会架空异议之诉程序。有裁判文书依照外观主义的思路对名义股东债权人进行保护存在逻辑上的瑕疵，是通过裁判文书给予了隐名股东可攻击的弱点，不利于释法明理最终达到定分止争目标。

（二）善意取得制度的理论残缺

2011年版《公司法》司法解释（三）第二十六条对于股权准用善意取得的规定，体现了从具体到抽象这一归纳思路应用到立法的模式。《民法典》第三百三十一条规定了善意取得的构成要件，其中有非常重要的两项：一是处分人无权处分，二是受让人之善意。二者作为股权转让善意取得的必要构成条件，在异议之诉的审查中难以论证通顺。

若要准用善意取得制度，在股权代持执行异议之诉中名义股东处分名下股权的行为需要预先设定为无权处分，只有如此才有适用善意取得的空间，也就是说最高人民法院通过司法解释的方式认定股权代持关系中，实际股东是股权的所有人。这一司法解释是一项创举，但是由于理论上的准备存在不足，审判人员只能直接给出结论而无说理空间。首先，若隐名股东在与名义股东达成合意的过程中，从未表示其有成为实际股东的意愿，或者在公司成立后隐名股东也没有行使其股东权利而是仅仅享有投资权益（有判决认定其他股东知晓隐名股东享有投资权益也是其显名化的构成要件之一，但因我国并非判例法国家，所以对于此类判决的思路无规范化认定空间），在放弃对工商登记推定效力的情况下，那么谁才是真实的公司股东？将其径直拟制为无权处分人，并为实际股东创造股权归于其名下的理论通路并不能很好地解决这一情况，甚至可能导致二审上诉判决说理囿于该路径。其次，对于另一项构成要件——当事人善意来说，有法院认为："申请执行人与被执行人并未就讼争股权建立处分性法律关系，故申请执行人不属于因信赖权利外观而需要保护的民事法律行为之善意第三人。"[①] 相对人善意在商事背景下是否还有保留的必要，需要区分交易的

① 肖建国、庄诗岳：《论案外人异议之诉中足以排除强制执行的民事权益——以虚假登记财产的执行为中心》，《法律适用》2018年第15期。

对象。

外观主义认为工商登记和股东名册记载的股东就是真实股东，其享有股权且行使由股权所产生的管理公司的权能。工商登记与股东名册属于公司具有对外和对内两种效力的公示内容，对于股东名册这一股权登记簿来说，登记效力若依照《公司法》第三十二条第三款规定的对抗效力，其核心在于“一股两卖”情境下，登记的受让人对抗未登记的受让人，而不能进一步认定只有登记的股东才是真实权利人，登记对抗主义下的登记缺乏公信力，因为对抗主义下的审查是形式审查。① 以德国法为例，登记公信力的源头为实质审查。2023 年修改的《公司法》对公司资本缴纳制度进行了优化，要求有限责任公司股东认缴的资本金五年内缴足，这一制度不仅降低了公司交易相对方的风险，更积极地适配了股权登记对抗主义的交易原则，可以将名义股东对公司的认缴理解为所负债务，此时一种明确的实体权义关系让名义股东难以将公司制度作为风险防火墙加以利用。

善意在民事法律关系中保护的对象是交易相对人基于公信力所产生的信赖利益，而信赖利益来源于公示制度。公信力来源于对实质的审查，② 若不存在当事人善意，那么根据《民法典》，受让人受让不动产或者动产时是善意，就不符合构成要件的情形，此时不论是执行异议审查或执行异议之诉，在论证说理的过程中都难以对当事人善意进行认定。

（三）实质审查规范化重构

《公司法》司法解释（三）第二十五条第三款规定了隐名股东显名化的程序性要求，将公司内部治理决议的证据价值擢升到与工商登记等具有公信价值的证据一样的高度。本文通过对裁判文书的梳理发现，目前已经有生效的法律文书按照法律规定的显名化程序以及是否进行工商登记进行并列，这不仅是重新审视工商登记的效力，更是将显名决议的效力进行了本质提升。

---

① 王延川：《执行程序中权利外观优先保护之检讨——以名义股东股权被执行为例》，《法学杂志》2015 年第 3 期。

② 丁广宇：《股权代持纠纷的有关法律问题》，《人民司法》2019 年第 17 期。

一是对于已有确认隐名股东身份之诉的生效法律文书的情况，工商登记与否不影响隐名股东的权利，此类情况人民法院可以直接以该确认判决为基础进行执行异议之诉的论证说理。

二是对于已有显名决议，异议审查后已进行工商变更登记的异议诉讼请求，人民法院可以对提交此类证据以求终止执行程序的诉求予以直接支持，终止针对涉案股权的执行程序。

三是对于已有显名决议，从未进行工商变更登记的异议诉讼请求，需要全面考察证据链。需要考察公司决议的真实性，如参会人员是否达到法定标准，决议是否是各参会股东真实的意思表示以及是否因诉讼或执行程序开始后伪造相关文件等，得到肯定性反馈后，同时隐名股东表达了显名化的真实意思表示，则人民法院可以通过审判对其权利进行确认，并督促隐名股东及时进行工商登记完善权利外观。若人民法院认为直接判定原隐名股东为实际股东系审判权利过分干涉私法自治领域而存在不妥，或者隐名股东并未在执行异议之诉中一并提出确认之诉的请求，人民法院依据不告不理的原则无法对不存在的请求进行判决，可以依照《公司法》司法解释（三）第二十五条第一款确定其享有投资权益。此类权益的确认既是实体权利对抗执行的基础，也不会进行成员权的确认而导致公司内部治理之间直接产生冲突。若在对证据的真实性考察过程中发现公司决议的真实性存疑，或者无法达到公司股东过半数等法定构成要件，则决议不应当采信，而作为嗣后的工商登记亦无审查之必要，此类情况可判决诉讼请求不成立，以保障名义股东债权人的债权得以实现。

四是对于不存在显名决议，未进行工商变更登记的情况，人民法院应当直接进行否定性判决。有学者对股权代持执行异议之诉存在担忧的原因就是当步入执行程序时，所有的被执行人都有动机和意愿成为“名义股东”，以此来拖延执行程序，隐名股东执行异议之诉不能成为股东或名义股东通过执行程序规避执行的方式。对于证据真实性存在瑕疵的情况，应当坚定地对此类行为说不。股权代持执行异议之诉具体审判审查流程见图3。

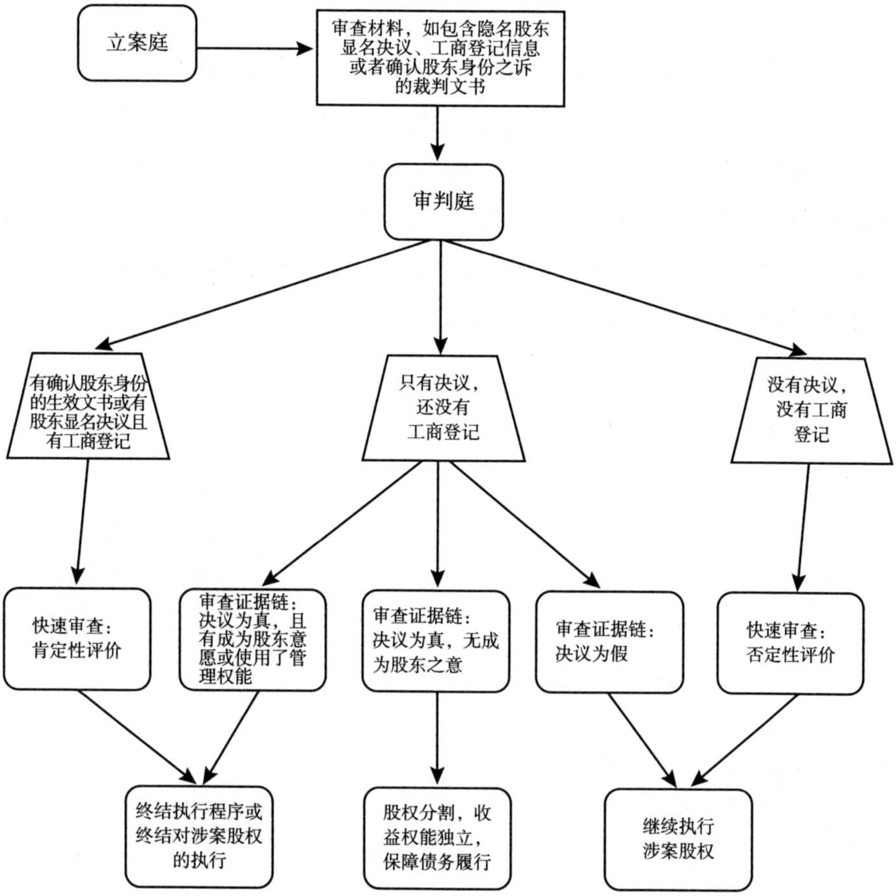

图3　股权代持执行异议之诉审判审查流程

五　结语

股权代持执行异议之诉在京津冀三地各级法院均属疑难案件，法律关系复杂，利益冲突尖锐，人民法院只有在区分好内外部关系、辨明相对人的善恶等基础上，才能确认隐名股东的地位；明确了隐名股东的地位后，就其与名义股东、公司之间的关系进行责任划分，最终指向名义股东的债权人，具体案件具体分析，将类案检索与案件独特性相结合，释法明理，定分止争，实现法效果与社会效果的有机统一。

司法审判权需要不断地攀登法律适用的高峰，股权代持有其现实价值和存在的必然性，一味地“堵”不会带来好的结果，只有司法机关掌握了“通”的技巧并应用，正视股权代持的积极方面并加以引导，同时遏止股权代持躲避行政规范规定的资格等限制行为，才是一条可持续的坦途。立法机关以实务为抓手反哺规范的制定，使得立法工作更具针对性和启发性，也有助于更好地激发商事主体的活力和创造力。

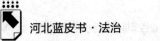

B.23

京津冀协同推进诉源治理实证化研究

——以在线调解平台为研究对象

高　圆*

摘　要： 京津冀协同发展作为当前国家三大战略之一，在国家政治经济发展、国际地位提升等方面具有重要战略地位。在协同发展的大趋势下，面对京津冀三地人口众多、政治经济文化发展相对不均衡的现状，如何为协同发展提供和谐稳定社会环境、法治环境是京津冀协同发展的重要命题。以在线调解工作为切入点，京津冀协同开展诉源治理工作，是破解该命题最为有效的方法。本文通过实证调研分析京津冀三地在线调解平台运行现状，提出协同发展缺乏统一指导规则、缺乏类型纠纷统一调解机制、平台发展不均衡等困境问题。以京津冀协同推进诉源治理工作为目标，对京津冀区域在线调解平台协同发展提出完善建议。

关键词： 京津冀协同发展　诉源治理　在线调解平台

一　制度分析：京津冀协同推进诉源治理的制度依据

2015年，中央发布实施《京津冀协同发展规划纲要》，京津冀协同发展作为重大国家战略正式进入实质化推进与发展阶段。疏解北京非首都功能，多层级、全方面提升京津冀区域协同发展效能，提升区域经济发展水平是京津冀协同发展的核心。完善的社会治理体系是区域协同发展的重要保障，诉源

* 高圆，法学硕士，河北省沧县人民法院四级法官助理，研究方向为民商事审判。

治理作为社会治理的重要内容，对保障京津冀协同发展具有至关重要的作用。

对于实现京津冀协同推进诉源治理工作，智慧法院在线调解机制提供了理论蓝本和实践基础——以“智慧法院”建设为依托，京津冀地区人民法院协同发展在线调解工作，实现京津冀三地调解资源跨区域共享，完善在线调解规则指引机制及保障机制，切实为人民群众提供高效便捷的调解服务、诉讼服务，将矛盾纠纷化解在调解阶段、萌芽阶段。

最高法出台的《关于人民法院进一步深化多元化纠纷解决机制改革的意见》提出，创新在线纠纷解决方式，根据“互联网+”战略要求，促进现代信息技术在多元化纠纷解决机制中的运用。①《关于为京津冀协同发展提供司法服务和保障的意见》提出，加强京津冀三地法院在信息化软件开发、平台建设和大数据应用等方面的合作，实现三地平台共建、信息互通、资源共享、业务协同。②《最高人民法院关于加快推进人民法院调解平台进乡村、进社区、进网格工作的指导意见》提出，基层人民法院及人民法庭要依托人民法院调解平台，积极开展矛盾纠纷化解工作，切实维护社会稳定安全;③ 同时对调解平台的工作机制进行了全面的规定。同年，最高法出台《人民法院在线调解规则》，对在线调解工作进行详细规定。

以上政策文件为京津冀地区法院运用“智慧法院”建设成果开展在线调解工作、协同推进诉源治理、司法服务保障京津冀协同发展提供了理论基础和政策支持。

---

① 《关于人民法院进一步深化多元化纠纷解决机制改革的意见》第 15 条：“创新在线纠纷解决方式。根据“互联网+”战略要求，推广现代信息技术在多元化纠纷解决机制中的运用。推动建立在线调解、在线立案、在线司法确认、在线审判、电子督促程序、电子送达等为一体的信息平台，实现纠纷解决的案件预判、信息共享、资源整合、数据分析等功能，促进多元化纠纷解决机制的信息化发展。”

② 《关于为京津冀协同发展提供司法服务和保障的意见》第 14 条：“加强京津冀三地法院在信息化软件开发、平台建设和大数据应用等方面的合作。实现三地平台共建、信息互通、资源共享、业务协同。推进京津冀三地诉讼服务和诉讼标准一体化，立案信息共享，建立统一协调的诉讼服务机制。实现京津冀三地法院视频衔接，为远程开庭、执行联动、远程接访等业务提供技术保障。”

③ 参见《最高人民法院关于加快推进人民法院调解平台进乡村、进社区、进网格工作的指导意见》第 1 条。

二　实证研究：司法实践中京津冀人民法院在线调解平台应用情况

（一）“北京法院分调裁一体化平台”

在线调解平台运行的制度依据有，北京市高院于2016年相继制定出台的《北京法院在线调解工作办法（试行）》《北京法院进一步深化多元化纠纷解决机制改革的若干意见》《北京法院立案阶段多元调解工作的规定》《民事案件繁简分流和诉调对接工作流程》《特邀调解员调解工作规程》。上述文件的实施，有效地保障了在线调解工作机制的良性运转以及当事人的合法权益。

北京法院于2018年6月研发上线“北京法院分调裁一体化平台”，该平台具备在线调解、线上申请立案、案件繁简分流等功能，为人民群众提供高效便捷解纷服务以及矛盾纠纷源头化解智能化技术支持。截至2023年7月，“北京法院分调裁一体化平台”入驻调解员2164人、行业调解机构103个、行业调解员1928人。[①] 根据《中国法院信息化发展报告No.5（2021）》数据，2019年北京市全部17家基层法院通过“北京法院分调裁一体化平台”多元调解成功和速裁结案量已达一审民事案件的60%。[②]

“北京法院分调裁一体化平台”具备以下特征：一是平台实现了法院内网与外网的互联互通。法院内网可以查阅审判信息网内的当事人立案信息，且在法院内网能够将调解的案件信息发送至平台上的调解组织、调解员，实现了在线调解案件内外网共享，有助于调解效率的提升。二是调解过程中调解力量可灵活分配。在在线调解平台上，调解法官可以将案件分配至调解组织、调解员进行调解，调解组织、调解员在调解过程中认为需要法官加入

① 数据来自“北京法院分调裁一体化平台”网站，https://www.bjcourt.gov.cn/ftcyth/index.htm。

② 陈甦、田禾主编《中国法院信息化发展报告No.5（2021）》，社会科学文献出版社，2021。

的，可申请法官加入调解。三是平台实现了在线调解全程同步录音录像，案件信息材料全程留痕保存，且平台支持多方同步在线调解，调解过程突破了时空限制。四是经调解员或调解组织在线调解成功且签署调解协议，需要司法确认以固定调解成果的，需将案件信息发送至对接的法官或者案件当事人至法院进行申请，若在线调解不成功，平台则直接将案件转至速裁法官处，无需立案平台再次进行分案处理。

“北京法院分调裁一体化平台”存在以下问题：一是当事人达成调解协议后平台尚未实现在线申请司法确认的功能；二是当事人自行选择调解员或调解组织，平台不能为当事人提供智能分派参考；三是平台尚未对接其他官方在线调解平台，不能实现调解资源跨区域共享。

“北京法院分调裁一体化平台”的登录途径包括 PC 端、微信公众号“北京移动微法院”两种。以 PC 端登录为例，当事人登录“北京法院分调裁一体化平台”网站，进行实名注册认证后选择“在线调解”功能，选择管辖人民法院及纠纷类型，填写纠纷金额、申请人及被申请人身份信息、纠纷的事实和理由并上传纠纷相关材料，选择调解员或调解组织，然后进行纠纷信息情况提交，即完成调解案件的登记。受理纠纷后，平台在 5 个工作日内联系被申请人，确定调解时间、方式等，并在 30 日内（双方同意延长的最长不超过 60 日）完成纠纷调解。双方当事人达成调解协议的，可申请司法确认，目前该平台尚未开通线上司法确认服务，调解不成且请求立案的，3 日内案件将被分配至速裁审判（见图 1）。

（二）河北法院“冀时调”平台

河北省高院于 2020 年 7 月研发上线“冀时调”平台并在全省基层人民法院运行使用。该线上调解平台具备智能咨询、人工咨询、智能评估、法规案例、纠纷调解、司法确认、在线诉讼等功能，截至 2023 年 12 月平台已有 11453 家调解机构入驻。[①] 以河北省 C 市 C 县人民法院为例，2023 年 C 县人

① 数据来自“冀时调”平台网站，https：//yzjf. hebeicourt. gov. cn/。

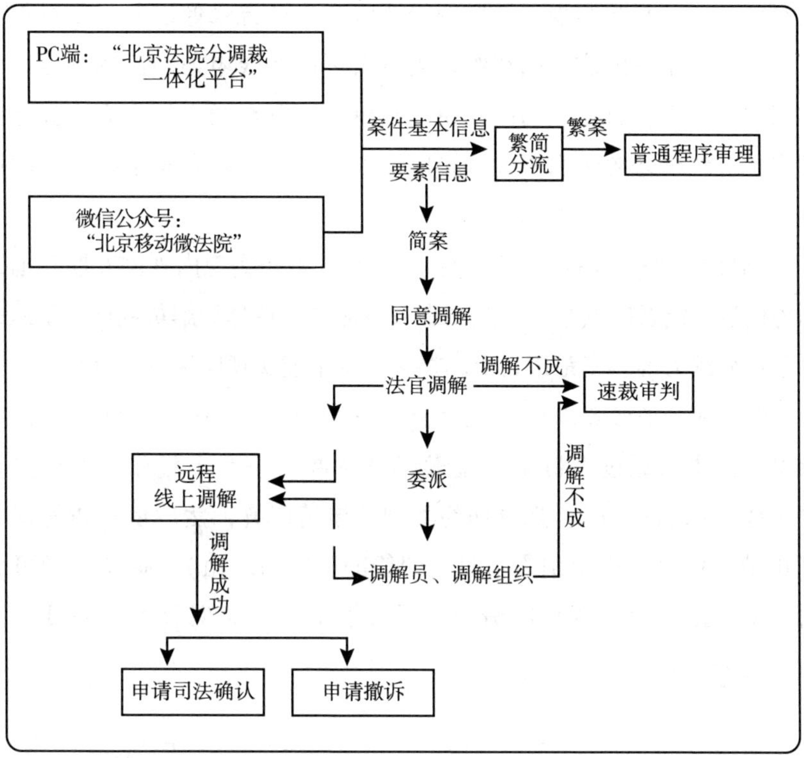

图 1 "北京法院分调裁一体化平台"在线调解流程

民法院通过"冀时调"平台调解纠纷 6331 件，其中当事人达成调解协议的有 4263 件，矛盾纠纷经线上平台调解率已超过 60%。

"冀时调"平台具备以下特征：一是调解力量多元，平台入驻的调解力量除调解员、调解组织外，还含纳了全省的乡镇人民法庭及乡镇综治中心。二是平台已与"总对总"① 在线诉调对接机构衔接，通过"冀时调"平台能够链接人民法院在线调解平台中的"总对总"成员调解组织，进行纠纷

① "总对总"是指最高人民法院与中国侨联依托人民法院调解平台，将各级侨联的调解组织和调解员引导入驻人民法院调解平台，把侨联分散在省、市、县、乡各个层级的调解资源进行最大限度集约，并集成在人民法院调解平台上开展全流程在线调解和诉调对接工作，实现"一次对接、全国覆盖"，做到"一平台调解、全流程在线、菜单式服务、一体化解纷"，全面提升涉侨纠纷多元化解工作的质量和效率。

在线调解。三是平台实现了矛盾纠纷调解全程录音录像以及文字材料全程留痕。四是对于调解成功的纠纷，当事人可以在线申请司法确认，以固定调解成果；对于调解不成功的纠纷，当事人可以在线申请立案。五是纠纷来源多元，纠纷来源于当事人直接申请以及人民法院办案系统流转的诉前案件。

“冀时调”平台存在以下问题：一是平台不能实现内外网互联互通，致使纠纷信息不能及时共享；二是当事人不能自行选择调解员或调解组织，仅能以平台分派为准；三是平台上的调解资源不能实现跨区域共享。

“冀时调”平台登录途径包括 PC 端、微信小程序。以微信小程序登录为例，当事人通过手机微信搜索“冀时调”平台小程序，进行实名注册，选择“纠纷调解”，选择纠纷类型后申请调解，然后填写纠纷基本信息（申请人信息及被申请人信息、纠纷的事实与理由），提交后即可成功申请调解。接收纠纷调解申请后，平台根据纠纷类型分派调解员或调解组织（见图 2）。

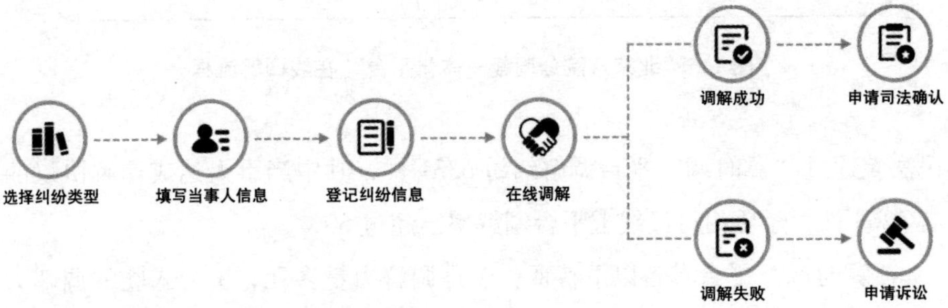

图 2　“冀时调”平台纠纷调解流程

（三）天津法院“人民法院调解平台”

天津法院目前尚未开发独立的在线调解平台，在司法实践中依托最高法“人民法院调解平台”开展纠纷在线调解工作，该平台具备在线调解、在线立案、在线司法确认、案例参考等功能。

“人民法院调解平台”具备以下特征：一是平台覆盖全国法院，应用范围广泛，入驻调解力量丰富；二是平台调解全程同步录音录像，调解全程留痕；三是平台可根据纠纷基本情况智能匹配调解员、调解组织，当事人也可在调解资源列表中自行选择；四是对于调解成功的纠纷，平台可自动生成调解协议，当事人可在线申请司法确认，对于调解不成功的纠纷，当事人可在线申请立案；五是调解过程中，调解员或调解组织可以申请法官加入调解。

“人民法院调解平台”存在以下问题：一是平台不能实现内外网互联互通，致使纠纷信息不能及时共享；二是因平台已与“总对总”诉调对接机制中的成员单位对接，能够共享“总对总”项下调解资源，但是调解资源尚不能实现跨区域共享。

“人民法院调解平台”登录途径包括 PC 端、“多元调解”微信小程序、“多元调解” App。以 PC 端登录为例，当事人登录“人民法院调解平台”官网，“提交纠纷”后选择管辖法院、纠纷类型，填写申请人及被申请人信息、索赔金额，上传证据材料后，平台智能推送调解员、调解组织或者当事人自行选择调解员或调解组织，之后提交申请（见图 3）。

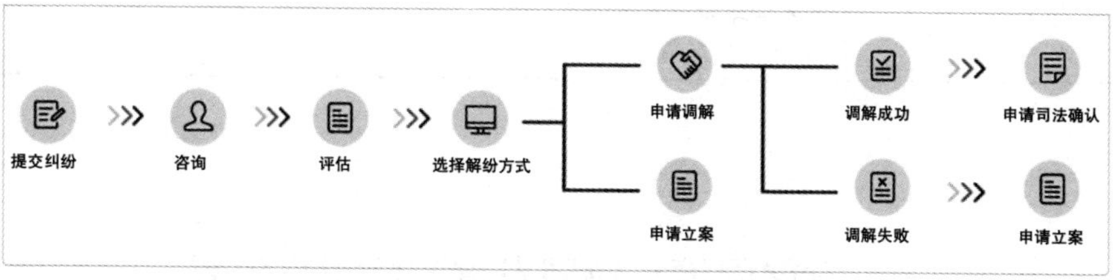

图 3 “人民法院调解平台”解纷流程

通过对上述京津冀三地在线调解平台应用情况的分析，总结出三地在线调解平台的优劣势（见表 1）。

表1　京津冀三地在线调解平台情况对比

项目	“北京法院分调裁一体化平台”	河北法院“冀时调”平台	天津法院“人民法院调解平台”
开通时间	2018年6月	2020年7月	2018年3月
登录方式	PC端、微信公众号	PC端、微信小程序	PC端、微信小程序、App
调解成功后是否可以在线司法确认	否(暂未开通)	是	是
调解失败后是否可以在线申请立案	是(直接分配至速裁审判)	是(进入立案系统)	是(进入立案系统)
纠纷来源	当事人申请、办案系统引调	当事人申请、办案系统引调	当事人申请、办案系统引调
能否内外网互联	能	否	否
能否跨区域调解资源共享	否	能(仅“总对总”机制下的调解资源)	能(仅“总对总”机制下的调解资源)
当事人能否选择调解资源	能	否	能
制度依据	《北京法院进一步深化多元化纠纷解决机制改革的若干意见》《北京法院立案阶段多元调解工作的规定》《民事案件繁简分流和诉调对接工作流程》《北京法院在线调解工作办法(试行)》等	《河北省多元化解纠纷条例》	《天津法院在线调解工作办法(试行)》《天津市矛盾纠纷多元化解条例》

三　发展困境：协同发展趋势下京津冀在线调解平台的运行难题

（一）区域统一在线调解规则机制不完善，协同发展缺乏制度依据

通过对京津冀三地在线调解平台的实证调研以及对三地在线调解平台制

度规定的研究，发现京津冀三地仅针对各自区域的多元解纷工作出台了地方性文件。其中，河北省和天津市是地方人大常委会以地方性法规形式出台相应文件，北京市则是北京市高院出台有关在线调解、多元解纷、诉调对接等工作的制度文件，北京市、天津市出台了针对本区域的在线调解工作文件，三地未联合出台统一的适应京津冀区域协同发展的在线调解规则机制。这就导致各区域的在线调解工作依据不同，出现纠纷类型定位差异、司法资源对接不畅、调解经费保障不足以及平台全面发展程度不同等问题。① 同时，三地缺乏统一的在线调解指引规则，京津冀三地在线调解文件并没有对在线调解平台资质、运行原则、管理监督以及调解员相关要求等进行规定。② 在京津冀协同发展的背景下，三地无统一的在线调解规则，无疑不利于矛盾纠纷的源头化解。

（二）京津冀在线调解平台发展不均衡，协同发展动力不足

从京津冀三地在线调解平台的发展现状来看，北京的“北京法院分调裁一体化平台”由于研发上线时间较早、信息技术支撑较好、应用时间较长等因素，在平台注册用户数量、受理纠纷数量以及调解资源数量等方面在三地平台中处于较为领先的地位，且被《中国法院信息化发展报告 No. 5（2021）》作为案例。该平台因特定的案件繁简分流模式，使得一部分复杂纠纷无需进入调解程序，避免造成调解资源的浪费，提升了进入调解程序案件的调解成功率以及缩短了纠纷调解时长。相较之下，其他地区的在线调解平台上线较晚，如河北法院的“冀时调”平台于 2020 年 7 月上线，社会认可度较低。对于矛盾纠纷，当事人首选通过法院诉讼解决，致使平台纠纷来源主要为人民法院的诉前案件，当事人直接申请的情况较少。再如，相较于“北京法院分调裁一体化平台”的内外网互通功能，河北、天津的在线调解平台并未实现该功能。同时，“北京法院分调裁一体化平台”虽上线了在线申请司法确认的功能，但至今该功能并未实际开通，而河北、天津均已实现在线调解平台在线申请司法确认的

① 谢登科、张赫：《在线调解的实践困境与未来发展》，《学术交流》2022 年第 12 期。

② 侯怀霞、张西恒：《应持续推动我国在线调解的发展》，《中国法治》2023 年第 11 期。

功能。另外，天津尚未建立适用本地区的在线调解平台，还是以“人民法院调解平台”作为在线诉前调解的主要途径。

（三）区域缺乏类案协同一体化在线调解平台

目前，我国统一的调解平台主要是最高法上线的“人民法院调解平台”，在京津冀协同发展的趋势下，三地并未设立协同一体化的统一在线调解平台且未实现三地在线调解平台的功能互通，三地也未协同成立类案化解平台。以中国人民银行上海总部开发的“中国金融消费纠纷调解网”为例，该平台集中对《长三角地区金融消费纠纷非诉解决机制合作备忘录》项下的南京、杭州、合肥等地银行的涉金融消费纠纷进行在线调解，大大提升了该类纠纷的化解效率和化解效果。① 无统一的在线调解平台也会导致各区域平台出现法律检索、纠纷评估等功能重复开发的问题，在线调解平台一体化建设可以有效避免上述问题，避免造成调解资源、司法资源以及经费补贴的浪费。

（四）在线调解平台缺乏区域间调解资源共建共享机制

在线调解平台的发展突破了传统线下调解的地域和时间限制，使得纠纷能够随时随地得到调解。② 在京津冀协同发展的趋势下，矛盾纠纷也存在跨区域的特征，这就需要调解员或调解组织能够进行跨区域调解。同时，由于京津冀三地的经济、社会发展情况不同，各地所形成的优势产业也不尽相同，各个平台的调解资源分配不均衡。在行业调解资源的分配中，如北京地区所涉知识产权纠纷数量较多，在线调解平台针对知识产权纠纷的调解资源相对丰富，天津地区所涉海事纠纷数量较多，平台针对海事纠纷的调解资源相对较多。三地在线调解平台的调解资源以本地区内资源为主，未实现调解资源的共建、共享，会导致一些专业性较强、复杂程度高的纠纷无法通过专业调解力量进行化解，导致纠纷调解成功率下降、调解时间延长、调解效率

① 《跨区域调解“第一单”落地，长三角地区建立金融消费纠纷非诉解决合作机制》，新浪财经，2019 年 5 月 15 日，http：//firance sina. com. ca/roll/2019-05-15/doc-ihvhiews2122815. html。

② 郑维炜：《中国“智慧法院”在线调解机制研究》，《当代法学》2020 年第 6 期。

降低等问题。与此同时，在纠纷协调化解的趋势下，调解组织、调解人员缺乏统一的选任标准和资质互认机制。

（五）调解经费协同保障机制不健全

《人民调解法》规定，县级以上地方政府财政承担当地人民调解工作的经费、补贴。[①] 在当前我国司法实践中，人民调解工作的经费、补贴均来源于当地政府财政，政府将调解经费补贴列入财政预算，[②] 当地纠纷的调解数量关系调解经费的数额从而关系当地政府的财政支出。

在京津冀协同发展的趋势下，跨区域纠纷数量随之增加，跨区域调解也是大势所趋。各地法院管辖机制不同，如对于知识产权类纠纷、金融类纠纷等，部分法院适用集中管辖的机制，会出现纠纷发生在甲地，却由乙地进行调解，但是因未建立协调的经费保障机制，会出现经费仅由集中管辖的一地财政承担。例如，河北省 C 市 X 区法院集中管辖 C 市 16 个基层法院的知识产权案件，如果其他法院有知识产权纠纷则需要到 X 区进行调解，而调解经费由 X 区财政承担，案源地法院无需发放调解经费。同时，京津冀三地社会经济发展情况不同，调解补贴的金额也不一致，导致跨区域纠纷调解无法统一调解员或调解组织的经费补贴标准。

四　完善路径：京津冀在线调解工作推进诉源治理协同发展的建议

（一）制定京津冀统一在线调解规则

在线调解工作是诉源治理工作与信息化技术结合的新兴事物，目前京津冀三地中仅北京市出台了有关在线调解的具体规则，河北、天津仅是在多元

① 《人民调解法》第 6 条："国家鼓励和支持人民调解工作。县级以上地方人民政府对人民调解工作所需经费应当给予必要的支持和保障，对有突出贡献的人民调解委员会和人民调解员按照国家规定给予表彰奖励。"

② 参见《财政部 司法部关于进一步加强人民调解工作经费保障的意见》。

解纷行政法规中对在线调解工作进行了建议性规定，并未制定系统、全面的在线调解工作规则。区域的协同发展离不开统一的规则指引，统一的规则指引能对各区域内以及跨区域的纠纷调解提供权威、完善的依据，提升人民群众对在线调解工作的认知程度和认可度，助力区域协同发展中矛盾纠纷的源头化解、多元化解。

在京津冀协同推进诉源治理工作、提升社会治理能力的大趋势下，制定统一的在线调解规则势在必行。在党的领导下，京津冀三地司法机关、司法行政机关应以签署在线调解合作协议的形式，制定包含调解员的选任、在线调解启动条件、诉调对接等多方面、统一的在线调解工作规则，为在线调解平台的跨区域应用提供制度规则依据，进一步提升人民群众对在线调解工作的认可度和满意度。

（二）提升各区域平台效能，打造类案一体化在线调解平台

北京地区因平台启用较早、技术支持充分等因素，“北京法院分调裁一体化平台”的功能比较齐全，能够为当事人提供较为完善的在线调解、咨询等服务。河北、天津两地应充分借鉴北京发展模式，因地制宜开发符合地方特色的在线调解平台，同时三地应联合探索符合京津冀协同发展要求的在线调解运行模式，为跨域调解、联合调解提供平台支撑。

针对三地相对集中的类型化纠纷，如知识产权纠纷、海事纠纷、金融纠纷，设立统一调解平台或者在已有平台中开发类案调解端口，对同类型纠纷实现跨区域调解，实现专业调解资源的共享，促进专业性纠纷妥善化解，提升纠纷化解效率。

（三）促进区域深度融合，实现调解资源共建共享

共建、共享是在线调解平台的主要特征，当事人可以通过在线调解服务实现法律资源和非法律资源、官方资源与民间资源的合理配置和共享。[①] 由

---

① 王建芬、纪昀：《长三角一体化背景下协作推进诉源治理实质化的建设构想——以在线调解平台的应用为例》，《上海法学研究》2021 年第 15 卷。

于平台研发、运用中存在技术标准、功能等差异，京津冀三地的在线调解平台不能实现共建共享，但平台调解资源等方面的共建共享是助力京津冀协同推进诉源治理工作的重要路径。在均衡各地区专业调解力量方面，在线调解打破了线下调解的时空限制，以信息化技术为依托实现专业调解资源的线上均衡分配。[①] 建立跨区域的行业调解组织、调解员共享信息清单，根据纠纷的类型将京津冀地区的优秀调解资源进行重组分配，建立专业化、职业化调解队伍，衔接在线调解平台，并由当事人自行选择或者由平台推荐调解组织、调解员，使纠纷跨区域调解成为现实。[②] 例如，河北省的知识产权纠纷可以通过北京市的调解资源进行调解，北京市的海事纠纷可以由天津市的调解资源进行调解。

同时，由高校专家学者、法院审判业务专家、行业专业人士等力量组成的专业调解资源库，可以为疑难复杂、专业化程度较高的纠纷提供理论和实务支持，还可以为类型化纠纷制定类案调解指引及案件要素表。

（四）建立调解经费统一保障机制，统筹协调区域经费

由于经费的预算、支出受地方财政的影响，目前京津冀三地并未实现经费协同，且未建立协调统一的调解经费保障机制。在京津冀协同推进诉源治理工作的趋势下，三地的调解经费同样需要协调统一，尤其是调解补贴经费，不能让非案源地承担，而致使案源地的经费无处发放，从而进一步导致财政预算降低。这会降低调解组织、调解员的工作积极性，也增加了非案源地的财政压力。京津冀三地应制定统一的补贴标准，三地的财政机关、司法机关应根据纠纷的类型、纠纷复杂疑难程度、跨区域调解等因素协同制定统一的调解经费补贴规则，统筹三地调解经费补贴机制，建立协同的考核办法，激发调解资源的积极性，为在线调解工作协同开展提供物质保障，提升矛盾纠纷化解效率。

---

① 王裕根：《深化法院诉源治理数字化转型》，《中国社会科学报》2023 年 6 月 7 日。

② 罗慧明：《基于“关系紧密群体理论”的金融调解制度研究——以行业协会为主导的路径选择》，《东方法学》2016 年第 3 期。

五 结语

在线调解平台作为“智慧法院”建设发展的产物，在诉源治理工作中发挥了重要作用。在京津冀协同发展的大背景下，本文对京津冀地区法院在线调解平台的应用现状进行了实证研究，针对优势与不足，对京津冀三地人民法院在线调解平台协同发展提出完善建议，推进矛盾纠纷源头预防与化解，切实将非诉讼纠纷解决机制挺在前面，助力京津冀地区社会治理现代化。

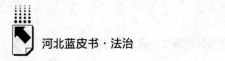

冰雪运动法治保障

B.24
冰雪运动相关矛盾纠纷诉调衔接路径与制度构建

陈　泽*

摘　要：　冰雪运动相关矛盾纠纷与一般民事纠纷有一定差异，其具有专业性、跨地域性、时限性等特点。为提高冰雪运动相关矛盾纠纷调解效率和质量，应建立多元化冰雪运动相关矛盾纠纷诉调对接制度。基于此，本文总结与分析前人研究成果，以相关案件事实为依据，讨论冰雪运动相关矛盾纠纷诉调衔接路径。目前的诉调衔接路径主要存在冰雪运动类调解组织亟待完善、调解组织与人民法院工作配合不紧密及诉调模式简单等问题。对此，笔者认为应通过发掘各类调解组织化解纠纷的功能、促成调解组织与人民法院优势互补以及建立一站式多元化诉调衔接平台三项措施予以解决，从而切实提高冰雪运动相关矛盾纠纷化解效率。

* 陈泽，河北省张家口市崇礼区人民法院政治部一级科员，研究方向为诉讼法学。

关键词： 冰雪运动 矛盾纠纷 诉调对接

随着2022年北京冬奥会成功举办，冰雪运动在我国迅速普及，与此同时，冰雪运动相关矛盾纠纷数量也不断增加。冰雪运动相关矛盾纠纷如果无法切实有效解决，必然会影响当地营商环境，甚至会对部分旅游企业、冰雪运动行业，乃至一个地区产生负面影响。“消未起之患，治未病之疾，医之于无事之前”①，法治建设不仅要重视末端，解决已经存在的问题，也要重视前端，预防风险。在处理各种冰雪运动相关矛盾纠纷时，只有同时重视诉讼内以及诉讼外两种机制，充分应用非诉讼纠纷解决制度，引入更多法治力量并发挥其作用，强化矛盾纠纷源头预防、前端化解、关口把控、健全预防性法律制度，从本源上缩减诉讼增量，才能将社会管理转化为社会治理，健全社会治理的制度体系。因此，需要尽快应用多元化措施化解冰雪运动相关矛盾纠纷。在目前经济社会高速发展的背景下，仅仅依赖诉讼并不能简单、高效地解决频发多发的冰雪运动相关矛盾纠纷，建立冰雪运动相关矛盾纠纷诉调衔接的纠纷解决制度至关重要。

一 冰雪运动相关矛盾纠纷诉调衔接现状

（一）冰雪运动相关矛盾纠纷现状

冰雪运动相关矛盾纠纷与其他民事纠纷之间存在明显的不同，其具有如下特性：一是多出现在冬季、郊区、户外，普遍为跨区域，当事人寻找法律救济的难度较大；二是纠纷事实多样化，必须综合不同方面的专业知识予以评估。随着冰雪运动及相关产业的发展，相关矛盾纠纷也呈增加态势，在诉讼案件数量方面表现较为明显。

---

① 出自（唐）孙思邈《备急千金要方》。

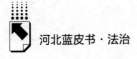

以H省Z市C法院2020~2022年受理的冰雪运动相关矛盾纠纷为例，2020年受理44件，2021年受理77件，2022年受理90件，数量呈逐年上升趋势（见图1）。

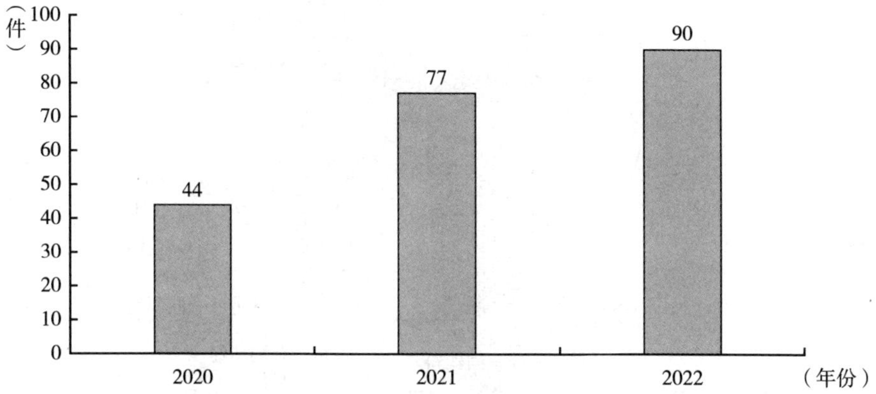

图1　2020~2022年H省Z市C法院受理的冰雪运动相关矛盾纠纷案件数量

资料来源：法院系统内部数据统计。

其中，身体权、生命权、健康权纠纷案件17件，劳动争议案件33件，买卖合同纠纷案件28件，商品房销售合同纠纷案件20件，建设工程施工合同纠纷案件31件，侵权责任纠纷案件1件，劳务合同纠纷案件3件，承揽合同纠纷案件12件，服务合同纠纷案件12件，建设工程设计合同纠纷案件8件，装饰装修合同纠纷案件16件，其他纠纷案件30件（见图2）。

不同类型案件受理数量从多到少依次是劳动争议，建设工程施工合同纠纷，买卖合同纠纷，商品房销售合同纠纷，身体权、生命权、健康权纠纷。

从结案方式来看，调解结案35件、判决结案41件（其余案件未结案或查不到相关信息）。调解结案占一定比例，说明有相当一部分当事人愿意接受调解，因此将调解前移，尽可能处理大部分纠纷是比较合理的方式，不仅有助于实现诉源治理，还可以在萌芽阶段解决纠纷。

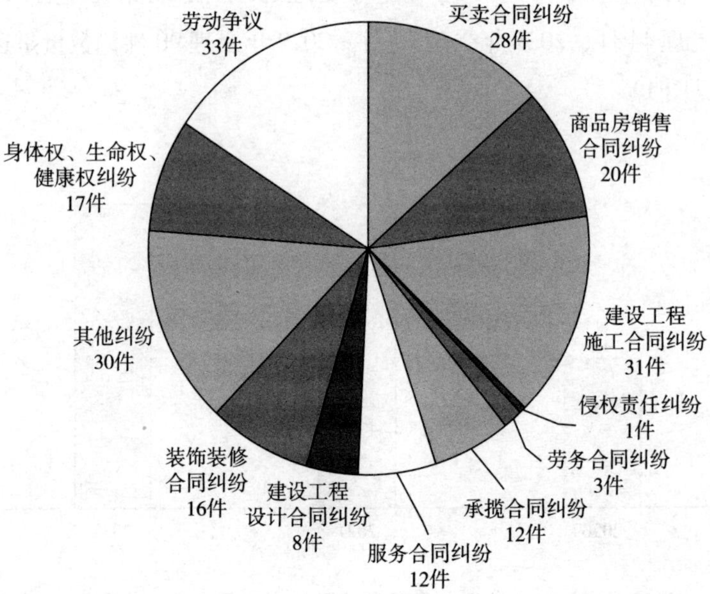

图2　2020~2022年H省Z市C法院受理的冰雪运动相关矛盾纠纷案件类型分布

（二）调解组织发展概况

多元化纠纷解决机制，也可称为替代性纠纷解决机制，该制度是所有法院诉讼（包括仲裁）以外全部非强制、非正式矛盾纠纷解决方式的总称。习近平总书记提出“坚持把非诉讼纠纷解决机制挺在前面”。[①] 不论是时间方面，还是金钱方面都需要投入大量成本的冰雪运动相关矛盾纠纷更适宜在属地尽快化解。冰雪运动专业性较强，所以相关矛盾纠纷的处理离不开专业人士的帮助，专业人士的专业理论知识以及实务工作经验能够补足法官知识结构方面的不足。冰雪运动相关矛盾纠纷理应通过诉前调解制度供应可替代性的选择方案，这也与冰雪运动相关矛盾纠纷特征相符。如果当事人之间的争议较小，能够直接经由调解实现和解；如果当事人存在较大的争议，也能

① 陈利强主编《2021“一带一路”涉外法治研究》，人民出版社，2021，第221页。

够通过诉前调解掌握双方的诉求，为此后诉讼调解工作开展奠定基础。目前，调解组织主要有以下几种。

1. 行政调解组织

行政调解是行政机关主导的一种矛盾纠纷解决方式，旨在通过协商、互谅互让等方式解决矛盾纠纷。随着社会利益多元化以及群众需求增加，不同类型矛盾纠纷日趋增加，解决难度也不断提高。因此，强化行政调解工作对于减少社会矛盾、保障广泛民众基本利益、促进依法行政具有重要性和紧迫性。从全国范围看，一些省份体育行政主管部门建立了行政调解工作机制，如江西省抚州市教育体育局成立了行政调解工作领导小组，制定了行政调解流程、调解须知等规章制度。笔者查阅资料发现，目前鲜有关于冰雪运动的行政调解案例，通过与 H 省 Z 市行政主管部门沟通了解到，目前关于冰雪运动的纠纷调解案例相对较少。

2. 行业调解组织

行业调解是指利用专业知识促使纠纷双方尽快达成一致意见、为双方留有合作余地的矛盾纠纷解决方式。相较于诉讼和仲裁，行业调解更侧重于整体健康发展，能够一揽子处理不同类型的纠纷。① 行业协会拥有专业的调解员队伍和丰富的行业资源，能够提高交流效率并提供可行性建议或解决方案。此外，采用行业调解方式可以降低社会和经济成本。我国目前有 7 万家行业协会和商会，部分已经成立调解中心或纠纷调解部门。一些省份也成立了冰雪运动协会来支持本地冰雪运动相关矛盾纠纷的解决，如浙江、内蒙古、河北等。但在实务工作中，行业协会所发挥的作用十分有限，未能直接参与矛盾纠纷调解工作。笔者经过检索发现，全国关于冰雪运动协会开展行业调解的报道较少，H 省 Z 市的冰雪运动协会行业调解工作也鲜有开展。

3. 人民调解组织

人民调解是基于依法设立的人民调解委员会，依据我国现行法律、法

① 王斌通：《“枫桥经验”视域下大调解体系的治理逻辑和制度供给》，《民间法》2022 年第 1 期。

规、社会公德等，对民间纠纷当事人双方予以说服教育、规劝疏导，使得纠纷双方自愿达成合意，解决纷争的活动。[①] 如今，人民调解组织开始广泛参与矛盾纠纷调解工作，并取得一定的成果。例如，汾阳市诉前人民调解委员会在汾阳法院正式揭牌成立，在一定程度上发挥了法庭以及乡镇街道、人民调解委员会所具有的优势，整合法庭、群众性自治组织等调解社会矛盾纠纷的力量，合理应用源头预防、前端化解等不同解决方案，完成诉讼与人民调解之间的高效对接。[②] 又如，河北省张家口市阳原县成立了企业人民调解委员会，这是建立“大调解”工作体系的关键，有助于构建全社会参与调解矛盾纠纷的格局，在矛盾产生萌芽阶段即予以化解。但是，我国目前专门针对冰雪运动的人民调解组织相对较少，人民调解组织在冰雪运动相关矛盾纠纷诉前调解中的作用未能充分发挥。

（三）诉调衔接机制概况

自2015年我国实行立案登记制后，法院诉讼案件数量迅猛增长，案多人少的问题非常突出。为了落实“治未病、抓前端”诉源治理工作要求，对于当事人起诉到法院的适宜调解的案件，法院会在登记立案前，通过诉前引导、委派、委托、特邀等方式将一部分争议先行交由各种调解组织处理，争取尽量将纠纷化解在诉讼之前，最终形成“调解—诉讼”的漏斗式争议解决形态。[③]

1. 委托调解

委托调解指的是针对立案前的纠纷予以调解，在当事人提起民事诉讼之后，人民法院正式受理案件之前，经过当事人同意，暂时延缓立案，将纠纷全部交由有关调解人员或是组织予以调解，若是调解失败，再交由法院立案

① 唐永莉、马丽芳：《新时代人民调解工作的发展困境与破解对策——以S省为例》，《法制博览》2023年第9期。

② 李颖：《人民调解制度的价值定位与路径优化》，《法制博览》2023年第4期。

③ 《每日法治金句丨法治建设既要抓末端、治已病，更要抓前端、治未病》，“青海普法”百家号，2022年6月20日，https://baijiahao.baidu.com/s?id=1736082141860742396&wfr=spider&for=pc。

审理的一种制度。[①] 委托调解是基于2004年11月1日生效的《最高人民法院关于人民法院民事调解工作若干问题的规定》（以下简称《调解规定》）第1条对《民事诉讼法》第98条的解释建立的一种制度。《民事诉讼法》第98条明确规定“人民法院进行调解，可以邀请有关单位和个人协助。被邀请的单位和个人，应当协助人民法院进行调解”。《调解规定》第1条则规定“人民法院可以邀请与当事人有特定关系或者与案件有一定联系的企业事业单位、社会团体或者其他组织，和具有专门知识、特定社会经验、与当事人有特定关系并有利于促成调解的个人协助调解工作”。委托调解有广义与狭义两种区别，其中广义的委托调解指的是人民法院将满足一定条件的案件委托给其余组织或是自然人协助调解处理的一种制度；狭义的委托调解指人民法院将满足一定条件的民事案件委托给人民调解委员会解决的一种制度。[②] 近年来，H省Z市C法院开展了委托调解工作，其中2022年委托调解案件21件，2023年上半年委托调解案件61件，案件类型基本以民间借贷为主，目前委托调解的冰雪运动相关矛盾纠纷相对较少。

2. 特邀调解

根据《最高人民法院关于人民法院特邀调解的规定》，特邀调解是指人民法院委派或者委托符合条件的人民调解、行政调解、商事调解、行业调解等组织或个人进行调解，以促使当事人在平等协商基础上达成调解协议、解决纠纷的一种调解活动。当前，部分法院已经创建特邀调解员/调解组织清单，并引导当事人优先选择清单中的调解员/调解组织开展调解。例如，张家口法院大力推广使用“冀时调”平台，汇聚全市58家特邀调解组织和174名特邀调解员，做到矛盾纠纷一网通调、一网解纷。在冰雪运动相关矛盾纠纷诉前调解过程中，张家口市崇礼区法院和部分人民调解组织建立了调解业务方面的合作。针对部分适合人民调解员调解的冰雪运动相关矛盾纠

① 《最高法相关负责同志就〈关于进一步完善委派调解机制的指导意见〉答记者问》，最高法网站，2020年1月22日，https：//www.court.gov.cn/zixun-xiangqing-218521.html。

② 张万洪、马闯：《人民调解嵌入人民法庭的改革实践与优化路径——以西南D市人民法庭的诉前调解改革为例》，《中南民族大学学报》（人文社会科学版）2023年第4期。

纷，人民法院可以利用特邀调解方法，委托人民调解员负责调解工作。[①]

目前，我国一些法院已经开始采用特邀调解的方式开展冰雪运动相关矛盾纠纷的诉前调解，如北京市延庆区法院设立特邀人民调解员岗位，进一步推动延庆区法院“多元调解+速裁”工作。特邀人民调解员可以结合冰雪运动矛盾纠纷的特点，利用释法说理、情理沟通，成功将纠纷止于诉前。

3. 司法确认

司法确认制度指的是针对有关民事权利义务的纠纷，经由行政机关、人民调解组织、商事调解组织、行业调解组织或是其他具有调解职能的组织调解后，形成具备民事合同性质的协议，在调解组织及调解员签字盖章后，或是双方当事人签订协议之后，若是矛盾纠纷双方认为有必要，可以一同前往人民法院申请确认协议法律效力的制度。[②] 2009 年，最高法发布了《关于建立健全诉讼与非诉讼相衔接的矛盾纠纷解决机制的若干意见》，其中对司法确认予以明确规定。2010 年 8 月 28 日审议通过的《人民调解法》从立法方面，明确了司法确认制度。司法确认制度也因此正式入法，确立为国家司法制度之一。

司法确认是一种非诉程序，相较于普通诉讼而言，裁决流程被精简，耗损的司法资源不多，且方便高效。这使当事人之间对抗并不严重的矛盾，能够高效获得解决，减少了不必要的诉讼。

2022 年 H 省 Z 市 C 法院有司法确认案件 8 件，2023 年上半年有司法确认案件 2 件，但案件类型基本以民间借贷和机动车交通事故纠纷为主，目前没有冰雪运动相关矛盾纠纷司法确认案件。

二　冰雪运动相关矛盾纠纷诉调衔接问题检视

（一）冰雪运动类调解组织不健全、专业性不强

由于冰雪运动相关矛盾纠纷难以完全依靠法院内部工作人员完成所有的

---

① 卢海燕、张晓辉：《商事纠纷解决体系构建视域下法院邀请调解再完善》，《社会科学家》2019 年第 10 期。

② 赵龙、许宏林：《司法确认管辖规则的检视与完善》，《人民司法》2022 年第 31 期。

诉前调解活动，因此借助外部力量实现冰雪运动相关矛盾纠纷的化解成为更加快速解决冰雪运动相关矛盾纠纷的一条途径。①

各地行政调解、行业调解开展得不均衡，针对冰雪运动相关矛盾纠纷的行政调解、行业调解组织更是少之又少。目前，行政调解及行业调解在冰雪运动相关矛盾纠纷中发挥的作用较小，普遍是为法院审理案件提供参考性意见，很少有直接参与调解活动的案例，一定程度上限制了行政调解及行业调解在冰雪运动相关矛盾纠纷诉前调解中的应用。而冰雪运动相关矛盾纠纷的调解对于调解员个人素质要求较高，不仅需要调解员掌握相关法律知识，还需要其掌握冰雪运动专业性知识。然而，能够满足上述要求的人员较少，导致缺少充足的人员储备。以 Z 市为例，目前具有法律知识的调解员（法律工作者）占比为 32. 52%（见图 3），其余人员尽管具备丰富的矛盾化解经验，但是缺少对各类法律知识以及冰雪运动专业知识的了解，无法满足冰雪运动相关矛盾纠纷调解工作的需要。

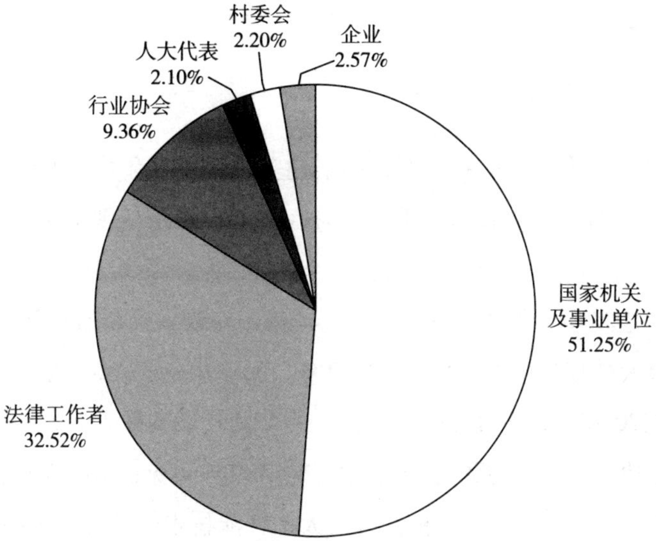

图 3　2022 年 Z 市特邀调解员来源分布

① 乌日力嘎：《冰雪运动纠纷诉前调解的实践与思考——以“法院+雪场+x”机制为例》，《河北体育学院学报》2022 年第 6 期。

（二）冰雪运动类调解组织与人民法院工作配合不紧密

冰雪运动相关矛盾纠纷诉调对接制度的首要问题是缺少彼此配合的组织保障。冰雪运动相关矛盾纠纷诉调对接工作的顺利推进，离不开法院、体育协会等各种组织的互相配合。[①] 事实上，法院和有关部门之间的对接工作不到位，导致更为高效的矛盾纠纷衔接制度尚未构建。大部分地区尚未构建关于冰雪运动相关矛盾纠纷的沟通交流机制，使得调解专业性不足。在矛盾纠纷解决过程中，邀请调解组织或是委托调解组织认为无法解决的矛盾只能告知双方经由诉讼途径解决，而当矛盾诉诸法院，调解组织就没有义务配合法院继续开展当事人调解工作，导致法院对冰雪运动相关矛盾纠纷的调解缺少良好基础和参考。人民调解组织、行政调解组织与司法调解组织缺乏相关沟通、交流，不能实现优势互补，缺乏相互配合、信息资源共享，不利于对纠纷进行预测、排查、防范和开展复查回访，工作上往往重复劳动，浪费人力、物力，造成三方“劲不能往一处使”的局面。

（三）诉调对接模式单一

在信息化技术发展的背景下，越来越多的新技术开始应用在诉前调解工作中，提高了调解工作效率与质量，为百姓矛盾纠纷调解提供了便利。[②] 如“冀时调”平台实现了在乡镇法庭、综治中心、人民调解组织、行业性调解组织和当事人之间建立纠纷受理、分流、调解、跟踪等全流程覆盖、一站式运行模式，极大地提高了工作效率。2020 年 7 月 20 日，“冀时调”平台正式运营，截至 2020 年 8 月 20 日，“冀时调”平台共收录案件 31752 件，结案 9832 件，调解成功 5986 件，调解成功率达到 60.88%。可见，新技术确实有助于推动诉调工作的发展。然而，目前法院对人工智能技术的开发与运用尚不充分，

① 王丽：《诉前调解的原则、程序及应用——以 J 省为例》，《江西警察学院学报》2021 年第 6 期。

② 吴子越、陈泽鑫：《论“智慧法院”在线诉前调解的合理建构》，《湖北科技学院学报》2021 年第 3 期。

线上调解平台只是对线下调解工作的复刻。同样以“冀时调”平台为例，目前“冀时调”平台的解纷流程为当事人确认纠纷类型、填写当事人信息、填写纠纷信息、线上调解，若调解成功，申请司法确认，反之申请诉讼调解。这种模式仍旧存在一定的问题：一方面，现有纠纷类型中并没有冰雪运动相关矛盾纠纷；另一方面，调解模式仍旧以法院调解为主，未能畅通邀请调解、委托调解参与纠纷调解的渠道，导致上述调解模式作用并未得到充分发挥。

三　冰雪运动相关矛盾纠纷诉调衔接优化路径

面对社会矛盾纠纷的变化，人民法院要为群众提供方便、高效的诉非衔接、线上线下联动多元化纠纷解决方式，建成联动资源最多、在线调解方式最全、服务对象最广的一站式多元纠纷解决体系。①

（一）充分发掘各类调解组织化解冰雪运动相关矛盾纠纷的功能

1. 健全冰雪运动相关矛盾纠纷调解组织职能

冰雪运动、冰雪产业所在地的调解组织，应建立健全冰雪运动相关矛盾纠纷调解职能，根据自身特点和优势，开展冰雪运动相关矛盾纠纷调解工作。目前，我国许多与冰雪运动有关的社会组织，如冰雪运动行业协会对冰雪运动有关理论知识有深入的了解，在规范行业竞争、协调行业发展方面发挥了至关重要的作用。为进一步推动冰雪行业发展，和冰雪运动有关的社会组织也需要不断完善职能，积极参与冰雪运动相关矛盾纠纷调解工作，以提高冰雪运动相关矛盾纠纷调解效率。人民法院在日常工作中，也需要加强与调解组织的联动，通过联动帮助调解组织完善功能。以人民调解为例，人民法院在冰雪运动相关矛盾纠纷当事人申请立案过程中，详细宣讲人民调解具有的优势以及特征。对于尚未接受人民调解组织调解，且案情明晰、争议较小的案件，可以在获取当事人同意的情况下，暂缓立案，交由人民调解组织处理，

① 李庆：《基层法院诉调对接机制建设的实践与探索》，《法制与社会》2021 年第 5 期。

若调解成功，由人民调解组织出具人民调解协议书。通过这种方式，保证调解组织的权威性，以此巩固调解组织的职能，充分发挥调解组织的作用。

2. 加强府院联动

党委、政府为调解组织开展冰雪运动相关矛盾纠纷调解工作提供了支持。通过府院沟通联动，及时解决冰雪运动相关矛盾纠纷诉调对接中存在的问题。尽管存在很多关于冰雪运动的规范性文件，但是司法实践中的援引并不多。因此，党委、政府需要加快更具可行性的冰雪运动相关矛盾纠纷管理标准规定的制定，为冰雪运动相关矛盾纠纷调解工作开展奠定基础。此外，法院也可建立冰雪运动相关矛盾纠纷个案沟通平台，始终坚持府院沟通，及时沟通冰雪运动相关矛盾纠纷解决过程中存在的问题。行政机关在各个部门遇到有关冰雪运动相关矛盾纠纷的案件时，可要求法院指派人民调解员、法官等提供专业指导。同理，法院在调解冰雪运动相关矛盾纠纷过程中，也可请政府相关部门，如文旅部门、体育部门等派遣专业人才提供专业性意见作为参考，保证诉前调解的专业性。

3. 保证调解组织规范性

调解组织需做到自我规范，进一步提高工作能力和水平。积极发展壮大冰雪运动相关矛盾纠纷专职人民调解员队伍，力争确保所有行业性、专业性人民调解委员会有 3 名以上专职人民调解员。同时，强调吸收退休法官、检察官以及民警等有关行业主管部门退休人员担任人民调解员，上述人员具有丰富的调解经验。同时，可对上述人员进行冰雪运动有关知识培训，以此提高其专业水平，还可积极发挥律师专业优势，鼓励律师积极参加矛盾纠纷化解，从而持续提升人民调解员的专业水准。另外，对法院外的调解主体缺乏切实有效的监督意味着难以将诉前调解的纠纷化解作用落到实处，因此应当寻求新的可行性较强的监督模式，以保证冰雪运动相关矛盾纠纷调解组织的规范运行。[①] 一方面，发挥行业协会的监督作用，由滑雪行业协会负责督促

① 左卫民：《通过诉前调解控制“诉讼爆炸”——区域经验的实证研究》，《清华法学》2020 年第 4 期。

调解员的调解工作。以滑雪行业协会成员接受Z市法院聘请参与诉前调解工作为例，可由其所在的协会制定相应的调解工作规范，督促协会成员作为调解员尽职尽责地完成调解工作。① 另一方面，司法行政部门应当根据实际情况，对兼职与全职调解员的调解工作进行适当区分，完善相应的调解工作考评机制，落实诉前调解工作的奖惩措施，以提高人民调解员在冰雪运动相关矛盾纠纷诉前调解中的积极性。

（二）加强沟通，实现调解组织与人民法院优势互补

1. 建立冰雪运动相关矛盾纠纷信息共享制度

在大数据环境下，旅游纠纷数据库的构建已经是大势所趋，有关机构采集冰雪运动相关矛盾纠纷案件数据，并针对案件内容予以详细分析，一方面能够更加直接地查明冰雪运动相关矛盾纠纷处理制度存在哪些问题还未得到有效解决，另一方面经过大数据的分析，为冰雪运动相关矛盾纠纷当事人提供纠纷处理制度选择意见。实际实施期间，数据库应采集不同类型纠纷处理机构受理的冰雪运动相关矛盾纠纷案件标的额、处理时长及费用等有关数据，对采集的数据予以整理与分析，并与体育行政部门、司法行政部门等共享。有关调解组织在调解冰雪运动相关矛盾纠纷时，应在系统中录入案件相关信息，以便数据库及时针对录入的信息数据进行研究，并通过最为直观的方式为调解机构提供最佳的纠纷解决方案，方便调解机构有针对性地解决有关问题。

2. 冰雪运动相关矛盾纠纷诉前调解网络化

在互联网时代，诉调对接应做到和互联网技术融合，在传统运作模式基础上探索更加新颖的诉前调解方法。② 为了提高诉讼效率，法院可以建立网络诉前调解平台，安排专人担任网络调解员，实现异地立案、委托调解等。为了加快诉前调解与互联网融合进程，应激励调解人员与互联网技术人员开

---

① 刘颁、张博：《大众冰雪运动法律保障研究》，《冰雪运动》2017年第1期。

② 刘振勇、黄灵钰、符王婕妤：《诉调对接机制的建设困境与完善进路——以海南省琼中黎族苗族自治县人民法院改革经验为导向》，《南海法学》2020年第3期。

展合作，建立多元化纠纷解决机制。为了激发诉前调解工作人员的工作热情，需要保障诉前调解工作人员的调解经费充足。此外，法院可以向社会公开招募冰雪运动专业诉前调解人员，并积极引进相关专家，建立一支专业化的冰雪运动诉前调解队伍，进而保障诉前调解的质量。

3. 加强人民法院对调解组织的指导

一是制定基层人民法院及其派出人民法庭全方位指导人民调解工作的意见，组建并不断完善指导机构，明确指导方式。二是强化基层调解组织建设，根据有关规定，挑选配强调解委员会，并保证随缺随补，保障人民调解组织真正参与冰雪运动相关矛盾纠纷调解。三是构建并完善人民调解工作经费保障制度。政府应结合财政情况，及时增加人民调解工作指导、培训以及表彰经费，并纳入财政预算，保证专款专用。协助解决人民调解员的误工工资或补贴，稳定队伍，激发基层调解人员的工作热情。四是制定法院与司法行政部门协商协调制度，制定日常协商协调工作制度，研究并讨论构建解决社会矛盾的高效制度，协同做好指导工作。

（三）构建冰雪运动相关矛盾纠纷一站式多元化诉调衔接平台

1. 建立冰雪运动相关矛盾纠纷调解组织合作平台

为了改变冰雪运动相关矛盾纠纷中以诉讼作为主要解决方式的局面，可以建立一站式多元化诉调衔接平台，引入更多调解主体。该平台可以参考人民法院一站式多元解纷平台建设经验，建立专门针对冰雪运动相关矛盾纠纷的多元化解纷子平台。[①] 通过该平台，为行业调解组织、人民调解组织等参与冰雪运动相关矛盾纠纷调解提供便利，进而保证调解的专业性。如果经过诉前调解未果，则通过平台直接转入多元化调解联动平台，实现与法院诉讼服务平台无缝对接，整合共享调解资源，切实降低维权成本，实现矛盾纠纷的及时化解。

为了构建“以诉讼服务中心为面、社会解纷力量为线、各基层法庭为点”

① 王辰鑫：《多元化纠纷解决机制背景下诉前调解制度的探析》，《法制博览》2020 年第 5 期。

的诉源治理基本局面，可以在线上依靠“冀时调”平台实现分类化解，在线下则以基层法庭为单位，实现纵向的属地管理。积极组织法官与调解人员建立矛盾调解化解网络，加强与矛盾纠纷调解组织合作，提高调解工作效率。

2. 打破诉调时空约束

法院应积极构建冰雪运动相关矛盾纠纷处理机制对接平台，以保证具体的非诉讼纠纷处理制度与非诉讼矛盾纠纷处理制度和司法诉讼制度之间的高效衔接。① 高效率始终是处理纠纷制度追求的目标，对于冰雪运动相关矛盾纠纷而言，这一目标更加重要，建立一站式线上冰雪运动相关矛盾纠纷解决平台可以有效解决上述问题。一方面，便于当事人在任何时间、任何地点解决纠纷，同时方便体育部门等有关组织在任何时间与地点受理案件，避免了时间与空间的约束。② 另一方面，如果经过投诉、调解等解决纠纷的制度依旧不能满足当事人的实际需求，当事人在法定时间内通过该平台还可以选用诉讼或是利用申请仲裁的方式保护自己的合法权益。另外，为了敦促当事人切实履行个人义务，还可以在该平台设置司法确认专栏，并安排有关专业人员及队伍针对调解协议申请司法确认，切实达到解决纠纷的效果。

四　结语

冰雪运动相关矛盾纠纷诉调对接机制是在实践中发展形成的，符合能动司法理论和多元化纠纷解决理论。在充分发展多元化纠纷解决机制的背景下，我国人民调解、行政调解、行业调解等多主体参与的调解制度也应充分发展，在冰雪运动相关矛盾纠纷调解中充分发挥专业性、自治性以及非政府性优势，形成法治社会理性解决纠纷的氛围，以有效提高冰雪运动相关矛盾纠纷调解效率，推动冰雪运动行业的进一步发展。

---

① 黄素梅：《论新时代诉源治理中诉调衔接路径的强化》，《湖南科技大学学报》（社会科学版）2023 年第 2 期。

② 平庆文：《诉调衔接中当事人自治权保障解析》，《法制博览》2021 年第 7 期。

B.25

冰雪运动涉诉纠纷审理的现状检视与路径探究

——以滑雪运动为视角

张炜伟　童若涵*

摘　要：　体育法治既是体育强国建设行稳致远的关键所在，也是法治中国建设不可或缺的重要组成部分。诉讼程序是法治服务保障最为重要的一环和权益维护的最后一道防线，体育运动纠纷虽相较于普通纠纷具有特殊性，但其部分纠纷依旧需要通过诉讼程序解决，体育运动纠纷通过诉讼程序高效解决对于体育法治建设尤为重要。笔者以滑雪运动为视角，通过对涉滑雪运动纠纷司法案件审理现状的检视，对涉滑雪运动纠纷案件总体司法审理态势、主要案件审理现状等司法实践状况进行详细分析，进而对涉滑雪运动纠纷司法审理中存在的不足及面临的挑战予以审视。最后，坚持问题导向和目标导向相结合，探究提升涉滑雪运动纠纷司法审理效能的有力举措，以期有效提升通过诉讼程序解决涉体育运动纠纷的效能，为体育运动发展提供更好的法治支撑，推动中国体育法治现代化建设进程，持续释放司法在中国式现代化建设中的法治动力。

关键词：　诉讼程序　体育运动纠纷　滑雪运动

在新的历史征程上，随着中国式现代化建设的接续奋斗及体育强国战略

* 张炜伟，张家口市中级人民法院法官助理，研究方向为民商法学；童若涵，河北省高级人民法院三级主任科员，研究方向为民商法学。

的不断推进，由体育大国向体育强国转变是中国式现代化新征程上体育事业发展的历史重责，体育法治无疑是体育强国行稳致远的关键所在。“现代法治作为现代化的基本要素与特质，必然成为体育强国建设的内在构成和外部保障；加强体育法治建设，无疑是体育强国建设不可或缺的重要内容和有力支撑。”① 而司法作为法治建设的终端，是体育法治建设的重要一环，体育运动涉诉纠纷的有效解决对于体育法治现代化建设尤为重要。在习近平总书记关于体育的重要论述指引下，借着北京冬奥会举办的契机，随着“南展西扩东进”战略的实施，冰雪运动无疑是体育行业近年来发展最为突出的领域之一，而滑雪运动更是冰雪运动的最佳代表，这也正是笔者选择以滑雪运动为研究视角的原因。

一　现状检视：涉滑雪运动纠纷司法审理现状

为对冰雪运动涉诉纠纷的司法审理情况进行有效分析，本文以涉滑雪运动纠纷为视角，依托威科先行法律信息库对相关的裁判文书进行分析研究，以期对涉滑雪运动纠纷案件司法审理态势进行有效分析。

（一）涉滑雪运动纠纷总体司法审理态势

涉滑雪运动纠纷虽不及买卖合同纠纷、家事纠纷、机动车交通事故责任纠纷等传统纠纷案件数量多，但相对而言涉及的法律关系、案件事由、案件类型更为庞杂。

1. 2018~2022年案件数量快速增长

笔者在威科先行法律信息库中以“滑雪”为关键词进行裁判文书检索，共检索到裁判文书 8339 份。通过对检索的 8339 份裁判文书进行审理年份分析可知，2001~2017 年的裁判文书共计 2871 份，而 2018 年和 2019 年两年的裁判文书合计达 2709 份，接近 2001~2017 年裁判文书之和。为了提高数

① 于善旭：《良法善治：新征程体育强国建设法治提升的审思——以新修〈体育法〉的颁布实施为标志》，《体育与科学》2022 年第 4 期。

据分析结果的准确性，将2001~2022年一审程序的裁判文书数量进行审理年份分布分析，发现信息库中一审程序裁判文书共计5501份，其中2001~2017年裁判文书共计1977份，2018年和2019年两年的裁判文书合计1715份，与2001~2017年一审程序裁判文书总数相差不多。

裁判文书的数量虽然不能在完全意义上代表实际案件审理情况，但可以基本反映案件的审理情况。通过对涉滑雪运动纠纷裁判文书总体数量年份分布及一审程序裁判文书数量年份分布情况分析可知，随着我国冰雪运动的跨越式发展，相关诉讼纠纷数量也在不断增加。

2. 主要集中于基层人民法院

如图1所示，通过对检索到的8339份涉滑雪运动纠纷裁判文书进行出具法院级别分析可知，基层人民法院出具的涉滑雪运动纠纷裁判文书占比为63.67%。将裁判文书检索范围限缩至一审程序后，如图2所示，裁判文书的基层人民法院出具占比达到86.93%。上述数据表明，大部分涉滑雪运动纠纷案件由基层人民法院受理，基层人民法院是处理涉滑雪运动纠纷的主要审判机关。

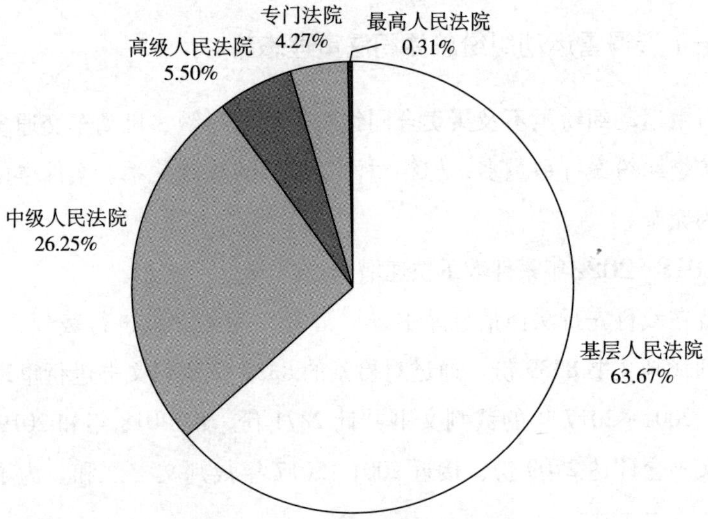

图1　各级法院出具涉滑雪运动纠纷裁判文书占比

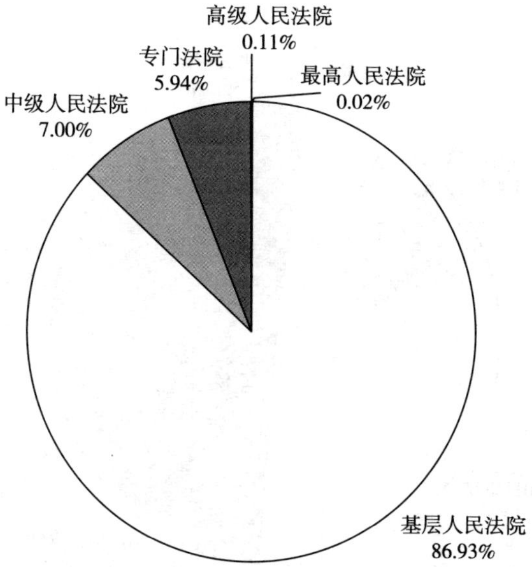

图 2 各级法院出具一审程序涉滑雪运动纠纷裁判文书占比

3. 超半数案件无法当月审结

相较于其他案件，涉滑雪运动纠纷案件当事人对于司法效率要求更高，有相当一部分当事人是外地滑雪游客，案件审理时长与诉讼成本密切相关。如图 3 所示，通过对所检索到的裁判文书进行“一审程序—民事案件”的条件限缩，随机选取 706 份涉滑雪运动纠纷裁判文书进行案件审理时长分析，能够当天审理结案的只有 5.95%，能够在 2～15 日审结的案件占 25.92%，可以在 30 日以内审结的案件占比未超过 50%。上述数据分析结果表明，涉滑雪运动纠纷案件的审理时长与人民群众对司法效率的要求还有较大的距离。

4. 主要为合同类纠纷、人格权纠纷及侵权责任纠纷

通过对检索到的一审程序裁判文书进行案由分布分析可知，涉滑雪运动民事纠纷占比达到了 80.75%（见图 4）。对一审程序民事纠纷案件的具体案由进行分析可知，涉滑雪运动纠纷一审程序民事案件占比排名前三的案由为合同、准合同纠纷，人格权纠纷以及侵权责任纠纷（见图 5）。

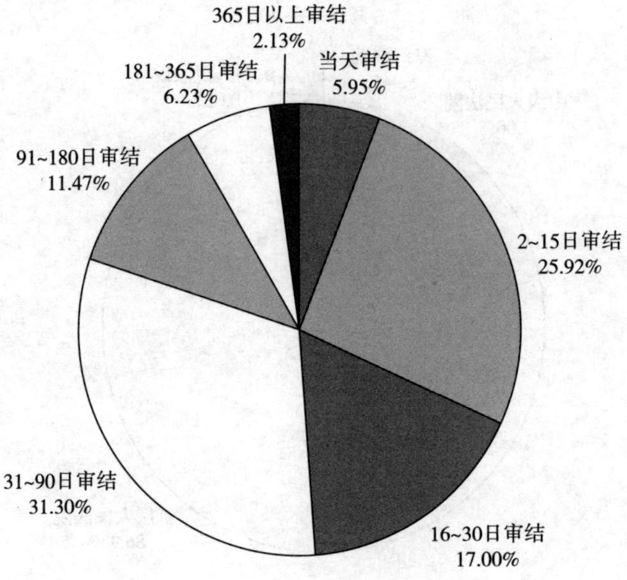

图 3　涉滑雪运动纠纷一审程序—民事案件审理时长分布

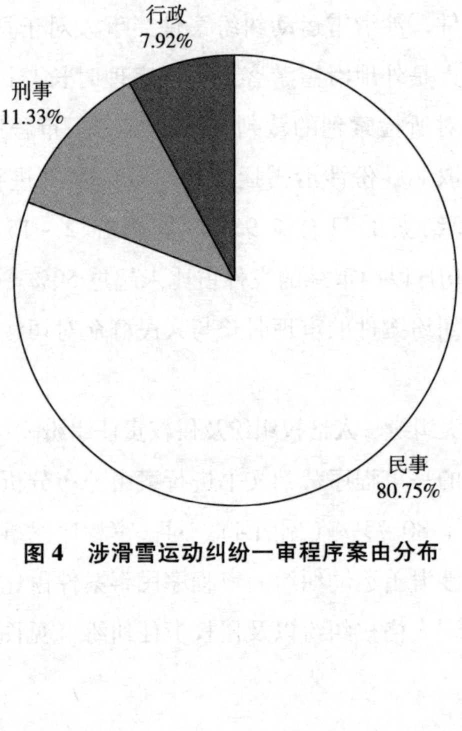

图 4　涉滑雪运动纠纷一审程序案由分布

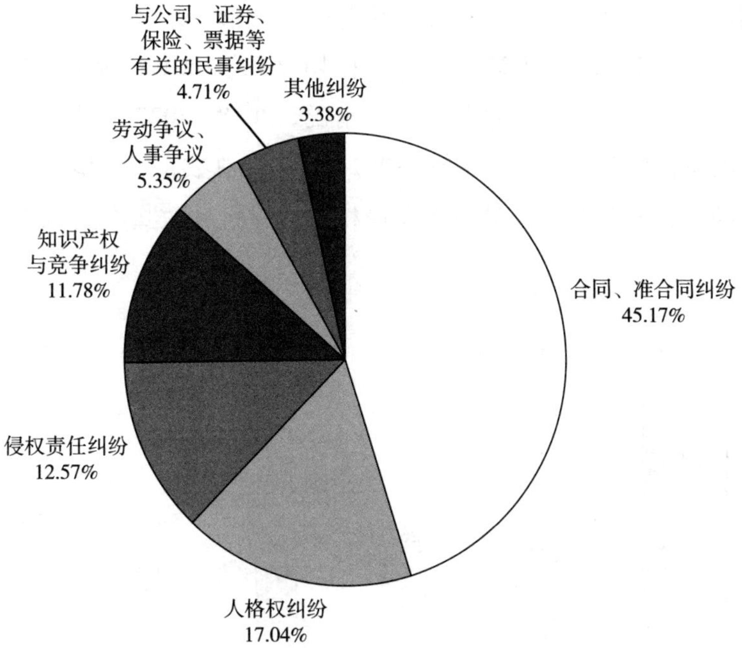

图5 涉滑雪运动纠纷一审程序民事案件案由分布

（二）涉滑雪运动纠纷主要案件审理现状分析

基于前文对涉滑雪运动纠纷总体司法审理态势的分析，结合涉滑雪运动纠纷在司法实践中的热点问题、体育运动产业不断繁荣等发展趋势，本文选取侵权类纠纷、公司类纠纷、行政类纠纷、知识产权与竞争纠纷四类主要案件进行审理现状分析。

1. 侵权类纠纷审理现状

为了对涉滑雪运动侵权类纠纷审理现状进行分析研究，笔者在威科先行法律信息库中，以滑雪为关键词，以侵权责任纠纷+生命权、健康权、身体权纠纷①为案由，以判决书、裁定书、调解书限定文书检索范

① 虽然根据最高法《民事案件案由规定》，生命权、身体权、健康权纠纷属于人格权纠纷，但考虑生命权、身体权、健康权纠纷解决围绕的还是侵权责任的承担，故而在此将该纠纷纳入侵权责任类纠纷一并研究分析。

围，同时剔除机动车交通事故责任纠纷等与涉滑雪运动纠纷关联性不强的纠纷，共检索到涉滑雪运动纠纷文书 1653 份。如图 6 所示，根据涉滑雪运动侵权类纠纷案件数量年度分布情况，2018~2022 年的涉滑雪运动侵权类纠纷案件总数超过了 2001~2017 年案件总数，可见随着近年来冰雪运动的跨越式发展，涉滑雪运动侵权类纠纷案件数量亦呈现快速增长态势。

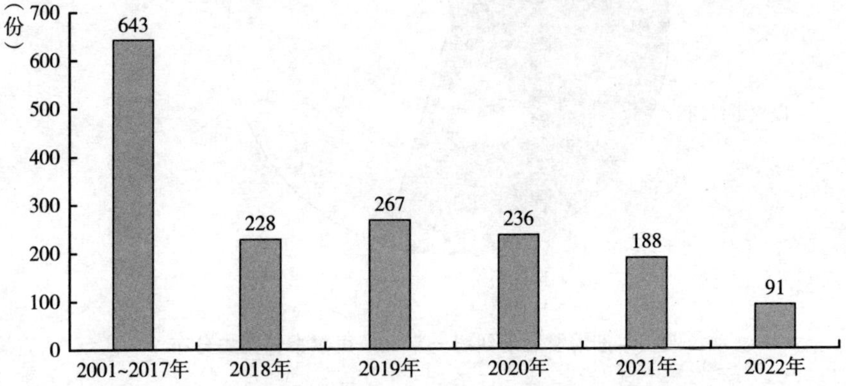

图 6　2001~2022 年涉滑雪运动侵权类纠纷案件文书数量分布

而如图 7 所示，根据涉滑雪运动侵权类纠纷案件文书数量地域分布情况，排名前五的分别是北京、吉林、辽宁、河北、黑龙江，且前五省份占比合计达 58.86%，说明我国涉滑雪运动侵权类纠纷地域集中度较高。这与北方的冰雪运动地域优势及发展历史密不可分，也反映了北京冬奥会为京、冀两地滑雪运动发展注入了极大的活力。

为进一步对涉滑雪运动侵权类纠纷案件的司法审理情况进行分析，笔者将检索范围限缩至一审程序，如图 8 所示，通过对威科先行法律信息库自动筛选所得的 277 份涉滑雪运动侵权类纠纷文书进行案件标的额占比分析可知，其中 10 万元以下标的额案件占比为 61.15%，而 50 万元以下（含 50 万元）标的额案件占比为 95.68%，由此可见涉滑雪运动侵权类纠纷案件的标的额相对不高。

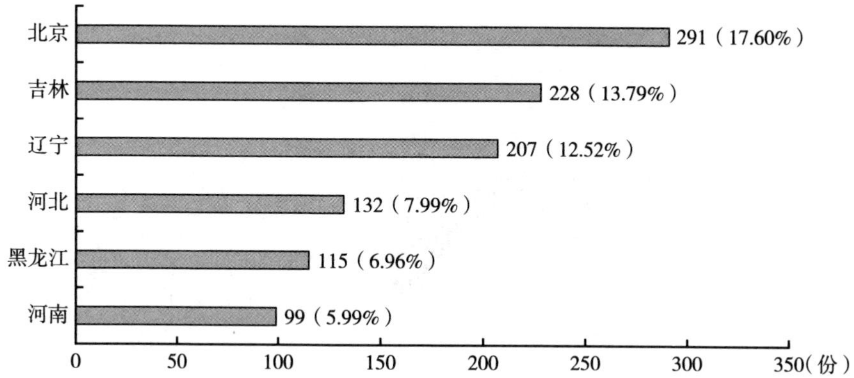

图 7　涉滑雪运动侵权类纠纷案件文书数量地域分布

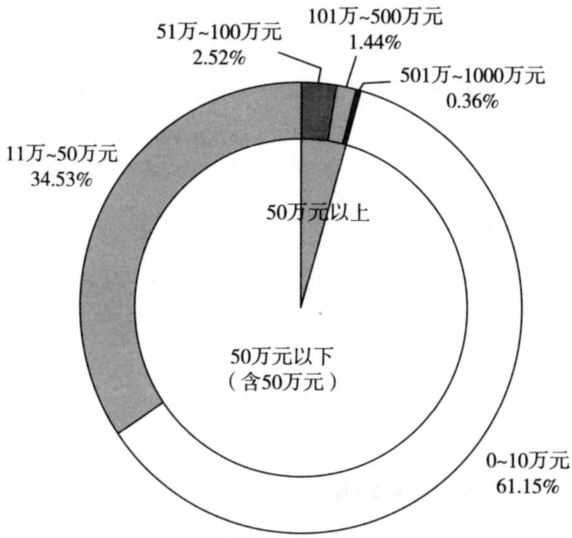

图 8　涉滑雪运动侵权类纠纷一审案件标的额分布情况

就涉滑雪运动侵权类纠纷一审案件裁判结果而言，根据图 9 可知，涉滑雪运动侵权类纠纷一审案件原告全部或者部分诉讼请求的支持率为 80. 49%，这在很大程度上表明大部分涉滑雪运动侵权类纠纷案件的原告主张基本合理，全部或者部分诉讼请求能够依法得到支持。

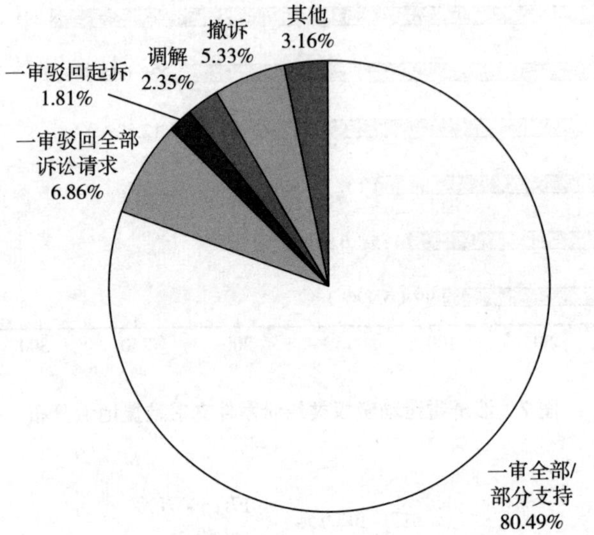

图9　涉滑雪运动侵权类纠纷一审案件诉讼请求支持情况

注：调解书属于不得公开的文书，图中显示的调解占比反映威科先行法律信息库对部分调解案件信息的收集数据，并非实际的调解案件数量占比，且调解率亦不是本部分展开论述的重点数据。

就涉滑雪运动侵权类纠纷一审案件的审理时长而言，通过对威科先行法律信息库自动筛选所得的145份文书进行审理时长占比分析可知，能够当日结案的案件占比为3.45%，能够在15日以内结案的案件占比为22.76%，能够在30日以内结案的案件占比为39.31%（见图10）。结合前文对涉滑雪运动侵权类纠纷一审案件的数据分析结果，涉滑雪运动侵权类纠纷案件的涉案标的额并不大，且大部分案件的原告诉讼请求能够得到一审法院的支持，因此此类案件的审理难度普遍不大，但能够在30日内审结的案件并未超过40%。

2. 公司类纠纷审理现状

根据《民事案件案由规定》对民事案件的案由划分，结合在威科先行法律信息库对涉滑雪运动纠纷的检索情况，剔除与涉滑雪运动纠纷相关度不高的案由及案件，将“与企业有关的纠纷”和“与公司有关的纠纷”以及

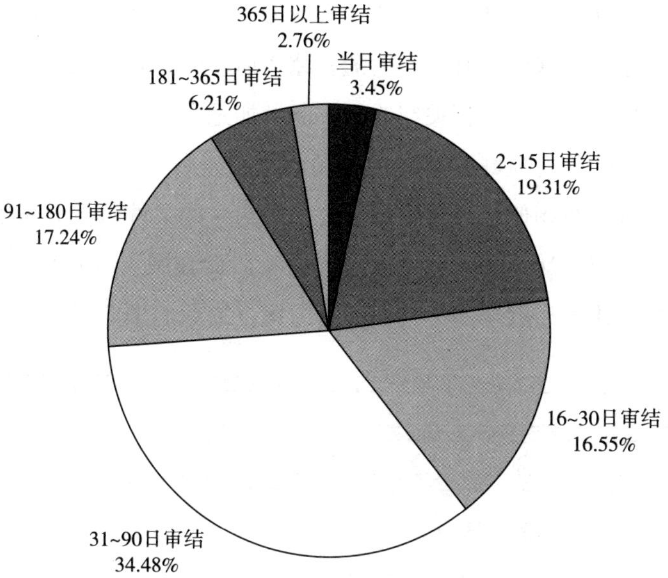

图 10　涉滑雪运动侵权类纠纷一审案件审理时长分布

“与破产有关的纠纷”（本文统称为“公司类纠纷”）进行综合分析。本文共检索到涉滑雪运动公司类纠纷文书 89 份，如图 11 所示，虽然近年来涉滑雪运动公司类纠纷案件数量增加较多，但远远无法与前文所述侵权类纠纷案

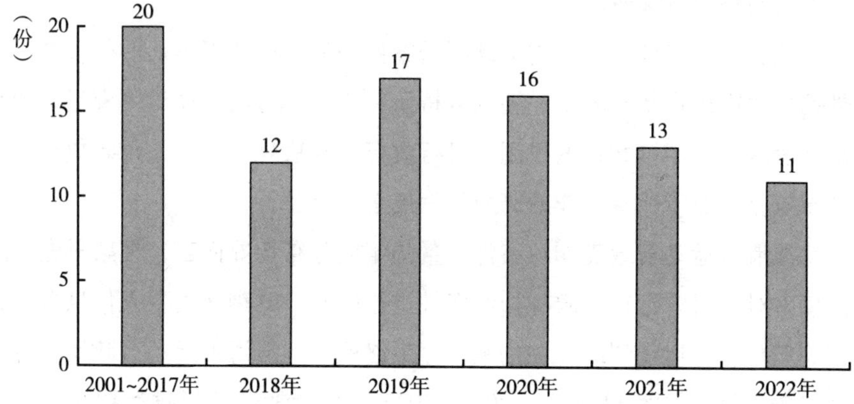

图 11　2001~2022 年涉滑雪运动公司类纠纷案件文书数量分布

件数量相比。涉滑雪运动公司类纠纷数量较少与我国冰雪产业起步较晚且尚处于发展初期的客观原因有关，而随着冰雪运动的蓬勃发展，冰雪产业将逐步进入成熟期和繁荣期，相关纠纷的不断增加是必然趋势。

就公司类纠纷的地域分布和标的额而言，如图 12 所示，与侵权类纠纷案件数量地域分布相似，涉滑雪运动公司类纠纷的案件数量分布依旧较为集中，北京、辽宁、河北、吉林依旧位列前五。而如图 13 所示，公司类纠纷案件标的额整体上显然要高于侵权类纠纷案件的标的额。

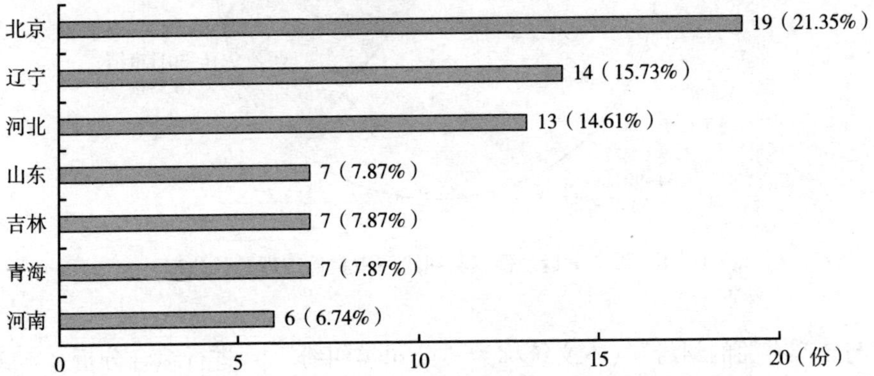

图 12　涉滑雪运动公司类纠纷案件数量地域分布

3. 行政类纠纷审理现状

行政类纠纷案件在涉滑雪运动纠纷案件中的占比并不高，但行政类纠纷案件的司法审理现状有非常重要的分析研究意义。行政主体对体育运动的健康有序发展发挥不可替代的作用，且行政行为合法规范与否、行政执法能否得到有效监管对于体育事业的高质量发展至关重要。

就涉滑雪运动行政类纠纷案件数量的年度分布情况而言，在威科先行法律信息库对涉滑雪运动行政类纠纷案件进行检索，并剔除当事人信息含有关键词等但与滑雪运动纠纷无关的案件，最终检索到涉滑雪运动行政类纠纷案件文书 712 份。如图 14 所示，2018～2022 年涉滑雪运动行政类纠纷案件文书数量超过 2001～2017 年。

相较于其他类型纠纷案件数量的地域分布情况，行政类纠纷案件数量的

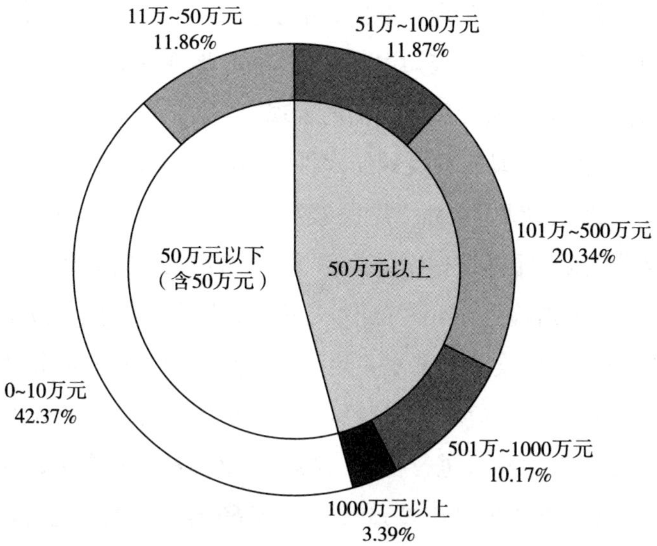

图 13　涉滑雪运动公司类纠纷案件标的额分布情况

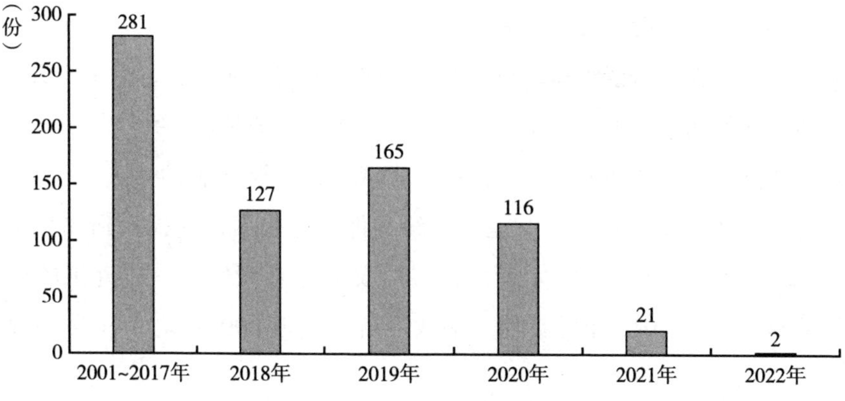

图 14　2001~2022 年涉滑雪运动行政类纠纷案件文书数量分布

地域分布更为集中，其他类型案件多集中在东北地区及京冀地区，而行政类纠纷案件主要集中于北京地区，北京地区案件数量占比达到了 71.75%。在涉滑雪运动行政类纠纷案件中，由专门法院审理的案件有 243 件，其中由北京知识产权法院审理的就有 239 件，其余 4 件则由广州铁路运输中级法院和吉林省铁路运输中级法院审理，案件集中度极高。出现上述情况，自然与原国家工商行政管理总局及国家知识产权局①的驻地在北京有关，这也从侧面反映出我国冰雪运动地域发展不均衡的客观事实。

在712份涉滑雪运动行政类纠纷案件文书的检索结果基础上，笔者以关键词“商标”进行范围限缩，共检索到相关案件文书486份，占比达68.26%，又分别以“国家知识产权局”和“国家工商行政管理总局”为当事人进行检索，分别检索到相关案件文书185份和298份，检索结果与以“商标”为关键词的检索结果基本一致。而反观与滑雪运动密切相关的体育管理类行政纠纷，基于体育行政管理机构的历史变化，笔者分别以“体育局”“文化广电”为当事人进行检索，共检索出两份裁判文书，即广州铁路运输第一法院出具的（2017）粤7101行初3766号和广州铁路运输中级法院出具的（2018）粤71行终1030号，这两份文书其实分别是“原告广州某餐饮有限公司不服被告广州市某新闻出版局行政处罚决定一案”的一审及二审文书。

4.知识产权与竞争纠纷审理现状

虽然本文在对涉滑雪运动行政类纠纷研究分析时涉及了商标等知识产权相关纠纷，但纠纷一方主体是行政机关，主要分析的是行政案件的司法审理现状，在此本文所要研究分析的是民事领域知识产权与竞争纠纷。

对涉滑雪运动知识产权与竞争纠纷案件进行检索，共检索到629份案件文书。如图15所示，整体而言其与侵权类纠纷案件等一样近年的增长趋势明显，单单2019年的案件文书数量就已接近2001～2017年文书数量总和。

从涉滑雪运动知识产权与竞争纠纷案件文书数量的地域分布情况看，此类纠纷的地域集中情况依旧比较明显，排名前五地区占比合计达59.94%（见图16）。区别于侵权类纠纷的冰雪运动发展程度和行政类纠纷的国家相

① 2018年3月，根据第十三届全国人民代表大会第一次会议批准的国务院机构改革方案，将国家工商行政管理总局的职责整合，组建国家市场监督管理总局；将国家工商行政管理总局的商标管理职责整合，重新组建国家知识产权局；不再保留国家工商行政管理总局。

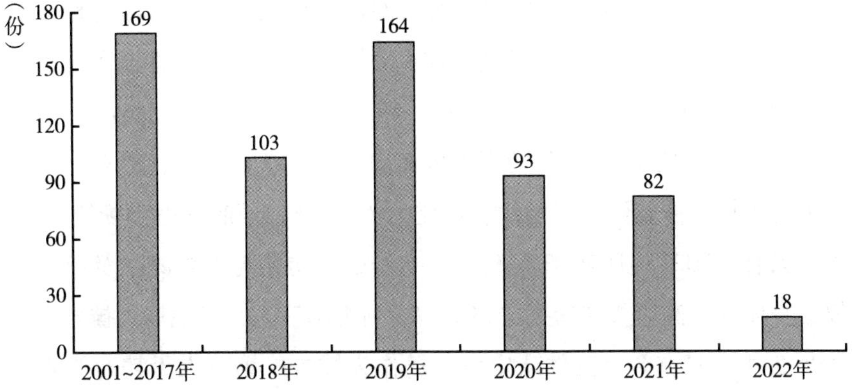

图 15　2001～2022 年涉滑雪运动知识产权与竞争纠纷案件文书数量分布

关机关驻地影响等因素，知识产权与竞争纠纷案件集中分布主要与地区的经济发展水平相关，北京、广东、上海、重庆及浙江无疑是我国经济发达地区，经济的蓬勃发展必然会带来创新动力的增强和市场竞争的加剧。

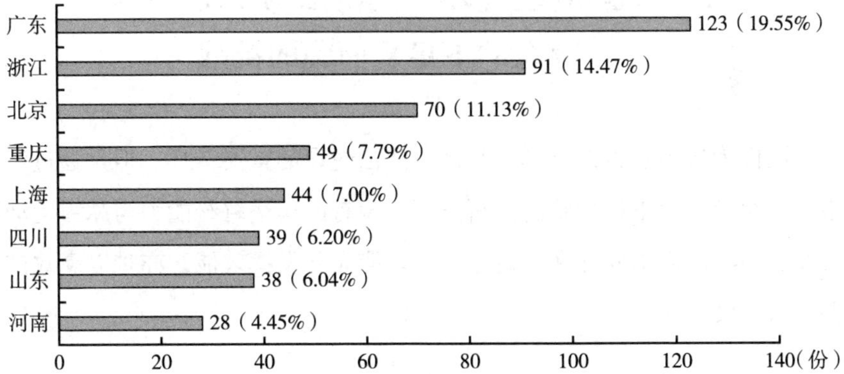

图 16　涉滑雪运动知识产权与竞争纠纷案件文书数量地域分布

（三）涉滑雪运动纠纷司法裁判现状分析

笔者在威科先行法律信息库以“滑雪—民事案件—生命权、身体权、健康权纠纷+侵权责任纠纷—不包含知识产权和机动车交通事故责任纠纷—

一审程序—判决书—2022年”的检索条件进行高级检索，然后对检索到的裁判文书进行逐一甄别后，对剩余的44份判决文书进行详细的分析。44份案件文书显示的损失总额为3751152.66元，平均每个案件损失金额为85253.47元。虽然44个案件的损害事实均发生在滑雪场中，但有9个案件未起诉滑雪场，涉及滑雪场的纠纷占比为79.55%，而起诉滑雪场的35个案件中，只有（2021）辽0103民初11540号原告胡某与被告陈某及第三人生命权、身体权、健康权纠纷案中将滑雪场列为第三人，其他均为被告。且在35个案件中，只有8个案件认定滑雪场作为被告或第三人无需对原告的损害结果承担责任，其余均需承担赔偿责任或者赔偿责任的补充责任。而在具体案件中，不同法院对于滑雪场“是否尽到安全保障义务”有着不同乃至相反的观点，与此同时，各法院对于证明责任的分配等问题也有不同的意见，对此下文将详述，此处不再赘述。

二　问题审视：涉滑雪运动纠纷司法审理存在的不足及面临的挑战

司法作为法治建设的终端，是体育法治建设的重要一环，但是通过对涉滑雪运动纠纷司法审理现状的分析发现，现有的司法解纷能力与冰雪运动跨越式发展的法治需求尚存在一定差距，未能充分发挥效能，亦难以高效推进体育法治建设。

（一）案件呈现集中分布态势

通过涉滑雪运动纠纷的司法审理总体态势分析可知，涉滑雪运动纠纷案件数量不断增长，特别是2018~2022年案件数量增长迅速。虽然“我国冰雪运动‘南展西扩东进’的战略成效日益突出”，[①] 但通过对涉滑雪运动纠

① 《打破时空阻碍，实现跨越发展——从大众冰雪季看冰雪运动“南展西扩东进”成效》，新华网，2021年12月20日，http://sports.news.cn/c/2021-12/20/c_1128182297.htm。

纷主要类型案件审理现状分析可知，涉滑雪运动纠纷案件的分布并没有与冰雪运动“南展西扩东进”战略同频。案件数量区域性集中分布现象的凸显，会导致审判经验积累及审判水平提升的失衡性加剧，进而致使法院处理各类涉滑雪运动纠纷水平失衡，难以为区域冰雪运动健康有序发展提供全面高效的司法服务保障。

（二）经营主体履责得当的认定标准迥同

通过对检索到的44份裁判文书进一步分析发现，不同案件对于“滑雪场是否尽到安全保障义务”的认定标准有较大的差异。就检索到的裁判文书而言，北京市昌平区人民法院对于滑雪场是否尽到安全保障义务的认定标准相对较低，其在（2021）京0114民初28298号李某某与胡某、北京某滑雪场有限公司等生命权、身体权、健康权纠纷一案裁判文书中载明，原告虽主张滑雪场在经营过程中未派安全员进行巡查、监管和提示，使被告胡某作为初学者登上了中级雪道，以致造成原告的伤害结果的发生，未尽到安全保障义务；但法院认为滑雪场已在滑雪场入口、各处醒目的地方张贴了安全提示、滑雪者须知、滑雪者行为规范、向导图，已尽到安全提示义务。[①] 而北京市密云区人民法院对滑雪场是否尽到安全保障义务的认定标准则相对较高，其在（2022）京0118民初4093号关某某与北京某滑雪滑水度假村有限公司生命权、身体权、健康权纠纷一案裁判文书中载明，被告是否尽到了安全保障义务，可以从滑雪场场地状况及是否有安全提示、广播，是否划分了高级、中级、低级等不同档次的场地，是否根据滑雪者的技术水平分配不同的场地，是否配备了滑雪专用服装及滑雪教练，场地中是否配备了必要的巡视、疏导救护人员，发生事故后，雪场是否及时进行了救治等情况予以认定。[②] 除上述北京地区的两家法院外，其他地区法院对滑雪场是否尽到安全保障义务的认定标准也有较大的差异，如新疆维吾尔自治区乌鲁木齐县

① 参见北京市昌平区人民法院（2021）京0114民初28298号民事判决书。

② 参见北京市密云区人民法院（2022）京0118民初4093号民事判决书。

人民法院（2022）新0121民初524号翟某某、新疆某冰雪运动发展有限公司身体权纠纷一案裁判文书载明，“不能因为滑雪者因自身未注意安全导致受伤而无限扩大经营者的安全保障义务”。[①] 而湖北省保康县人民法院则认为滑雪场应对滑雪者进行严格管理，承担更高程度的安全保障义务，其在（2022）鄂0626民初72号原告宫某某诉被告湖北某旅游开发有限公司、某户外旅行社有限公司侵权责任纠纷一案裁判文书中载明，旅游公司对宫某某未戴滑雪手套滑雪的行为未及时提醒，宫某某滑雪时不慎摔倒致手指受伤，旅游公司并未完全尽到安全保障职责，应当认定其对宫某某损害的发生负有一定责任。[②] 根据上述内容可知，在涉滑雪运动侵权类纠纷审理过程中，不同地域乃至同一地区各法院对于“滑雪场是否尽到安全保障义务”的认定标准不同且差异较大。

（三）举证责任分配不一致

根据《民法典》第一千一百九十八条，违反安全保障义务的侵权责任是一种过错责任。“有观点认为，安全保障义务主体的责任是一种过错推定责任，安全保障义务主体应当对自己尽到了相应的安全保障义务承担证明责任。但从本条文义来看，立法并未将未尽到安全保障义务的证明责任确定由安全保障义务主体承担，因此，认为本条规定确定的责任性质为过错推定责任的观点理由似乎并不充分，被侵权人对安全保障义务主体未尽到安全保障义务仍然承担相应的举证证明责任。”[③] 而在司法实践中存在举证责任分配不一致的情形，如吉林省延吉市人民法院（2022）吉2401民初5094号王某与延吉市某民俗旅游度假村有限公司等经营场所的经营者责任纠纷案和辽宁省沈阳市沈河区人民法院（2021）辽0103民初11540号原告胡某与被告陈某及第三人吉林市某滑雪度假区管理有限公司生命权、身体权、健康权纠纷

① 参见新疆维吾尔自治区乌鲁木齐县人民法院（2022）新0121民初524号民事判决书。

② 参见湖北省保康县人民法院（2022）鄂0626民初72号民事判决书。

③ 最高人民法院民法典贯彻实施工作领导小组主编《中华人民共和国民法典侵权责任编理解与适用》，人民法院出版社，2020，第288页。

案均将滑雪场存在过错的举证责任分配给了原告，由原告证明滑雪场存在未尽到安全保障义务的情形。与其相反的是，山东省聊城市东昌府区人民法院（2022）鲁1502民初3478号原告宋某、张某与被告聊城某公园有限公司健康权纠纷案，内蒙古自治区伊金霍洛旗人民法院（2022）内0627民初1462号韩某某与内蒙古某旅游有限公司等生命权、身体权、健康权纠纷案文书则载明，滑雪场应举证证明其履行了合理限度的安全保障义务，未能证明的，则可确定其未尽合理限度范围内的安全保障义务。因此，司法实践中此类案件举证责任分配标准不完全一致，有待进一步规范。

（四）前沿性法律问题研究有待加强

“此次《体育法》修订从立法的角度将体育产业与全民健身、竞技体育并列，三者共同构成了体育发展的核心领域，对提升体育产业发展的地位意义重大。”[①] 而冰雪产业的持续跨越式发展也必将给司法带来挑战，因为事物发展的客观规律导致矛盾纠纷的形成、产生以及暴发不可能与经济社会的发展同步进行，它需要一定的时间发酵，矛盾纠纷的高效化解也同样需要实践的探索与经验的总结，法律与司法裁判具有天然的滞后性。冰雪产业的健康有序发展无法离开行政机关的有效监管和正确引导，如何明晰各行政机关的权责，实现管理部门的协调联动，如何避免过多采用行政处罚而以行政指导实现体育产业的有效监管等问题都是需要深度研究的。就涉冰雪运动知识产权与竞争纠纷而言，专利权的保护对于技术创新特别是高端技术的创新有非常重要的推动作用，而冰雪产业的高质量发展离不开技术创新这一动力的牵引，专利权的保护也必将是我国冰雪运动法治服务与保障迈向更高水平的重点。而对于体育产业的著作权保护，由于《著作权法》没有对体育赛事转播权的专门规定，体育赛事直播节目搭便车行为频发。[②] 如何依法加强冰

---

① 黄海燕等：《体育产业高质量发展的法治保障研究——基于〈中华人民共和国体育法〉修订的思考》，《体育学研究》2022年第4期。

② 黄海燕等：《体育产业高质量发展的法治保障研究——基于〈中华人民共和国体育法〉修订的思考》，《体育学研究》2022年第4期。

雪产业知识产权保护，助力冰雪产业健康有序发展，亦是我们需要思考的问题。

三　路径探究：有效提升涉滑雪运动纠纷司法审理效能

司法审判作为法治服务保障最为重要的一环和权益维护最后的一道防线，应立足冰雪运动高质量发展法治需求，坚持问题导向与目标导向相结合，奋力提升司法服务保障能力。

（一）强化审判经验总结推广

前文所述的案件数量区域性集中分布情况对于涉滑雪运动纠纷而言，虽然会导致审判经验积累及审判水平提升的失衡性加剧，但是也有利于审判经验的总结推广，如京冀地区和东北地区基于侵权类、公司类纠纷案件数量多的情况，可以对审判经验予以梳理总结，形成可推广的审判经验，并努力发掘典型案例，为其他地区相关案件的处理提供借鉴。而上海、广东等发达地区同样可对知识产权与竞争纠纷案件审理经验予以梳理总结并发布典型案例，为其他地区特别是河北和东北等冰雪运动发展成熟但知识产权与竞争纠纷审判经验不足的地区提供借鉴。如此既有利于审判资源的节约，也有利于审判尺度的统一。

（二）明晰经营主体的履责界限及认定标准

司法裁判在充分注重滑雪者合法权益保护的同时，亦需注意滑雪场经营者等主体合法权益的保护，冰雪运动的高质量发展既离不开人民群众的大力推动，也离不开滑雪场等冰雪产业主体的协力共建，而冰雪运动场所经营主体安全保障义务界限的明确以及其履行得当标准的确定，既关乎滑雪者合法权益的保护，也关乎经营主体合法权益的维护，更关乎公平正义原则的守护。认定标准的随意性不仅会加剧市场经营预期的不稳定性，更会打击市场主体的积极性，严重不利于冰雪运动的持续健康发展。建议在深入研究的基础上，由体育行政部门与法院会同滑雪协会、消费者协会、保险行业协会等组织以及邀请知名专家学者研究讨论，形成一个具备指导性的标准以供实践参考。而标准的确定可以从是否符合法律、法规、规章或者特定的操作规程的要求，是否为同类社会主体或者一个诚信善良的从业者应当达到的注意程度等方面考虑，并具体结合经营主体的预防风险成本、可否提前预见等情况确定。

（三）有效规范举证责任的分配

对于经营者安全保障义务侵权责任中经营者过错的举证责任承担问题，理论界虽曾存有争议，但随着《民法典》的出台以及最高法指导意见的明确，经营者安全保障义务侵权责任已明确适用普通型过错责任认定原则，并不适用过错推定的归责原则，经营者存在过错的举证责任理应由原告承担。如前文所述，司法裁判者应遵循公平正义原则，不应通过随意分配举证责任而导致裁判结果的不公，从而加重经营者的赔偿责任，打击经营者的积极性。

（四）以前瞻性审判理论研究助推冰雪产业发展

应用法学的研究应具有前瞻性，不能止步于司法经验的总结，应在司法经验总结的基础上，根据社会经济的发展趋势，做深做实应用法学研究，为相关审判业务开展和矛盾纠纷的化解提供智力支撑。冰雪产业持续高质量发展需要先进技术、优秀企业的引进，需要高端技术的不断创新，需要体育行政部门的服务引导和监督管理，需要促进知识产权高质量发展的法治环境。而司法审判作为冰雪运动法治保障的重要一环，必须立足冰雪运动高质量发展需求，紧跟冰雪产业发展趋势，认真审视涉冰雪运动纠纷审判薄弱点，锚定涉冰雪运动纠纷应用法学研究的着力点，深度融合司法实践与理论研究，认真做好涉冰雪运动各类纠纷前瞻性法律问题研究。

四 结语

在新的百年历史征程上，体育强国和法治中国建设是我们实现第二个百年奋斗目标的关键所在，而体育法治建设作为体育强国和法治中国建设的重要组成部分，亟待我们奋力推进。我们必须有效提升体育运动纠纷司法审理效能，充分释放法治在推动体育治理体系及治理能力现代化进程中的效能，大力推动依法治体进程，为体育强国和健康中国建设提供有力支撑，以法治护航后冬奥经济和冰雪运动持续健康发展。

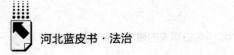

B.26

《民法典》第1176条在滑雪侵权纠纷中的适用逻辑与路径探析

李子杰　苏嘉赓*

摘　要：　《民法典》第1176条确立了自甘风险原则，也对不属于自甘风险的例外情形进行了规定，因此，该条文既包含了自甘风险原则的适用情形，又涵盖了其他责任原则的适用情况。研究《民法典》第1176条在滑雪侵权纠纷中的适用问题，需要明晰其适用要件，辨析自甘风险原则与过错责任原则、过失相抵原则、安保人责任规则的适用关系，明确“故意或重大过失”的判断标准、受害人自担损失的范围和标准，讨论财产损失是否适用自甘风险原则等一系列问题。本文拟提出“3+1判断法”，以《民法典》第1176条的四个适用要件为判断标准，排除不适格的情形，分步骤厘清自甘风险原则与过错责任原则、过失相抵原则、安保人责任规则的选择适用、衔接适用或并列适用等问题，搭建滑雪侵权纠纷中《民法典》第1176条的适用路径，以期对审判实务有所助益。

关键词：　滑雪侵权纠纷　《民法典》第1176条　自甘风险原则　受害人相对人

《民法典》侵权责任编第1176条规定了自甘风险原则，在一定情境中免除致害人责任，由受害人自担损失。该规定是我国法治建设的一项重大进

---

* 李子杰，法律硕士，河北省张家口市阳原县人民法院辛堡法庭庭长，二级法官，研究方向为民商法学；苏嘉赓，澳门城市大学法学硕士在读。

步，一方面，体育运动中的游戏规则不宜完全由司法介入，例如合理冲撞的情形应当免责；[①] 另一方面，自甘风险原则提倡在具有一定风险的文体活动中风险自担，通过减轻参与者的责任来鼓励公众积极参与文化体育活动，打消人们“谁伤谁有理”的顾虑，有利于文化体育事业的繁荣。

伴随冬奥催生的“滑雪热”，参与大众滑雪运动的人越来越多。《河北省后奥运冰雪运动发展工作方案》提出，到2023年，全省公共冰雪场馆全部开放，以不断满足群众多样化的健身需求。但大众滑雪的危险性也不容忽视，现实中存在大量滑雪侵权事故，据杨渝平等人在《中国崇礼某大型雪场大众滑雪者损伤情况分析》中的统计，滑雪者相互之间致伤率非常高，是仅次于自己摔伤的另一高致伤原因。[②] 滑雪者之间发生滑雪侵权事故后，是否应当适用《民法典》第1176条，该条文所包含的自甘风险原则与过错责任原则、过失相抵原则的关系是怎样的，应以何种方式和路径适用该条文来认定滑雪者之间以及滑雪场的责任等问题，均是目前司法实务亟须解决的问题，本文将逐一分析和讨论。

本文中的滑雪侵权纠纷特指滑雪参加者之间造成的损害纠纷，为了便于理解，统一将滑雪受害方称为受害人，滑雪相对方称为相对人，安保义务方称为安保人。

一　审视：《民法典》第1176条在滑雪侵权纠纷中的实践样态

大众滑雪运动属于具有一定危险系数的体育活动，参加者之间发生侵权事故非常普遍，致伤率也非常高。司法实务中，滑雪侵权责任认定规则适用混乱，裁判异化现象严重。

---

① 最高人民法院民法典贯彻实施工作领导小组主编《中华人民共和国民法典侵权责任编理解与适用》，人民法院出版社，2020，第113~114页。

② 参见杨渝平等《中国崇礼某大型雪场大众滑雪者损伤情况分析》，《北京大学学报》（医学版）2021年第2期。

（一）司法适用现状

1. 适用形式

经归纳统计，司法实践中《民法典》第 1176 条的适用形式主要有四种：隐性正向适用、显性正向适用、隐性反向适用、显性反向适用。隐性正向适用，即在裁判文书说理部分运用该条文的内容阐述法理、划分责任，但未引用该条文作出裁判。显性正向适用，即不仅在说理部分运用该条文认定责任承担问题，还在裁判文书中引用了该条文。隐性反向适用，即在说理部分通过逻辑分析阐明相对人构成故意或重大过失，受害人不属于自甘风险，但未引用该条文。显性反向适用，在说理部分通过逻辑分析阐明受害人不属于自甘风险，同时引用该条文作出判决。

2. 适用结果

在大众滑雪运动中，滑雪者之间发生侵权纠纷，适用《民法典》第 1176 条第 1 款的责任形式有三种。一是受害人自担损失。如果相对人对损害的发生没有故意或者重大过失，则相对人无责任，不论受害人过错与否，适用自甘风险原则，由受害人自担损失。二是相对人与受害人过失相抵。如果相对人与受害人对损害的发生都有过错，则适用过失相抵原则，双方在各自过错范围内按比例承担责任。三是相对人过错责任。如果相对人存在故意或者重大过失，受害人无责任，则应准确界定相对人的过错程度和过错范围，适用过错责任原则，由相对人承担相应责任（见表 1）。

表 1　《民法典》第 1176 条的适用形式和适用结果

适用形式	适用结果	案号	裁判理由
隐性正向适用	受害人自担(部分)损失	(2022)京 0106 民初 9719 号	受害人自愿参加滑雪运动,应自担相应的风险,未引用《民法典》第 1176 条
	受害人自担损失	(2021)京 0114 民初 12575 号	相对人不存在故意或者重大过失,不承担责任,未引用《民法典》第 1176 条

续表

适用形式	适用结果	案号	裁判理由
显性正向适用	受害人自担损失	(2021)吉02民终3662号	本案应当适用"自甘风险"原则,引用《民法典》第1176条第1款
	受害人自担损失	(2021)吉76民终20号	相对人属于一般过失,不承担责任,引用《民法典》第1176条第1款
隐性反向适用	相对人过错责任	(2021)粤0114民初10619号	相对人存在重大过失,应承担全部责任,未引用《民法典》第1176条
	相对人与受害人过失相抵	(2022)京0116民初1659号	相对人存在重大过失,同时受害人也存在过错,受害人不构成自甘风险,未引用《民法典》第1176条
显性反向适用	相对人过错责任	(2021)吉0211民初1902号	相对人存在重大过失,受害人不构成自甘风险,引用《民法典》第1176条
	相对人与受害人过失相抵	(2022)新43民终372号	相对人存在重大过失,同时受害人也存在过错,受害人不构成自甘风险,引用《民法典》第1176条

(二)责任规则样态

为了客观呈现大众滑雪侵权纠纷中《民法典》第1176条的适用情况,本文通过中国裁判文书网的检索功能,以2021年1月1日为时间起点,案件类型选取"民事案件",以滑雪侵权纠纷中参加者之间的责任认定为争议焦点,全文检索关键词"滑雪"和"《中华人民共和国民法典》第一千一百七十六条",逐一排查,剔除无关案例,整合同一案件的一审、二审及重审、再审案例,得出36个有效样本。

经统计,滑雪参加者之间侵权纠纷最常适用的三种责任认定原则分别为:自甘风险原则、过错责任原则、过失相抵原则(见表2)。《民法典》将《侵权责任法》第24条的公平责任原则修改为"依照法律的规定由双方分担损失",这意味着在本文所讨论的滑雪侵权纠纷中,不存在适用公平责任原则的情况。

表 2　责任原则类型及含义

责任原则类型	含义
自甘风险	自愿参加具有一定风险的文体活动，因其他参加者的行为受到损害，且其他参加者对损害的发生没有故意或重大过失
过错责任	以行为人的过错程度作为确定责任形式、责任范围的依据
过失相抵	受害人对损害的发生或者扩大存在过错时，加害人可以减轻责任
公平责任	当事人对造成损害都没有过错，根据实际情况，由当事人分担民事责任

其中，受害人自担损失（自甘风险）的样本数为 11 个，受害人与加害人承担按份责任（过失相抵）的样本数为 9 个，加害人承担责任（过错责任）的样本数为 16 个（见图 1）。

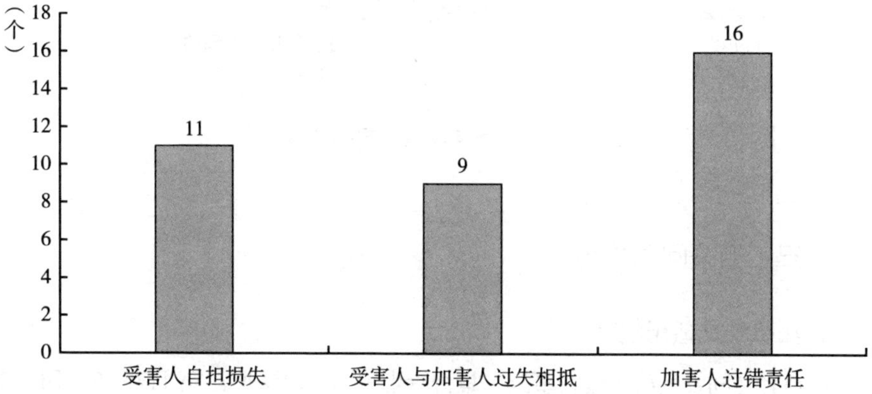

图 1　36 个有效样本责任分布情况

在法律适用上，有 11 个样本单独适用了《民法典》第 1176 条，有 10 个样本同时引用了《民法典》第 1165 条（过错责任原则）和第 1176 条，有 6 个样本同时引用了《民法典》第 1173 条（过失相抵原则）和第 1176 条，有 6 个样本同时引用了《民法典》第 1165 条（过错责任原则）、第 1176 条和第 1198 条（安保人责任规则），有 3 个样本同时引用了《民法典》第 1173 条（过失相抵原则）、第 1176 条和第 1198 条（安保人责任规则）（见图 2）。

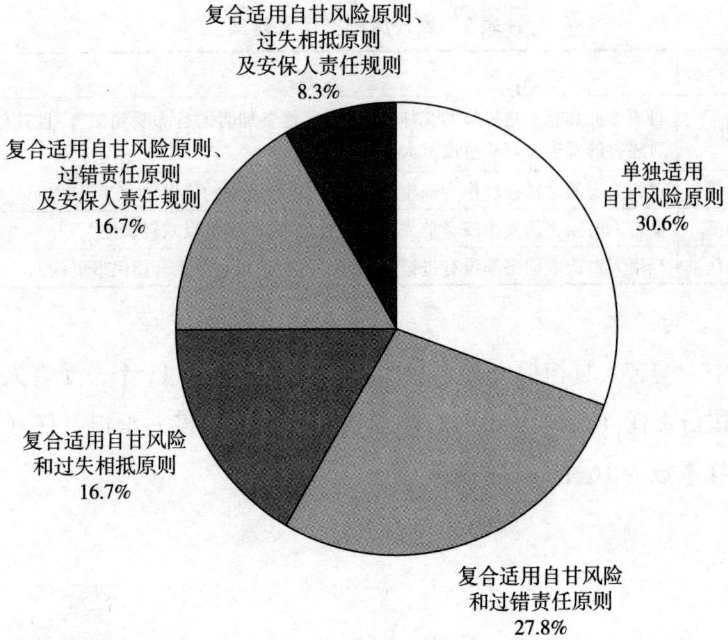

图2　36个有效样本适用规则分布情况

（三）相关问题检视

1. 法律条文适用混乱

滑雪者之间发生滑雪侵权事故，是否应当适用《民法典》第1176条，司法实务中没有形成统一的认知。例如，同样是因其他滑雪者的行为受到损害，同样是相对人全责，有的案件同时适用《民法典》第1176条和第1165条（过错责任原则）来认定加害人责任，有的案件则单独适用《民法典》第1165条（见表3）。

表3　滑雪侵权事故适用法条（1）

案号	适用法条	裁判结果
(2021)粤0114民初1419号	《民法典》第1176条和第1165条	相对人全责
(2021)京02民终17368号	《民法典》第1176条和第1165条	相对人全责
(2021)粤0114民初10619号	《民法典》第1165条	相对人全责
(2021)京0116民初2237号	《民法典》第1165条	相对人全责

再比如，同样是受害人和相对人都具有过错，有的案件同时适用《民法典》第1176条和第1173条（过失相抵原则）来认定当事人责任，有的则单独适用《民法典》第1173条（见表4）。

表4　滑雪侵权事故适用法条（2）

案号	适用法条	裁判结果
(2021)豫0181民初576号	《民法典》第1176条和第1173条	受害人30%责任、相对人30%责任、安保人40%责任
(2022)吉02民终719号	《民法典》第1176条和第1173条	受害人60%责任、相对人40%责任
(2022)京0106民初9719号	《民法典》第1173条	受害人、相对人各承担50%责任
(2022)京0116民初1659号	《民法典》第1173条	受害人70%责任、相对人30%责任

2. 对“故意或者重大过失”的认定标准混乱

实务中对滑雪相对人是否构成“故意或者重大过失”的判断标准不一致，有的判决将初学者第一次参加滑雪活动未寻求教练指导列为重大过失，有的判决将违反滑雪规则列为重大过失（见表5）。

表5　滑雪侵权事故重大过失认定标准

案号	重大过失认定标准
(2021)豫0181民初576号	相对人第一次参加滑雪活动未寻求教练指导即上滑道，存在重大过失
(2021)粤0114民初1419号	相对人第一次参加滑雪活动，没有注意到前方滑雪人员，也未采取任何应急措施，导致其撞倒前方受害人，存在重大过失
(2021)豫0181民初1042号	相对人在未熟练掌握相关滑雪技术的情况下即上中级滑道，在其他游客均沿S形滑行的情况下，自己选择高速直线滑行，与其他游客相撞的可能性很大，存在重大过失，应承担责任
(2021)吉02民终3662号	相对人在向右侧滑行后向左切过程中从侧方撞上受害人，构成重大过失

3.滑雪场责任的认定标准不明

在滑雪场未尽到安全保障义务的前提下，对于哪种情形需与侵权者各自承担按份责任，哪种情形需承担补充责任等方面均未形成统一裁判标准。在如何认定侵权者责任和安保人责任的问题中，同一案件上下级法院得出不同结论（见表6）。

表6　不同层级法院滑雪场责任认定裁判要点及结果

案号	裁判要点	裁判结果
(2021)吉2403民初2694号	受害人没有及时离开雪道,承担30%的责任;相对人作为后方下滑人员未注意前方停滞人员,存在重大过失,承担50%的赔偿责任;滑雪场的现场巡视人员没有及时发现并劝阻受害人离开雪道以避让其他滑雪者,承担20%的赔偿责任	受害人30%责任,相对人50%责任,安保人20%责任
(2021)吉24民终2648号	受害人没有及时离开雪道,承担30%的责任;相对人作为后方下滑人员未注意前方停滞人员,承担70%的主要责任;滑雪场未在雪道下方滑雪者速度减慢或停止容易造成人员滞留的地方设置安全员及时发现或疏导,在20%的赔偿范围内承担补充赔偿责任	受害人30%责任,相对人70%责任,安保人20%的补充责任

二　思辨:《民法典》第1176条在滑雪侵权纠纷中的逻辑证成和概念辨析

（一）逻辑证成

《民法典》第1176条包含以下四个适用要件：文体活动、固有风险、自愿参加、因其他参加者的行为受到损害。至于条文但书规定的“其他参加者对损害的发生有故意或者重大过失的除外”，属于例外情形，应当适用其他责任原则（过错责任原则、过失相抵原则）认定当事人责任，受害人不再成立自甘风险。因此，《民法典》第1176条同时涵盖了自甘风险原则、过错责任原则、过失相抵原则以及安保人责任规则（该条文第 2 款）的适用情形。滑雪者之间在滑雪过程中发生侵权纠纷，是否满足上述四个适用要件，是否应当适用《民法典》第 1176 条，下面将进行分析论证。

1. 滑雪运动是否属于“文体活动”

“具有一定风险的文体活动”所涵盖的范围决定了《民法典》第 1176 条的适用范围，滑雪运动属不属于“具有一定风险的文体活动”，决定了滑雪者之间的侵权纠纷能否适用该条文。

文体活动指文化性、体育性和兼具文化体育性质的活动。[①] 比较符合主流观点的文体活动包括各种体育活动和其他以健身、休闲、娱乐为目的的身体活动。[②] 大众滑雪属于具有一定危险系数的社会性休闲娱乐体育活动。因此，从公众认知的角度来看，滑雪属于“文体活动”的范畴。

2. 滑雪运动是否存在“一定风险”

“一定风险”即固有风险，是文体活动性质所决定的一种客观存在的潜在风险，我们仅能尽量采取相应措施来降低风险发生的概率和可能性，却无法从根本上消除这种风险。[③] 不同种类的文体活动所具有的潜在风险不尽相同，判断是否属于固有风险，应结合具体文体活动考量以下因素：是不是该项活动常见的、易发的、无法从根本上消除的风险，是否属于合理预见范围内的风险，是否符合公众的正常认知范畴。在具有对抗性、竞技性的文体活动中，参加者的正常身体接触或碰撞行为就属于固有风险。

2013 年，国家体育总局、人社部等五部门联合公布的第一批高危险性体育项目包括高山滑雪、自由式滑雪、单板滑雪。大众滑雪属于体育健身娱乐项目，是众所周知的高危运动，由于其本身具有时速性、技巧性的特点，在同一雪道中与其他滑行者发生侵权事故的可能性非常高，属于可以预见的

① 高佳运：《民法典自甘风险规则在体育侵权纠纷中的适用》，《人民法院报》2022 年 10 月 20 日。

② 张东萌：《〈中华人民共和国民法典〉自甘风险规则在学生人身伤害案件中的适用》，《青少年体育》2021 年第 8 期。

③ 参见杨雪、张峻博《〈民法典〉体育活动自甘风险的要件及其司法适用》，《南海法学》2021 年第 6 期。

潜在风险。

3. 受害人是否属于“自愿参加”

自愿即自甘，明知某一文体活动存在固有风险，仍自愿参加，该意思表示既包含自由的权利属性，又包含承诺自担损失的义务属性。“自愿”包括外观自愿、主观自愿和认知自愿三个层面。外观自愿指自愿的外观表现形式，包括口头同意、书面同意及默示同意等情形；主观自愿指自愿的主观表现形式，包括不受强迫、胁迫或欺骗等；认知自愿包含了“明知或应知存在固有风险仍自愿参加”这一意思表示，该“明知或应知”不能是主观评价，应当以一种客观标准进行衡量。[①] 作为具有一般理性思维的正常人，在对滑雪固有风险有充分认知的前提下仍自愿参加，说明其选择甘冒风险以追寻更高层次的精神追求，该自甘行为包含了自担损失的承诺。

4. 有无其他参加者、是否因其他参加者的行为受到损害

《民法典》第 1176 条的适用要件之一是“因其他参加者的行为受到损害”，因此，其适用前提是要有其他参加者，且是因其他参加者的行为受到损害。同时，自甘风险原则要求当事人参与的文体活动仅限于其直接投身的活动，即其他参加者仅限于在同一活动中。

大众滑雪运动是一项可以多人参与的冰雪体育娱乐活动，滑雪者可以根据自己的技术水平选择不同级别的雪道，每一雪道中当然可以有其他参加者。本文中的滑雪侵权特指滑雪参加者之间造成的损害纠纷，当然满足“因其他参加者的行为受到损害”这一条件。

（二）概念辨析

1. 相对人过错（故意或重大过失）的认定标准

《民法典》第 1176 条第 1 款的但书设定了一种特殊的过错责任标准，当相对人的行为达到“故意或者重大过失”的程度，就需要承担过错责任；

① 高佳运：《民法典自甘风险规则在体育侵权纠纷中的适用》，《人民法院报》2022 年 10 月 20 日。

如果相对人只是一般过失，则受害人自担损失。因此，该特殊责任标准也是受害人自担损失的法定阻却事由。

滑雪属于速度性、技巧性运动，很多侵权事故是滑雪者的技能水平不足导致。在正常情况下，侵权人没有伤害对方的目的意识，但受限于自身的技术水平、对滑雪规范的认知和遵守程度等因素，造成损害结果。这时，应当审查行为人的结果意识，滑雪运动本身自有其相关规则，如《国际雪联安全规范》的十大安全准则①和《中国滑雪运动安全规范》等，滑雪参加者均应默示遵守上述规则，如果行为人违反滑雪规则导致他人受损，其结果意识至少成立“轻信能够避免或放任损害结果的发生”，应当认定达到了“故意或者重大过失”的程度，此时，受害人自担损失受到阻却，相对人应承担相应责任。

2. 受害人过错的认定前提和认定标准

《民法典》第1176条并未对受害人是否存在过错进行规定。从法理上分析，自甘风险原则的核心内容是让受害人自担损失，前提是相对人无“故意或者重大过失”，因此，如果相对人无“故意或者重大过失”，受害人过错与否，并不影响其自担损失，自甘风险原则可以包含受害人过错。

（1）受害人过错的认定前提。在相对人不存在“故意或者重大过失”时，无论受害人有无过错，其均应自担损失，此时讨论受害人有无过错完全没有必要。在相对人存在“故意或者重大过失”，出现阻却受害人自担损失的法定事由时，相对人应承担侵权责任；但如果受害人对损害的发生也存在过错，则应减轻相对人的责任，也即相对人、受害人需在各自过错范围内承担按份责任。因此，在自甘风险情境中，有必要讨论受害人过错的前提是相对人存在“故意或者重大过失”。

（2）受害人的过错认定标准。受害人的过错是否包括一般过失，还是也需成立“故意或者重大过失”呢？《民法典》对该问题并未予以明示。笔者

① 国际雪联十大安全准则包括：超越原则，停留地点原则，尊重原则，自控原则，选择安全路线原则，进入雪道、启动、爬坡原则，两侧行走原则，注意警示标识原则，协助原则以及事故确定身份原则。

认为，虽然参加者受到潜在风险威胁的程度一致，但受害人的自愿参加意味着其对自身安全有更高的注意义务，因此，如果受害人对自身损害的发生有一般过失，也可认定其存在过错。

3. 受害人自担损失的范围和判断标准

相对人存在故意或者重大过失是受害人自担损失的法定阻却事由。滑雪事故中受害人自愿承担的风险仅限于滑雪运动的固有风险，相对人基于故意或重大过失造成的损害与固有风险之间没有必然的因果关系，此时相对人冲破了“不得侵犯他人合法权益”的界限，应承担相应的过错责任。

有些判决中[①]，法官仅以“受害人自愿参加滑雪活动，应自担相应风险”为由，就判定受害人自担部分责任，显然不合理。本文认为，依据自甘风险原则的立法本意，如果相对人不构成故意或者重大过失，则受害人自担损失，此时，受害人过错与否可以不论。如果相对人成立故意或者重大过失，则需讨论受害人是否有过错，若受害人存在过错，则在其过错范围内减轻相对人的责任，即过失相抵；若受害人不存在过错，则相对人全责（见图3）。

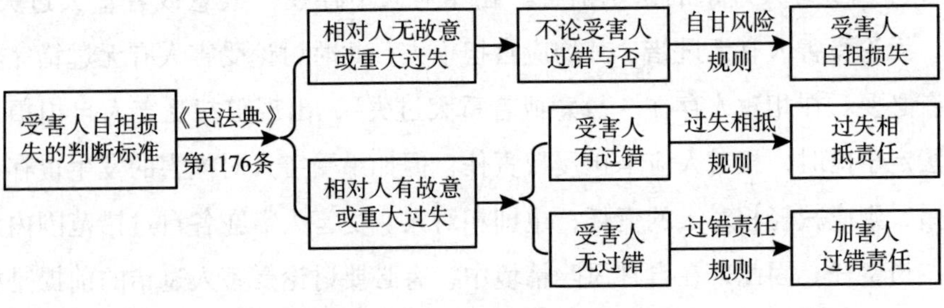

图3　受害人自担损失的判断标准

① 例如在（2021）吉02民终3662号民事判决书和（2021）豫0181民初576号民事判决书中，在相对人均有过错，而受害人均没有过错的情况下，就认定受害人承担相应比例的责任。

4. 参加行为和致害行为的区分

有些裁判混淆了“自愿参加”和“受害人过错”，笼统地将“自愿参加”认定为受害人的过错行为[①]，其实受害人的自愿参加并不属于过错，发生损害时的致害行为才是认定过错的原因力行为。应严格区分参加行为和致害行为。参加行为是指在对固有风险有清晰认知的前提下，自愿参加具有一定风险的文体活动。自愿参加大众滑雪运动的行为，并不是发生损害时导致受害人受损的致害行为。致害行为是指滑雪参加者之间发生事故造成一方或双方受损，即发生致害行为。致害行为的主体可能是相对人，也可能是双方的聚合行为导致损害发生。

5. 财产损失也可适用自甘风险原则

《民法典》第 1176 条第 1 款没有区分人身损害和财产损失，根据举重以明轻的原则，本文认为滑雪侵权仅造成财产损失的，也可以适用自甘风险原则。生命和健康是无价的，所以人身损害是比财产损失更为严重的一种伤害，既然滑雪侵权事故中的人身损害在满足一定条件时适用自甘风险原则，那么财产损失也当然在满足特定条件时适用该原则。

三　寻径：滑雪侵权纠纷中《民法典》第1176条的适用路径

（一）《民法典》第1176条第1款的适用逻辑

1. 错误适用情形

（1）王某诉邴某健康权纠纷案[②]。法院认为，按照滑雪规则，后方的邴某应选择不危及前方滑雪者王某的线路滑行，因邴某忽视观察且未采取适当措施，与前方的王某相撞，根据《民法典》第 1176 条第 1 款，邴某对损害

① 例如（2021）吉 02 民终 3662 号案和（2021）豫 0181 民初 576 号案中，均将“自愿参加”错误地等同于受害人的过错行为，并以此认定受害人承担相应比例的责任。

② 详见王某与邴某健康权纠纷一案（2021）吉 0211 民初 1902 号民事判决书。

的发生有重大过失，应对损失承担全部赔偿责任。

（2）梁某诉孙某等健康权纠纷案[①]。法院认为，孙某在后方未能控制好滑行速度，也未能遵守前行者优先原则，与前方的梁某相撞，对事故的发生存在重大过失，依据《民法典》第 1165 条等，孙某应对梁某的损失承担全部责任。

上述两个案例的案情基本一致，同样是滑雪过程中后者与前者相撞，同样是后者（相对人）全责，但适用不同法律条文作出判决。虽然在判决结果上可能表现不明显，但在法律适用和过错认定层面大相径庭。根据前文的论证结果，滑雪者之间侵权纠纷满足《民法典》第 1176 条第 1 款的适用要件，应当适用该法律条文解决当事人之间的责任承担问题。

2. 正确适用解析

前文已经论证过，滑雪者之间发生滑雪侵权事故造成损害，应当适用《民法典》第 1176 条第 1 款。该条文以相对人是否构成“故意或者重大过失”为判断标准，产生的滑雪者责任类型有三种：受害人自担损失、加害人过错责任、受害人与加害人过失相抵。上述三种责任类型不能兼容，其相对应的责任认定原则（自甘风险原则、过错责任原则、过失相抵原则）也必然无法兼容，只能择一适用。在特殊过错责任认定标准的支撑下，如何选择适用自甘风险原则、过错责任原则、过失相抵原则，构成了《民法典》第 1176 条第 1 款的适用逻辑体系。

（1）受害人自担损失。受害人自担损失是自甘风险原则的核心内容，让参加者为自愿行为买单，使得责任承担更加公平。在滑雪侵权事故中，如果相对人对损害的发生不存在故意或重大过失，则应当适用自甘风险原则，由受害人自担损失。

（2）特殊加害人过错责任。《民法典》第 1176 条第 1 款包含了一种特殊的过错认定标准，即但书中规定的相对人“故意或者重大过失”。如果相对人对损害的发生“有故意或者重大过失”，阻却受害人自担损失，此时，

① 详见梁某与孙某等健康权纠纷一案（2021）粤 0114 民初 10619 号民事判决书。

应适用过错责任原则，相对人需承担加害责任。因该加害责任的过错标准特殊，本文称其为特殊加害人过错责任。

（3）特殊过失相抵责任。当相对人和受害人均对损害的发生有过错时，需各自在其过错范围内承担责任，此时，受害人过错与特殊加害人过错同时存在，应适用过失相抵原则来认定滑雪事故当事人之间的按份责任。因该按份责任的过错标准特殊，以相对人有无“故意或者重大过失”为前提，本文将其命名为特殊过失相抵责任。

（二）《民法典》第1176条第2款的适用逻辑

《民法典》第1176条第1款解决的是滑雪者之间的侵权责任承担问题，第2款解决的是安保人的责任承担问题，两者的适用对象不一致。在滑雪侵权纠纷中，滑雪场作为安保义务人，负有降低固有风险发生概率的注意义务。当其已尽到注意义务仍发生损害时，安保人无需承担责任，但其仍负有排除非固有风险的义务。

在滑雪场未尽到安全保障义务的情形下，其应承担安保人责任。滑雪者责任与安保人责任分属两个责任主体领域，下文将在三种滑雪者责任认定结果（受害人自担损失、特殊加害人过错责任、特殊过失相抵责任）中，分不同情境依次认定安保人责任（见表7）。

表7　三种滑雪者责任对应安保人责任认定结果

滑雪者责任	安保人责任
受害人自担损失	未尽合理安全保障义务的，承担全部责任或按份责任
	已尽合理安全保障义务的，无责任
特殊加害人过错责任	未尽合理安全保障义务的，承担按份责任或补充责任
	已尽合理安全保障义务的，无责任
特殊过失相抵责任	未尽合理安全保障义务的，承担按份责任或补充责任
	已尽合理安全保障义务的，无责任

（1）在受害人自担损失责任中，相对人无过错，若安保人未尽到安全保障义务，则安保人应在其责任范围内承担全部或按份责任；若安保人已尽到安全保障义务，其不承担责任，受害人自担损失。

（2）在特殊加害人过错责任中，受害人无过错，相对人有过错，故安保人在未尽到安全保障义务时，应区分安保人是直接责任还是补充责任；若加害人过错与安保人未尽安保义务共同作用造成损害，安保人应承担按份责任；若安保人未尽安保义务不是造成损害的直接原因，加害人过错才是造成损害的直接原因，安保人应承担相应的补充责任。

（3）在特殊过失相抵责任中，因加害人与受害人均有过错，在安保人未尽到安全保障义务前提下，若加害人过错、受害人过错与安保人未尽安保义务共同作用造成损害，安保人应承担按份责任。若安保人未尽安保义务不是造成损害的直接原因，加害人与受害人过错才是造成损害的直接原因，安保人应承担相应的补充责任。

（三）滑雪侵权纠纷中《民法典》第1176条的适用进路

在滑雪侵权事故中，为了认定滑雪者及滑雪场之间的责任，首先需要区分责任主体。滑雪者责任的划分，应当适用《民法典》第1176条第1款的规定，以认定受害人自甘风险或相对人过错责任抑或双方过失相抵。安保人责任应当按照《民法典》第1176条第2款的规定，适用《民法典》第1198条至1201条（安保人责任规则）。

笔者尝试通过“3+1”步骤，以《民法典》第1176条第1款的适用要件为判断标准，依次排除不适用该条文的情形，分步骤厘清滑雪者责任与滑雪场责任，构建滑雪侵权纠纷中《民法典》第1176条的适用路径：第一步，判断是否符合《民法典》第1176条第1款的四个适用要件，排除不适格情形；第二步，判断相对人是否成立“故意或者重大过失”，认定受害人是否自担损失，即是否适用自甘风险原则；第三步，在相对人有“故意或者重大过失”的前提下，判断受害人是否存在过错，以便区分相对人承担过错责任（过错责任原则）还是双方承担按份责任

（过失相抵原则）；最后再加一步，在三种滑雪者责任中，分别判断安保人是否尽到安全保障义务，以便划分滑雪者与滑雪场应承担的责任（见图 4 和图 5）。

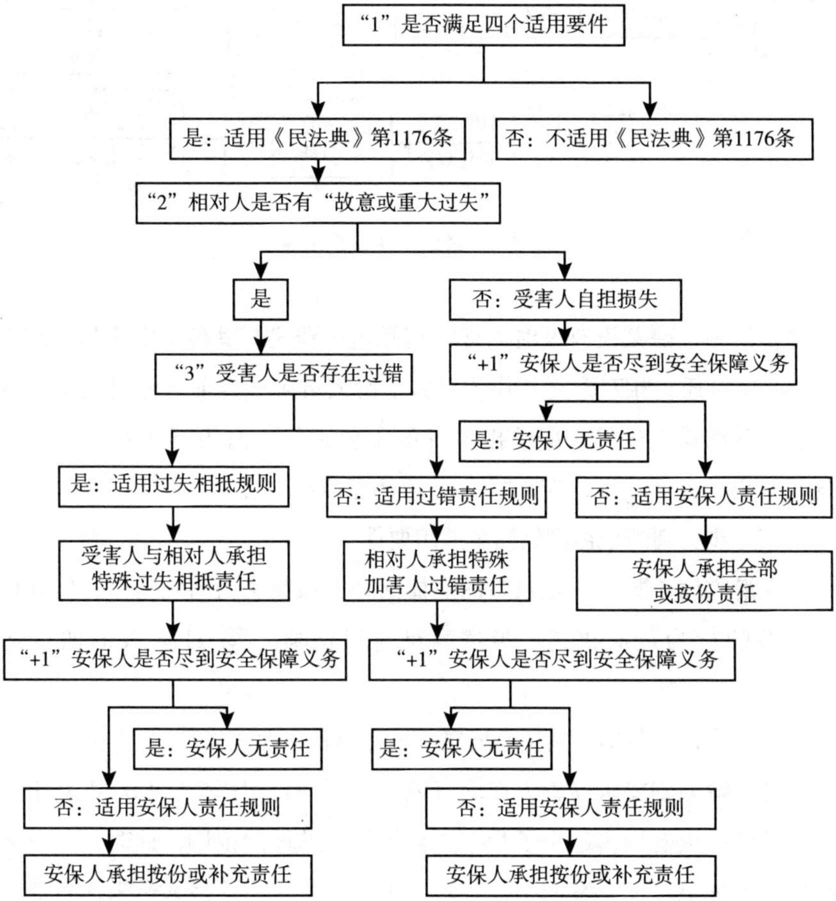

图 4 《民法典》第 1176 条适用步骤

下面以徐某诉王某、雪上乐园健康权纠纷案①为例，验证"3+1"步骤是否合理。基本案情和裁判理由：徐某去雪上乐园滑雪与王某相撞造成损

① 详见徐某与王某、雪上乐园健康权纠纷一案（2021）吉 2403 民初 2694 号民事一审判决书和（2021）吉 24 民终 2648 号民事二审判决书。

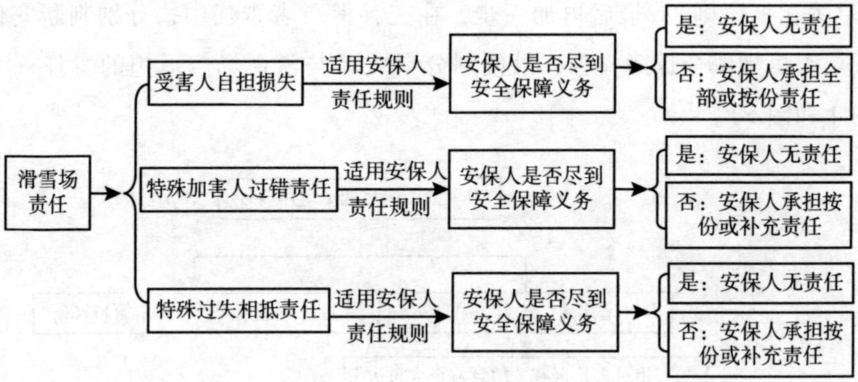

图5 滑雪场责任认定步骤

害，法院认为，徐某没有及时离开雪道靠边停滞避开其他下滑人员，应承担30%的次要责任，相对人王某作为后方下滑人员未注意前方停滞人员导致徐某受伤，存在重大过失，应承担70%的主要责任。滑雪场未在雪道滞留地带设置安全员进行疏导，应承担20%的补充赔偿责任。

1.第一步，判断是否满足四个适用要件

大众滑雪属于具有一定风险的文体活动，徐某去滑雪场滑雪，因其他参加者王某的行为造成损害，当然满足《民法典》第1176条的四个适用要件。

2.第二步，判断相对人是否成立“故意或者重大过失”

自甘风险原则要求受害人在固有风险范围内自担损失，相对人基于故意或重大过失造成的损害超出了受害人自担损失的风险范围，此时，相对人应承担相应的过错责任。案例中，相对人王某作为后方下滑人员未注意前方停滞人员导致徐某受伤，王某存在重大过失，此时受害人徐某自甘风险的法定阻却事由成立，徐某不应自担损失。

3.第三步，判断受害人是否存在过错

自愿参加大众滑雪，意味着其甘愿承受一定的潜在风险，故参加者对自身安全有着更高的注意义务。如果受害人对自身损害的发生存在一般过失，就可认定其有过错。案例中，在相对人王某具有“故意或者重大过失”的同时，受害人徐某也存在过错，此时，应适用过失相抵规则，当事人需在各自的过错范围内按照过错比例承担责任，王某承担70%的主要责任，徐某承担30%的次要责任。

4.再加一步，判断安保人是否尽到安全保障义务

通过前面三步，厘清了滑雪者之间的责任承担问题。下面再加一步，判断安保人是否尽到安全保障义务，以便划分滑雪侵权纠纷中当事人与滑雪场之间的责任。案例中，由于滑雪场未在雪道滞留地带设置安全员进行疏导，该疏忽行为不是造成损害的直接原因，相对人王某与受害人徐某的过错才是造成损害的直接原因，因此，法院判决滑雪场承担20%的补充责任。

参考文献

程啸:《侵权责任法》(第三版)，法律出版社，2021。

王泽鉴:《损害赔偿》，北京大学出版社，2017。

王利明:《论比较过失》,《法律科学》(西北政法大学学报) 2022年第2期。

周晓晨:《论受害人自甘冒险现象的侵权法规制》,《当代法学》2020年第2期。

王利明:《论受害人自甘冒险》,《比较法研究》2019年第2期。

唐林垚:《自甘风险规则的世界观与方法论——基于82份司法判决的法律分析》,《人大法律评论》2020年第1期。

陈龙业:《论〈民法典〉侵权责任编关于免责事由的创新发展与司法适用》,《法律适用》2020年第13期。

赵峰、刘忠伟:《论体育活动中自甘风险的适用范围》,《法律适用》2021年第11期。

曹权之:《民法典“自甘风险”条文研究》,《东方法学》2021年第4期。

李鼎:《论自甘风险的适用范围——与过失相抵、受害人同意的关系》,《甘肃政法大学学报》2021年第1期。

王译敏:《民法典视野下自甘风险制度的性质定位》,《河南司法警官职业学院学报》2021年第2期。

叶茂盛等:《我国大众滑雪伤害事故中的滑雪场责任研究——基于191个司法案例》,《武汉体育学院学报》2020年第9期。

杨立新:《自甘风险：本土化的概念定义、类型结构与法律适用——以白银山地马拉松越野赛体育事故为视角》,《东方法学》2021 年第 4 期。

韩煦:《自甘风险规则:规范分析与司法适用》,《人民司法》2020 年第 31 期。

陈寅雪:《〈民法典〉自甘冒险制度的司法适用分析》,《法制博览》2022 年第 12 期。

谭佐财:《论〈民法典〉中自甘冒险规则的司法适用》,《太原理工大学学报》(社会科学版)2021 年第 1 期。

沈劼:《民法典背景下自甘冒险与过失相抵规则界分标准研究》,《东南大学学报》(哲学社会科学版)2021 年第 S2 期。

丁岱睿:《民法典中的自甘冒险制度研究》,载施伟东主编《上海法学研究》2021 年第 23 卷。

吕姝洁:《民法典自甘冒险制度评析与理解适用》,《天津法学》2020 年第 3 期。

徐贝凝:《主要的自甘冒险规则对〈民法典〉适用的借鉴》,《宁波开放大学学报》2020 年第 1 期。

邵丹:《自甘冒险规则的类型化分析——基于〈民法典侵权责任编〉第 1176 条第 1 款的分析》,《北京政法职业学院学报》2021 年第 4 期。

张素华、顾红松:《自甘冒险规则的适用范围与责任构成》,《三峡大学学报》(人文社会科学版)2020 年第 6 期。

张新新:《自甘冒险与安全保障义务并存的适用分析》,《法制与社会》2020 年第 10 期。

B.27
论司法对体育行业纠纷的介入

谢绍伟*

摘　要：　本文采用文献资料和案例调研的研究方法，通过分析体育纠纷解决的现状，阐明司法介入体育纠纷的学理依据、法律依据和司法实践，同时分析当前存在的困境和原因，提出完善司法介入体育纠纷的机制。首先，要处理好三个关系，即处理好党的领导和依法治体的关系、处理好体育仲裁和法院审判的关系、处理好行业自治和体育法治的关系。其次，明确司法介入的路径，完善立法规划，科学设计司法介入的程序和限度，在人民法院设置体育法庭，为体育行业内部纠纷解决机构和体育仲裁兜底，实现体育纠纷立体化、综合化解决。最后，可以通过司法适时介入体育纠纷，为我国当事人在参与世界性赛事遇到体育仲裁不公时进行及时救济提供一种法律依据和实践途径。

关键词：　体育纠纷　依法治体　体育自治　司法权　体育法庭

党的二十大报告指出，“加快建设体育强国”。建设体育强国，最根本的是要坚持党的领导和依法治体相结合。随着体育不断发展，从2001年国际奥委会宣布北京承办2008年夏季奥运会开始，中国体育的国际地位逐渐上升，中国体育行业实现爆炸式发展、几何式成长，中国体育行业既要与国际接轨，获得国际同行的认可，还要在中国特色社会主义制度框架下发展中国特色体育，为世界提供中国体育发展方案。经过二十多年的探索与发展，

---

* 谢绍伟，张家口市万全区人民法院审管办负责人，研究方向为体育法学、司法协同、刑民交叉。

我国体育行业发展面临不少法律问题，各种纠纷与争议层出不穷，为了更好应对和解决这些问题，要在以习近平同志为核心的党中央领导下，全面推进依法治国，推动法律法规不断完善。全国人大修订《体育法》，国家体育总局相继制定发布《体育仲裁规则》《中国体育仲裁委员会组织规则》，成立中国体育仲裁委员会，为中国乃至世界的体育纠纷解决提供了更多选择。体育纠纷能够在体育行业内解决，切实推动体育建设在法治轨道上运行。但司法亦是依法治体的重要环节，司法介入体育纠纷并不必然影响体育自治的实现。对于各种纠纷，我国法院都应有管辖权，这也是一个国家司法主权的重要体现。中国体育仲裁委员会由国家体育总局管理，中立性和公信力还需要时间检验，权威性还需要行业认可。囿于行业纠纷解决机制的不健全和体育仲裁的行政立场，向司法寻求救济也必将成为当事人的重要选择，司法适时介入体育纠纷对于保护当事人合法权利、彰显司法公正具有十分重要的意义。

一　司法介入体育纠纷现状

国内外体育行业普遍采取体育行业内部调解、第三方体育仲裁的方式解决体育纠纷，穷尽内部救济方法之后，司法手段才会介入，多是程序性和公正性审查，不进行实质性审理，结果也多是撤销仲裁结果，通知仲裁庭重新仲裁，充分尊重体育行业自治。一裁终局基于当事人的自愿选择，当事人对仲裁结果不服时，往往对原仲裁机构失去了信任和信心，重新仲裁或难以让当事人认可新的仲裁结果，此时，司法应当介入体育纠纷，成为解决纠纷的一条进路。

（一）国内司法介入体育纠纷研究

1. 理论研究

以司法和体育为关键词，通过中国知网数据库进行检索，检索出相关文献 145 篇，其中核心期刊文章 50 篇、学位论文 12 篇。分析文献可知，司法介入体育行业纠纷并不会破坏体育自治，反而会促进体育行业更加规范、有序发展，司法介入体育行业纠纷具有学理基础。这里不讨论刑事司法介入，国家对于刑事案件拥有绝对管辖权和介入权，我们讨论行政和民事领域的纠纷。相关研究普遍认为，体育行业一裁终局是当事人的自愿选择，而不能是强制性规定，否则便赋予了体育行业行政属性，具有了行政职能，对于此类纠纷，司法应当介入。在中国，体育协会虽是中立的，但基本都在行政部门的指导下工作，往往会被赋予一定的行政色彩，特别是一些体育处罚，其可诉性不被法院所认可，但理论学界认为，实施了类似行政处罚的行为，就是具体行政行为，应具有可诉性，法院应予以管辖。参与体育运动的当事人，如体育协会、俱乐部和运动员地位往往不平等，运动员往往处于被动和弱势地位，不能自主选择寻求法院还是仲裁委解决纠纷，多是体育协会内部处理，这样也导致体育行业法律问题难以得到合理解决，因此产生了运动员退赛、俱乐部退出体育协会，甚至是解散队伍退出体育行业的现象，也滋生了体育腐败。一裁终局以及仅撤销裁决重新进行仲裁，难以使当事人对新结果心服口服，若是当事人能够自愿选择，当事人必然会寻求司法解决。

2. 法律规制

以“体育”为关键词，通过国家法律法规数据库进行精确检索，检索出相关法律法规 78 部，其中现行有效的 52 部，包括法律 1 部、行政法规 2 部、地方性法规 49 部。这些法律法规是《体育法》的主要法源，形成了体育行业发展的主要法律规制框架。新修订的《体育法》从法律层面解决了体育领域重大的基础性、整体性问题，特别是增加了“体育仲裁”一章，明确国家建立体育仲裁制度，及时、公正解决体育纠纷。国家体育总局成立中国体育仲裁委员会，制定公布了《中国体育仲裁委员会组织规则》《体育仲裁规则》，为体育纠纷的解决提供了新的方案，完善了体育纠纷解决机制。具体法律适用方面，新修订的《体育法》第九十七条规定，“体育仲裁裁决书自作出之日起发生法律效力。裁决作出后，当事人就同一纠纷再申请体育仲裁或者向人民法院起诉的，体育仲裁委员会或者人民法院不予受理”。而《仲裁法》第九条规定，“仲裁实行一裁终局的制度。裁决作出后，当事人就同一纠纷再申请仲裁或者向人民法院起诉的，仲裁委员会或者人民法院不予受理。裁决被人民法院依法裁定撤销或者不予执行的，当事人就该纠纷可以根据双方重新达成的仲裁协议申请仲裁，也可以向人民法院起诉”。相比《仲裁法》，《体育法》第九十七条少了当事人重新达成仲裁协议后向人民法院起诉的条款。这也从侧面说明了在体育行业，一旦出现纠纷，重新达成仲裁协议的可能性微乎其微，或者没有案例在前，新修订的《体育法》对此也就不做规定，这也是充分发挥体育仲裁一裁终局作用的体现。《体育法》第九十八条规定了法院撤销裁决的法定事由：“有下列情形之一的，当事人可以自收到仲裁裁决书之日起三十日内向体育仲裁委员会所在地的中级人民法院申请撤销裁决：（一）适用法律、法规确有错误的；（二）裁决的事项不属于体育仲裁受理范围的；（三）仲裁庭的组成或者仲裁的程序违反有关规定，足以影响公正裁决的；（四）裁决所根据的证据是伪造的；（五）对方当事人隐瞒了足以影响公正裁决的证据的；（六）仲裁员在仲裁该案时有索贿受贿、徇私舞弊、枉法裁决行为的。人民法院经组成合议庭审查核实裁决有前款规定情形之一的，或者认定裁决违背社会公共利益的，应当裁定撤销。人民法院受理撤销裁决的申请后，认为可以由仲裁庭重新仲裁的，通知仲裁庭在一定期限内重新仲裁，并裁定中止撤销程序。仲裁庭拒绝重新仲裁的，人民法院应当裁定恢复撤销程序。”该法条说明存在程序公正、引用适用法律、证据审查和廉洁等方面问题，可以撤销裁决，要求仲裁庭重新仲裁，法院并没有介入案件的实质性审理。《体育法》第九十九条规定，法院强制执行体育仲裁裁决。

3. 司法实践

以“体育”“体育纠纷”“竞技体育”为关键词，在中国裁判文书网上分别检索出司法文书 441846 份、7 份、471 份。通过司法判决，我国法院进一步认可了体育自治法的法源地位，但尚无法院介入竞技性体育纠纷解决的案例。法院援引《奥林匹克宪章》《国际足联章程》《中国篮球协会章程》《中国足球协会章程》等体育领域规章，以及《奥林匹克标志保护条例》《全民健身条例》《经营高危险性体育项目许可管理办法》《信鸽活动管理办法实施细则》等法规制度，阐释法理、辅助判决，解决民事案件。《体育法》修订之前，当事人对体育处罚进行行政起诉时，法院基本以体育协会不是行政机关为由不予立案。竞技体育技术性案件基本上是充分尊重体育自治原则，民事领域基本都是按照侵权损害、知识产权保护等进行审理，不涉及比赛规则和技术性规则的处理。体育仲裁为当事人纠纷解决提供了新方案，《体育法》第九十八条既为相对人权利救济提供了途径，也为司法介入提供了依据。

（二）国外司法介入体育纠纷研究

美国法律要求当事人必须在用尽体育组织的内部救济途径后才可以将有关争议上诉到法院。当有关的体育组织明显违反了规范并对相对人造成了严重且不可弥补的伤害，而且该相对人已经用尽所有的内部救济方法时，美国法院才会进行管辖，但也只是限于纠正违反有关规范的行为，不能对涉及争议的实质问题进行干涉。在体育仲裁方面，美国坚持一裁终局，并且赋予了强制执行力，但是仍有当事人不满意仲裁裁决的结果而向法院提起诉讼，法院通常维持仲裁裁决，撤销仲裁裁决属于少数。① 澳大利亚的各项体育运动都有内部的自治规范以及进行裁判的裁决机构。澳大利亚司法介入体育纠纷是从公法角度对体育组织进行管理，当事人不服仲裁裁决的可以向高级法院起诉，但是如果当事人签署了专有的不允许上诉的书面仲裁协议则不得向法院起诉。如果某体育组织的规范违反了公共政策，裁决违反了自然正义原则，法院当然要涉足该争议。同时相对人对该裁决不满，可以利用适当的程序请求法院对该裁决进行审查。英国法院采取的是“弃权主义的立场”，关注的中心主要是程序性问题，不会对实质性问题进行同等程度的审查。德国体育主管机关的内部条例并不能排除法院的管辖权，当事人可以将有关裁决上诉到德国法院。② 当德国法院认为体育协会的裁决机构并不具备《德国民事诉讼法》第一千零二十五条关于一个真正意义上的仲裁庭所具备的标准

① 黄世席：《美国业余体育仲裁制度的启示》，《体育学刊》2004 年第 5 期。

② 袁杜娟：《我国内部体育纠纷的司法介入》，《体育学刊》2014 年第 1 期。

时，德国法院将要进行全面的审查。而在通常情况下，德国法院仅对有关的法律问题行使上诉审查的权力，并尊重体育协会依照规章对违反其规范和条例的行为实施纪律性处罚措施的自治权。瑞士联邦法院认为体育协会的内部机构作出的裁决不够中立，需要接受适当的司法监督。加拿大法院对体育组织所作的裁决过程是否公平和正确适用了有关的规范和程序进行审查，但必须是穷尽了内部裁决机构的解决方法后，才可以将争议提交加拿大法院解决。[①]

二 司法介入体育纠纷的依据

体育行业内部纠纷解决机构和体育仲裁难以解决的法律问题，法院应当介入，彰显国家公权力对于解决社会纠纷、维护社会秩序的态度。体育行业虽然坚持传统意义上的自治，国家也尊重并在司法实践上支持体育自治，但不能排除司法的监督与审查，有的问题甚至要进行实质性审查。

（一）法理依据

作为整个国家与社会治理的重要手段，司法不但在国家权力资源中占据重要地位，而且在解决社会纠纷、恢复被破坏的社会关系、保护当事人合法权益等方面发挥积极作用。西方一些体育发达国家已多次召开理论研讨会，探讨如何通过严格的法律程序来解决体育争议问题。[②] 在体育纠纷中，各主体之间常因利益分配、权利义务承担等争议而产生紧张的社会关系。在这种情况下，司法必然要介入体育纠纷，通过国家强制力实现惩罚、调整和保障的功能，从而保护体育纠纷当事人的人身财产权利，保护法人或其他组织的合法权益，维护体育活动中的各种社会关系。此外，司法是社会正义的最后一道防线，也是社会纠纷得以解决的最后一道保障。利用司法途径解决纠纷

① 黄世席：《体育仲裁制度比较研究——以美、德、意大利及瑞士为例》，《法治论丛》2003年第2期。

② 王立武、黄世席：《欧洲体育运动争议解决机制浅析》，《体育与科学》2009年第1期。

是每一个人的基本权利，在很多国家的宪法以及国际人权公约中均有明确规定。①

（二）法律依据

新修订的《体育法》第九十七条、第九十八条、第九十九条，分别就司法介入体育仲裁、强制执行等程序作出规定。《体育法》第九十七条规定仲裁一旦作出，体育仲裁委员会或者人民法院就同一纠纷不予受理，遵守了仲裁一裁终局原则。《体育法》第九十八条规定了法院撤销裁决的六项法定事由，但是仅仅是介入体育仲裁，审理结果也限定在撤销体育仲裁裁决，而非判决，没有介入案件的实质性审理。《体育法》第九十九条规定，法院强制执行体育仲裁裁决，强制执行的主体仍然是法院。体育行业协会和相关社会团体作为非政府社会公共体的一员，在某些领域行使着法律授权和政府委托的权力。体育行业协会和相关社会团体所做的包括处理体育纠纷在内的自治行为，应当接受司法的监督和最终审查，这是与权利共存的义务。依据《体育法》和《反兴奋剂条例》的授权，全国单项体育协会在管理本项目过程中作出的某些具体行为，如申诫罚、财产罚、资格罚等对相对方产生强制性约束力等法律效力的行为，本质上是一种行政处罚行为，应当被认定为行政行为。对于这类涉及管理与被管理关系、双方地位不平等的行政体育纠纷，司法的介入为当事人提供了最后的权利救济途径。②

（三）司法案例

国际上多数体育行业组织均在章程和规则中通过明确条款排除司法介入，但近年来司法介入的趋势已经对此提出了严峻的挑战。国际单项体育联合会章程中明确规定在穷尽内部自治与救济途径的情况下，协会成员不仅可以向国际体育仲裁院 CAS 申请仲裁，还可以向瑞士联邦法院提起诉讼，请

---

① 张伟伟：《对我国强制体育仲裁的思考》，《湖北警官学院学报》2013 年第 1 期。

② 于善旭：《近 10 年我国体育法学研究热点述评》，《上海体育学院学报》2020 年第 2 期。

求司法救助。许多国家在体育法和相关立法中都通过允许启动普通法院司法程序或设立专门体育（准）司法机构的方式，为司法介入体育纠纷打开了通道。① 在国内，司法机关对于技术性体育纠纷一直秉持谨慎的态度，至今没有相关的案例。法院通常采用的做法是，涉及行政案由，如禁赛处罚等，以协会不是行政机构为由不予受理。以往的技术性纠纷都是在体育协会内部解决，没有第三方仲裁机构可以选择，随着《体育仲裁规则》的出台，未来中国体育专业纠纷可以通过体育仲裁委解决。

三 司法介入体育纠纷存在的困境

司法介入体育纠纷还存在诸多问题，世界上多数国家解决体育行业纠纷采用行业自治为主、司法介入为辅的模式。体育行业的自治传统以及司法手段程序的问题，使得司法介入体育纠纷存在诸多问题。

（一）体育行业的高度自治性

体育行业具有较高的专业性，源自对体育规则的历史传承，体育行业自治已经形成传统和惯例，其自身具有一定规律，由此产生了一定的技术壁垒，使得司法难以介入技术性纠纷。体育行业具有一定的封闭性，体育从业者基本从事训练与比赛，不会与社会有过多的接触，相对封闭的环境造就了体育行业自治。体育行业具有全球性，体育强国在体育规则的制定和纠纷的解决方面具有很高的权威性和话语权，我国想要融入这样的格局，与国际接轨，就必须遵循游戏规则，尊重体育自治和体育纠纷自主解决。

（二）国家立法导向

各国从立法技术思路上限制了司法对体育行业纠纷的介入，导致在司法实践中，法院没有法律依据，无法直接介入竞技体育纠纷的实质性解决。一

① 王显荣：《司法介入竞技体育纠纷之基本理论》，《西安体育学院学报》2012 年第 6 期。

方面，各国法律制度存在差异，同样的体育纠纷案件在不同国家的法院审理，可能会产生不同的诉讼结果，[①] 破坏了全球性体育竞技规则，因此，各国达成了一种默契，在立法上限制了司法机关过多地对竞技体育纠纷进行介入，确保了竞技体育规则适用的一致性和平等性。

（三）司法手段的滞后性

由于诉讼程序较多，从立案到结案需要时间较长，法院的判决对体育赛事纠纷的解决往往具有滞后性，达不到比赛日程的要求，体育纠纷解决的效率难以提升，即使当事人最终得到了法院的有利判决，也可能已经错失参加比赛的时机，法院的事后救济就显得毫无意义。

四　完善司法介入体育纠纷机制

在西方主要国家普遍接受司法介入体育纠纷的背景下[②]，要想融入体育全球化，除体育仲裁外，我国完善司法介入体育纠纷机制是历史必然。在中国特色法律制度框架下，优化司法介入体育纠纷的途径，使得体育纠纷解决机制更加完善，也可以通过司法介入体育纠纷，为我国当事人在参与世界性赛事遇到体育仲裁不公时进行及时救济提供一种法律依据和实践途径。

（一）司法介入体育纠纷解决应处理好三个关系

1. 处理好党的领导和依法治体的关系

东西南北中，党是领导一切的。“体育自治”是发端于西方并得到世界范围承认的法律原则，但在中国特色社会主义制度下，体育的发展和体育行业的法律规制不能离开党的领导。必须认识到依法治体与党的领导是辩证统一的。只有在党的领导下，依法治体才能充分实现，体育行业法治化才能有

① 茅铭晨：《介入与止步——司法权在体育纠纷中的边界》，《北京体育大学学报》2014 年第 1 期。

② 袁杜娟：《论司法介入内部体育纠纷解决的思考》，《河北法学》2013 年第 7 期。

序推进。必须认识到依法治体与党的领导辩证统一的基石是体育行业健康有序发展、人民群众利益得以实现。依法治体和党的领导都是为了一个共同的目的，维护人民利益，促进体育发展。在党的领导下依法治体，不仅是理论命题，更是实践命题，形成完备的以法治为基础的国家治理体系和治理能力，促进体育事业在法治轨道上发展。

2. 处理好体育仲裁和法院审判的关系

构建成熟完备的体育纠纷解决机制，处理好体育仲裁和法院审判的关系，更好发挥体育行业内部机构纠纷解决的作用。体育行业协会常排斥司法权力的介入，司法权基于对体育自治的尊重不会随意介入体育领域，但并不等于对自治权的放纵。[①] 数十年来，国际单项体育联合会和国际奥林匹克委员会位于国际体育运动金字塔型垄断结构的顶端，它们都试图将自己的地位置于国家之上。这些组织是作为私法上的协会成立的，赋予自己立法权、执法权特别是裁决管辖权。它们采取了很多方法规避国家法院的管辖。一些国际单项体育联合会成功地处罚了那些在法院挑战联合会裁决的运动员。依照各体育协会章程条款的规定，对普通管辖权的上诉是被禁止的，而任何对这些规则的违反都将受到惩罚。它与公共政策以及国家法院应当保障的自然权利和宪法权利相矛盾，法律界几乎一致认为这种做法是非法的。不管是对于国内事项还是国际事项，各国法院都在不断坚持，它们有权力审查各单项体育联合会对运动员所作的裁决。这种司法解决途径被大多数法律学说所认同，但是很难为体育行业所接受。法院审判将是体育仲裁后，最后的权利救济途径。

3. 处理好体育自治和法治的关系

体育自治是体育行业的特点和规律，更是历史的传承造就的，各国对体育自治都比较谨慎，但不能超出国家的管控和调整范围。即使是在私有制基础上建立的国家，也不会任由体育自治脱离国家管理，司法权会适当介入体

① 姜世波、王睿康：《法教义学视角下的体育法治进路——基于司法中心主义的思考》，《西安体育学院学报》2021 年第 2 期。

育行业，以维护国家法治秩序。正确处理体育自治与法治的关系，应有两种认识。一方面，“当法治大潮意欲洗礼一切时，社会自治却被逼进狭小的胡同之中”。[①] 应当认识到，现代社会治理仅凭国家法治是不够的，行业自治是对法治的必要补充，有利于法治更好地实现，充分尊重人的选择和市场的变化。另一方面，“无法治化的救济即无法治化的体育”。[②] 应当认识到，自治的过度发展，干预法治推行，破坏法治整体秩序，削弱了法治精神，体育自治和体育法治应是协同推进、相辅相成的。既要通过体育行业协会或体育俱乐部内部机构进行调解，也要发挥专门的体育仲裁机构仲裁优势，司法则按照穷尽内部救济的规则介入。任何组织都必须置于法律的监督之下，体育行业协会也不应该例外，体育行业协会绝不能自设内部程序最高效力而排斥司法权的介入。[③]

（二）探索司法介入体育纠纷的路径

《体育法》第九十八条明确规定了司法介入体育仲裁的事由，并不是直接介入体育纠纷。在西方主要国家普遍接受司法介入体育纠纷解决的情况下，体育运动作为全球性行业，我国要想融入体育全球化，除体育仲裁外，探索司法介入体育纠纷解决的路径是必然的。可以通过司法合理合法介入体育纠纷，为我国当事人在参与世界性赛事遇到体育仲裁不公时进行及时救济提供一种法律依据和实践途径。

1. 国家要完善立法设计，做到有法可依

《体育法》第九十七条比《仲裁法》第九条少了第二款：当事人重新达成的仲裁协议，可以申请仲裁，也可以向人民法院起诉。这无疑将法院的管辖权排除在外。《体育法》第九十八条规定了法院撤销体育仲裁的法

① 韦志明：《论体育行业自治与法治的反思性合作——以中国足球协会为中心》，《体育科学》2016 年第 4 期。

② 张春良：《体育纠纷救济法治化方案论纲》，《体育科学》2011 年第 1 期。

③ 赵毅：《自治的黄昏？——从我国法院裁判考察司法介入体育的边界》，《体育与科学》2015 年第 5 期。

定事由，但仅规定了撤销事项，而不进行案件的实质性审理，撤销的案件依旧要再次进行仲裁，这就要求仲裁庭做到公平公正。中国体育仲裁委员会在国家体育总局的领导下工作，仲裁庭由体育仲裁委安排人员组成，其具有明显的行政倾向，其作出的裁决是否可以作为行政诉讼的案由，还需要进一步明确。中国体育仲裁委员会应是独立的、中立的，不受行政部门的干涉，这样作出的裁决会更加令当事人信服。在实质审理中，裁决结果要符合各方当事人的心理预期，做到法律效果和社会效果的统一，逐渐树立中国体育仲裁的权威。司法应适当介入，成为一种兜底制度。当事人对内部机构处罚结果不满，不选择提交仲裁，而是直接起诉，法院应当受理。即使弱势一方不得不选择仲裁，而且一裁终局的原则应当得到坚守，但司法监督和审查应当介入，成为当事人救济的最后途径。

2. 简化司法解决体育纠纷的程序，做到违法必究

这里不讨论刑事诉讼，国家对于刑事案件具有绝对介入权和管辖权。针对民事和行政方面的纠纷，人民法院审判程序是起诉、立案、受理、审判、上诉、执行、审判监督，但走完这些程序对于体育纠纷解决来讲有些迟滞，参照速裁程序，可以简化司法审理体育纠纷的程序，保留起诉、立案、受理、审判、执行等程序。采取一审终审制，因为体育纠纷前期已经过体育行业内部机构调解，甚至体育仲裁，司法作为兜底程序，不必再行上诉和司法监督。审理时限也予以压缩，采取速裁的方法，从立案受理到结案不超过 15 日，举证期限不超过 5 日，执行不超过 5 日。诉讼各个环节之间相互衔接的时间和节点更加紧密。首先是立案，从法律角度来说，法律关系中的主体都平等享有诉权。在立案登记制改革以后，当事人起诉到法院的案件，法院都应当先立案。其次是审判，针对体育纠纷的特点，采取合议庭制度，引入人民陪审员，审判长应由熟悉体育法和体育行业规则的法官担任，选择具有体育行业从业经历、具有一定专业知识和水平的人员作为陪审员参与审理，加快案件的实质性审理。执行方面则组建专业执行团队，类比审判阶段合议庭，执行过程采用邀请体育专业人士参与见证、人大监督等方式，提升体育纠纷强制执行的专业性和权威性。在司法

程序、审判执行实质性纠纷解决和办案时间上形成合理制度，促进司法更加便捷、高效地解决体育纠纷。

3. 明确司法介入体育纠纷的尺度，做到执法必严

当出现体育纠纷时，当事人应首先选择体育协会内部纠纷解决机构，不服的在接到结果的 21 日内提交体育仲裁庭仲裁。类比劳动纠纷仲裁前置机制，解决体育纠纷也可以采用体育仲裁前置机制。这里适用主体是体育行业协会、俱乐部、运动员等关于体育比赛的纠纷，包括参赛资格、反兴奋剂、不当行为和言论的处罚等。当适用主体作为民事主体与社会主体发生纠纷时，如广告、赞助、代言、合作等事宜，可直接由法院管辖。这里需要明确的是，按照纠纷类型区分，体育纠纷如果是专业纠纷，体育仲裁前置，司法兜底；如果是非专业纠纷，可以由当事人直接向法院起诉。按纠纷主体区分，体育协会、俱乐部、运动员、教练员等专业人士之间产生的纠纷，应适用体育仲裁前置机制，司法兜底。社会企业和人士的纠纷可以直接向法院起诉。当然，这里讨论的情况要细化到法律，作为司法介入体育纠纷解决的法律依据。

（三）探索建立体育专业审判机构

世界上许多国家都设有体育法院或者体育法庭，如意大利、德国等体育强国的体育法庭可以行使司法权力，将职权范围限定在体育行业内，裁判的依据是体育法及相关法规。我国可以参照国际做法，类比我国专门审判机构，如海事法院、互联网法院、金融法庭等，按特定的组织或特定范围的案件建立审判机构，在最高法下设立体育法庭或者体育法院专门解决体育纠纷，作为解决体育纠纷的最终司法机关。体育法庭或体育法院设在北京，由最高法直接管理，起诉到法院的体育纠纷案件，均由体育法庭或者体育法院审理，审判人员组成采取合议庭制，邀请体育专业权威人士作为人民陪审员参与审理，程序已在前文讨论，此处不再赘述。对于时效性较强的体育纠纷，可及时组成合议庭，采取巡回审判的方式，及时高效解决体育纠纷。探索建立体育专业审判机构，对全国的体育纠纷进行最终的司法审查，既有利于体育自治管理，也有利于体育法治规范，促进体育行业和体育事业高质量发展。

五　结语

当前，我国司法介入体育纠纷解决的机制尚未全面建立，一方面是由于体育行业自治的传统，技术性排外不可避免；另一方面是由于司法审查机制刚刚建立，这在新修订的《体育法》第九十八条中得到彰显。在用尽内部救济途径和体育仲裁裁决方式的情况下，法院应当有所作为。在西方一些主要国家普遍接受司法介入体育纠纷的背景下，我国也可以逐步引入司法解决有关争议，更好地维护当事人的权益。通过处理好党的领导和依法治体的关系、体育仲裁和法院审判的关系、体育自治和法治的关系，探索司法介入体育纠纷的路径。国家要完善立法设计，做到有法可依；简化司法解决体育纠纷的程序，做到违法必究；明确司法介入体育纠纷的尺度，做到执法必严。同时，尝试在人民法院系统建立体育纠纷专业审判机构，构建体育纠纷解决的立体化格局。将技术性纠纷仲裁前置，充分发挥体育行业自治管理的能动作用，司法适时介入，彰显国家公权力对于体育发展和体育纠纷解决的规制，由此形成合力，共同促进中国体育事业健康、稳定、有序发展。

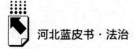

皮书

智库成果出版与传播平台

皮书定义

皮书是对中国与世界发展状况和热点问题进行年度监测，以专业的角度、专家的视野和实证研究方法，针对某一领域或区域现状与发展态势展开分析和预测，具备前沿性、原创性、实证性、连续性、时效性等特点的公开出版物，由一系列权威研究报告组成。

皮书作者

皮书系列报告作者以国内外一流研究机构、知名高校等重点智库的研究人员为主，多为相关领域一流专家学者，他们的观点代表了当下学界对中国与世界的现实和未来最高水平的解读与分析。

皮书荣誉

皮书作为中国社会科学院基础理论研究与应用对策研究融合发展的代表性成果，不仅是哲学社会科学工作者服务中国特色社会主义现代化建设的重要成果，更是助力中国特色新型智库建设、构建中国特色哲学社会科学“三大体系”的重要平台。皮书系列先后被列入“十二五”“十三五”“十四五”时期国家重点出版物出版专项规划项目；自 2013 年起，重点皮书被列入中国社会科学院国家哲学社会科学创新工程项目。

法律声明